近代中国城市化中城市土地管理制度的构建及思想演变

贾彩彦 著

上海三联书店

目　录

4　非条约口岸城市土地管理制度的变革:以南通为例

1 绪 论

1.1 选 题 缘 由

　　土地管理制度完善与否,影响着城市化、工业化的进程,以及粮食安全和城乡基础设施的改善。中央政府也一直致力于推进土地管理制度改革,尤其是农村土地基本经营制度及征地制度,其核心是加强土地承包经营权流转的管理和服务,保证农民分享工业化、城市化的利益。而这个问题的凸现,也是城市化过程中所必然带来的,一方面城市化的发展要求城市用地不断扩张;另一方面庞大的人口及耕地资源的匮乏要求保护耕地。因此保护和合理开发城市用地,构筑科学的城市土地管理制度是完善土地管理制度、制定城市政策的重要环节。

　　近代以来,随着工商业的发展,出现了一批新兴城市,还有的城市迅速发展成为大城市,城市人口增加,城市规模扩大,城市经济结构和社会生活均发生了很大变化。在这个城市化的浪潮中,一方面,人口的增长对土地的需求产生了很大的压力,土地交易加大,人们关于土地的认识和土地交易中的习俗也悄悄发生了变化;

另一方面,西方文化通过各种途径传入,对人们的观念也形成了冲击,尤其是被强占为租借地的城市和辟有租界的城市,这些城市或租界的建设更是深受西方文化的影响,并对其他城市产生了深刻影响。在这个背景下,城市土地的利用和管理均出现了巨大的转变,这个转变既包括政府在管理制度上的变革,还有城市土地交易和使用观念、习俗的变革。尤其是近代以来,工业、贸易、房地产业的发展均对城市土地的使用和管理提出了新的需求,那么在这种需求下,城市土地的使用和管理制度发生了哪些变革? 这种变革是怎样发生的? 又对城市的发展产生了怎样的影响? 解决这些问题,不仅能从理论上回答城市发展的历史脉络和哪些因素会影响着制度的变革,还能为今天城市化中城市土地管理所遇到的问题提供历史的借鉴。

在经济史和经济思想史领域的研究中,关于城市史的研究已经有了丰硕的成果,这些研究既有对某个城市近代发展的研究,也有对近代城市发展中某个问题的研究,这些研究为笔者的研究提供了丰富的资料。但是专注于近代城市土地管理制度及思想转变的研究则较少,在笔者前期对于近代上海城市土地管理制度研究的基础上,深感在我国近代城市化中,城市土地管理制度在正式层面和非正式层面均发生了很大变化,近代制度的构建是不断完善的过程,并对城市的后续发展产生了深远影响。而上海是一个辟有租界且租界和华界长期并存的城市,其他的城市既有没有租界的城市,也有整个被强占的租借地城市,既有新兴的工商业城市,也有传统的行政中心,这些城市在近代均发生了很大变化。那么类型各异的城市其制度变革的路径各是怎样的呢? 在这些变革中有其共性和差异性么? 哪些因素造成了它们的差别? 又有哪些因素是转变中均存在的呢? 这些差异又怎样影响了城市的后续发展呢? 基于这些考虑,笔者对近代城市土地管理制度的构建及思想演变进行了研究。

1.2 研究现状

1.2.1 近代中国城市化的研究

关于近代中国城市化的研究非常多,这些研究从不同的方面对近代中国的城市化现象予以了关注。

1.2.1.1 关于中国近代城市化水平的研究

城市化的一个基本问题是城市化水平的测定,中国近代城市化水平发展到何种程度是很多学者关注的问题。关于这个问题的研究,需要厘清的一个问题是采用什么指标对城市化率进行衡量,虽然关于城市化进程的研究有很多指标,但目前得到普遍认可的仍是人口城市化率,但在人口城市化率的具体测算上也不太相同,其中为学术界和行政部门普遍采用的是以城市人口占总人口的比重来表示[1],但也有的认为以城市人口为基数进行测算会存在较大差异,而采用农业人口占总人口的比重来表示[2]。对于城市化率的具体高低,在很多研究中国人口发展历史的著述中均有所分析。如胡焕庸、张善余(1984)、杨子惠(1996)、姜涛(1998)、葛剑雄、曹树基(2002)等,分别在其研究中国人口的发展史中对于近代

---

[1] 朱轶臻:《城市现代化研究》,北京:红旗出版社 2002 年,第 224 页。
[2] 李蓓蓓,徐峰:《中国近代城市化率及分期研究》,《华东师范大学学报(哲学社会科学)》2008 年第 3 期,第 34 页。

的城乡人口给予了研究,但数字也并不统一。另外,在研究城市史的著作中,关于近代城市化率的研究也有很多,如美国学者罗兹曼(1973)、施坚雅(1977)、刘石吉(1987)、何一民(2004)、赵冈(2006)等,其中罗兹曼、施坚雅采用的分区间讨论再汇总估算总人口的计算路径为大多数学者所采用。也有的学者专门研究中国近代的城市化率,如行龙(2003)就专门研究了中国近代的城市化,并估算了城市化率,综合不同学者的研究,李蓓蓓、徐峰(2008)对近代中国城市化率进行了梳理,认为近代中国城市人口比重的发展为6.7%(1840)—8.2%(1893)—11.2%(1936)—10.6%(1949)[①],并将近代城市化分为起步(甲午战争前)、初步发展(甲午战争后至1936)、曲折发展(1937—1949)三个阶段。

1.2.1.2　关于近代中国城市化道路问题

关于城市化问题的研究,除了从量的指标上确定城市化发展的程度,对于城市化的发展道路问题也是城市化研究的一个基本问题。关于这个问题的研究,有的从历史发展的角度,纵向地比较中国古代和近代城市发展道路的变化,也有的通过横向比较,对同一时期近代的不同类型的城市发展道路进行比较。其中,王瑞成(1996)较早地就指出近代中国城市化是以有工业化背景的商业化为动力的,是中国以市镇化为特征的独立的城市化和西方以工业化为特征的城市化的交汇,是市镇化与城市化的并存。隗瀛涛在《中国近代不同类型城市综合研究》(1998)中,也指出宋代开始至清前期中国就出现了独立的城市化,这个城市化在明清时期达到

---

① 李蓓蓓,徐峰:《中国近代城市化率及分期研究》,《华东师范大学学报(哲学社会科学)》2008年第3期,第38页。

高潮。这个阶段的城市化是由于贸易的发展推动的,走的是一条独特的市镇化道路,而到了近代城市化道路发生了改变,即使商业化仍是主要动力,但已经是具有工业化背景的商业化。商业的发展尤其是对外贸易的发展促进了中国近代的城市化,国内外很多研究近代中国城市化问题的学者对此都持有普遍共识,施坚雅(1977)、胡焕庸(1984)、宁越敏(1994)、行龙(2003)、何一民(2004)、赵津(2004)、徐峰(2008)等均对近代贸易的发展对城市化的影响进行了研究。还有的学者认为这种以市镇型为主的城市发展道路在近代并没有消失,而是演进为与近代城市化的一种模式,与以外力影响下的新型工商业城市的出现并存。① 事实上,在学界有很多学者一直很关注市镇的研究,其中一些学者从城市化的角度分析近代市镇的变迁,这里的典型代表是刘石吉(1978),他从城市化的角度总结江南市镇的特征,认为江南许多专业市镇非常接近现代城市,陈亚平(1993)也认为江南地区确实是近代以来我国城市化水平最高的地区,市镇的城市化推进了整个江南地区的城市化,乔志强(1994)则分析了江南市镇原生型城市化及其在近代的变迁,他认为明清以来以工商业为主的非农业行业和大量人口向城镇集中,城镇数目增多,规模扩大的城市化趋势,他称之为原生型城市化,随着近代工商业的发展,江南市镇出现了两级分化,有的发展为大城市的卫星城镇,有的则出现了衰落。对于市镇本身在近代以来发展的变化,很多学者均认为大多受市镇在近代由原来相对独立的农村工商业中心转变为以沿海贸易口岸为主体的近代城市和商品的基层集散地。(黄苇,1979;刘石吉,1987;慈

---

① 徐峰:《近代中国人口城市化的路径与影响因素》,《重庆社会科学》2013年第11期,第48—54页。

鸿飞,1996;包伟民,1998;陈国灿,2004)。除了从历史发展的角度去考察中国的城市化发展道路的演变,还有的学者根据近代不同城市的类型分析城市化道路,如郑忠(2009)以南通、无锡、常州为例,研究非条约口岸城市的城市化道路,认为条约口岸城市大都以贸易为发展动力,工业资金不足,使得城市走了一条低度、有限发展的道路,而这些非口岸城市的发展动力则是工业化,走出了一条较为成功的发展道路,还有一些研究南通、苏州等城市的学者也认为这些城市是"因工而兴"。(羽离子,2003;刘远柱,2005 等),对于其他城市,如石家庄、东北的一些城市等,一些学者也从交通运输发展的角度去考量这些城市的城市化道路,如李惠民(2007)认为石家庄是"因路而兴"的城市。

1.2.1.3　关于城市的近代化问题

城市化不仅仅是城市数量的增长和城市的扩大,还有城市的经济结构、生活方式、城市管理等的转变。在对中国近代城市的研究中,研究城市史的学者都对城市的近代转型问题予以了关注,如一位学者所言近世转型就是近世城市化的同义语,[1]有大量关于城市转型问题的研究。这些研究非常丰富,既有对单个城市的研究,又有对城市群的研究。

对单个城市的研究。对于单个城市的研究非常丰富,这些研究以单个城市为研究对象,分析这些城市在近代的发展,对于这些城市的近代转型问题均有所涉及。这些著述非常多,其中自 80 年代以来,国内出版的相关专著就有 500 多部,相关的文章更是上千

---

[1]　王瑞成:《近世转型时期的城市化——中国城市史学基本理论问题探索》,载《史学理论研究》1996 年第 4 期,第 18 页。

篇之多。涉及到的城市主要是沿海城市、沿江城市和其他口岸城市,其中《近代上海城市研究》(1990)、《近代重庆城市史》(1991)、《近代天津城市史》(1993)、《近代武汉城市史》(1993)是城市史研究中公认的奠基性的著作,而史明正先生的《走向近代化的北京城—城市建设与社会变革》(1995)也研究了清末民初北京城的城市建设及社会变革,并对北京城近代转型的原因做了探讨。其他涉及的城市既有传统行政中心城市,如西安、南京、成都、济南、开封、洛阳、昆明等,也有近代兴起的商业城市和工矿业城市,如广州、苏州、无锡、南通、青岛、厦门、鞍山、本溪等,此外其他长江沿江城市和东南沿海城市、东北城市还有香港、澳门等均有研究著作问世。这些研究涉及的内容非常广,对于这些城市近代以来政治、经济、城市建设等各方面均有触及,也为近代关于城市方面的研究提供了丰富的资料。

区域城市史的研究。在对城市史的研究中,除了单个城市的研究之外,以城市群为研究对象,从城市之间的联系、层级关系等视角进行研究的著作也日益丰富,这些成果也对城市的近代化问题有所研究。其中张仲礼先生的研究为区域城市史的研究奠定了基础,他的《长江沿江城市与中国近代化》(2002)、《东南沿海城市与中国近代化》(1996)得到了学界的普遍认可和高度评价,此外还有《近代华北区域的城市系统》、《近代山东城市变迁史》(2001)、《中国运河城市发展史》(1985)、《长江下游城市近代化的轨迹》(1993)、《清代东北商埠与社会变迁研究》(2007)《港口·流域·腹地——上海与长江流域经济关系的历史考察(1843—1913)》(1998)、《江南市镇:传统的变革》(2005)、《江南市镇及其近代命运1840—1949》(1998)等均从整体区域城市间的联系、影响的角度对于近代城市的发展进行研究,这些研究也分析了这些区域城市的近代转型和城市的近代化。

城市整体的研究。在城市史研究的领域,还有很多学者从中国城市整体发展的角度研究了近代城市的变迁,这其中代表性的著作有隗瀛涛先生的《中国近代不同类型城市综合研究》(1998)、何一民的《中国城市史纲》(1994)、《近代中国城市发展与社会变迁》(2004),以及《中国城市发展史》(1994)、《中国近代城市史》(1995)、《中国近现代城市的发展》(1998)、《中国城镇体系历史、现状与展望》(1992)等,这些成果主要是城市发展的通史,从各个方面对于近代城市的变迁进行了分析。

除了这些研究城市史的著作对城市近代化问题的研究外,还有很多侧重于城市近代化转型中某一领域的研究。这些研究更多地关注城市经济结构、文化、社会管理、城市公共空间、建筑等的变化。在这些研究中,对于租界城市,尤其是上海、天津等城市的关注较多,如宋美云(2005)关于近代天津工业结构和企业制度的研究、涂文学(1992)对于汉口文化、周俊旗对于华北城市文化(1998)、沈渭滨对于海派文化(1990)等,以《申报》为研究视角对近代上海的各个领域的研究更是丰富,这些研究从城市各个领域在近代的转型分析了城市的近代化。此外还有很多对于城市管理制度等各个角度的研究,将在下面予以述评。

值得注意的是,在对近代城市的研究中,海外学者的研究也非常丰富,其中尤以美国的研究最为突出。从 20 世纪 70 年代起,西方主要是美国的学者就对中国的城市史进行了广泛的研究。这些研究无论从学科背景还是研究对象上均十分广泛,这些研究既有关注城乡关系的研究,也有以单个城市为个案的研究,在城市的选择上,上海一直备受青睐,且视角大都投向中国近代。其中施坚雅、伊懋可的《中华帝国晚期的城市》(2000 中译本)是对城市史研

究影响深远的著作,施氏将中国分为几个大的区域研究晚清的区
域城市化现象,这种研究模式对城市史的研究者产生了很大影响,
为很多学者所采用。在对单个城市的研究中,罗兹·墨菲的《上
海:现代中国的钥匙》(1986 中译本)是较早地对中国单个城市的
研究,该书认为近代上海的发展演变,对中国走向现代化起了关键
作用,是了解近代中国的钥匙。以后一直到 90 年代西方出版的城
市史的著作仍大部分以上海为研究对象,根据美国华裔学者卢汉
超(2006)的研究①,90 年代平均每年有两本有关上海历史的学术
专著出版,这些著作研究的领域十分广泛,涉及上海的资产阶级、
警察、帮会、纱厂女工、学生运动等,魏斐德、裴宜理、李欧凡、顾德
曼、罗威廉、毕可思等都是其中的著名学者。至 90 年代中期,海外
学者的研究开始关注上海以外的其他城市,1996 年圣地亚哥的学
术会议"Beyond Shanghai: Imaging the City in Republican Chi-
na"的会议论文集中的学术论文涉及到的城市就有北京、天津、南
京、杭州、广州、成都等城市,至 21 世纪后,更多的城市进入研究者
的视野,既有对苏州、南通等城市的关注,也有对北京、南京等城市
的关注,在这方面,卢汉超的《美国的中国城市史研究》(2006)中列
出了书目附录,具有极高的参考价值。从研究领域来看,西方学者
越来越关注社会、公共领域等的研究。

1.2.2 关于近代城市土地管理制度的研究

在汗牛充栋的对中国近代城市史的研究中,有很多关注城市

---

① 卢汉超:《美国的中国城市史研究》,载于《清华大学学报》(哲学社会科学版),
2008 年第 1 期。

管理制度的变革,在这些研究中有从区域经济的角度研究近代城市的空间变革和城市发展的,有从市政管理的角度研究近代城市管理制度变革的,有从城市规划的角度研究近代城市规划的,有从法律的视角研究近代城市的管理制度变革的,这些成果虽然不是专门研究城市土地管理制度,但均涉及到了城市土地管理方面,均为本报告的写作提供了基础。此外,还有专门从产权、税收、宏观调控等角度对城市土地管理制度进行研究,本研究主要对涉及本文研究的城市,青岛、威海、南通、北京、上海等城市的相关研究文献进行评述。

1.2.2.1 近代城市的研究中涉及到城市土地管理制度问题的研究

在研究近代城市发展的著作和论文中,很多均从经济发展、政治制度、城市管理制度变革等多角度全面分析城市在近代的发展演变及特点,其中关于城市管理制度的变革以及城市的近代建设中,均涉及到了土地管理制度的变革。这些著作和论文中,具有代表性的著作有《中国城市发展与建设史》(2002)、《米字旗下的威海》(2003)、《胶州行政》(1923)、《青岛全书》(1914)、《东方乌托邦——近代南通》(2007)、《走向近代化的北京城》(1995)、《近代上海城市研究》(2008)、《上海公共租界史稿》(1980)、《上海法租界史》(1983)等,这些著作并不是以城市管理制度或土地管理制度为研究对象,而是以整个城市(或区域)为研究对象,分析近代的各项制度变革,其中,《胶州行政》和《上海公共租界史稿》、《上海法租界史》着重对青岛行政制度、公共租界和法租界的道契制度、会审公廨制度等的介绍,具有很强的史料价值。《东方乌托邦——近代南通》、《走向近代化的北京城》和《近代上海城市研究》则对近代这些城市是如何一步步发生变革的、发生变革的原因进行了分析,尤其是史明正先生的《走向近代化的北京城》在分析了具体的变革后,更是通过和西方的对比,指出了在财政体制、社会基础等方面存在的制约制度变迁的因素。

从城市规划的角度对近代城市进行的研究。在对城市史进行的研究中,一个重要的视角是从城市规划的角度进行的研究,在城市规划学科领域中,这样的著作非常多,其中对我们选取的代表性城市的城市规划进行研究的就有《近代青岛的城市规划与建设》(2011)、《张謇与南通"中国近代第一城"》(2006)、《中国城市发展与建设史》(2002)、《青岛城市规划与城市发展研究(1897—1937)》(2012)、《南通近代城市规划建设》(2005)、《1900—1949年北京的城市规划与建设研究》(2008)、《"大上海计划"启示录:近代上海市中心区域的规划变迁与空间演进》(2011)等。至于研究的论文则更是非常丰富,但是研究近代青岛城市规划的论文仅采用百度搜索引擎搜出的学术论文就达4000多篇,研究近代北京城市规划的论文就达4万多篇,研究近代上海城市规划的相关论文近3万篇。如此众多的相关研究,一方面说明从城市规划的角度去探讨城市的发展是一个很重要的领域;另一方面也说明这个领域的研究越来越深入。这些研究,有的注重对城市规划本身变迁的研究,有的侧重于城市规划对当时及后续城市发展的影响,如《近代青岛的城市规划与建设》(2011)这本由德国作者所写的著作,利用翔实的很多德文史料对于德租期间青岛的规划、建设以及德国当局对青岛的政策进行了分析,《青岛城市规划与城市发展研究(1897—1937)》(2012)则侧重从城市规划与城市发展之间关系的角度分析40年间青岛城市的发展。因为城市规划本身就是城市土地管理的一部分,因此这些关于城市规划的研究对于本书了解当时的具体规划以及规划设计的背景、指导思想和政策提供了史料指导。

对于城市管理制度的研究。在研究城市史的成果中，还有一部分研究涉及到城市管理制度的研究，这部分研究比较少，既有对整体城市管理的研究，也有对行政制度的研究。在对近代城市管理制度的研究中，主要侧重于法规制度、市政管理、行政管理等制度的研究。其中，尹钧科等著的《古代北京城市管理》(2002)分别对城市规划、市政管理、社会治安管理等进行了介绍，这是关于古代北京城市管理的第一部著作。在近代城市的研究中，《艰难的起步：中国近代城市行政管理机制研究》(2008)、《胶州行政》(1923)、《上海近代城市公共管理制度与空间建设》(2009)等著作主要对近代以来的行政管理制度进行介绍，其中《胶州行政》对于德占青岛期间的管理制度进行了详细的介绍，而《上海近代城市公共管理制度与空间建设》则主要从城市建设管理的角度对于城市规划、城市建设等方面的制度进行介绍，其中城市空间规划、城市土地使用管理等制度的介绍为本文提供了一些史料。在关于近代城市管理制度的研究中，成果最为丰富的是关于市政管理制度的研究。清末时推行的地方自治运动及颁布的一些规章制度，使得城市管理制度发生了很大改变，近现代意义的市政管理开始较为普遍地出现。至 20 世纪 20—40 年代，更是出现了关于市政建设的研讨热潮，出现了一批关于市政建设的书籍和文章，如董修甲的《市政学纲要》(1927)、《市政新论》(1924)、《四大都市之市政》(1931)等，他的论文《田园新政与我国城市》更是将国外"花园城市"的理念介绍了进来。此外，当时的《申报》、《大公报》、《市政月刊》等也刊登了大量关于市政建设的讨论，这些讨论主要是探讨城市建设。现代关于市政建设的研究，有的是在城市史的著作中涉及到市政建设的，如四大关于城市史的著作中,有的则专门研究市政史,这些研究主要是对近代北京、上海和武汉的研究,其中关于近代上海的市政建设的研究,主要集中在对于租界的市政建设和市政管理制度的研究,如沈祖祎的《近代上海市政建设的资金来源》、张浩然的《租界与近代上海市政现代化》等文章均对租界的市政建设的措施、法规、资金等进行了分析,而关于近代北京市政建设的文章也相对丰富,如《近代北京市政建设史料》、《民国初年北京香厂新市区规划的背景原因研究》、《民国时期北京城市管理制度与市政建设》等,其中王亚南(2008)更是对北洋政府时期京都市政公所的市政建设及法规政策进行了分析。这些关于近代城市市政管理的研究中,关于城市规划、城市建设及相关法规政策的研究也提供了一些该时期该城市对土地的使用等进行管理的一些史料。

关于租界的研究。在近代城市发展的类型中,以青岛为代表的租借地城市和存在租界的城市如上海、天津等,均是近代兴起的典型城市,这些城市的发展受租界的影响非常大,租界(租借)当局对于租界(租借地)的建设对于华界以及城市的后续发展产生了深远的影响。在研究租界史的丰富的著作和论文中,很多均是对租界政策的研究,包括有租界根本土地制度的研究、租界进行市政建设的研究、租界司法制度、租界行政制度的研究以及租界的经济发展等领域的研究。如《租界制度与上海公共租界》(1936)、《上海公共租界根本章程》(1936)、《费唐法官研究上海公共租界情形报告书》(1931)、《中国租界史》(1991)、《上海法租界史》(1983)、《上海公共租界史稿》(1980)、《租界里的上海》(2003)等,这些研究中对于租界的根本制度永租制进行了介绍,也对租界的行政管理机制进行了分析,对于研究租界的土地管理制度具有很重要的史料价值。

1.2.2.2 对于城市土地管理制度进行的研究

在诸多的研究城市史的著作中,专门对城市土地管理制度和思想进行的研究相对比较少。这些研究中,有的是直接从经济思想的角度进行分析,有的是从经济史的角度进行研究,还有的则从法律的视角对制度进行探讨。

(1) 从经济思想的角度进行的研究

从经济思想的角度研究近代城市土地管理问题的成果非常少,其中贾彩彦的《近代上海城市土地管理思想(1843—1949)》(2007)以上海为研究对象,从租界和华界思想的相互影响的角度对于近代上海的城市土地管理思想的发展进行了研究。

(2) 从经济史的角度进行的研究

从经济史的角度对于城市土地管理制度进行的研究相对比较多,这些研究中从空间研究的领域看,有的研究全国范围,有的研究某一个区域范围或某一个城市。前者中赵津的《中国城市房地产业史论(1840—1949)》(1994)是第一部研究近代房地产业的专著,在这部著作中主要考察近代房地产业的发展及运营,其中对于近代地价的变化、影响因素以及政府的宏观调控进行了分析,对于政府对行业的宏观调控措施进行的研究对于我们研究当时的管理政策提供了非常有益的借鉴。其他关注近代土地问题的主要从土地契约制度变化的角度进行研究,如杨国桢的《明清土地契约文书研究》(1988)则主要通过研究土地契约文书的变化来看土地交易习惯、法规等的变化,这些契约文书的变化本身正是制度变化的主要表现。相对多的研究则以某个区域或某个城市为研究对象,根据本文选取的几个典型城市,主要对以这几个城市为研究对象的成果进行梳理。

对于近代青岛、威海的研究。青岛和威海均是租借地城市,分别被德国和英国租借之前,均是小渔村,被出于不同的目的租借后均向近代城市转变,但却体现出了不同的特点,青岛更是成为近代城市建设的典范。关于这两个城市,尤其是青岛的研究非常多,而且由于青岛的发展得益于其较为成功的土地政策,故大量的研究集中在其土地政策方面。这其中,青岛市档案馆编的《青岛开埠十七年——胶澳发展备忘录(全译)》(2007)和《胶澳租借地经济与社会发展——1897—1914年档案史料选编》为德占期青岛的研究提供了非常详实的史料,其中前者根据时间顺序,对于德占青岛后颁布的政策及各方面的发展均予以了整理,是对德占期间青岛进行研究的基础。此外,一些德国人的著作也对当时的政策进行了整理,如沙美著《胶澳行政》(1923)、维廉·马察特著:《单维廉与青岛土地法规》(1986),单威廉所著《德领胶州湾(青岛)之地政资料》(1980)等对于德占期间所实施的土地法规进行了介绍,《单威廉与青岛土地法规》更是对单威廉本人的经历、制定土地法规的过程进行了详细的记录,对于我们了解法规背后制定的思想指导以及为何制定这样的法规、法规制定过程中青岛农民的一些反应,从而考察土地制度的转化提供了资料基础。另一位德国学者余思凯所著的额《在"模范殖民地"胶州湾的统治与抵抗》中也记录了德在推行其所实施的政策中所遇到的一些冲突,这些记录对于我们分析制度实施中正式制度与非正式制度之间的冲突、文化传统对于制度变革的影响也提供了分析的基础。还有的学者则着重分析土地政策对于城市发展的影响,如李东泉的《青岛城市规划与城市发展研究(1897—1937)》(2012)、杨来青的《德占时期青岛土地政策初探》(2006)。有的学者更进一步去关注政策实施的渊源,如李东泉(2006)从德国的发展历史来分析德国在青岛所实施的政策,分析政策实施的指导思想以及政策的制度渊源。关于威海的研究,一种是史料性质的,如邓向阳的《米字旗下的威海》(2003)对英租时期所实施的政策以及威海的发展进行了整体的介绍,徐祖善的《威海卫筹收接管行政工作报告书》(1930年代)以及《英租威海卫归还始末》则是记录了民国政府对接管威海的管辖工作的情况,其中关于接管时威海的城市情况进行了详细的记录;还有一种是从法律的角度,介绍英租威海时期所实施的法律制度,如邵宗日的《英国租借时期威海卫法律制度研究》(2011)以及《英国租借期间威海卫法令汇编》(2012)则整理了所实施的法令并对法律制度进行了研究,包括有土地制度,张洁的《英租威海卫与德占胶澳土地法律制度之比较》(2010)则从比较的视角对于两个同属租界地的城市进行比较,分析两种法律制度的异同以及制度差异的渊源,这种着重于分析制度渊源的研究还有美国的学者克拉伦斯·B. 戴维斯和罗伯特·J. 高尔所著的《英国人在威海:帝国之非理性之例研究》(2005)以及袁理想的《英租威海卫土地法律制度与秩序研究》(2010)、高雪《威英政府与威海地方精英互动之研究》(2011)等,这些研究对于英国政府为何采用这样的政策以及如何实施这样的政策进行了研究,对于威海更多地保留了中国传统的制度进行了分析。

对于近代上海的研究。在近代城市的研究中,上海一直是关注的重点,关于上海的研究成果也非常的多。对于上海土地问题,自近代以来就有研究。其中《上海地产大全》(1933)资料非常丰富,内容涵盖租界、华界的地产章程,涉及土地买卖、抵押、租赁等各方面,专门论述土地凭证、税收、地产估价等,并介绍与土地管理紧密相关的公用事业,对于对租界、华界的比较、地产经营等都提供了非常详细的资料,该书虽资料价值很大,但也仅限于一般性的记录,并无深刻分析。此外,《上海之房地产业》(1945)、《旧上海的房地产经营》(上海文史资料选辑第六十四辑 1990)主要介绍了房地产经营方面,《上海市地政》(1947)则介绍土地管理的组织机构安排。城市土地管理制度中,涉及到土地产权管理、土地使用管理、土地税收等各个方面,在近代上海由于租界和华界长期并存,使得上海的土地管理制度的变革及特点呈现出了不同的特点。其中,最根本的就是对租界根本制度——永租制的研究。关于永租制,许多学者均将其与中国传统的永佃制进行了对比,指出永佃制对永租制的影响,同时也从租期时间的设定联系英国国内一直以来的土地"王有"思想和传统进行了分析,陈正书《近代上海城市土地永租制度考源》(1996)一文对此进行了非常细致的考察,指出了这一制度的中西渊源。在此制度下租界所采用的"道契"制度也是研究的重点,很多学者均对道契制度的具体制度规定、道契制度的思想渊源以及道契制度实施的影响进行了经济学或法学上的分析,道契虽然是一种产权凭证,但其一整套运作和规定却对土地管理产生了很大影响。马学强先生对于从道契契约与传统契约文书的比较、道契的产生及道契对于土地产权交易的影响以及对于华界土地产权交易的影响等方面均进行了系列研究,其《近代上海道契与明清江南土地契约文书之比较》(2002),《从传统到近代:江南城镇产权制度研究》(2002)等通过详实的史料分析,指出了道契这一制度的中西渊源,并通过对大量土地契约文书的研究分析了土地产权制度从传统到近代的转变,他的关于近代上海土地问题的研究成为研究这一领域的重要代表,此外,从道契入手,分析土地产权制度的论文还有很多,如《产权视野下的晚清上海道契制度》(2009)、《上海道契与近代土地契证的实践》(2006)、《道契制度——完全意义上的土地私有产权制度》(2011)等。在后来的研究中,学者们更多地通过道契所记载的地块的空间变化来研究城市空间的扩展,从而了解近代上海城市化的进程,如马学强的《近代上海法租界与法册道契》(2008)就将视角投向法册道契来研究法租界的扩张,同样牟振宇的《近代上海法租界城市化空间过程研究(1849—1930)》(2010)也利用公董局的资料并结合法册道契研究法租界的城市化过程,杜恂诚的《晚清上海道契申领总趋势及影响因素分析》(2011)也通过对历年道契申领的面积、均价等资料进行分析,分析了道契申领的总趋势以及由此反映的租界扩张的趋势。对于上海城市化问题的研究除了这种通过空间的扩张来研究的,有意思的是还有些学者从文化的视角切入,来研究影响城市化的一些因素,如吴俊范的《环境·风水·聚落——以近代上海为中心的历史地理考察》(2009)、牟振宇的《近代上海城市化过程中的风水因素》(2014)等,这些研究说明了风水等因素对于城市扩张的影响以及所产生的社会矛盾,此外现代学者更多地开始采用计量分析的方法研究影响城市化的相关因素,如高峰的《近代上海公共租界的土地价格、地税制度与城市化(1845—1933)》利用计量分析方法检验土地价格和城市化的关系。除了大量的对于永租制及道契制度的研究,对于近代上海土地交易中一些传统习俗的改变以及这种变革的原因也吸引了一些学者的关注,其中杜恂诚对此问题进行了很多研究,《从找贴风俗的改变看近代上海房地产交易效率的提高》(2006)一文中就分析了近代以来交易次数减少、实践跨度缩短的变化,反映了工商业发展和私有产权明晰地需求。城市化过程中城市土地供需的变化会直接反映在土地价格上,而土地价格又会反过来对于城市化产生影响,对于地价问题的关注早在近代时期就有学者进行研究,如《上海市地价研究》(1935),杜恂诚(2006)也对土地价格问题进行了关注,分析了游资与房地产价格的关系,认为正是游资在近代城市房地产价格的几次大涨中起了推波助澜的作用,王少卿(2009)也分析了晚清上海地价与城市化的关系,认为地价级差决定了近代上海的城市空间,也为城市建设提供了资金保障。城市土地管理中的一个主要内容是对于城市土地使用的管理,包括土地的征收、土地的规划,尤其是大规模的农地转化为城市用地,土地征地政策是什么? 是如何完成的,这个问题也是学者们关注的一个主要问题,杜恂诚(2012)利用道契原始资料,考察了农田收购过程中的利益分配,认为租界当局和外国房地产商由于信息优势是最大的收益群体,卖地的农民则是受益最小的;而王方的《上海近代公共租界中道路建设中的征地活动》(2013)则对于工部局的征地程序、征地补偿标准以及工部局在其中的作用等问题进行了分析,也指出在这其中公共利益的得失并未成为征地实施中的根本依据。城市土地使用管理的另一方面是城市规划问题的研究,有很多是从法律的角度,如牛锦红《上海公共租界城市规划法的内容与利用》(2009),《近代中国城市规划法律文化探析——以上海、北京、南京为中心》(2011)、练育强的《城市·规划·法制——以近代上海为个案的研究》(2010)均是从法律的视角研究了城市规划制度。

对于近代北京的研究。关于近代北京的研究也很多,这些研究中也有一些侧重于土地管理,主要从这几方面进行了研究:对于近代北京城市空间结构变化的研究,近代市政建设的研究、近代北京城市规划的研究、城市管理制度的研究以及房地产的研究。对于近代以来北京城市空间结构的变化,《近现代北京城内部空间结构的研究》(1997)研究了近现代北京城的社会变革以及由此导致的城市内部空间结构变革,认为地租地价因素以及行政规划影响了城市土地利用方式以及功能区配置,《近百年来北京城市空间扩展与城乡过渡带演变》(2002)以 TM 影像和历史地图为基础分析 20 世纪北京城市空间扩展规律,将北京城市的扩展分为 20 世纪上半叶、50—80 年代和 80 年代以后三个阶段,认为北京城市空间在不断拓展,呈现出"摊大饼"趋势。关于近代北京市政的研究是北京史的研究中比较多的部分,研究的角度也多样化,有研究近代北京的基础设施建设的,包括有对某个具体行业,如供水、供电、交通等近代发展的研究,有全面分析市政建设和管理制度,并对影响市政管理制度发展的社会等因素进行深入分析的,如史明正(1995);有专门从城市管理的角度对市政进行研究,其中尹钧科(20002)的《古代北京城市管理》虽然是对古代北京城市管理制度的研究,但是对于近代北京城市管理的研究提供了很好的背景资料,在对北京城市管理制度的研究中,对于相关管理法规、条例、制度的梳理方面,杜丽红(2002)做了大量的研究,她对于 20 世纪 30 年代北京的市政管理法规进行了整理和分析;还有的关于市政的研究侧重于市政建设过程中传统文化的影响以及主要人物的作用,这些研究对于市政建设中由于文化因素导致的建设中的冲突以及传统文化的延续等进行了分析,如赵可(1998)、李少兵(2006)等,而对于在近代北京市政建设中发挥重大作用的相关人物也是近代市政研究中一个受到较多关注的领域,尤以对朱启钤的研究为多,这些研究对于了解当时的政策制定与实施提供了可贵的资料。除了关于城市空间变化、市政的研究之外,对于近代北京城市规划的研究也是一个重要领域。薛春莹(2003)和王亚南(2008)对此进行了专门的研究,对于近代北京城市规划的演变以及对于北京城市的影响等均进行了探讨,尤其是王亚南详细论述了 20 世纪上半叶北京各个阶段的城市规划,并阐述了城市规划对于城市空间演变的影响。在近代北京城市的丰富的研究中,也有专注于近代北京的房地产研究的,唐博(2009)的《清末

民国北京城市住宅房地产研究》(1900—1949)对于 20 世纪上半期
北京房地产市场的发展与政府干预、房地产价格的变化以及住宅保
障措施进行了研究,为了解近代北京土地、住宅价格的变化及政府
一些措施提供了资料。关于近代北京的研究非常丰富,既有社会
学,又有经济学,还有建筑等学科的研究,涉及到城市土地管理方面
相关内容的研究主要集中在这些方面。

　　对于近代南通的研究。近代南通因其被称为"近代中国第一
城",并是近代轻工业发展的基地,还因其是末代状元张謇大力发
展建设的,故而无论是研究近代工业史,还是研究城市建设与规划
的,或是研究近代名人的,南通都一直是研究的重点,故而研究的
资料和成果都比较多,也主要集中在南通近代工业化、南通近代城
市规划建设以及张謇与南通这几个方面。关于南通近代工业化、
城市化的研究主要是集中在工业的发展、影响因素以及工业化对
于城市发展的影响方面,其中羽离子对于近代南通工业、垦殖业以
及城镇的发展做了系列研究,他的《东方乌托邦:近代南通》
(2007),从对张謇的思想分析入手,对于近代南通的工业革命、圈
地运动、金融资本、区域自治以及教育和对外关系等进行了比较全
面的分析。该书查阅了大量的档案、回忆录、书信、内部文件,并对
一些老人进行了访谈,资料十分丰富,对于了解近代南通经济的发
展以及张謇的思想具有十分重要的史料价值。夏祥红的《近代苏
中城市市政现代化研究》(1895—1937)(2002)则对南通、扬州和泰
州这苏中三市的市政现代化的进程以及他们之间的差异和差异产
生的原因进行了分析,认为工业的发展、精英人物的扶持和交通的
便利为近代南通城市发展的关键要素;关于南通的近代规划也受
到了广泛的关注,其中,吴良镛先生等著的《张謇与南通"中国近代
第一城"》(2006)对于南通在近代城市中的特殊意义以及其发展予

以了讨论,并将其称为"中国近代第一城"。于海漪的《南通近代城市规划建设》(2005)探讨了张謇规划思想的理论与实践来源,并分析了其历史演进以及思想的转折发展过程,并着重讨论了张謇的城市规划思想的现实意义。这些对于张謇思想以及南通城市规划建设的研究,对于研究当时南通的城市土地管理提供了丰富的资料。由于南通城市的发展与张謇密不可分的联系,对于张謇的诸多研究及史料也成为研究近代南通的宝贵的资料来源,其中张謇之子张孝若所编的《张季子九录》以及《南通张季直先生传记》等提供了丰富的史料,包括有一些城市管理方面的资料。现代的很多文章,如《张謇与近代苏中市镇的发展》(2007)、《张謇对南通城市发展的影响》(2003)、《张謇对南通城市结构演变探析》(2006)等均从不同角度分析张謇对近代南通城市发展的影响,也为研究张謇的城市管理的思想提供了资料。

(3) 从法律的角度进行的研究

在研究近代城市土地管理制度的资料中,有很多是从法律的视角对于这一领域进行了研究,其中既有对某一时期该城市所有法律制度的研究,其中涉及到城市土地管理方面的,也有专门对城市土地管理制度进行的研究。

涉及到土地管理制度的研究。在本文所研究的代表性城市中,有学者对于这些城市近代的法律制度进行了梳理及分析,其中邵宗日的《英国租借时期威海卫法律制度研究》(2011)对于英国租借威海卫32年间的法律制度进行了梳理,其中对于土地制度进行了专门的分析,认为包括土地法律制度在内的民事法律制度的特点都是以适用中国法律和习惯为主,其在2012年还出版了《英租威海卫法令汇编》,对于这一时期各项法律制度的研究提供了比较系统全面的资料。练育强的《城市·规划·法制:以近代上海为个案的研究》(2011)对于近代上海的城市规划法制的变迁进行了研究,其中对于租界的土地管理制度进行了分析,该书不仅对于相关的法律规章进行了系统的分阶段的梳理,而且结合相关的案例进行了研究。牛锦红的《近代中国城市规划法律文化探析——以上海、北京、南京为中心》(2011)则对三地的城市规划制度进行了研究,并分析了制度的文化渊源。《北京近代城市法律法规整理与研究》课题组的研究成果《近代北京城市管理法规研究》(2006)对北京近代城市管理法规的内容、演变及特点进行了研究,也为土地管理制度等的研究提供了丰富的资料。

对于近代土地法律制度的专门研究。在对本文所选取的几个典型城市的研究中,关于土地法律制度的专门研究成果较多的主要集中在青岛、威海和上海,这和青岛比较成功的土地法律制度以及近代上海租界的巨大变化以及丰富的史料是相关的。张洁的《英租威海卫与德占胶澳土地法律制度之比较》(2010)从土地立法和土地司法方面对两地的土地法律制度进行了比较,并分析了产生差异的原因,认为两个租借国治理目标的差异、文化传统及法律观念的差异、两国法制形成模式及民族心理的差异是形成两地差异的原因。苏亦工的《英租威海卫土地法律制度研究》则探讨了英租时期土地法律制度的渊源。对上海土地法律制度的研究中,练育强的研究成果显著,他对于近代上海的土地管理制度从土地登记、土地规划等各个方面进行了分析,对于这些法律制度的演变及实施进行了很多案例分析,对于制度的具体实施提供了丰富的史料。在对土地管理制度的研究中,另外一个比较多的研究领域是对于土地契证条例的研究,在这几个城市中,对于上海道契的研究相对较多。如夏扬的《上海道契:法制变迁的另一种表现》(2004)则从道契制度入手,研究法制的近代变迁,认为中国传统法律转型是复杂的,移植接受新的制度也不是一蹴而就的，法律文本的移植也不能代替制度建设，并对于法制制度移植的内外影响因素进行了分析。

这些从法学的视角对于土地管理制度的研究，既为本文提供了资料来源，对于考察制度的渊源也提供了有益的启发。

城市史一直是经济史研究的重要领域，成果也非常丰富。近年来，对于该领域的研究越来越细化，对于城市土地方面的研究也越来越多。尤其是在城市化的背景下，土地征收、规划、地价、土地税等现实问题也日益突出，对于近代城市化背景下这些问题的表现、管理制度、制度的影响等的研究不仅数量上多起来，而且在分析方法上也更多地采用了量化的和多学科交叉的分析方法，这些研究成果从多角度为本文的研究提供了资料和研究基础。另外必须提到的是，随着档案资料的整理和发掘，一些资料汇编也越来越多地问世，如各城市的《市志》《房地产志》等，还有租界档案的整理，如上海的《租界志》《工部局董事会会议录》《上海道契》《青岛开埠十七年——胶澳发展备忘录》《胶澳租借地经济与社会发展——1897—1914 年档案史料选编》等也提供了资料基础。尽管有了丰富的研究成果，但是比较系统地研究近代城市土地管理制度的变迁的成果还相对较少，本文着力于城市化的背景下，近代城市土地管理制度是怎样发生变迁、变迁的路径又有哪些、这些不同的变迁方式对于城市的后续发展又产生了怎样的影响，在这些制度的构建和变迁中又体现了怎样的思想渊源。

1.3　研究内容

本文研究的时间范围从 1840 年至 1927 年。整个近代时期城市土地管理制度经历了不同阶段的变迁和演进,内容非常丰富。但从传统到近代的变革伊始是在南京国民政府成立之前,因为各个城市发生变革的环境因素不同,变革有的缓慢,有的快速,但在19世纪之前均悄然发生了变革。本文要考察的正是这种变革是怎样发生的?近代化的制度是怎样开始构建的?传统到近代的变迁路径是什么?制度构建的背后体现了怎样的思想渊源和变化?因而本文研究的时间范围选定为1840—1927年。

本文的研究内容侧重于分析近代城市化背景下的制度变革,故而近代城市化与历史上的城市化相比有了什么样的特点,又怎样影响了制度的变革,这些变革的因素和渊源以及对于城市后续发展的影响和比较是本文研究的主要内容。具体而言,主要包括以下几部分:

第一部分是近代城市化对城市土地管理的影响。本部分主要分析与历史上的早期城市化相比,近代的城市化是怎样发生的,具备怎样的特点,在这个城市化浪潮下,近代不同类型的城市发展呈现出不同的模式,且使得城市土地管理制度的变革呈现出不同的路径。条约口岸类城市中既有租借地城市,又有辟有租界的城市,前者以青岛为代表,这类城市是由租借国设计、规划城市,并创设了近代土地管理制度,后者以上海为代表,这类城市的土地管理制度体现出了传统与近代并存并相互影响的特点;非条约口岸城市,以南通为代表,是自下而上的自发制度变革、自主创设土地管理制度的模式;传统的行政中心城市,以北京为代表,则是一种自上而下的缓慢的制度变革模式。

第二部分以青岛和威海为例分析租借地城市土地管理制度的变革及思想渊源。这部分分析了这两个城市的土地管理制度从传统到近代的变革,并详细论述了变革后确立的具有近代特点的土地管理制度。但同为租借地城市,这两个城市却呈现出了不同的发展特点,青岛成为规划有序、发展迅速的近代城市的典型代表,而威海则似乎停留在了历史的岁月里。故而本部分进一步通过对这两个城市管理制度变革的比较,分析了哪些因素影响了制度的变革,又怎样影响了城市的后续发展。

第三部分以南通为例,分析近代兴起的非条约口岸城市的土地管理制度的变革。南通被称为"近代中国第一城",是完全由中国人自发地、自下而上地进行设计、建设的城市,其变革路径体现出了不同的特点,由地方精英为主导,自下而上推动制度变革的特点鲜明,但城市的变革对于个人及私人企业的过分依赖以及政府力量的缺失,使得这种变革呈现出了不持续性的特点。

第四部分以北京为例,分析传统行政中心城市的变革。对于这类城市,由于其主要功能是行政中心,近代工商业发展缓慢,中央政府力量强大,其制度变革也要缓慢得多,主要是由政府自上而下地推动的缓慢的变革,在这里古老、传统城市的特质等因素阻碍了制度的变革。

第五部分以上海为例,分析辟有租界的城市土地管理制度的变革。上海是近代崛起的大都市,且租界和华界并存近百年。如此长时间的并存,客观上形成租界内具有西方色彩的管理体制和华界中国传统管理体制的并存。租界内西方管理制度的确立与中国传统文化既有兼容也有冲突,而且两者直观的对比形成了对中国传统管理、传统文化的巨大冲击,这样两种文化的相互影响就非常大,形成了无论租界还是华界,其管理制度皆既有西方文化的影响,又有中国传统文化的渊源。

第六部分对不同类型城市土地管理制度的变革及对城市后续发展的影响进行比较分析,得出了不同制度构建及变革的异同,并在此基础上去进一步分析了对城市后续发展的影响,从而得出哪些因素是制度变革中的关键因素,并在制度变迁中分析其思想演变。

第七部分对全文进行了总结。在近代城市土地管理制度的变革中,既有共性因素,又有特殊因素,适应近代经济发展的基本要素的具备是近代经济发展的基础,经济的发展促进了城市化并进而促进制度的变革,西方文化的传播又加快了这种制度变迁,还使得制度的变迁和构建呈现出了文化上的多元性。同时,从对近代城市化背景下城市土地管理制度构建及变革的分析中,我们又可得到处理现代城市土地管理中存在问题的诸多启示,如完善的城市土地税收制度、科学统一的城市规划、各方利益的协调机制、有利于社会团体发挥作用的制度等。

2 近代城市化对城市土地管理的影响

2.1 城市化与城市土地管理的关系

城市化是土地、劳动和资本等生产要素的集聚过程,在这个过程中,必然伴随着大量的土地转换,而这个转换过程必须经由土地征用来完成。城市规模的扩张,不仅涉及到农地的转换,还涉及到城市的更新问题,这一更新过程是一个连续不间断的过程,在城市内部土地用途竞争激烈,城市交通、不动产开发、商业活动等因素带来的外部经济往往会导致土地的利用效率发生变化。对一个城市而言,这一变化是零散的、连续的,用途的转换往往通过土地市场来完成。人口增长和经济发展推动的土地需求的增加会导致土地价格上涨,土地替代性的用途会挤掉土地现有的用途,土地的利用强度得以提高,这个过程反过来又促进了城市的增长。因而,城市化进程中,对于土地交易(产权转换)的管理、土地征用的管理、土地收益的管理及土地使用管理等共同构成城市化进程中对土地这一要素的管理内容。

就土地征用而言,土地征用制度与土地转换效率、环境、治安等均有密切的关系。由于土地利用的外部性十分明显,一方面,是否有有效的城市规划管理，直接关系到环境、布局等问题；另一方面，征地补偿的公平问题，与社会问题密切相关。补偿标准不公平，将导致失地农民转化成城市贫民，从而引发一系列问题。因此，完善土地征用管理，是城市化进程顺利推进的重要环节。

土地收益制度是影响城市土地利用的重要因素。土地税费的资本化会影响到土地利用的强度，而土地收益分配制度的变迁不仅影响到土地市场的运行，对土地成交量和价格产生影响，从而影响城市更新进程，还影响土地开发的时机，进而影响土地配置效率。

城市化的顺利进行，需要有较为完善的土地市场和法律环境，为土地产权的顺利、高效的交易创造前提。只有土地管理制度各个方面的逐步健全，才能适应城市的发展，而城市的发展，也需要城市土地管理制度的相应变革。

2.2　近代城市化浪潮

关于城市化的界定，目前主要有两种有代表性的观点：一种认为是农村人口向城市迁移的过程，故主要以城市人口占区域总人口的比重来确定；另一种观点则认为城市化不仅是人口城市化的过程，还包括第二、三产业向城市聚集、城市数量增加、城市空间结构变化、城市生活方式在农村的传播等。从城市化的历史来看，西方的城市化是工业化的产物，而工业化促使人口从分散走向集中，西欧的城市发展模式正是如此，所以狭义的城市化论者以人口比重为指标进行研究。但近代中国城市化的发展并不同于西欧模式，故讨论中不仅考察人口指标，还包括城市空间结构的变化、城市数量的增长等。

从近代城市人口绝对数量的增长上来看,1840 年中国城镇人口约为 2769 万,1949 年则为 5765 万,增加 1 倍多。1931 年,中国海关对 44 个通商口岸的人口进行估计,认为比 1921 年增加了 40 余万。[1] 至于近代城市化率,至 1949 年全国总人数、城市人数才有精确的数据,能够得出精确的城市化率,而之前至 1840 年的全国总人口数和城市人口数,统计不一,不过当代分析各家对中国近代城市化率的估算,虽然具体数字不一样,但是很少有超过 10%的[2],本文查阅相关资料后,借鉴李蓓蓓、徐峰[3]经过分析后的研究来说明近代的城市化率(见表 2.1)。从数据来看,近代中国的城市化水平并不高,但与同期总人口的增加相比,可以看出城市人口增长的速度仍然快于总人口增长的速度。从同期世界城市化水平来看,与西方发达国家同期城市化水平相比,则差距很大,尤其是 20 世纪以后,如 1900 年发达国家城市化水平为 26.1%,1950 年已达 51.8%。[4]

表 2.1 近代若干年份城市化率

年份	全国总人口(万人)	城市人口(万人)	城市化率(%)
1820	37377	2460	6.5
1840	41281	2769	6.7
1843	41724	2825	6.6
1893	33671	2769	8.2

---

[1] 1931 年,《申报年鉴》D 国内人口,第 6—7 页。

[2] 当代国内外很多研究过中国近代城市的学者都估算过近代中国的城市化率,各家估算的年份密集在 1820 年、1843 年和 1893 年,1820 年有 6.3%(行龙估算)、6.9%(赵冈估算),1840 年是 6.5%(行龙估算)、1843 年有 5.1%(施坚雅估算)、1893 年有 6.0%(施坚雅)、7.7%(赵冈)、7.9%(行龙)。

[3] 李蓓蓓,徐峰:《中国近代城市化率及分期研究》,《华东师范大学学报(哲学社会科学版)》2008 年第 3 期。

[4] 联合国,城乡人口增长的类型,《人口研究译文集》,第 1 集,第 172 页。

（续表）

年份	全国总人口（万人）	城市人口（万人）	城市化率（%）
1901	42645	4173	9.8
1920	44715	4742	10.6
1931	46884	5106	10.9
1936	46962	5281	11.2
1949	54167	5765	10.6

　　资料来源：李蓓蓓、徐峰《中国近代城市化率及分期研究》，载华东师范大学学报（哲学社会科学版）2008 年第 3 期。

　　从城市数量来看，城市数量大幅增加。按照施坚雅的研究，1843 年人口数在 2000 以上的城市中心地的数量为 1653 个，到 19 世纪末期，以 1893 年的数据为例，人口数 2000 以上的城市中心地的数量则为 1779 个。按照其分析，1893 年中国的经济等级结构由 8 个层次组成：一般性集镇（27000—28000 个）、中等性集镇（约 8000 个）、中心性集镇（约 2300 个）、地方性城市（669 个）、中等性城市（200 个）、区域性城市（63 个）、区域性大城市（20 个）、全国性大城市（6 个）[①]，其对应人口如表 2.2。由于施氏的研究集中在 19 世纪，20 世纪城市人口和城市体系的研究我们采用别的学者的分析。至 20 世纪城市规模已经扩大，城市统计很多分析 5 万人以上的城市。根据何一民对相关资料的统计（2004），1919 年 5 万人以上的城市为 140 个，1936 年时有 191 个。[②] 此外，小城镇（2500—10000 人）也得到了极大地发展，据顾朝林（1992）的统计，1840—1937 年间中国部分地区市镇增长如表 2.3，可见市镇增长很快。

---

　　① 施坚雅：《中国封建社会晚期城市研究》，吉林教育出版社 1991 年版，第 74 页。
　　② 何一民：《近代中国城市发展与社会变迁（1840—1949）》，科学出版社 2004 年版，第 196 页。

表2.2 1893年各级城镇数量及人口平均数

在经济等级结构中所处级别	核心地区数量	边缘地区	合　计	人口平均数	
				核心地区	边缘地区
全国性大城市	6		6	667000	
区域性最大城市	18	2	20	217000	80000
区域级城市	38	25	63	73500	39400
中等城市	108	92	200	25500	17200
地方级城市	360	309	669	7800	5800
中心性集镇	1163	1156	2319	2330	1800
中等性集镇	3905	4106	8011	690	450
一般性集镇	13242	14470	27712	210	100
合　计	18840	20160	39000		

资料来源:施坚雅,《中国封建社会晚期城市研究》,吉林教育出版社,1991,第158页。

而总量上按照慈鸿飞(1996)的分析统计,认为20世纪30年代中国共有2000—20000人的镇16335个,[①]与1843年相比增长了14682个,增长率惊人。

表2.3 1840—1937年中国部分地区市镇增长统计汇总表

省区部分州县	1850年前	1851—1937年	增长情况%
河北二州县	32	34	106.3
山西二州县	19	19	100.0
河南四州县	96	153	159.4
山东六州县	110	175	159.1
江苏九州县	110	281	253.2
上海四州县	70	164	234.3

① 慈鸿飞:《近代中国镇、集发展的数量分析》,《中国社会科学》,1996年第2期,第38页。

（续表）

省区部分州县	1850 年前	1851—1937 年	增长情况/%
浙江六州县	48	111	231.3
广东三州县	145	169	116.6
合计 36 州县	630	1106	175.6

资料来源:顾朝林,《中国城镇体系——历史·现状·展望》,商务印书馆,1992,第 151 页。

　　从城市规模看,城市规模扩大,涌现出了一批大城市和特大城市。按照施坚雅的估计,19 世纪 40 年代中国的 4 个最大城市——北京、苏州、广州和武汉三镇——按规模排列为 850000 人到 575000 人,没有超过人口 1000000 的城市。[①] 至 20 世纪初,城市规模更是有了极大地增长。1919 年,中国已有百万人口以上的特大城市 2 个,均为开埠通商的新兴城市,50 万—100 万人口的大城市共有 7 个,除北京、苏州、杭州外,其余皆为开埠后发展起来的新兴城市。至 20 世纪 30 年代中期,中国已拥有大于 200 万人口的超大城市 1 个,100 万—200 万人口的大城市 5 个,50 万—100 万人之间的大城市 5 个,20 万—50 万之间的大中城市 11 个,至 1948 年时上海人口总数已为 540 余万,成为世界上少有的特大规模的城市之一。[②] 城市人口规模的扩大,必然要求城市用地的拓展。例如,清道光二十三年九月二十六日(1843 年 11 月 17 日),上海开埠时,共辖 12 保,28 区,214 图,面积约 600 多平方公里(作者注:约合 900000 市亩),至 1949 年时,上海市共辖 30 个行政区,面积为 926443.3 市亩。[③] 19 世纪末,天津城区面积为 16.525 平方公

---

　　① 施坚雅:《中国封建社会晚期城市研究》,吉林教育出版社 1991 年版,第 51 页。

　　② 何一民:《近代中国城市发展与社会变迁(1840—1949 年)》,科学出版社 2004 年版,第 196 页。

　　③ 《上海房地产志》,上海社会科学院出版社 1999 年版,第 79,83 页。

里,到 1919 年天津市区面积则为 33. 216 平方公里,1934 年扩展
到 54.75 平方公里。①

2.3 近代城市化与早期城市化的比较及其特点

2.3.1 近代城市化的特点

从中国城市发展史来看,宋以前中国城市以行政中心城市为
主,到宋时这类城市的发展达到了极限,到清代这类城市的数量不
再增加,而规模还有缩小之势,其中特大城市人口再也没有达到宋
代的最高峰。② 施坚雅在其《中华帝国晚期城市》中,认为中国城
市的发展从唐末到北宋发生了"中世纪城市革命",尽管古代作为
行政中心的城市的发展停滞,但出现了大批经济都市—市镇,这一
点也得到中国学者研究的认证。这一时期出现的经济都市是建立
在工商业发展的基础上的,是经济发展的结果,因而被视为中国城
市化的起点,至明清时期中国早期城市化则达到高峰,这个阶段城
市化的发展更多地表现为市镇化。近代兴起的城市化与早期城市
化相比则体现出了不同的特点。

2.3.1.1 国外贸易的发展是此次城市化的主要推动力

近代城市化不同于西方以工业化推动了城市化,也不同于早
期城市化中国内长途贸易的发展推动了早期的市镇化,这次城市

---

① 罗澍伟:《近代天津城市史》,中国社会科学出版社 1993 年版,第 338 页。
② [美]赵冈:《论中国历史上的市镇》,《中国社会经济史》,1992 年第 2 期。

化是以外贸为主要推动力的。在近代中国,尽管近代工业有一定的发展,但商业资本始终大于工业资本。抗战前中国的商业资本约占工商业全部资本的 70%,到 1948 年,商业资本所占的比重已在 90%,工业资本仅占 10%左右。[①] 鸦片战争前外贸主要集中在广州一口,年贸易总额出超达 25000 万元。《南京条约》签订后的 20 余年间,西方工业品的输入额一直徘徊在 10000 万海关两[②],70 年代开始明显增长。民国时期的出口贸易更是突飞猛进,1928 年—1931 年出口额分别为 119597 万、126578 万、130957 万、143349 万海关两。[③] 对外贸易的增长促进了通商口岸城市的发展,这些城市既有约开商埠,也有自开商埠,在一些约开商埠中,租界的存在对于城市管理产生了很大影响,促进了这些城市土地管理的近代变革,而这些城市又对其他城市产生了很大冲击,如上海。

2.3.1.2 近代工业的发展促进了本次城市化

近代工业的兴起是城市发展的重要动力之一,一方面促使原有的城市扩大;另一方面推动了一系列新式的工矿业城镇兴起与发展。近代中国工业从 19 世纪中叶开始有所发展,兴办的近代企业数量有限,主要集中于上海、香港、广州等沿海、沿江城市,如表四。而新式工业则兴起于 19 世纪中叶,到 19 世纪末 20 世纪初,以上海为中心的近代工业区逐渐形成,在上海周围的无锡、南通、常熟、杭州等中小城市加工工业都有较大发展。20 世纪以来,近代工业则出现了较大发展,至三四十年代,除了上海、武汉、广州及长江三角

---

① 陆仰渊,方庆秋:《民国社会经济史》,中国经济出版社,1991 年版,第 13、1 页。
② 陈真:《中国近代工业史资料》,第 4 辑,第 83—85 页。
③ 《十年来之中国经济建设(1927—1937 年)》上编,第 99 页。

洲的一些较大工业城市外,北方沿海也形成了天津、青岛、大连、沈阳等工业城市。但从当时的工业数量分布看,上海、天津、武汉、青岛、广州五个城市占全国工人总数的70%,可知这五个城市是当时我国最主要的加工工业城市。同时工业和交通运输业的发展还推动了一批工矿城市的发展,如唐山、井陉、焦作、抚顺、本溪等。

表 2.4　19 世纪早期中国早期近代工业城市分布

年　代	投资中心
40—60 年代中期	广州、香港、上海
60 年代中期至 70 年代末期	上海、汉口、九江、福州、苏州、天津等
80 至 90 年代中期	上海、天津、香港、南京、福州、武汉等

资料来源:何一民:《近代中国城市发展与社会变迁》(1840—1949),科学出版社 2004 年版,第 37 页。

2.3.1.3　新式交通的发展促进了本次城市化

我国近代之前的城市化中,市镇的兴起主要因其处于水路运输便利的地方,如运河、长江沿岸的市镇。近代新的交通运输方式的出现也极大地促进了一批城市的兴起。近代交通运输方式的改变主要体现在近代航运业、铁路和公路运输的发展。近代航运业的发展促进了新的港口城市如天津、唐山、青岛、烟台和长江流域城市如上海、武汉、重庆等城市的发展。近代铁路的兴起,促进了一批铁路沿线城市的发展,最典型的是东北的城镇,甲午战争前东北地区城镇较少,甲午战争后由于东北铁路的修建和矿产的开采,至 20 世纪 40 年代已经形成了沈阳、长春、抚顺、鞍山等城市群。从近代城市的发展程度来看,东部交通便利的区域城镇数目较多,而西部交通不便的地区,城镇数目则一直相对较少。近代新式交通的发展,大大促进了人口的流动,加速了城市化进程。

2.3.2　近代城市化之前城市发展的特点

2.3.2.1　中国早期城市发展的特点

宋以前的城市多以行政中心为主,其功能主要是进行政治行政管理,其城市的等级规模也与行政级别相应。作为统治中心,中国的城市都修筑有高大宽厚的城墙,城市内部空间布局封闭,实行坊市制,即政府将城市空间划分为若干矩形的单位,四周建有围墙,称之为"坊",居住区称"里坊",市场称"市坊",每坊政府指定专人进行管理。城市规划强调礼制,《周礼·考工记》记载的"匠人营国,方九里,旁三门,国中九经九纬,经涂九轨,左祖右社,面朝后市,市朝一夫。"①(注:夫为古代计量单位,一夫约合今天的一百亩。)描绘了都城的建设规划,即都城成方形,各边长九里,每边各开三门,城中布局为九条直街,九条横街,道路宽度为车辙的九倍,中为宫城,左为祖庙,右为社稷坛,后为市场,市与朝各占地一百亩。突出的强调了天子为中心,都城建设方正的思想。而《考工记》所记载的"环涂以为诸侯经涂,野涂以为都经涂"②即诸侯城的经纬涂宽度只相当于王城的环涂宽度(注:都城的环城),卿大夫采邑"都"的经涂宽度再降一等,仅相当于王城野的宽度,说明按封建等级,都城有大小。这些记载既说明了我国城市的建设很早就有规划,也为后世的规划奠定主线。从春秋到战国,城市均有详细的规划。这一时期,宫城是城市的主体,宫殿为城市的中心区。秦汉时期,城市布局基本沿用了春秋战国时期的形式,并按功能分为几

---

① 转引自庄林德等编著:《中国城市发展与建设史》,东南大学出版社 2002 年版,第 16 页。

② 同上。

个不同的区域,如宫廷区、官署区、宗庙区、市区、手工业区、居住(闾里)区等。至隋唐,严谨的封闭式棋盘形的城市格局形成,尊卑有别的礼制风格已经十分成熟严谨,但商业活动或局限在城市内的某一区域,或被排除在城市计划之外,这个时期的规划力求方正和对称,"三朝五门"严整有序。尽管传统的城市规划思想虽然取得了举世公认的成就,但由于过于追求礼制风格和象征意义,往往导致城市布局和社会经济发展的实际需要脱节,如"王城居中"的模式,道路尺度的考虑等。在绿化方面,虽然很注重城市的山水布局、皇家园林与私家园林的建设,但城市的公共绿化却比较落后。这个时期的城市兴衰主要受政治、军事等非经济因素的影响,城市的空间分布秦汉时期主要集中在北方中原地区,至魏晋南北朝时期,由于中国北方的连年战乱,人口南迁,长江中下游、东南沿海一带成为我国主要的城市发展期。

2.3.2.2　中国原生型城市化时期城市发展的特点

自唐宋以后,随着运河的开凿和漕运的兴起,运河沿岸出现了一批著名的城市,明清时期,内河和海上贸易有了较大的发展,东南地区的城市越来越多,西部和北部的城市则逐渐减少,这个时期中国城市的发展有了新的特点,进入早期城市化阶段。由于唐代末期取消了一县一市,市须设在县城的规定,从宋代开始,伴随市场发育和商品经济的发展,市镇开始迅速发展。这个阶段是以工商业为主的非农业行业和大量人口向城镇集中,城镇数目增多,规模扩大,城镇人口在总人口中的比重逐渐增多的一种自然演进的趋势,有的学者把它称为原生型城市化。[①] 此时城市的封闭性坊

---

① 乔志强、陈亚平:《江南市镇原生型城市化及其近代际遇》,山西大学学报(哲学社会科学版),1994年第4期。

里制度已经名存实亡，经济区及商业街市越来越密集，反映出城市经济职能与政治职能此涨彼消的状况，这时期的城市规模的扩大及新的市镇涌现是经济发展的结果，城市的空间分布主要在交通便利的地方。如早期城市化中兴起的江南市镇，几乎都位于河水之滨，镇区的空间布局都与作为江南城乡之间主要交通渠道的河流有关，其空间结构主要有一河二街型、丁字港型市镇、十字港型市镇和环形市镇。① 一河二街型即一条河流穿越全镇，河流两旁是两条商业街，这是小型市镇的常见类型，如杭州府海宁县的硖石镇，市河穿越全镇，两旁是市街，南北长四里，呈南北向的狭长形状。丁字港型，是中型市镇或大型市镇的常见类型，两条河流在镇中心呈丁字相交，主要街道也呈丁字形分布，如杭州府仁和县与湖州府德清县合辖的塘栖镇，官塘运河（即京杭大运河）在镇中与市河丁字相交，运河南北岸及市河东西两岸的街道有桥梁相连，构成该镇最繁华的商业区。十字港型即两条河流十字相交于镇中心，形成十字港，周围有桥梁、街道相连，形成闹市，大型或特大型市镇多为这种类型。如湖州府的南浔镇就是典型的十字型港市镇，运河自西而东穿越镇中，由南而北的市河在镇中心与运河十字相交，构成十字港。竹枝词中"市楼灯火映波红，十字中分处处通"②就反映出南浔十字港周围繁华的景象。环形市镇是太湖、运河流域因历代开发圩田，沿圩堤开沟排水，因而形成了许多环状河道，不少市镇即位于这些环状河道中间，街市虽不一定形成完整的环状，镇区平面布局的环状特征却十分明显，是比较多见的市镇镇区形制。如嘉兴县洲钱镇即因"其地周围皆水，形如钱布，故名"。③ 这些城镇的空间布局也反映

---

① 樊树志：《江南市镇传统的变革》，复旦大学出版社 2005 年版，第 189 页。

② 董载昌：《浔溪竹枝词》。

③ 光绪《嘉兴府志》卷四（市镇）。转引自包伟民，江南市镇及其近代命运，知识出版社，北京，1998，第 94 页。

出这个阶段兴起的城镇主要是经济中心，空间格局上商业街区自
然分布在交通便利之处。无论这些市镇的基本形状如何，基本属
于单一街区，即市镇建筑都沿市河平行分布，屋与河之间是街道，
屋与街随着河走，纵向蜿蜒可达数里甚至更长，但一般不存在由与
临河街道平行的第二层商业街道分隔的第二层建筑群。

2.4 近代城市化中城市发展的不同模式

从近代城市化与早期城市发展的特点比较中，可以看出近代
城市化与早期的城市化不同，这次城市化主要是由于对外贸易的
发展及近代的工业化推动产生，在这次城市化中城市规模和数量
大大增加，大型城市的涌现与市镇的发展并存，新的工商业城市成
为这次城市发展的主导力量，并且引起新市镇的兴起与旧市镇的
衰落，这个时期既出现了新的城市类型，又出现了旧城市类型向新
城市类型的转变，不同的城市发展模式，对城市空间结构的改变也
不同，城市土地管理制度的模式也不同。

2.4.1 条约口岸类城市

近代对外贸易的发展促进了通商口岸的增加，通商口岸的开
辟也促进了对外贸易的发展。在这些通商口岸中，有约开商埠，有
自开商埠。从 1842 年五口通商开始，至 1930 年代止，通商口岸城
市计约 110 个，①分布极广，其中大部分为约开商埠城市。

---

① 吴松第：《通商口岸与近代的城市和区域发展——从港口—腹地的角度》，《中
国近代史》，2007 年第 6 期。

时人称:"中外贸易之状况,年盛一年,凡商埠之订约开放及自行开放者,几遍通国①。"但从分布来看,约开商埠主要分布地区以沿海、沿江和东北三个地区为主,计约 79 个(如表 2.5)。其中东北大都为较小的城镇,主要通商对象为日本和俄国,沿江沿海的则大都为近代中国十分重要的城市,如上海、天津、武汉、广州、南京、重庆等,这些城市发展迅猛。数量众多的口岸城市是近代中国城市化中出现的新的城市发展模式。东北地区的口岸城市主要是工矿城市和港口城市,其发展受日、俄模式影响较多;而沿海、沿江的口岸城市北起天津,南至广州,以上海为中心并以此向长江中上游延伸,形成 T 字形,这些城市的发展则主要依靠其自然地理优势,在工商业发展的带动下发展起来的,多成为区域经济发展中心,至 20 世纪 40 年代后期,中国 12 个最重要的大城市除北京和西安两个传统政治中心城市外,其余均是开埠通商城市,这些城市的发展模式受欧美的模式影响较大,尤其是在上海、天津、汉口等设有租界的城市及一些租借地,如青岛,租界成为西方城市的缩影,其西方式的市政建设、土地产权管理、城市土地规划、土地管理规章及机构设置、土地税收及土地规划中的征收补偿都不同于中国传统的土地管理模式,有的甚至在中国传统管理中根本就不存在,明显的管理效果对比既刺激了华界的变革,激发了有识之士对西方模式的探讨,也为华界传统土地管理制度的变革提供了参照模式,如上海,租界和华界两种制度长期并存,租界又有法租界和公共租界,其制度构建又各受其国内影响,华界在租界的刺激下也发生了制度变革。作为近代崛起的大都市,上海的发展模式又影响了很多其他城市,并成为模仿的对象。尽管作为开放的窗口,开埠通商

---

① 中国商埠纪略:《东方杂志》,1907 年,第 11 号。

城市的发展受外国影响较大,属于城市近代化转变较早的城市,但是,中国各通商口岸的习惯作法各不相同,在一些通商口岸,对于各重要通商国家给予彻底的土地使用特许权;在另一些通商口岸,中国当局建立了允许外国人购买土地的"国际居留地",还有一些像上海那样的口岸,有若干地区专门留作外国人租借之用,由中国官府发给地契,城市类型不同,其发展模式也不同,在制度构建上就有传统制度逐渐变革的,有基于租界宗主国的模式建立的,也有租界、华界两种制度模式并存的,制度构建模式各异,传统的制度在城市近代化的过程中有由传统向近代转变的过程,西方的制度有和本土的制度融合的过程,形成了不同的制度演变路径。

表2.5 中国签订的开埠条约数与开埠数统计表

国别	英国	法国	俄国	美国	日本	合计	备 注
条约数	9	3	3	1	5	21	
开埠数	33	10	12	2	28	85	其中6个相同

资料来源:本表根据王铁崖编《中外旧约章汇编》第1—3册整理编制。

2.4.2 传统行政中心城市的近代发展

这类城市主要是指在近代并未开埠的行政中心城市,其在近代城市中数量最多,规模上最大,大至京城,小至县城,在近代也经历了缓慢的转型。这类城市在近代的发展主要受政治决策及开埠城市的影响。我们以西安为例,西安的城市空间结构的变化始于清末新政的实施,新政实施之前,据《咸宁长安两县续志》以及方志史料的记载看,其空间构成包括官府衙署、学宫书院、寺庙祠观、兵营校场、官仓典狱、各地会馆、商业店肆、手工业作坊、居屋府第、私宅园林、农地及空地、城墙与城壕、城市道路、城市水道等。在19

世纪末所出现的各种维新变化中,上述的城市功能,在原有基础上逐渐产生新的功能,如 1890 年西安电报局成立,1902 年西安邮政局和陕西洋务局成立,1908 年陕西商务总会成立,①总体来说新的功能要素的变化主要集中在 1902—1911 年之间,一些军事职能有所衰落,新的城市功能如新式教育、巡警等新的城市职能部门涌现,都体现了其城市内部空间结构在近代开始发生变化,不同于通商口岸城市的发展主要受对外贸易的发展及国外的影响,西安这种未开埠的内陆行政中心城市其城市的发展主要是一种晚清政府层面的制度导向的变迁。

2.4.3　近代兴起的非条约口岸的工商业城市

近代城市化不同于早期城市化的一个特点便是本次城市化的一个重要推动力是近代工业的兴起,工业的发展推动了城市规模的扩展。近代兴起的工业企业既有外国投资,又有本国的官营和民营投资,其中外国投资主要集中在沿海城市(如上海、青岛、大连)和新兴工矿业城市(鞍山、本溪),本国官营投资主要在一些通商口岸城市(武汉、天津)和工业城市(唐山),私人投资则对一些传统工商业城市(无锡、南通)的发展起了决定作用。这类城市中除去约开商埠类城市,大部分为一些自开口岸类城市和非口岸城市,以无锡、南通为代表。自开商埠的地区则以内陆城市为主,而且主要是以中小城市为主,尤以铁路沿线的城市为主,从清末到北洋政府时期,中国先后自开的商埠达 30 余个。自开商埠城市不同于约开商埠城市,几乎所有的自开商埠所订立的开埠租地章程都是中

---

① 《西安市志》第一卷《总类·大事记》,西安出版社,1996 年 8 月版。

国政府先行拟订、颁布的,其商埠内的各种管理章程也基本上是由
中国地方官员议订和颁布。这些城市的发展与民族工商企业家的
个人努力和发展本地工业有很大的关系。以南通为例,南通城市
的发展完全是在张謇个人的推动下完成的,他利用通海地区生产
优质棉花,土布生产与销售有着传统的产业优势这一点先创办大
生纱厂,继而创办通海垦牧公司为纺织工业提供原料基地,然后带
动机械、食品加工、交通运输、金融乃至第三产业的全面发展,并投
资教育、公园、医院、养老院和育婴堂等,并推动地方自治运动,使
得整个南通从工业化之前的苏北的一个封闭的县城发展成为一个
近代化城市。无锡原是苏州、常州间的一个小镇,是一个米、布转
运码头,由于距离上海很近,上海缫丝业发展起来以后,便成为上
海丝厂最重要的蚕茧供应地,1882 年约有 3000 担干茧流入上海,
1897 年则高达 15000 担。① 丝业利润的增长了刺激了近代无锡缫
丝厂的兴建,促进了缫丝业的发展,而且刺激了无锡农村蚕桑业的
发展,形成了一些小镇。近代企业在无锡的发展,使得一大批近代
企业家出现,他们投资于缫丝业、面粉业、棉纺织业,促进了近代工
业在无锡的发展,并成为周围江阴、宜兴、常熟等地的经济中心。

2.4.4 市镇的近代转变

近代之前的中国城市化道路是一种以市镇的大量涌现为特
征的原生型城市化,在近代城市化中,大量的大规模的新型工商
业口岸城市兴起,但众多的市镇并未消失,始终与新型城市并存,
形成两种模式并存的城市化发展模式。尽管市镇在近代大量存

---

① 陈慈玉:《清末无锡地区的蚕桑生产与流通》,《大陆杂志》1984 年第 5 期。

在,但传统市镇的发展在近代也发生了转型。近代市镇的发展有
三种前途:一是逐渐向城市化乃至大城市转化;二是失去竞争的
优势而趋于衰落;三就是保持持久的城镇地位。整体来看,近代
市镇并未实现向大城市的转化。近代一批新型工商业城市的兴
起,引发了市镇地位和功能的变化。近代以前,很多市镇的兴起
是由于国内贸易的发展,众多的通商口岸开辟后,很多口岸城市
成为区域经济中心,周边的市镇也发生了兴衰变化,主要有以下
几种情况:

一是近代工业的发展,刺激了市镇经济的发展,使这些市镇成
为依附于邻近大城市的卫星城。例如宝山县的江湾镇近代以来
"地方风气大开","纱厂兴而女工之纺织废,教堂盛而童蒙之学习
歧,轮舆机器之日新,农工争鹜乎洋场,而乡间之耕作稀"宣统二年
江湾镇居民已达到 5692 户,民国五年(1916 年)户增到 9721 户,
人口达 65549 人,至民国十年(1921 年),更猛增到 22748 户和
100468 人[①]。处在上海、杭州、苏州边缘的以丝业著称的南浔古
镇,早在明清时期就已经十分繁华了,近代上海和汉口的开埠,促
进了生丝的大量出口,带动了该镇经济的发展。据南浔丝业公所
记载,从 1880—1934 年的年销量平均为 5265 包,占上海生丝出口
总数的 17.9%,[②]丝市的兴旺促进了南浔镇政治、经济文化的发
展,并促进了市政机构和公共服务设施的逐渐完善,一些新的服务
实施如新式教育机构、邮局、医院等也兴办起来,促进了南浔的近
代化转型。商业的繁华与城镇化的发展,使得人口快速增长。清
同治年间(1862 年),南浔镇人口号称 4 万,南京国民政府建立以

---

① 民国《江湾里志》卷五。

② 彭南生、定光平:《近代市镇成长道路探析——南浔与羊楼洞的对比观照》,
《江汉论坛》,2004 年第 2 期。

后,南浔镇及其周围乡村划为吴兴县第三区,1929 年的调查,南浔区有户数 16656 户,人口 70934 人。[①]

一是由于近代交通方式的变革,使得一些市镇原有的交通优势丧失而衰落的同时,一些新的交通型市镇又同时兴起。明清时期兴起的市镇多处于交通便利之处,如众多的江南市镇多处于水路交通便利的地方,其空间结构也和河道的走向密切相关,"夹河为市"是其共同特征。近代铁路的修建和河道的变化使得一些原有市镇衰落而新型位于铁路沿线的一些市镇兴起。如乌青镇,19世纪末至 20 世纪初,随着内河轮运业的兴起,该镇形成了连接上海、杭州、苏州、嘉兴、湖州等大中城市和周边乡镇的水运网络,到 30 年代前期,全镇大小工商业店铺有上千家,其中包括粮食加工、榨油、造船等近代机器工业,电气业和邮政、电报、电话等近代电信业也相继出现。不过,由于一直不通铁路和公路,随着地区商品流通格局的变化,其交通优势日益丧失,茧行和绸庄的数量由几十家减少到数家;典当业由兴盛时的 13 家减至 1 家。[②] 浙东的海门镇则是 19 世纪后期随着近代沿海航运业的发展而兴起的港口市镇,石家庄在 20 世纪之前还是正定县的一个小村庄,20 世纪初由于京汉和石太铁路建成通车,石家庄作为两条铁路干线的交会点则迅速发展起来。

以市镇化为主要特征的中国原生型城市化道路,在近代由于工业的发展和大量通商口岸的开辟带来的极大的外力冲击而被改变,近代化的工商业城市的发展成为近代城市化的主导,也对市镇的发展产生了很大影响,但大量小市镇与大规模工商业城市始终

---

① 南浔中学附属小学,《南浔研究》

② 民国《乌青镇志》卷 21《工商》。

是近代两大类城市发展模式,小市镇在近代同样进行了转型,但是由于近代工业的发展是从沿海、沿江的一些口岸城市开始的,在国际贸易的大背景下,中国国内的市场贸易圈重新组合,对外开埠通商口岸城市成为地区性经济贸易中心,将市镇纳入其经济圈内,减弱了市镇独立发展成大城市的可能。

2.5　近代城市化中不同城市发展模式对城市土地管理制度的影响

近代城市化的推进,不仅仅体现在城市数量增加,城市规模扩大和城市人口比重上升,还体现在城市经济结构的调整和城市管理的近代化转型,在此次城市化中,城市经济出现巨变:内外贸易发展,交通工具变革,银行出现,科学技术引进,工厂企业兴起,通讯技术进步,房地产业展开等,深刻改变了城市经济结构和与之相适应的经济制度,而城市化本身是一个要素聚集的过程,其中土地制度的安排对于要素的聚集将产生重要影响,同时此聚集过程对于城市土地制度的变迁也提出迫切要求,加快了政府对城市土地管理方式的变革,而不同的城市扩张的模式对城市土地管理制度的确立也影响不同。

2.5.1　城市化对城市土地管理变革的影响

2.5.1.1　频繁的城市土地交易要求新的土地产权管理方式

传统的土地交易方式限制了土地买卖。中国传统社会中早就形成了多元化的土地所有制结构,土地国有制、地主土地所有制和自耕农土地所有制并存。土地可以买卖是中国传统社会土地制度的一个重要特征。土地管理主要是产权产籍管理,其目的主要是为了征收田赋。对地籍的管理编为保、区、图、圩、号五级,号内分户、面积、亩分和执业人姓名,并以图为单位编制鱼鳞图册。在编定地籍的基础上,确认每一地块的所有权人,核发产权凭证。近代的土地买卖契据,有"红契"和"白契",前者经官方收税盖印,有法律效力,后者则无。土地契据的规格样式也并不统一,由于丈量不精确,土地的四至往往含混不清,原业主或为逃税而少报面积,出现"单小地大";或勾结地保,多报亩分,以侵占他人土地,造成"单大地小",实际地亩与契纸常常不符。年深日久,保管不善,有些地契受霉水浸,破烂残缺,称为"烂单"。还有的田单,由于家庭成员分家析产,被裁剪成几片,几方各持一片,甚至一角,称为"割单"。也有的田单毁坏遗失,另立一笔据为产权依据,称为"代单"。有的土地所权虽经多次转移,而地契上业主名字不更改,已无从根据地契来确定土地的归属。各种地契常常真伪难辨,只能凭当地保甲含糊作证,有时还会出现一地两属的现象,对于土地交易带来极大的不便。

在近代房地产房地产经济活动已经有契买市房、宅基、田地、房屋租赁活动等交易方式,并已形成某些惯例。例如近代崛起的典型城市上海,在开埠前夕房地产经济活动中就形成这些惯例:第一,房、地契证已普遍地作为有效的法律凭证;第二,租赁房屋或分租房屋大多局限于同业、同乡之内;第三,清朝地方政府对房产、土地买卖等活动的管理程序烦琐,买卖双方必须将契证呈送到县,由上海县政府"照单核明"、"造册"、"用印"、"备案"[1],会馆、公所等

---

① 上海博物馆图书资料室编:《上海碑刻资料选辑》,第250页。

商民团体契买或契当房地时,不仅有中保,大多还由上海县县衙出面勒石立碑,然而,对于田单过户的处理,只是在原田单上签注新户名,甚至只是将原田单按照分户情况,分割成数份,同时办理粮串,并收取契税;第四,士绅、地保等地方势力进行控制干预。从这些基本特点来看,一方面,房地产交易中已经以契证为据;另一方面,繁琐的手续、种类繁多的契证和复杂的乡俗极大地限制了土地买卖。就上海县看单土地产权凭证就有田单、方单、烂单、割单、代单、印谕、县照、部照、芦课执照、司照等,分别由不同衙门在不同时期、不同地区发行,各种契证发放官衙不一,真伪难辨,常引起交易纠纷,且受到地方势力的干预。在土地交易中,由于需对土地执业凭证进行真伪的鉴定,并受习惯法等因素的影响,加大了土地交易成本,大大阻碍了土地交易效率,在房地产业迅速发展后,已极不适应经济发展的要求。

除了土地契证的不规范化阻碍了土地交易,土地产权法律意识的薄弱与传统习惯等非经济因素的干扰也阻碍了土地交易市场的发育。尽管明清以来,私人的土地权利,诸如对于土地财产的继承权、典质权、让渡权买卖权以及土地经营上的出租征租权,都已受到国家立法的承认与保障,房产交易皆以契证为凭,但大部分房地契根据民间的乡规俗约签立,毋须官府参与,完全属私家文档,仅在发生纠纷时才去官府解决。在城镇,由于政治功能的强化,来自政治的特权,乃至各种非经济因素的传统习惯势利之干扰,给城镇的房地交易带来一定的干扰,阻碍了房地产交易市场的完全发育。

因此,近代城市化中,城市土地交易的日益频繁要求变革土地产权管理方式。

2.5.1.2 城市土地级差地租的增大,要求政府加强 城市市政管理及土地收益管理

城市化的发展,推动城市土地价格的迅速上涨,加剧了城市土地级差地租,引起政府对城市土地税收的重视。城市土地级差地租是以城市土地位置差别为基础形成的,这种位置差别主要表现为商业环境、生态环境、生活环境的差别和通勤及运距的差别等。它们的产生主要取决于外在投资力度和经济聚集程度,对城市土地级差的衡量,主要是运用城市土地出让价格来判定。

近代城市化的发展快速推高了土地价格。以上海为例,公共租界的土地价格自 1865 年至 1911 年上升 6 倍左右,而自 1911 年至 1933 年,土地价格飙升了 4 倍多。地价从 1865 年的每亩平均 1318 两提高到 1933 年的 33760 两。[①] 法租界对洋泾浜外滩每亩平均估价从 1862 年的 2000 两提高到 1933 年的 185000 两[②],而华界的土地价值则远远低于租界,据 1930 年上海市土地局调查,上海华界 17 个区(包括郊区)中,业经估价的土地以沪南区价值最高,平均每亩 8262 元,以每元 7.2 钱折算成库平银,合 5948.6 两,全市(华界)平均地价,每亩 1428 元,合 1028.2 两[③]。天津也是如此,如法租界靠近西开天主教堂的西宁道独山路口(今国际商场处),1913 年每亩为 200 两,1917 年 600 两,1937 年租界官方估价 5000 两,24 年中增长 24 倍以上;日租界的多伦道益津里以及靠近

---

① 张仲礼,陈曾年:《沙逊集团在旧中国》,人民出版社 1985 年版,第 35 页;东亚研究所:《上海外国人土地所有者名簿》,昭和十六年版,第 35 页。转引自张仲礼《近代上海城市研究》,上海人民出版社 1990 年版,第 464 页。

② 《上海房地产志》,上海社会科学院出版社 1999 年版,第 345 页。

③ 东亚研究所:《上海外国人土地所有者名簿》,昭和十六年版,第 4 页。转引自张仲礼《近代上海城市研究》,上海人民出版社 1990 年版,第 465 页。

河北路口一带,原为坑地,1913 年每亩仅 340 元,1933 年达到 7500 元以上;而华界地价从 1912 年的平均每亩 366.67 元上升到了 1933 年的 3553.31 元[①]。广州的地价则仅次于上海,根据《中国经济年鉴》(1936 年)记载,广州市地价自 1912 年至 1928 之间稳步上升,从 1912 年的每亩 7434 元上升到 1928 年的 10671 元[②]。近代城市的发展,使得城市土地价格随着房地产业的发展迅速上升,按地价课税富有弹性,可以保证税源与城市财政支出的需要同步增长。

长期以来,中国城市土地无任何税务负担,只对房屋抽取房捐,地捐一项竟为空白,使城市土地增值的收益完全归土地所有者私人享有,城市化的发展对于城市土地课税提出了迫切要求,中国对城市土地课税以 1866 年上海公共租界征税为先例,1898 年德国在胶州湾租界内征土地增值税。对城市土地地价影响的主要因素有基础设施的建设、市政管理的完善度等,而在这方面租界和华界对比显著,尤其是上海,租界和华界地价差异巨大,租界的房地产税收也十分可观,自 1921 年至 1936 年地税收入占其财政收入的比重由 22% 增至 29%[③],相当于近 1/3 的财政收入,这和当时尚无地税收入的华界也对比鲜明,而这些收益又可以进行基础设施的建设,进而带来更多地地税收益,这种良性循环的方式也进一步促使华界政府注重土地开发中的市政建设及土地收益管理,学者和政府开始广泛讨论如何征收地价税,至 1934 年民国政府选择

---

① 赵津:《中国城市房地产业史论(1840—1949)》,天津南开大学出版社 1994 年版,第 159,162,163,165 页。

② 《中国经济年鉴》(1936 年),第三编第六章,商务印书馆,第 42—43 页。

③ 赵津:《中国城市房地产业史论(1840—1949)》,天津南开大学出版社 1994 年版,第 134 页。

试点城市试行地价税。

2.5.1.3　近代城市化过程中所暴露出的一些无序发展问题,对于加强城市规划提出了要求

城市化进程中,由于人口和工业的密集,所遇到的交通拥挤、住房紧张、供水不足、能源紧缺、环境污染、秩序混乱等问题,在近代城市化进程中,也暴露无遗。事实上,刘易斯·芒福德的著作《城市发展史——起源、演变和前景》,通过追溯整个西方城市的发展历程,批判地指出:近代城市"只是迅速地把土地划分成小块加以分配,迅速地把农场的农田和房子转变成房地产卖出去,这种规划毫不考虑如何适应地形和景观或人类的目的和需要"。① 尽管近代城市规划并不完善,但是近代城市化较早的西方国家开始重视起城市规划,在中国近代城市化较快的租界城市中,租界开始注重规划,并对华界和中国其他近代城市的发展产生影响,很多城市开始制定都市规划。

比如,在近代迅速扩张的城市上海,租界在进行市政建设时进行了道路的棋盘式规划,并对人行道、下水道、建筑物的高度等进行了规划。租界与县城在市政方面的差异,不仅刺激着上海的居民,更强烈地刺激着上海地方政府官员,因此,这些地方官往往是改良市政地积极倡导者。至迟从六十年代起,上海道、上海知县便不断地把租界市政管理条例改头换面,加以发布,要求市民遵守。随着上海城市的迅速扩展,城市问题也更多地暴露出来:道路设置不合理造成的交通问题突出与严重的城市环境污染。从道路布局

---

① ［美］刘易斯·芒福德:《城市发展史——起源、演变和前景》,中国建筑工业出版社 2005 年中译版,第 461 页。

来看,租界建立以后,自东向西扩展,道路也由东朝西拓展,缺少南北干线,而华界市政建设开展后,碍于上海中部横插一个租界区域,造成南市、闸北各自为政,道路系统互不联系,且修筑的道路过于狭窄,至 20 世纪初,上海市内道路和交通的矛盾已经出现,进入二三十年代,公共交通成了上海租界和华界共同的极为严重的问题。即使在马路密度最高的公共租界,"中区和西区的房屋及办公大楼增多之后,两区马路上的行人及车辆相应大大增多,而跑马厅的位置又恰在中心,通往西区的道路只有 3 条可行,每天高峰时刻,这几条马路上拥挤不堪,加之南来北往的车辆、行人川流不息,致使交通状况更为恶化。"[①]从城市环境看,排水系统很不完善—一方面不断填高地面以便修筑马路和建造房屋,另一方面却因抽汲地下水而引起地面下降,每逢台风、暴雨、高潮和洪水季节,潮水上涨登陆,往往出现积水难排的情况;对生活污水和工业废水的处理方面,城市污水大多不经任何处理就直接排入苏州河和黄浦江,使上海的水质受到污染;在环境卫生方面,在棚户区和华界的一些地区则缺乏垃圾粪便的处理设施。城市问题的暴露也促使国民政府先后制定了"大上海计划"和"大上海都市计划"对城市进行规划。

近代青岛的发展本身是作为德国的租借地发展起来的,19世纪后半期才迅速发展起来的德国想要自己是世界强国,在租借地的选址上"最后决定要求一个地点能适于作为一个殖民地基础的出发点"[②],对区位进行考察,结合著名地质学家和地理学家的意见而选定胶州湾地区建设港口城市,按照港口城市和贸易基地

---

① 徐雪筠等译编:《上海近代社会经济发展概况(1882—1931)》,上海社会科学院出版社 1985 年版,第 282 页。

② 孙瑞芹译:《德国外交文件有关中国交涉史料选译》第一卷,商务印书馆 1960年版,第 128 页。

的功能进行永久殖民地的建设。因此从一开始就按照城市规划进行,于 1898 年就公布了青岛城市规划方案,并按照该方案进行城市建设。1898—1914 年期间的建设使青岛从渔村发展成为一个近代化的港口城市,在城市规划中即从区位功能定位出发规划城市的性质,并在规划中采用了很多德国本土城市的规划方式,并为防止出现像上海那样的土地投机现象而设计了城市土地制度,该制度对于孙中山的土地思想产生了很大影响。而随着城市化的推进,城市空间突破德制青岛规划的范围,城市发展的强劲势头对城市规划提出新的要求,在 1914—1922 年日本占领期间对青岛进行了扩张规划,至 20 世纪 30 年代,青岛市区人口从 1913 年的 57578 人,增至 1935 年的 301192 人①,市区面积从德国人最早规划建设的 5 平方公里,达到 1937 年的 35 平方公里。城市规模的扩张同样出现了功能混论、用地混杂、棚户区大量出现等城市问题,因此在 1935 年再次对青岛进行了长远的城市规划。

2.5.2 近代不同城市扩展模式对城市土地管理制度变革的影响

近代城市的扩展模式不同,对土地管理制度变革的影响也不同。近代城市化浪潮中涌现和转型的城市类型各异,从推动城市近代转型的主要动因看,近代对外贸易的发展推动了口岸类城市的转型,对外通商使得西方思潮包括法权理论、产权观念、契约意识等大量涌入,这些西方文化在传播过程中,与中国传统观念交

① 青岛史志办公室编:《青岛市志·人口志》,五洲传播出版社,2001 年。

流、冲突、融合,不仅影响了人们的生活方式、生活习惯,还作为一种外部冲击力量,激发了传统经济内部所蕴涵而又被制约难以扩张的因素,在内外因素的共同作用下导致了这类城市的制度变迁,尤其是租借地和开辟有租界的城市,城市土地管理模式按照西方的管理模式或西方模式在中国传统文化土壤中变革后的模式,这类城市以青岛、上海、天津为代表;非条约口岸城市则与当地企业家和近代工业的发展息息相关,其城市的近代扩张及土地管理模式深受当地知名企业家的影响,有的则本身在某些企业家的主导下完成了城市的近代化过程,其变革是一种自下而上的、自发的变革,这类城市以南通、无锡为代表;传统行政中心城市城市土地管理制度的变革,不同于商埠城市贸易、近代工业的发展的促进,其变革主要是在政府主导层面上通过相关制度的变革来实现的,这类城市以北京、西安为代表。

2.5.2.1 条约口岸城市

条约口岸城市中,有些辟有租界和近似租界的特殊区域,如租借地、避暑地、外国人居留区、通商场等,但租界和租借地影响最大,根据相关资料研究,共计出现 25 个专管租界和 2 个公共租界,及 5 个租借地。[①] 对于租借地和辟有租界的城市,土地管理制度的变革受西方影响极大,但租界和租借地不同,租界的类型不同,其土地制度也略有差异,这些城市的土地管理制度的变革及确立

---

① 关于租界及近似租界的特殊区域的划分以及租界的数量,根据费成康《中国租界史》(1991)。近代中国存在过的租借地有:1860 年英国强租九龙司(半年后清政府在《北京条约》中被迫割让,成为时间最短的租借地),1898 年德国强租胶州湾(租期 99 年),1898 年俄国租借旅大(租期 25 年),1898 年英国租借威海卫(租期 25 年),1898 年法国强租广州湾(租期 99 年),1898 年英国租借北九龙及香港周围海面和海岛(租期 99 年)。

也不同。

（1）由租借国设计、规划城市，创立新型土地管理制度——租借地城市

租借地（Leased Territory）的行政管理制度、司法制度及土地制度皆不同于租界，其行政长官多为租界国政府直接任命的总督，而不是类似于租界内侨民自治机构，租借地所有中外人士均受租界国政府的司法管辖，租界国不需要为租界内的土地向中国政府支付地价和缴纳地税。[①] 事实上，租借地类似于租借国的殖民地，租借国租借的目的是建立军事基地，故租借地的选址都是当时公认的优良海港，并在这些港口建立了城市，如德国所建城市青岛和俄国所建城市大连。

青岛是德国出于在中国沿海寻找一处地方建立一个军事—经济基地的目的，在中国政府被迫签订的胶澳租界条约中得到的，该条约规定围绕青岛村 550 平方公里土地中，中国政府在 99 年的租借时限内放弃所有主权，中国老百姓依旧可住在那儿，如果需要占用他们的土地，土地所有者将为此获得补偿。德国海军计划在胶州湾建立基地，并根据其海军部的特别要求，承担对租借地土地管理和城市建设任务。正如海军少将蒂尔皮茨（Tripits）所言："我们有一大堆技术人员和官员可提供给青岛使用，这些人是我们从海军大家庭中挑选出来的……"[②]青岛的城市规划、设计与整个城市管理制度，都是由德国人进行完成并确立的，其中土地制度是由单威廉主持制定的，其主持制定的土地征购制度及土地增值税制度有效抑制了土地投机，并开创了政府依法对开发商将来获得的土

---

① 费成康：《中国租界史》，上海社会科学院出版社 1991 年，第 316 页。

② ［德］托尔斯藤·华纳著，青岛市档案馆编译，《近代青岛的城市规划与建设》，东南大学出版社 2011 年版，第 72 页。

地增值实施课税的模式。单威廉主持创办的土地制度即使对德国本身也产生了一定影响,德国土地改革者联盟的领导者阿道夫·德玛施克(Adolf Damaschke)曾在其文章《喀麦隆或是胶澳——论德国殖民政策未来的选择》中将土地政策进行了对比并斥责了喀麦隆的土地政策,而单威廉本人也受达玛施克之邀在柏林向土地改革者联盟做了题为《胶澳土地制度是如何产生的》报告。[①] 对于青岛整个城市的选址测绘和规划方案的设计均由德国海军部进行,于 1898 年 9 月 2 日首次公布于德国海军部的《胶澳发展备忘录》中,并于 1899 年 4 月 20 日首次在青岛出版的周报《德华瞭望》中刊出,在公布了规划方案后随之公布并实施建筑法规,在其后的 1899 年到 1913 年间,建设规划在不断完善,从《胶澳发展备忘录》的记载来看,城市空间不断调整,涉及到的地图就有 7 份。在城市管理上,按照西方管理城市模式进行制度建设,颁布诸如《巡捕局整理地面章程》、《保护电线章程》、《订立打扫烟筒章程》、《订立清洁街道章程》、《禁止毁坏树木花草告示》之类的章程,使青岛从一个小村庄发展成为近代化的城市,正如一位当年去过青岛的英国游客所述"这是自故乡迁到那里并在迁移中获得的一块德国的土地。……建筑物设计的构造之美和结构的坚实一切都的的确确是德国式的,而且相当显眼。……德国人真得无须先学习如何建设一座城市。青岛矗立在那里,作为他们基本能力及其杰出天赋的一个典范。"[②]

　　与青岛类似,俄国也在 1898 年租借的辽东半岛的南端建立了一座新城市:大连。大连是作为商港建立的,在俄国租借之时,城

---

　　① [德]托尔斯藤·华纳著,青岛市档案馆编译:《近代青岛的城市规划与建设》,东南大学出版社 2011 年版,第 95 页。
　　② 青岛新报,1913-09-05:2,3。

市所在区域青泥洼一带还是由几个小村庄组成的荒僻村庄,1899
年俄国将这一带 3300 多公顷土地征为城市用地,在东起寺儿沟,
西至大同街,南起南山山麓,北至海滨的范围内修建城市,征购所
有土地并归俄国财政部所有,其建港及城市规划由工程师萨哈罗
夫主持,他聘请布卡利夫斯基和犹恒帝鲁两位建筑师,在大连的都
市计划与建筑中,两人导入德国郊区之式样,其城市规划更是以当
时世界上最优秀的城市巴黎为参照物,拟把大连建成"东方的巴
黎",采用了欧洲城市常用的放射形街道的形态,城市建筑既有俄
式风格,又有德式特点。其城市开发前的土地由俄当局征购,如从
1899 开始第一期 3 年半的工程,首先以 45 万卢布收购青泥洼一
带全部土地,面积约 3300 公顷,来确保都市建设之需,1903 年设
立中国海关,开始把土地拍卖给私人,此时其港口城市建设也初具
规模,已成为拥有 4 万人口,城建区域面积 4.25 平方公里的港口
城市。①

这类在近代由租借国移植西方的土地管理制度,城市规划、管
理理念而兴起的城市,是典型的制度移植模式。

(2) 租界和华界,西方与传统两种土地管理制度并存并相互
融合的模式——辟有租界的城市

近代中国真正出现租界的口岸城市共有 10 个,在这 10 个城
市中租界和华界并存,相应地两种土地制度并存并相互融合、影
响,成为比较独特的土地管理模式,以上海、天津这两个具有代表
性的此类城市为例。

上海于 1843 年开埠,1845 年 11 月 29 日,《上海土地章程》订

---

① 荆蕙兰:《近代大连城市文化研究(1895—1945)》,东北师范大学 2009 年博士
学位论文。

立,宣布了英租界的辟设。1848 年,美侨居留地划设,第二年法租
界划定,从此开始上海近百年的租界、华界并存的历史。1943 年,
英、美、法交回在沪租界,由当时的伪上海特别市政府接管,至此,
历时 98 年的上海租界,从法律意义上结束了。几乎整个近代时
期,上海市一直处于华界、租界并存的状态,两者的土地制度也不
同,并相互影响。《上海土地章程》规定了租界的土地制度,自
1845 年首次颁布后,在近百年间虽多次修改,但每次修改都是相
关土地管理制度的逐渐完善。租界的根本土地制度是永租制,其
土地管理制度完全不同于中国传统的土地管理模式,不单纯以税
收为中心,而是确立了包括土地产权取得、土地产权转让、土地登
记及规范化的土地契证制度在内的土地产权管理制度,明确土地
用途及土地开发模式,并明确土地征用补偿标准的土地使用管理
制度,土地估价制度,这些制度不同于华界传统的土地管理模式,
更多地受到西方的影响,如土地产权管理制度中采用的道契,别
于传统土地交易中"白契"、"红契"并存的状况;在契约流转程序
上,对于土地权益的转让,包括买卖、分割、赠予,也都限时在契上
做好过户批注,必要时作重新换号处理,或合并到其他契分中,以
免给管理带来混乱,有关任何一项转让,道契的契文后都有备注。
契约办理机构在道契后一一批注,领事机构对此也逐一记录在
册,并加盖领事馆印章,相对于传统的产权转让时,只换粮串户
名,不换地契户名,或将原契割裂分执等的简单做法,体现出其管
理的规范性、有序性;为了革除旧有契证没有地形图,致使田单与
实际土地面积多有出入的弊端,在道契的管理上实施编号制度,
对于每一块土地都有严格编号,有道契号,一般是按时间顺序发
契给号,此外还有租地分,这是指土地的坐落。有号有分,对租地
位置、时间皆有明确记录。甚至后来还出现了专门的职能机

构——会丈局(1889)负责土地的勘丈,在道契后附有详细的地块图,克服了旧有契证没有地形图,致使田单与实际土地面积多有出入的弊端。又如土地使用管理制度中关于土地征收补偿的规定,始终贯彻着因为公用事业而必须触及私人产权的一定给予补偿的思想,这从一个侧面也说明了租界对于私人产权的尊重,而在华界,因为传统的"普天之下,莫非王土"之思想的影响,因公用地向不给价。

华界的土地制度开埠之初仍遵循着传统的土地管理模式,主要侧重于地籍地权方面的管理,其目的主要是为了征收田赋。对地籍的管理编为保、区、图、圩、号五级,号内分户,并以图为单位编制鱼鳞图册。在编定地籍的基础上,确认每一地块的所有权人,核发产权凭证。土地可以自由买卖,但现代意义上的房地产交易并未形成,政府虽然在法规上对于民间的房地交易做了一定的规范,但主要也是力图减少交易中的纠纷,避免"生端",几无涉及现代土地管理中的土地征用、土地开发、财政调控等。

然而这两种制度也体现了相互融合和影响性。如租界所用道契出台之前,外商与业主订立的契约是以江南一带民间的租地契约为基础,这为后来双方订立的道契契约样式提供了一定的基础。而租界的土地管理制度和开发模式对华界的土地管理制度产生了重大影响,传统管理体制下,上海道台是上海各方面的首脑,职责繁多,如治安、关税、外交、洋务、学校、开埠造路等等均由其兼管,或任总办。在租界模式影响下,无论是吴淞开埠还是晚清南市旧城厢的改造及南京国民政府时期上海(特别)市的土地开发都仿效租界设置了专门的土地机构进行,并且制定了一系列土地章程和土地法规,如《吴淞开埠租买地亩章程》、《上海特别市土地局章程》、《上海特别市土地局不动产契纸条例》等,并且在土地开发中关于资金来源、土地储备、拍卖承包的运营方式等租界的一些市场化土地开发模式也在华界开始运用。

另外一个租界和华界长期并存的城市是天津,从 1860 年开埠之初天津就出现了租界,到 1945 年租界最后收回,历时 85 年,其租界多达九国,是我国租界最多的城市。天津的土地管理模式与上海类似,也经历了租界近代化土地管理模式的出现和华界从传统到近代的变革,并在长期的并存中两种制度的相互影响及一定程度的融合。天津租界的土地制度也实施永租制度,采用了"自治"程度不同的市政管理模式,采用了具有近代契约性质的永租契,永租契的格式、内容与经办手续,以及按照条例法规转让土地财产权利的意识和习惯等等,均与中国传统契约出入很大,但其行文用语和文本格式则脱胎于传统契约,完全是按照中国传统订立契约的草契格式书写,且依然是单契形式,体现了一定程度的融合。除了近代的市政管理机构的设置,租界同样出现专门的土地管理机构,进行了土地规划和土地税的征收,如八国联军成立都统衙门管理天津期间,成立公共工程局负责公共设施的建设,库务司负责城市的捐税管理和土地管理两个方面,土地管理方面主要负责征收土地税。1902 年建立的田产局,颁布了天津第一个土地管理章程,"凡华民欲买卖、租典地亩,均须先行前来该局呈请注册,以便照章办理"。卖方须将欲出售土地平面图附在地契上交工程局签发,经田产局调查核实才能办理过户手续,"以避免以后发生任何纠纷"①。这些规定为政府管理城市土地开了先例。租界的规划建设与华界形成鲜明对比,正如张焘在《津门杂记》中写道:

---

① 天津临时政府委员会会议纪要,第 430 页。

"(租界)街道宽平,洋房齐整,路旁树木,葱郁成林。行人蚁集蜂屯,货物如山堆垒,车驴轿马,辄夜不休。电线联成蛛网,路灯列若繁星,制甚得法,清雅可观,亦俨如一小沪渎焉。"①华界在进行新城区的开发中亦仿照租界之法,建立近代化的城市管理机构,进行土地规划建设,如河北新区建设中,成立工程总局,负责道路河流、桥梁码头、房屋土地、电灯路灯、街道树木等事项,并推行地方自治,制订河北新区建设规划,使得河北新区的建设成为中国城市近代化的缩影。租界近代化城市管理制度的确立既使租界成为迥异于中国传统城市的近代化区域,又给华界的变革提供了示范,随着租界的扩张和河北新区的开发,城市空间扩展,仅租界区就从最初的11674.5亩扩展到23201.5亩。②,而且空间结构也发生了很大变化,租界地区兴起的商业区取代老城区的传统商业街,成为新的中心,老城区衰落演变为边缘区,同时租界周围又形成了呈扇状分布的贫民聚居的边缘区,形成功能不同的城区:英租界的老界成为贸易金融区,两个扩展界成为住宅区。20世纪初并入英租界的原美租界形成自由商业区。英、法、日租界成为新的城市中心区,海河对岸的俄、意、奥租界相对发展缓慢。奥租界无大的发展,意租界为上层住宅区,俄租界成为工业区和批发商业区。而老城区一直保持传统城区的空间构成模式,河北新区成为城市行政、文化区。③

这类城市土地管理制度的变革是一种嵌入式模式,并存的两种制度相互影响和融合的特征明显。

---

① 张焘:《津门杂记》卷下,天津古籍出版社,1986年版,第121—122页。

② 天津市房地产管理局:《天津房地产志》,天津社会科学院出版社1999年版,第55—56页。

③ 刘海岩:《空间与社会——近代天津城市的演变》,天津社会科学出版社2003年版,第94页。

2.5.2.2 非条约口岸城市—自下而上的自发制度

变革、自主创设型土地管理制度模式

这类城市的典型代表是南通,如吴良镛先生所言:"南通是中国早期现代化的产物,它不同于租界、商埠或列强占领下发展起来的城市,是中国人基于中国理念,比较自觉地、有一定创造性地、通过较为全面的规划、建设、经营的第一个有代表性的城市。"①,吴先生称南通为"中国近代第一城",其城市发展模式被称为"南通模式"。

南通旧称通州,1912 年改为南通。古通州城区为典型的封建州城的格局:方城,丁字街和护城河。明中叶以后,通州商业贸易的发展使城东、西两侧由关厢地带扩张,原有城市逐渐发展成为"T"字形。近代南通城市建设在保存旧城的基础上,一面改建请康熙年间始建而于乾隆时期废弃的新城,一面另外选择城西的唐闸作为工厂镇的地址,天生港作为港口、运输枢纽,修建狼山为风景、休闲区,使得南通城市从单一的、由城墙围合的封建州城发展成为有功能分区的近代工商业城市。近代南通的形成和城市近代管理制度的确立是在近代工业发展的基础上,由张謇有意识、有规划地完成的,是一种对于先进的制度的需求而引致的一种自下而上的城市制度的变革。

作为清末的具有极高传统文化造诣的状元,张謇意识到"国非富不强,富非实业不张"②而投身实业,以兴办实业来实现其改造社会的理想,正如其所说:"通州之设纱厂,为通州民生计","借股东资本之力,以成鄙人建设一新世界雏型之志"③,1895 年策划成

---

① 吴良镛:《张謇与南通"中国近代第一城"》,中国建筑工业出版社 2006 年版,第16 页。

② 张謇:《张謇全集》(第 3 卷),江苏古籍出版社 1994 年版,第 791 页。

③ 同上,第 317,396 页。

立大生纱厂,征地 400 亩,在南通西北唐闸选址,由于考虑交通条件,同期选定天生港为货物出入港口,客观上奠定了南通"一城三镇"的城市布局。大生纱厂的成功经营,带动了农工商的系统配套发展,同时张謇的投资建设延伸到文化、教育、慈善等各个领域,在新兴工业区。

唐闸镇设立了公园、学校、幼稚园等,使唐闸镇成为一座公共设施较齐全的新兴工业市镇;在天生港开办轮船公司,兴建码头,使天生港成为一个货物运输港;对狼山景区规划建设了观音禅院、赵绘沈绣之楼等建筑设施,步形成了以居住和观光为主要功能的风景区;1921 年以后设立市政公所,开展了较大规模的旧城改造,最突出的是将东、西、南三面城墙拆除,建成环城马路,改建之后城内及城门外的直街纵横 10 余里,成为面积最大的金融、商业、生活居住区。此外还进行大规模的城市基础设施的建设,到 20 世纪20 年代中期,南通已新建和改建数十条公路和近 10 座桥梁,初步形成了城区道路网络和各城镇之间公路网络体系。除了大规模的城市建设之外,更重要的是近代化的城市管理制度化建设。1903年张謇访日后,逐步形成自己的地方自治思想,并以此为核心构筑了一套完整的地方发展思想体系。他认识到城市发展要建立在规划之上,而规划的基础是测绘。1906 年 7 月为通州师范学校附设测绘科,1908 年以测绘科毕业生为基本队伍,建立了通州测绘局。1908 年在通州师范学校设立土木工程科,培养工程技术人才。1911 年南通成立保坍会,聘请水利工程师规划设计保坍工程。民国建立后,南通设立了市政工程机构路工出,负责全区的公共建筑、道路、市政设施等的全面规划与建设,使得城市建设形成制度化管理。

不仅仅南通城市实现了由传统到近代的转变,随着张謇淮南垦殖事业的推进和大生纺织公司各分厂的兴办,一批新型乡镇、工厂镇如久隆镇、吕四镇等乡镇,公路交通网也延伸至各乡镇,至 30 年代,淮南盐垦各公司总管理处共建 25 个市镇。一批小城镇的规划建设,与南通城组成了一城多镇、城乡结合的多层次城镇格局。

近代南通的崛起,成为近代中国人自主建设城市的典范。1921 年底,上海海关税务司英国人戈登·洛德在向英国政府提交的《1912—1921 年海关十年报告》中,提到"通州是一个不靠外国人帮助、全靠中国人自力建设的城市,这是耐人寻味的典型。所有愿对中国人民和他们的将来作公正、准确估计的外国人,理应到那里去参观游览一下。"①因此,南通成为近代自主创设,自下而上完成制度变革的典范,是一种制度创设型模式,尽管其确立的制度有西方的渊源,但其确立和完成时自觉实现的,同时南通所代表的这类型城市在近代之前并不是行政中心,而是由于近代工业的兴起而推动其开始城市化进程的,基本是一种"凭空而起"的建设,而非就有传统行政中心城市的慢慢转变。这种城市扩展模式使得它的土地制度管理模式也成为其自主确立的系统性的城市管理制度的一种,而不同于租借地城市、租界城市和其他城市。

2.5.2.3 传统行政中心城市——自上而下的缓慢的土地制度变革模式

这类城市以北京为代表。近代西方资本主义的强力楔入,改变了中国城市的发展道路与方向,但不同城市受影响的程度不同,而使得近代城市制度的变革具有不同的模式。对于北京而言,始

---

① 许雪筠等:《上海近代社会经济发展概况(1882—1931)》,上海社会科学出版社 1985 年版,第 249—250 页。

终没有被作为通商口岸城市,尽管西方的使馆区长期存在,但事实上与北京城市相互隔离,影响力非常有限。如意大利公使回忆认为北京使馆区:"一个外交官的山中城堡。对于妇女和孩子来说,如果只从卫生的观点看,这是件好事。但是大部分外交官在他们生活的这个国家内,处于孤立状态,……"①因而不同于上海的近代城市管理制度的自下而上开始的变革,北京的城市管理制度的变革更主要是政府主导模式下的自上而下的变革。

作为传统行政中心,北京这个都城的设计遵循传统的都城设计原则,是一种封闭型的城市空间格局。古代的北京城市管理主要是市政管理,即主要对城市的基础设施以及与之相关的土地、公用设施等方面的管理,其市政管理体制是由由国家与地方行政机构共同实行管理的双重管理体制。一方面北京作为封建都城受中央政府的直接管辖;另一方面顺天府对北京地方也行使管辖权,同时又有国家行政管理系统和内府管理系统。国家行政管理系统主要负责皇城以外的市政管理,内府系统则主要负责皇城与宫城的市政管理。这种城市管理上的特殊性,客观上造成城市管理体系政出多门、缺乏统一标准、城市规划、管理权限和职责的冲突。对土地的管理主要体现在对土地和房产的管理上,包括有:一是官方向所有者签发房地产凭证,以证明财产的合法性;一是征收财产典卖税。近代以来,人口的增加和城市的增长以及对外联系的加强,使得传统的封闭的城市空间及相应的旧的城市管理模式不再适应,对城市管理制度的变革提出了要求。同时,"百日维新"引发了西学大讨论的社会思想潮流,晚清政府也力图实行所谓的"新政"。

---

① 费正清主编,杨品泉等译:《剑桥中华民国史》(上卷),中国社会科学出版社1998年版,第178页。

就城市建设管理体制而言,针对传统方式的弊端,清政府认识到模仿西方国家建立近代城市管理机构和制定实施相应法律法规的必要,从设立新型的市政机构开始,进行城市管理制度的变革。以安民公所为基本模式,设置善后协巡局,以后发展为工巡总局和内外城巡警总厅,最后发展为民政部来具体负责。在随后的不断演化过程中,北京逐渐形成相对独立的城市管理体制,并按照近代社会的管理需要,改变原来的职能混杂、权限不明的旧式体制,分设行使不同职能的机构,力图实现城市行政管理权与涉及城市政治、社会生活的其他管理权的分离,为北京城市进入近代化的管理模式打下了重要的制度基础。如光绪二十八年(1902 年)设的工巡总局,初时只负责内城事物,光绪三十一年(1905 年)外城工巡局成立,主要掌管"督修街道工程,并管理巡捕事物。"①1905 年由工巡总局改置的内外城巡警总厅,辖有路工局与消防队。路工局专司修筑道路。1913 年初袁世凯下令把京师内城巡警总厅和外城巡警总厅合并为京师警察厅。京师警察厅隶属于北洋政府内务部,负责京师市内的警察、卫生、消防事项,兼管交通、户籍、营建、道路清洁、公厕设置修缮、公共沟渠管理等城市建设相关事项。因此,京师警察厅并不是一个单纯的治安机构,它是北京历史上第一个具有现代意义的城市管理机构,行使多项城市管理的职能。该机构还颁布施行了一系列的北京城市地方管理法规,如 1913 年 5 月颁布的《京师警察厅呈报建筑规则》等。尽管法规的内容比较简单,但反映了北京从封建都城走向近代化,走向具有独立地位的地方城市的转型过程中,政府行使城市管理职责的尝试。

近代北京城市管理制度的变革,不仅仅是行政管理机构的重

---

① 《北京市志稿·民政志》卷 11。

新架构,而且还颁布了一系列法规制度,除了晚清时期实行地方自治所颁布的一些规章外,主要集中在民国时期。如北洋时期京都市政公所制定的法规主要集中在都市街道修建和整修疏浚沟渠等,特别是房地法规方面,就包括有改定清道规则、管理建筑规则、房地转移凭单规则、房基线施行规则、公修道路简章等。这些法律规章成为北京城市近代化转型中城市管理制度变革的前提和基础。

进入近代以后,北京由于一直受保守的清代统治者的控制,其制度的转型非常缓慢,与通商口岸城市相比要晚许多,直至 20 世纪初,能够为市民服务的公共设施才开始建设,公共空间也在 20 世纪以后才开始出现,20 世纪 20 年代后近代化公共交通也才开始出现。这些近代化转型是伴随着城市管理制度的变革开始的,可以看出,尽管进入近代以后由于租界和租借地的设立,西方的城市土地管理模式早已对传统的模式产生了很大的冲击,但作为传统行政中心的一直未设为通商口岸的城市而言,其变革要缓慢和晚得多,而且更多地是在政府主导下自上而下地开始其制度变革过程的。

近代中国城市化路径的复杂性决定了其土地管理制度变迁路径的多样性,制度变迁模式主要有诱致性制度变迁和强制性制度变迁,其中强制性制度变迁又可分为内省的供给型制度变迁和移植的供给型制度变迁(张东刚,1994),二者的最大差别在于都面临着同样的外部制度环境而具有不同的变迁制度的意愿和热情,采取了不同的途径和方式。前者在给定的外部约束条件下主动、自觉地选择制度安排集合中最有效者,而后者则是主动或被动移植外来制度安排,从而建立起与自身发展相适应的各项制度结构和体系。从上面的分析中我们可以看出,以南通为代表的非条约口岸城市是一种诱致型制度变迁模式,而条约口岸城市和传统行政中心城市则分别为移植的供给型制度变迁和内省的供给型制度变迁模式,不同的制度变迁模式形成了不同特点的制度类型,从而使得在从传统到近代的转变中形成了不同的城市土地管理制度模式。

3 租借地城市土地管理制度的 变革:以青岛、威海为例

近代中国城市化中,形成了不同的城市发展模式,也使得城市土地管理制度的变革形成了不同的路径和类型,大致来说有这几种:以青岛为代表的由租借国设计规划城市,创立新型土地管理制度的模式;以上海为代表的租界与华界、西方与传统两种土地管理制度并存并相互融合的制度嵌入式模式;以南通为代表的自下而上地自发变革,自主创设型模式以及以北京为代表的自上而下地实施变革模式。其中近代先后存在过的租借地有五个,本文以胶州湾、威海卫为基础考察租借地城市的土地管理制度的变革及其思想渊源。

3.1 土地管理制度变革前的传统模式

根据《胶澳志》载,1897 年开埠前的胶澳共有村庄 274 个,人口 83000 人①按照 1898 年 10 月 12 日德占后的总督府报告称"居

---

① 袁荣叟:《胶澳志》,民国 17 年版,台湾:文海出版社成文本,第 231 页。

民仅由农村居民组成。这一地区的居民人数,至今尚无精确统计,估计为 6—8 万人。"①故而开埠前的青岛的土地管理主要是对田地的管理,为了征收田赋,土地管理主要集中在产权产籍的管理上面。而英租威海卫面积 738.15 平方公里,在英占初期,还近乎一个荒岛,居民很少,且都是农民和渔民。两者在成为租借地前,土地管理基本仍是沿袭传统的模式,这些传统制度即使在成为租借地后,很多仍然在土地交易和管理中可以看到。

3.1.1 传统的土地管理机构

在中国传统社会里,并无专门的土地管理的行政机构,土地管理多委之民间或半官方机构,如图董、地保和册数。图董一般由乡绅中选举产生,负责管理"图"的事务,地保则负责管理"图"内的土地事务,民间田宅的买卖、典押均由图董和地保证明,在江南一些地区还有册书,负责土地产权变动的注册、过户和填写粮串等事务。青岛在作为城市建制之前,仅是一个渔村,在行政上隶属即墨县仁化乡管辖,而县的最高行政机构为县属,最高行政长官为知县,总理一县的政务、户籍、赋役、税收、缉捕、诉讼、文教、农桑等,县衙设置粮户署,凭鱼鳞册课征地税,并无专门征地机构,日常产权过户则由基层地保经办。

3.1.2 传统的土地管理内容

传统的国家对土地的管理主要是土地清丈和地籍管理,在明

---

① 青岛市档案馆:《青岛开埠十七年——胶澳发展备忘录(全译)》,北京:中国档案出版社 2007 年版,第 19 页。

时创设了鱼鳞图册制度对土地进行管理，这一制度也为后世所采用，如明清政府均曾多次下诏令地方丈量土地编制鱼鳞图册。而对于民间土地的交易管理，在东晋时期就开始通过契税制度介入，如《隋书·食货志》载：凡买卖奴婢、马牛、田宅者，如有官方发给的产权证明"文券"，则以产权交易额输税，每一万输四百入官，税额为4％，卖者付三百，买者付一百，交易完成，政府发给新"文券"作为产权凭证。如"无文券"即没有官方的产权证明，则"随物所堪，亦百分收四，名为散估"。① 隋唐不再征收契税，宋初则又恢复征收契税，至清的《大清律例》中仍有关于典卖田宅纳税的规定，如"凡典买田宅不税契者，笞五十，（仍追）契内田宅价钱一半入官。不过割者，一亩至五亩，笞四十，每五亩加一等，罪止杖一百，其（不过割之）田入官。"②这些规定也从另一个角度说明政府对土地财产权利交易的允许和保护。同时在大清律例中还附有条例，即实施细则，针对民间在田宅置买时经常出现的"典"、"赎"等纠纷，做了某些规范，如期限规定，还对"贴赎"、"绝卖"严加区分，比如"卖产立有绝卖文契，并未注有找贴字样者，概不准贴赎。如契未载绝卖字样，或注定年限回赎者，并听回赎。若卖主无力回赎，许凭中公估找贴一次，另立绝卖契纸。若买主不愿找贴，听其别卖，归还原价。倘已经卖绝，契载确凿，复行告找告赎及执产动归原先尽亲邻之说，借端措勒，希图短价，并典限未满，而业主强赎者，俱照不应重律治罪。""嗣后民间置买产业，如系典契，务于契内注明回赎字样，如系卖契，亦于契内注明'绝卖'、'永不回赎'字样。"③。可

---

① 魏天安：《宋代的契税》，《中州学刊》2009年第3期，第197页。

② 马学强：《从传统到近代：江南城镇土地产权制度研究》，上海社会科学出版社2002年版，第86页。

③ 同上。

以说,至明清时期,政府的土地管理尽管在法规上对于民间的土地交易做了一定的规范,但现代土地管理中的土地征用、开发、财政调控等仍无涉及,主要仍是以征收赋税为目的的土地清丈和地籍的管理。

　　青岛的土地管理在开埠前仍沿袭了传统的土地管理方式,如单威廉所述,德国占领胶澳前,"没有任何土地登记簿,只有土地税账册",更无关于土地价格的管理,"首先必须和各地方之长老,以及附近村里之中国主管官员,分别洽谈,并查阅当地税据,求得各地私产公平可行之税率与地价。因数百年以来,中国官厅从未参与民间土地转移之价格也。"①另一租借地威海卫,在英国人租占之前,"威海卫90%以上的人口生活在农村",且"当地农村基本上处于封闭的家族式管理下,由地方乡绅或宗族大户维持秩序,推行教化。各村依靠族规村约自行管理,偶尔也有几个村庄、联合起来共同管理本地事务,表现出高度的自治特点,乡绅阶层在农村管理中发挥着主导作用"②也正是基于乡绅阶层的世俗权威在农村管理中的重要性,英国租界威海卫之后,它的熟谙中国传统文化的首任行政长官骆克哈特在上任后的第5天即接见全体村董,对他们登记造册并颁发委任状,通过这个阶层来稳固租借地的基层管理,并通过后来的法规规定使其介入土地管理的各个方面,如土地交易前须先向村董提出申请,土地产权转让或抵押契约及补办官契均须村董签字。这个规定与传统管理中乡绅治理的习俗相符合,故而在实施中也很顺利,事实上传统的土地交易中均有"中人",这些中人都是一些在本地有威望的人,很多就

---

①　维廉·马察特著,江鸿译:《单维廉与青岛土地法规》,台北:中国地政研究所,1986年版,第9页。

②　邓向阳主编:《米字旗下的威海》,山东画报出版社2003年版,第56页。

是当地的乡绅。

3.1.3 传统的土地产权管理

从土地产权关系看，中国土地"王有"的思想早已根深蒂固，尽管在我们的传统土地关系中已分解出多种权利，诸如田底权与田面权的分离等等，但从法理上说，全国土地名义上都是属于皇帝的。正如 1898 年 10 月总督府的报告所称："对于德国当局来说，至关重要但也相当麻烦的是中国人地占有关系。在德国获取胶澳地区前，这里也像中国其他地方一样，理论上是普天之下莫非王土。"实际上，土地是归私人占有的。这一点，德国在租借胶澳时也有认识，在总督府的报告中也提到"实际上，只要土地耕种者能够缴纳土地税，他就被认为是该田地的所有者。没有任何土地登记簿，只有土地税账册。"①

在土地产权的管理上，形成了土地契约制度，但土地契约文书种类繁多，土地交易管理混乱。中国从宋代起有了土地契约法权的书面形式，至明清随着土地交易的频繁，已有了种类繁多的土地契约文书，这些契约文书以田契为中心，既便于国家征收土地赋税，又有利于土地流转，但土地契约没有地形图，常使田单与实际土地面积不符；在进行交易时，经常只换粮串户名，不换地契户名，或将原契割裂分执等，使得土地产权的确认经常出现纠纷。如德国总督在其 1898 年 10 月的报告中所称，"没有任何土地登记簿，只有土地税账册。德国人占领后，没有发现官方对各田亩的任何

---

① 青岛市档案馆：《青岛开埠十七年——胶澳发展备忘录（全译）》，北京：中国档案出版社 2007 年版，第 3 页。

标记,也没有发现对各村庄农田地界线的记录。税单也未对此提供说明……"①

土地产权的非正式制度在传统土地产权管理中,起着重要作用。在土地产权的交易中,尽管在明文律法中对于土地交易的契税和土地契约做了一定规定,但对土地交易起着重要影响的主要是习俗惯例,如土地交易中的亲族优先购买权、附老契、中人等制度,这些制度在租借地的传统土地交易中也存在。如英租威海卫之前的一份1895年的地契:"立杜绝卖契。方立卿,系福建福州府侯官县人,将胞兄方伯谦前在山东文登县威海刘公岛新村买成山地十亩,为自行起盖房屋二十八座,土木工料共用八千两,系伯谦自己手署,与族间亲疏伯叔兄弟子侄无干,乃因光绪二十年倭人迫乱,以至该房屋尽为毁坏。今因短少洋债,不能还清,故将刘公岛山地十亩、毁坏原盖房二十八座,备有界牌为界,卖于烟台顺泰一粤商梁姓永远为业,并无除留为碍。全中人面说议价,定卖银八百两,其银当日收足。……恐口说无凭,共立绝卖断契一纸为据,并缴上老契为证。……知契母:吴氏,在见:陈秀国,中友:陈修吾,中见人:李琴轩,代笔:戴小琳。光绪二十一年闰五月二十六日立杜绝卖契,方立卿。税乞,大发财。"②从这份契约中可看出,契约中注明卖地的原因"短少洋债,不能还清","附上老契""中见人""在见"等,既有原因又有中人,事实上传统中农民非常重视土地,卖地乃不得已之举,轻易卖地易被视为"败家",故常注明贫寒等原因。在此份地契中,还特意注明了"……系伯谦自己手署,与族间亲疏伯叔兄弟子侄无干……",这与我国传统土地产权中的家族所有权

---

① 青岛市档案馆:《青岛开埠十七年——胶澳发展备忘录(全译)》,北京:中国档案出版社2007年版,第3页。

② 威海市档案馆:英租档案,"绝卖契",档案号:229-001-109-0495。

相关。在传统乡村土地的所有权中,其主体经常是家族而非家庭,家庭经常是拥有土地、房产的使用、占有、收益权,但无处置权,其处置权要收到家族关系的制约,这点在中国传统社会得到高度认可。在这种家族观至上的文化背景下,亲族的优先购买权就成为一种降低契约风险的制度安排,也正因为土地产权中的这种非正式约束,土地契约中"中人"的设置就成了一种增强契约约束力,减少被家族其他人日后追索的风险。故而在本契约中特意注明了"与族间亲疏伯叔兄弟子侄无干",事实上也是降低买家对未来产权可能会受家族关系干扰的顾虑,也说明在英租威海卫之前家族关系对土地产权交易的制约。在青岛农民对于土地的眷恋也在单威廉的记载中体现出来,如《单维廉传》记述:"数千农民对于祖传之地,习惯上颇为留恋,乃至不愿出售,交涉颇为费事,承办购地之官员因此须费很大的功夫、耐心及了解。德国以占领者对中国有绝对的优势,此种势力以及公正和镇静的交涉商谈皆有助于顺利地解决此项购地之任务。因此购地工作,前后竟达数年之久。"①

由于成为租借地之前的青岛和威海卫主要是一些乡村地区,如租借地胶澳面积约 540 平方公里,拥有中国居民约 6—8 万人,分散居住在无数小村庄里;威海卫租借地则主要是刘公岛及威海卫城,英国人占领它本是处于其战略价值的考虑,对于其经济地位,则认为"无任何经济价值"②,"仅是位于浅海湾的一个悲惨的,

① 青岛市政协文史资料委员会编:《青岛文史撷英·德日占领卷》,新华出版社2001年版,第124页。
② 爱伦(Allen)(致索尔兹伯里(Salisbury)的信,10 January 1898,参见"外国强权占领中国北方对贸易的影响",FO405/76,转引自:[美]克拉伦斯·B. 戴维斯,罗伯特·J. 高尔,王瑞君译《英国人在威海卫:帝国非理性之例研究》,《山东大学学报》2005年第4期,第16页。

荒芜的,破旧的镇子"①。在这两个地区成为租借地之前,其土地管理也主要是传统的土地管理方式,仍是侧重于税赋的管理,涉及土地交易的管理,非正式的习俗惯例要起到很大作用。至于现代意义上的城市土地管理制度,如城市土地产权管理、城市土地使用管理、城市土地税收管理、城市土地规划管理等制度更是在资料中几乎看不见。

3.2　城市土地管理制度的变革

不同于传统的以田赋管理为中心的农地的管理,城市的发展带来了土地征收问题、房地交易问题、土地规划问题及城市土地的宏观调控问题。更为特殊的是近代青岛和威海在成为租借地之后,统治的主体发生了变化,西方文化十分直接地和当地文化碰撞,使得传统的制度在外力的作用下,偏离了既定的轨道,发生了制度的变革。

3.2.1　专业化城市土地管理机构的设置

被租借之前的青岛和威海卫并无专门的土地管理机构,如单威廉所述:"华人之地基与地权之关系哎,吾人亦未明了。久之,始由当日之译官,现任驻华使署参赞夏礼甫 Krebs 探析华人从未有土地官署,其业主之变更,村长有无上之权力。其官署内粮课

---

① "威海卫作为海军基地的价值",Blackwoods 杂志,165(1899),第 1073 页,转引自:[美]克拉伦斯·B. 戴维斯,罗伯特·J. 高尔,王瑞君译《英国人在威海卫:帝国非理性之例研究》,《山东大学学报》2005 年第 4 期,第 16 页。

表册所载之某姓某某田产,只予吾人以最少之依据。"①德、英租借之后,首要问题便是土地的清查问题。德当局在《胶澳租借条约》之前,即成立青岛测候组,负责青岛地区的土地丈量。在条约签订之后,1899 年专门分出地政局作为一个独立的机构,对租借地按区分段,进行土地面积实测,对官署公地和卖给市民的私有土地进行地籍丈量,对可供出售的地块按规格、类别登记造册,埋设边界标志并负责胶澳地区的土地登记、移转、变更等事宜及地产税的登记工作,1907 年专设土地登记局,主要统计土地收入、土地面积、登记簿册等各类土地的买卖租赁数据,并据此建立土地台账等。1907 年 6 月,地政局与土地登记局合并,称帝国土地登记局。为方便土地税收管理,于 1901 年由胶澳总督府参事官及市民代表选举 2 名欧洲人、1 名中国人组成土地评价委员会,进行土地评估,后于 1910 年 10 月,专设土地估价局,具体办理评估土地及其他财产价值等有关事宜。② 德占胶澳时期的土地政策和法规一直被视作成功的典范,其机构设置也相对完善,从土地的测量、土地产权交易管理到土地税赋管理及土地地价的调控都先后设置相应的专门机构,从机构设置上为土地政策和管理的实施提供了制度保障。

　　不同于青岛的相对完善的土地管理机构的设置,英租威海卫的机构设置则相对要简单地多。从 1898 年中英签订《租威海卫专条》到 1901 年成立临时行政公署,威海卫仍是中国地方政府在统治,1902 年英国派驻首任文职行政长官后,组建了司法部、征税部、登记部和综合部,对于土地征税与登记有了相应的行政机

---

① ［德］沙美著:《胶州行政》,民智书局,民国十三年六月(1923.6),上海,第 2 页。
② 这些机构的情况均从青岛市档案馆译的《胶澳发展备忘录》中整理得。

构。1906年英当局行政机构调整，将威海卫划分为南北两大行政区，分别由南北区行政长官管理，行政长官署设工务股，负责道路、桥梁、房屋等官办建筑工程的设计、计划和预算，由巡查监管私有建筑的施工。1916年，殖民政府再度调整，形成了由正华务司署、副华务司署和医官长署三个职能部门组成的行政系统，正华务司署主管财政、民政、文案、狱政并审理民事案件；副华务司署主管税收、港务、警务并审理刑事案件。1928年单设收税司，掌管地丁钱粮及各项税收，并设工程师1人负责管理公共工程事宜。尤其值得注意的是由于英国并不像德国要把青岛建设成为"模范殖民地"而进行了详细的规划和建设，英国一直遵循管理的最小成本原则。在当时的威海卫，90％以上的人口生活在农村，因此完善农村管理是当局的重点，为此英当局实行了中西合璧的总董制来实施乡村的自治管理。传统的农村管理制度主要是乡规族约的约束，当时的威海卫也是如此，宗族长老是乡村社会的主要权威，因此英当局维持这种基本治理，使这些有威望的人担任村董，负责农村包括土地交易、税赋等在内的管理。因此，尽管在土地的税赋、立法和土地产权交易的管理上威海卫也有了转变，和传统相比也出现了专门的土地管理机构，但相较青岛而言要简单得多。

3.2.2 土地产权管理制度的确立

威海卫和胶澳同为租借地，租借国获得土地租借期内的使用权。但两者又略有区别，从《中德胶澳租界条约》和《中英租威海卫专条》来看，前者规定租借期为99年，后者规定租期与"俄国占旅顺相同"，按饿占时间看是25年，但同时又规定"然期满后，由两国相商延展亦可"①故期限事实上不确定。从规定上看,虽有时间期限,然而胶澳条约中 99 年的限制实为永久,国内外学者的研究和资料均表明这一点,如日本学者田原天南认为:"租借地国的领土在国际法上创一新例者,实际是自德意志在 1898 年租借胶州湾开始的。以当时中国政府缺少法律上的知识为契机,名义上暂时租借九十九年,其实质是要侵占中国领土。""然而,德租借胶州湾虽有九十九年的期限,而含有永久的意思是自不待言的。租借国可以与在本国的领土内一样进行永久的经营。"②英国对香港的土地批租时,期限设定上也有 75 年、99 年、999 年等规定,故西谚云:"60 年等于永久"。其他西方国家也这样认为,如英国议会文件有关德国占领胶州湾资料中这样评价中国租借胶州湾:中国方面要割让的领土,包括港口入口处的两侧和胶州湾岸上一块更大的土地;他将永租给德国政府。中国皇帝将移交其主权。③ 而英国的期限则视俄国占领旅顺的期限而定,但同样不确定。无论时间期限上如何规定,英国、德国取得了租借期内的土地所有权,并在此基础上对界内的土地在产权管理上确立了相应的产权制度。

3.2.2.1 土地所有权制度

德当局占领胶州湾之后,为避免其他国家先行收购或地主抬高地价,颁布了"优先收购法",规定土地所有者今后只能将土地出售给德国海军司令或其接任者,即德国总督府,严禁将土地出售给

---

① 许同莘等编纂:《光绪条约》卷 52,北京外交部印刷所,中华民国三年,第 3 页。本条约原称为《中俄会订条约》,又称《中俄条约》。

② 王光锐,张书俊:《对于清政府签订租期 99 年租借条约的两点思考》,《安徽文学》,2009 年第 7 期,第 204 页。

③ 《三七一零号驻伦敦大使哈慈菲尔德伯爵致外部电》,《德国外交文件有关中国交涉选译》第 1 卷,上海:商务印书馆,1960 年。

其他人。在德国殖民当局收购土地之前,土地所有者仍然占有该土地,并可以继续耕种土地。这样通过"优先购地权",使得被收购的土地归德国政府所有。

英国租界威海卫期间,土地有"公地"和"民地"两大类。① 其中"公地"所有权在英国租借期间从法律关系上属于英国国家。"公地"主要包括有这几类:一是租借时从清政府手中接管的官产地亩,二是英国政府强制收买的土地,三是政府荒地,即按照中国法律和习俗被视为公共财产,属于国家所有的未被占用的土地,或者原本是荒地并且其土地占有人无合法地契的被占用的土地,四是皇家租地,指在码头区的"公地",英租威海卫行政公署分别段落标定价格,以备人民租用。"民地"所有权是指各类地主及民间百姓拥有的各种私人土地田产。

3.2.2.2　土地登记制度的确立

无论是青岛还是威海,传统的土地管理并无完善的土地登记制度,官府对于土地的管理主要是以征收赋税为中心的土地清丈和地籍管理。尽管土地交易时,须经官府查验并缴纳契税,但土地契约既不附有地形图,契约形式又不规范,正如前文提到的德国总督在其 1898 年 10 月的报告中所言,"没有任何土地登记簿,只有土地税账册。德国人占领后,没有发现官方对各田亩的任何标记,也没有发现对各村庄农田地界线的记录。税单也未对此提供说明……"② 因此,对于土地报价是否属实、面积是否相符,并无相应

---

① 徐祖善著:《威海卫筹收接管行政工作报告书》(下),烟台仁德印书馆民国二十年代印本,第 37—40 页。

② 青岛市档案馆:《青岛开埠十七年——胶澳发展备忘录(全译)》,北京:中国档案出版社 2007 年版,第 3 页。

的核实制度,致使土地产权纠纷屡有发生。对土地交易进行管理
的首要条件是完善的土地登记制度的确立,青岛的德国政府和威
海的英国政府介入土地交易管理的制度设置之一便是土地登记制
度的确立。

土地登记的前提是土地测量,在1898年德国海军港务测量部
就成立了青岛测候组,对租借地按区分段,进行土地面积实测,对
官署公地和卖给市民的私有土地进行地籍丈量,对可供出售的地
块按规格、类别造册登记,埋设边界标志,这为后来的土地出售和
交易提供了基础。在德国公布的一系列的土地法规中,《置买田地
章程》(1898年9月2日)的第二端第一款规定:"除第一端款内所
载外,现在初买地之事非由总督所定拍卖之日不能办理,如总督拍
定后,统侯将该地及买主登注地册,始为买主实系该地之新主作
据。"[1]在《田地易主章程》(1904年5月5日)第三条也规定:"所有
本署未经价买之地,只准卖与籍隶德境、即墨、胶州三处华人管业,
仍当先行报请衙门准否,但卖主买主察报时宜呈所立契据二纸查
核,若经衙门核准即将该地向来契盖印,一张交买主收执,其余一
张则留衙门存案,……"[2]这些规定均明确表明土地交易须进行登
记。除了章程中的规定外,德国当局还于括1902年12月发布"建
立土地簿登记之赦令"、1904年5月发布"胶州地区内中国民众间
转移土地之命令",对土地登记的基本程序、土地登记的优先权和
不进行土地登记的处罚都进行了规定。如对土地登记的基本程序
规定如下:(1)土地登记前,先经过法务查证;(2)确定买主卖主;

---

① 青岛市档案馆:《青岛开埠十七年——胶澳发展备忘录(全译)》,北京:中国档
案出版社,2007年版,第741页。

② 青岛市档案馆编:《胶澳租借地经济与社会发展——1897—1914年档案史料
选编》,北京:中国文史出版社2004年版,第23页。

(3)确定土地交易的面积及所处的位置;(4)进行逐个地位的现场测绘;(5)对比原有的土地税册;(6)填入土地登记簿;(7)发放土地产权(变更)证书;(8)土地移转登记,制作证书。至 1906 年 9 月 30 日,纳入土地登记簿和图册的土地共计 447 公顷 24 公亩,其中青岛市区登记 175 公顷 51 公亩 34 平方米,郊区登记 271 公顷 72 公亩 66 平方米。①

　　英国对于威海卫的土地并未进行大规模的测量工作,故土地登记工作也展开较晚,至 1914 年始颁布《土地登记条例》,1916 年制定《土地转让与抵押登记规章》对于土地登记的程序和法律责任作了详细的规定,具体包括有土地登记的申请、费用、查询和违反土地登记的处罚,其土地登记的基本程序如下:(1)向爱德华港地区长官办公室官员出示土地转让契约,及出卖人对该所转让土地享有权利的全部证明文件,用以证明土地出卖人对该土地权利已消失并入卷存档;(2)地区行政长官对欲转让的财产张贴一公告,公示 1 个月;(3)在土地登记簿中登记双方当事人的全称、履行日期和登记日期、土地的所在地和边界、土地转让价款或者预付款数额。除此之外,还规定土地转让和抵押登记簿在办公时间内应当在爱德华港政府办公场所内公布,并接受查询,而且对同一块土地或者合法地产而言,所有经过登记的转让、抵押将比未经登记的转让、抵押有优先权;已登记的契约将比未登记的契约有优先权。②

　　从上面的规定可以看出,无论是英当局还是德当局对于土地登记的程序、土地登记的优先权、土地转让和抵押的登记制度、违

---

① 青岛市档案馆编:《青岛开埠十七年——胶澳发展备忘录(全译)》,北京:中国档案出版社,2007 年版,第 402 页。

② 邵宗日:《英国租界时期威海卫法律制度研究》,北京:法律出版社 2011,第 75 页。

反土地登记的处罚等都进行了规定,确立了传统土地管理中缺失的土地登记制度,也进一步促进了土地交易的展开。

3.2.2.3 私人土地产权交易监管制度

中国传统私人土地进行产权交易时,并不需要事先得到政府的批准,只是在交易后由买方到县署纳税注册,但事实上为了逃避契税,很多买主并不报备,故而民间才有大量白契存在。英、德租界威海卫和胶州湾之后,当局直接介入私人土地产权交易,对交易进行监管。

私人土地产权交易报批制度。德总督府1898年颁布的《置买田地章程》第一端第二款规定:"在总督未买地之先,各村居民人等凡有意欲买土地抑或改换该地向来用法者,务先禀请总督批准,并不准私办。"①1904年颁布的《田地易主章程》也规定:"所有土地未经本督购买,以先各该地主凡有意所有田地未经本署购买,以先各该地主凡有意欲改换该地向来用法者务宜先行禀请本署准否。不准私自擅办。至嗣后租地赁房典押等事应一律照办。若经衙门核准,即将该地向来契盖印一张交买主收执,其余一张则留衙门存案。"②而英国在1899年10月14日颁布的《土地购买章程》第一条就规定:"欲购买土地者,在得到行政长官的交易许可后,应与土地所有权人商讨所购土地的面积并标记出土地的界限。"第三条规定:"如果从购买许可给出之日起三个月内交易还没有完成,此交易将被行政长官取消。"第5条规定"在所有的情况下,进行土地交

---

① 青岛市档案馆编:《青岛开埠十七年——胶澳发展备忘录(全译)》,北京:中国档案出版社,2007年版,第741页。

② 青岛市档案馆编:《胶澳租借地经济与社会发展——1897—1914年档案史料选编》,北京:中国文史出版社2004年版,第23页。

易之前都要由政府勘测员进行勘测,并要向买方收取勘测费用,交易协商完成之后、界石将被固定下来。勘测地图将被制作。"①这些规定都表明无论英当局还是德当局都直接介入私人土地交易,明确私人土地买卖须有当局批准。

私人土地交易主体的限制。不同于英当局,德当局对于私人土地交易的主体也进行了限制。1898 年的《置买田地章程》在第一端第二款中就规定:"除同村或同宗之外,无论何地均不准或卖或租与他人。"②而《田地易主章程》将交易主体的范围扩大,但也仅限于德属区域内的即墨、胶州人,即"所有本署未经价买之地,只准卖于籍隶德境即墨、胶州三处华人管业,应当先行报请衙门准否,但卖主买主禀报时宜呈所立契据二纸查核。"③

土地产权转让、过户的基本流程标准化。德在其《田地易主章程》中第一条规定:"……每地一块系属何人产业,须以衙门发给新立之粮册为凭。"第三条规定:"……卖主买主禀报时宜呈所立契据二纸查核,若经衙门核准即将该地向来契盖印,一张交买主收执,其余一张则留衙门存案,应纳印费洋共五角,……"说明买卖双方在得到批准签订契约后仍需去当局公证核准;而英在其《土地购买章程》中也规定土地买卖经批准后可订立契约,并由土地所在地的该村村董及两名证人在契约上签名,而后由买方缴纳契约登记费和土地测量费。1924 年 6 月和 1929 年 8 月的规章公布后,规定产权转让时,应先填写购买产权报告书,并声明请求过户,由买卖

---

① 威海市档案馆:《关于土地买卖的条例》,档案号:229 - 001 - 0484。

② 青岛市档案馆编:《青岛开埠十七年——胶澳发展备忘录(全译)》,北京:中国档案出版社,2007 年版,第 741 页。

③ 青岛市档案馆编:《胶澳租借地经济与社会发展——1897—1914 年档案史料选编》,北京:中国文史出版社 2004 年版,第 23 页。

双方在报告书上签押,并携带卖主的职业证券呈递英租威海卫行
政公署,由公署根据其报道的地段、坐落、四至等情况,在该产权所
坐落的村中张贴一个月布告,若在此期间无异议,则可成立卖绝官
契,并纳税。若卖主纳税时无执业证券,则邀请两位公证人,并说
明没有执业证券的理由,才能认定为有效。[①] 从这些规定可看出,
私人土地产权交易受英、德当局管理监督,并且交易的基本流程已
经规范化、制度化了。

3.2.2.4　土地产权凭证——土地契约的规范化制度的确立

中国传统土地交易时,只换粮串户名,不换地契户名,或将原
契割裂分执等,且土地契证不附有地形图,田单与土地实际面积多
有出入。在单威廉所著的《胶州行政》中,他这样记载德占青岛时
青岛的土地产权交易的情况:"按华人之法律,则土地之出卖由卖
主订立卖约,出卖与买主,按约授受。新地主负有义务将契约呈报
县署,纳税注册。在呈报之时,按买价若干分之几纳税于国家,县
署盖印,或粘贴契尾并登记税册。新业主此后即附有纳税之义务。
则税册记载各地业主,自应有鲜明之影像,孰意由其官署之干预,
俾其地基主权之转移,由甲至乙竟百年至今,在中国山东一带,从
未实行一次。……县署粮房所存之案卷,其中所载某姓某田,几如
藏书楼之历史,不知经几代几朝几次湮流。百年易更,此册不易。
执册相绳,殊难凭信。"[②]从这些记载来看,并无统一的契约凭证,
按法官署在登记税册时盖印或粘贴契尾,然而按照记载即使这点

---

① 徐祖善著:《威海卫筹收接管行政工作报告书》(下),烟台仁德印书馆民国二
十年代印本,第38—39页。

② [德]沙美著:《胶州行政》,民智书局,民国十三年六月(1923.6),上海,第2—
3页。

也经常不能办到,大量白契存在。① 这种不规范的契约制度造成了土地交易流转的诸多不便和纠纷。

德占胶州湾后,土地交易的契约规范化了。德政府取得胶州湾的租借权后,首先禁止土地交易,取得土地优先购买权,业主附有义务,其土地永不卖于他人,只卖于海军司令及其继任者。政府收买时,先通知于华人之旧有业主,丈量之时则以从前华人原有之面积,政府新加之租税册为根据,逐界丈量,其价值按土地之肥饶以及其他特别关系估量和双方磋商,然后再订立契约,约文用汉文,由所管官署预先制就,其程式为卖主愿将该地由买主出价若干卖于买主管业,凭中及村长等为证,卖主本人及中证等均几名。1897 年德政府与当地民众的第一份土地交易契约如下,以后契约皆仿此:

立永卖契约人:王……等(续以人名 44),今愿将即墨县方坊什所有田产,如下列各界,共计一百二十六亩,出卖于德国政府代表,海军司令官狄,计价二千七百五十元,领银交田,永无纠葛,自卖之后,任从买主处理、兴作,与卖主无涉。惟现在田内今年所种,仍得由卖主收获。如德国政府在收获以前使用是项地基,则田内所有粮食,由估量给予相当赔偿。如德政府尚不即时使用,卖主此后尚欲再用此地,得由卖主纳租价,由德政府租出,等因证明零售卖价二千七百五十元内扣除从前所领优先收买权之代价银十五元。此据。②

---

① [德]沙美著:《胶州行政》,民智书局,民国十三年六月(1923.6),上海,第 2—3 页记载:"虽一千七百三十六年,时有粘贴契尾之条例曾经公布究以人民极端反对。人民之力量竟胜过政府,卒使政府之意志归于无效。一千九百年从新整顿契税,山东巡抚袁世凯发表条例,对于业主之抗税与收藏白契,惕之以厉刑,此种规则卒因一方面人民不肯费用,一方面因官吏之苛征暴敛致滋纷扰,无形取消。"
② [德]沙美著:《胶州行政》,民智书局,民国十三年六月(1923.6),上海,第 8 页。

　　这样德占之后的青岛土地买卖契约仿此德政府与民众之间的土地买卖契约,通过统一印制的土地交易契约和土地丈量、登记制度,确立了标准化、有序化、法制化的土地契约管理制度。尽管这份契约仿中国传统民间土地交易的契约样式,同样有买卖双方及中人,但由于契约统一印制,且都在政府登记备案,对于整理地籍,确定产权,征收土地税费提供了便利条件,而且政府当局的强力规定,确保了产权交易凭证的权威性,别于传统土地交易中"白契"、"红契"并存的状况;而且专门设置土地登记机构,规定土地变更流转时,必须进行土地登记和土地移转登记,由官厅发给土地产权变更证书,正本由交易双方执有,副本 1 份官厅作为永久性档案备查,相对于传统的产权转让时,只换粮串户名,不换地契户名,或将原契割裂分执等的简单做法,体现出其管理的规范性、有序性。

　　英租威海卫初期,民间土地买卖的契约大多为白契(民间买卖的契约,为逃避契税,并不到官府投税),但白契年代久远,很多契约上的买方与现在的所有者并不相符,故而 1904 年英英租威海卫行政公署印就官绝契、官典契等格式发行,凡成立典卖契时必须领用,先由各区区董到行政公署领取若干张,各村村民就近到区董处购买使用,区董即将领用人的村名、姓名、号数及日期记录在所售契纸备查簿内,随时呈报华务司署以便查核。下面是一份英威海卫管理公署 1929 年颁发的"卖绝官契":

　　立卖契人大英威海卫租界辛汪都三里前双岛村丛石斋,为因无钱使用,情愿将自己东西地一段三亩半坐落薄脸片南一半处南至界石、北至界石、东至堰根、西至有堰四至分明。邀同原中李星海(画押)等村董(章)公同议明实价大钱一千千整,当交不欠,卖与本村丛缤珠名下永远为业,绝无反悔。粮银柒分整,照契过割,由买主自行照例投税,如有违碍情弊,买主一力承当。至应纳粮银,由买主完纳。恐后无凭,填写官契为证。①

这份契约印有"大英威海华务司"的狮图案长条形印,有村董、副村董、帮办员的签章,还有中人、当事人的签字画押,还盖有"威海卫管理公署·土地契据管理"之章,这份官契的天头上还印有"第×号"的字样,并注明"从立契起限三月内到码头区衙署税契"。从这份契约可看出,基本内容与传统的中国土地契约内容相似,多了村董的签字和行政管理当局的签章及编号。村董是英租威海卫时期实行的基层管理制度,由英当局任命在各村行使行政管理职能,如征粮纳税、进行土地登记等。按照 1905 年英当局颁布的《典卖房地产税契章程》对订立"卖绝官契"流程进行了规定:买卖双方村董、帮办员将卖主出示契据当场审查后领得请求书(请求书在区总董处),填写清楚并盖章;请求书填毕后请土地局(Land Office)出示通告,饬该村村董在村内张贴一月,凡有异议者可于一月内用书面申诉于正华务司署;一月后无人出面反对买卖,即开始订立卖绝官契,并连同原来契据呈请土地局登记纳税。从这个规定和契约的格式可以看出,英租威海卫时期的土地契约同样实现了有序化和法制化。除了"卖绝官契",英租时期威海卫私人之间土地买卖和典押的契约还有:官典活契、官押帖、官补契和白契,除了白契是私人为逃避契税不去官府注册纳税外,其余几种均需经过官方的批准和监督。具体如下:

(1)官典活契

土地所有人因无钱使用而将土地典与他人时订立的契约。承典人暂时行使管理经营的权力,过期不赎者视为绝卖官契,应完银粮由原主自理。订立官典活契时,当事人及典物所在村村董及帮

---

① 邵毅:《英租时期的威海卫地契》,中国艺术报 2003 年 6 月 6 日,第 B02 版。

办员均需到场,由当事人在总董处领取典契,填写相关内容后由村董、帮办员盖戳。

（2）官押帖

土地所有人因借款而向他人订立的将土地抵押给他人使用的契约,类似于现在的抵押合同。借款人到期不能清偿借款时,抵押物由保人典卖或由债主自行典卖,所得价款用于清偿借款。其办理程序如官典活契。

（3）官补契

这是伴随着甲午中日战争而产生的一种契约。社会动荡导致一部分人将原有土地买卖契约丢失,为保护这部分人的权益,英国政府于 1925 年 6 月和 1926 年 1 月先后颁行补契规章,赋予丢契人申明所有权的权力。申请时,申请人应填写补契报告书,要求注明土地四至、四至内并无他人产业且有公证人证明、估价数目、应完粮银及补领原因。华务司根据此项报告书发布公告,说明某人的补契情形,公告期为一个月,期内无人禀请争执或争执理由无效,期满后即准予补给官契,效力与绝卖官契相同。①

土地契约的规范与否直接影响着土地交易的效率。中国传统的土地交易凭证种类繁多,真伪难辨,常引起交易纠纷,且受到地方势力的干预。在土地交易中,由于需对土地执业凭证进行真伪的鉴定,并受习惯法等因素的影响,加大了土地交易成本,大大阻碍了土地交易效率和造成土地税赋短漏、土地产权不明和纠纷不断的现象。德国和英国在在分别租借了胶州湾和威海卫后,虽然由于两个殖民当局法系、文化等的不同,对于租借地采用了不同的

---

① 张洁:《英租威海卫与德占胶澳土地法律制度之比较》,烟台大学 2010 年硕士学位论文,第 16 页。

管理方式和管理制度,但租借之后都首先从厘清土地关系,加强土地管理入手,引入了较为规范化、有序化、制度化的土地产权管理制度,表现在土地产权凭证上即体现为土地契约格式规范化、土地流转契约标准化、土地登记制度化,减少了传统的土地交易的弊端。

3.2.3　确立土地征购制度

无论是英政府在威海还是德政府在青岛,其一系列的土地章程和法规中都有关于土地购买、征收等方面的规定,确立了较为完善的土地征购制度。

3.2.3.1　德当局在青岛确立土地征购制度

德当局防止青岛土地投机、土地价格飞涨的措施之一是土地征购制度的实施。青岛土地政策的制定者单威廉考察了当时中国的上海、香港、广州等有租界的城市的土地制度,认识到这些城市的土地投机现象和土地价格飞涨的状况,因而如何防止青岛也出现这种情况是制定土地政策时首先要考虑的问题,解决的措施是一套完整的土地制度,其中之一便是土地征购制度。德占领伊始,便欲大量收购青岛土地,但是由于资金匮乏,故而先颁布了"禁止财产转移"布告,"禁止出卖土地,直至另行通告为止。"以防止土地囤积,哄抬地价,这个措施为德国征购土地制度的实施奠定了基础。土地征购制度由这几部分构成:

(1) 土地优先购买制度

单威廉在其工作报告中称:"吾人面临最紧急问题有二,第一为了解当地土地情形,土地所有权问题,以及面积大小等等,以及寻求实用的，不违反中国居民法律观念之办法，以取得优先购买权。"[1]故于1897年11月末，颁布了优先购地法，根据该法令的规定，土地所有者如欲出售土地，只能将土地出售于德国总督及后任大臣；为奖励土地所有者的出售行为，德国总督一次性支付土地所有者补偿费，其数额为每年所交地税的两倍，并且所应支付的补偿费应在确定的土地价格内扣除；土地出让的价格为德军占领胶州湾之前的土地价格，先有地保及保正确定价格，然后再进行核定；土地在被总督府购买之前，原土地所有者仍有权建造房屋或继续耕种。[2] 这项制度的实施具体以同居民订立自愿出让土地合同的办法进行，按照合同村民得到一笔相当于中国一年土地税二倍的定金，但必须承诺只向德国殖民当局出让土地，而不能将土地出让给其他人，根据有关资料记载，1897年12月到1898年1月，德当局与18个村签订了合同。[3] 而且在1898年9月2日颁布的《置买田地章程》第六端第三款也规定："凡地主欲转卖地时，总督可照地主所定卖价自买悉听总督之便。"即规定土地所有者通过政府拍卖而购得的土地，今后如要转售，在订立卖约前须通知总督府，并将买方出价和他所同意的扣除该地皮上建筑物价格后的卖价告知政府，政府仍有优先购买权。这些法令使得德国政府取得了土地的优先购买权，成功防止了土地被抢购投机的行为，并为青岛的城市规划和建设奠定了基础。根据《胶澳志》的记载，从1898年到1914年德当局收购的土地数量如下图所示：

---

① ［德］维廉·马察特著，江鸿译：《单维廉与青岛土地法规》，台北：中国地政研究所1986年版，第9页。

② 杨来青：《德占时期青岛土地政策初探》，《国际学术研究会——殖民城市、青岛的形成和其历史位相》报告要旨，神户大学文学部，2006年2月9日，第14页。

③ 《胶澳志·财赋志》，卷九，第13页。

德国殖民当局有关年度收购土地示意图

（单位：公亩）

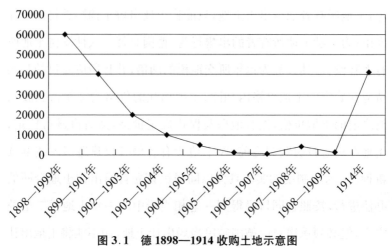

图 3.1　德 1898—1914 收购土地示意图

资料来源：杨来青：《德占时期青岛土地政策初探》，青岛档案信息网，2012 - 03 - 02，http：//www. qdda. gov. cn/

（2）确定购地补偿标准

德政府 1898 年 2 月 10 日颁布《购地准则》，"过去德占领军需要用地，均善意先与地主洽商，决定地价，予以收购。今大抱岛与青岛之地主，提出要求过高，屡经会商讫无结果，而占领军用地孔急，爰采用过去张将军购地办法，政府用地，均为公用，收购民间土地分作三等给价，视其优劣，每亩偿付卅七. 五元、廿五元及十二. 五元（指墨西哥银元）。今后德国政府所需土地亦将以同样价格收购。我将划定所需之土地，订立其等级，并按实际需要以上述订定之价格征收之。凡同意出售之地主可检具地契至衙门登记核定等级签约，并立即付给全部地价。至因地中之耕作物，仍归地主收成；政府征购之地，[1]

---

① ［德］维廉·马察特著江鸿译：《单维廉与青岛土地法规》，台北：中国地政研究所 1986 年版，第 15 页。

如一时尚不动用，仍可由原地主承租耕种。"根据档案数据计算，基本上后来的土地收购价格都是以次规定的补偿标准为基础的。如下图：

1901—1909 年征购土地价

（单位：银元）

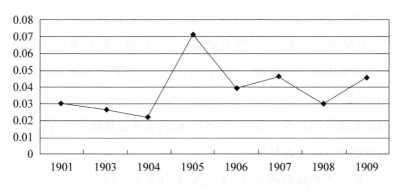

图 3.2　1901—1909 德当局土地征购价示意图

（注：以银元/平方米计算，1 亩＝666.7 平方米，档案未记录 1902 年数据）

资料来源：陈静：《德占胶澳时期土地政策论述——以胶州土地法规为例》，青岛大学 2009 年硕士论文，第 13 页。数据来自青岛市档案馆编：《青岛开埠十七年——胶澳发展备忘录（全译）》，北京：中国档案出版社，2007 年版。

3.2.3.2　英政府在威海卫确立的土地征购制度

英国同样在威海卫通过颁布一系列法令，确立了土地征购制度，但不同于德国大批量的收购土地，英国并未大量收购土地，只当为了"公共利益"时才进行土地收购。在《租借威海卫专条》中对于土地征用就进行了原则性规定。在该条约中规定："以外，在格林尼治东经 121 度 40 分之东沿海暨附近沿海地方，均可择地建筑炮台、驻扎兵丁，或另设应行防护之法；又在该界内，均可以公平价值择用地段，凿井开泉、修筑道路、建设医院，以期适用。""又议定，在以上所提地方内，不可将居民迫令迁移、产业入官，若应修建衙署、筑造炮台等,官工须用地段,皆应从公给价。"①原则上规定了英国若因公需要,可进行土地征收。在 1904 年颁布的《私有土地收回条例》及 1905 年修改后的《私有土地收回条例》中对于土地征购的条件、方式及争议的解决均进行了规定。主要包括有:

(1) 土地征购的条件——以公共利益为前提

在条例的第 3 条规定:"若行政长官认为收回该土地有利于公众,有权随时与该土地的所有者或其他享有权益的人进行磋商,购买该土地及其他与土地有关的权益。"②"在任何收回土地的通知中,只需声明土地是出于公众利益而收回即可,而无须对属于何种公众利益作出声明。包含此声明的收回土地通知将作为为公众利益收回土地的决定性证据。"

(2) 土地征购的方式——协商购买和强制收回

确定了要征购的地块后,首先由当局与土地所有者进行磋商,但"若磋商失败,行政长官可发布书面通知,宣布自该通知公布起满 4 个月后收回该土地。收回该土地的赔偿将按照本条例规定的方式支付或裁决。"

(3) 土地征购的补偿标准及确定

在英方公布的条例中并不像德国一样给出一个具体的金额作为标准,而是给出了一些确定金额时应考虑的条件。其条例规定:"确定赔偿金额时,不仅应考虑到收回的土地及附着房屋的价值,还应考虑因土地收回而使该土地与其他土地分割,由此给土地所有人或有关人员造成的(委员会认为)应予赔偿的损失。"若磋商失

① 邵宗日,陈光编译:《英国租借期间威海卫法令汇编》,北京:法律出版社 2012 年版,第 3 页。

② 邵宗日,陈光编译:《英国租借期间威海卫法令汇编》,北京:法律出版社 2012 年版,第 254 页。下文若有引用《私有土地收回条例》的,出处皆同此。

败要强制收回时，则由行政长官指定一个委员会负责确定与收回该土地相关的赔偿金额，委员会由 3 名人员组成，包括有高等法院的法官或行政长官指定的与本属地的华务司无关联的其他人员担任委员会主席，另两名则分别由行政长官提名和由土地所有人委托。这种赔偿标准的确定从一份判例中可以看出：

大英按察司堂谕，照得前据威海副华务司贾禀称，为威兴南等十九人占据官地一案，现经本司开断此案。详查所讼约有三端：一该地各断究竟官地抑系民地；二如系民地，国家可否价买；三如若价买，该地价应如何定章。按本司核断，此案应照何例。查威海租借系中国租与国家，照一千八百九十八年七月一号所定条约内开租借以内全归国家管理。所有管理之权，照一千九百零一年禀准准行各章办理。……但国家设有需用此地者，亦可按公平之价购买，此系一千八百九十八年威海所定条约内所详载者也。公平之价按本司之意，即照该地市价，并查遇察该地坐落何处，暨该地倘用为盖房及耕种合适否。如能合适耕种，亦需看能中何样庄稼，另外如卖，照加百分之十五价钱优给，以示体恤。……①

我们可以看到政府收购私人所有的土地时应当给予补偿费，并应当查看土地的四至，考虑到其上所种庄稼的价值。而这些都在 1904 年《私有土地收回条例》和 1905 年《私有土地收回条例》中有着更为系统的规定。

（4）争议的处理——不提起诉讼但可向委员会提出索赔

"任何人不得向国王陛下或其他人就依照本条例规定回收土

---

① 《关于土地纠纷的调查处理》，英国威海卫行政公署档案 229 - 001 - 0500，威海市档案馆藏。

地所带来的损害提起诉讼。"但可向委员会提出索赔声明,由委员会来进行裁决,并且裁决采用服从多数的原则,并且该决定是终局性的。

从英方的规定中可以看出,英方关于土地征购的条件、方式、程序、补偿标准及争议处理方式等均做出了完整的规定,但相较于德方的规定,补偿标准并不具体,当然事实上,因为对于租借地的治理遵从的理念和目的不同,英方并没有大规模地收购土地进行城市的建设,较大规模的收购是于 1898 年至 1900 年间将刘公岛中居民的地产全数强制收买,面积约有 4811 亩。[①]

3.2.4 确立土地使用管理制度

3.2.4.1 以拍卖、出租等形式确立土地供应制度

德当局通过土地优先购买制度大量收购土地之后,在保留了一部分土地用于修建街道、广场、码头、公共场所和防御工事外,针对不同用途的土地采用租、拍、卖、给予的方式进行发放;英对于政府持有的公有土地也采用出租的方式进行发放。

(1)区分土地类型发放土地—德当局的土地供应制度

A. 对于公益事业用地,采用卖、租或免费给予的方式发放。在其 1898 年 9 月 2 日颁布的《置买田地章程》的第四端规定:"兴办急公好义或与工艺有益之举者,无论境内何地,均可向总督受买或承租,其细微之事及酌定何法等节,随时听候总督裁夺。"[②]对于教会、机(关)、学校、医院之类则免费给予,例如在《胶澳发展备

---

① 威海市档案馆档案:0908 年年度报告。档案号 229 - 001 - 0024。

② 青岛市档案馆:《青岛开埠十七年——胶澳发展备忘录(全译)》,北京:中国档案出版社,2007 年版,第 742 页。

忘录》(1898 年 10 月—1899 年 10 月)的记载中,就有这样的描述:
"……为褒奖这 3 个教会对促进殖民地文化生活所作出的功绩,鼓励它们在保护区中国居民当众继续进行富有价值的工作,已将几块较大的地皮无偿并免税赠予这 3 个德国教会。"①在《胶澳发展备忘录》中也有这样的记载:"至 1899 年 9 月中旬为止,总共出售了面积为 1899208000 平方米,即 20.8 公顷的土地,总共收入了16192 银元,大约有 40000 平方米的土地被无偿用于公共设施建设。"②对于作为仓储、试验田等用途以及青岛大鲍岛、台东镇、台西镇的土地则采用出租的方式,如"外青岛湾的东岸由于地形比较安全,在直至港口建成的一些年内,将作为着陆场分块出租。"③
"每亩约为 910 平方公尺的租金平均为 2 元,约等于 9% 的利息收入。"④《经理台东镇事务紧要规条》规定台东等劳工区住宅用地亦免费划拨,"在该镇地皮任人检租盖造住房、铺房以及栈房,惟租价分为三等,上等每月每方八角五分,中等每月每方七角,下等每月每方五角五分,每方计地二百方米打。"⑤

B. 对于一般用地均采用拍卖制度。在土地供应中,拍卖是最主要的方式。英当局的拍卖制度是由一套比较完备的体系构成的,该制度对于拍卖的程序、申请人的资格和违约的处理等都进行了规定。

拍卖前公示制度。1898 年的《置买田地章程》对拍卖制度做

---

① 青岛市档案馆:《青岛开埠十七年——胶澳发展备忘录(全译)》,北京:中国档案出版社 2007 年版,第 43 页。

② 同上,第 34 页。

③ 同上。

④ 〔德〕奥图·普雷易:《胶州土地法规的实务》,〔德〕单威廉:《德领胶州湾(青岛)之地政资料》,第 53 页。

⑤ 谋乐辑:《青岛全书》,青岛:青岛印书局 1914 年版,第 18 页。

了原则性规定,该章程第三端第一款规定"由总督随时酌定拍卖之日预先至少四十天以前出示,示内详明何日拍卖,并照拟盖房地图,详细指明该地坐落何处即卖时每段所索最廉之价。拍卖时指定于何人一节即以何人多出价银为准。除此平常之法外,总督仍有斟事酌情变通办法之权。"至1902年《买地办理章程》公布后,土地拍卖制度更加完善,规定更加明确,对于拍卖的时间、拍卖的标的、拍卖的底价及拍卖的规则均作了具体的规定。如该章程第二条规定:"地亩局需将拍卖的告示登入官报十四天之后才能召开拍卖会,告示内须载明拍卖地皮的位置、面积和最低价钱。"

买地申请制度。1898年章程的第二款规定"买地者务于出示何日拍卖之期至迟以八天为限,先禀明总督,并将大概欲买作何用途处及何地欲种田,何地欲盖房等节亦需申明,始准拍卖,欲买地作何用处准否照办,总督裁夺。"1902年修订后的章程第二条也规定:"竞拍人必须将买定地皮后的打算以及盖房的期限向地亩局禀明,经地亩局同意后方能参加竞拍。买地申请需要在拍卖会召开两天以前提交地亩局"。这些条款不仅规定拍卖前买者须申请的制度,由总督审核批准,而且要求申请者提交该土地利用的计划,这样能够根据土地规划对土地的使用进行管理。

竞买保证金制度。为了保证拍卖的有效进行,英当局还制定了竞买保证金制度,对于参见竞买者的资格进行限制,如1902年的《买地办理章程》的第四条规定:"初次预买地皮者于登报以前须在地亩局交经费洋五十元,俟于拍卖日期买订地皮时即将所交五十元之经费扣归地价以内。倘若仍拍卖于他人仍将该地价交还初次预买之人。倘若至拍卖日期因初次预买之人另有他故以致地亩局不能拍卖或不能拍卖于初次欲买之人而该经费即行消灭"。

违约受罚的规定。对于竞买人拍得土地后不能按时缴纳费用者,地亩局会宣布此次拍卖无效而另行拍卖,同时取消竞买人参加再次拍卖的资格。在《买地办理章程》中第七条规定:"拍卖时以出最高之价交纳买卖费之后为买订者。买费即价钱、丈量费、登告白费三项。买定后将买费须当即交清不得赊欠,但告白上所登至少之价钱(在三项以内)须当即交清。其所增加之价至多于三日内亦须交纳,倘至少价钱不当即交清,由地亩局当即再定拍定时间。但此次拍卖唯初次出最高价钱之人不准再行拍卖。"①

(2) 采用拍卖公有土地租用权的方式,以出租的形式供应土地的方式—英当局的土地发放制度

不同于德当局,英政府并未对威海卫的土地进行大规模的收购,其所拥有的土地较少,主要包括这几部分:一是刘公岛上中国政府原有管产 308 亩,这些土地在英国租借威海卫之后一并被英国政府接管;二是 1899 年—1900 年间,政府又将刘公岛上居民的地产全部强制收买,面积大约是 4810 亩;三是爱德华港及其附近的土地。对于这些土地,英政府主要采用出租的方式,如政府将刘公岛上的约 90 亩的土地出租给居民管理经营,承租者在这些土地上开办了饭店、商店、避暑屋舍等,租赁的期限从一二十年到五十年不等。在爱德华港及其附近的土地,英政府则将这片土地划分为三个等级,收取不同的租金,如离大路五十尺以内者,每亩估定八百元;离大路五十尺以外者,每亩估定五百元;爱德华港以外者,每亩估定二百五十元。②

关于土地出租的方式,英当局采用了拍卖的方式。关于具体的租用权的取得、租赁双方的权利义务关系及租用权的消灭,通过

---

① 谋乐辑:《青岛全书》,青岛:青岛印书局 1914 年版,第 246 页。以上引自《买地办理章程》的条款均出自该书的第 245—246 页。

② 朱世全:《威海问题》,上海:商务印书馆 1931 年版,第 150 页。

下列所摘档案可看出①。

招租官地告示：

华务司农，为晓谕事，照得坞口油坊东首，现有国家官地一区，面积共计三万六千五百七十五万方尺，东边六十二尺，南边三百六十六尺，西边一百四十五尺，北边三百六十尺，约五亩半。定于华历十月二十八日上午十二点半钟在本署拍卖，起码以一百元开拍。如拍定后每年缴地租一百四十元五角。预知拍卖该地一切规例，并欲阅看该地图形者，即至本署领看可也。为此出示晓谕，仰各遵照，万无观望自悮，切切特示。一千九百零五年十一月十日，光绪三十一年十月十四日。

官租地的谕词：

> 钦宪大臣骆谕。本大臣今召尔等租官地之华人来署，为讲明租官地之实在情形。盖因租地者前曾有人误会，今特对尔等讲明，以免以后之推诿缪辖。
>
> 国家逢有官地出租时，必出一告示，指明地在何处，亩数若干，并示明拍卖之手续。今将一千九百零五年乙巳所出之告示附抄于后。至拍卖时，当堂出价最高者得之，即当官并一证人之面签名于拍卖章程之格式上，一随后即立一官租券，上附该地之图，然后经本大臣签名钦印，租主亦须当证人之面签名，准租之期限注册于拍卖章程内，并示明租主若未经准可不得将该官地私自转售，届租期满时地归国家，其地上所有房屋苟非别有明文注于官租券内，租主必一

①　下文的告示及晓谕均出自威海市档案馆：英国威海卫行政公署档案，"对土地租赁的处理"，档案号：229-001-0487。

概交还国家管业。该处之商铺，对于营业上因此之障碍，并无法权向国家追究。凡签名盖章于租券却故意佯为不悉情形，且又不向国家请准而私自转售他人，更妄臆其有官地上所盖房屋用系自己之物，终不归还国家。今经明谕之后，再不得藉口不悉情形，不知期满房屋归国家。凡有已经转户之租主必须即速来署请准转售，并将新户之姓名注于官地册内。

......

此番特租之条件如下：一，每年房租洋五百；二，房户必负责任使各房整治合宜；三，若有关于公众之故需用该房时，必向各户先期声明三个月，使之迁出；四，苟无公众必需该房之故，该房户等均可安然租住七年；五，七年期满，此番特租即行截止，该地及其上之房国家得以随意处置。附抄一千九百零五年招租坞口官地告示......

从上列的晓谕和告示可知，关于英政府的官地出租制度包括有：

拍卖前的公示制度。拍卖前先公示，指明欲拍卖出租的土地位置、面积、起价、规则，使得欲租土地者提前查阅相关事宜规则。

租用权的取得。拍卖时，将土地出租给出价最高者，该租用者当着政法官员和证人的面在拍卖章程的格式上去签名，并订约，即官租券，并附地形图，由行政长官在租券上签名盖章。

租赁双方的权利义务。取得租用权之后，租主在租期内有使用土地的权利，但不得私自转售，期满须归还国家。

租用权的消灭。官地租用权的消灭有以下三种情形：（1）政府为公益事业或整顿振兴租借地而需要收回所出租的官地时，应提

前三个月通知承租人,并对收回的土地和房屋估价后进行补偿;
(2)承租人未按期缴纳地租且延期 21 天仍未缴纳或者有违反租券
中一项或几项章程时,政府可取消租券,收回已出租的土地及房
屋;(3)租期自然届满时,所租土地归政府所有。

3.2.4.2 对土地使用的监管制度

对于私人在取得土地后的使用开发进行管理,英、德当局均有
相关方面的法规,但双方由于租借土地的目的及当时的社会经济
条件不同,两者并不相同。

(1) 严格按照提交的土地使用计划使用土地,违者土地收回
或加征税收—德当局的土地使用监管制度

德国基于要把青岛建设成为"模范殖民地"的目的,从占领之
初,即非常注重城市土地的开发规划,对于私人土地使用进行了严
格的管理。在上文提到的土地拍卖时,德当局就要求申请者提交
详细的土地利用计划,并由总督审核后方可参加竞拍,而对于拍得
土地后土地使用的监管,在《置买田地章程》中就有明确规定,在该
章程的第三端第二、三、四款中分别规定:"买地者务于出示何日拍
卖之期,至迟以八天为限,先察明总督并将大概欲买作何用处及何
地欲种田何地欲盖房等节,亦须申明始准面拍。""欲买地作何用处
准否照办,总督裁夺,至出章程后三年期内所买各地从是日起宽限
三年,其三年之应按票内所言任何用法照办,如果另外有堪通融之
情形,察请展限者以三年改为五年之上,所言三年之期满后再为定
新期限。""(买地作何用法已准后,如有未请总督照准而擅自更改
甚多,或于酌定期内并未照办者,即罚该地主,将地业充归总督公
用,是时照起买所交买价一半交还注册之地,此款必登于地册第二
卷内作为常记)此款所载如不按总督批准者照办,即罚该产充公一

节自光绪二十九年三月初四日以后另定新章即可,毋庸必守此款所载办理,充公之说作为无效,惟如将总督照准之图擅自更改与虽未改照准之图而不按所定日期将房屋修竣,即加地税三分,每百抽收九分,若三年以后仍未修竣即加至百分之十二分,以此递推,加至二十四分为止,房屋修竣以后按百分之六分缴纳他税。"①依据这些规定,拍得土地者必须按照事先提交的土地使用计划进行土地开发,若未按期、按计划使用土地,总督府有权以当时买价的半价收回该地的产权,该惩罚措施在后来修改为加征税收,改为对规定期限 3 年内不执行使用计划或与计划严重不符的地产加收 3% 的地产税,即交地产税 9%,如果再逾期 3 年加至 12%,以此类推,直至 24% 的地产税为最高限度,按原计划建成后恢复到缴纳 6% 的地产税。这种调整一方面是源于德当局规定胶州湾地区不动产权按德国法律中对公民财产权利的规定,体现了德当局的产权保护意识;另一方面通过税收的控制也使得当局更方便管理土地使用计划,使青岛地区的土地规划能得以贯彻实施。

(2) 侧重耕地开垦的土地开发管理—英政府在威海卫的土地使用管理制度

由于英政府租借威海卫本身是为了平衡饿占旅顺的影响,主要作为英海军的疗养及训练基地,故不同于德当局,英并未对威海进行大规模的土地征购,也未实施大规模的土地开发,对于土地出租后的土地使用管理也未像德国一样进行系统的规定,相反由于威海地区垦荒引起的争端不休,故土地开发使用的法规多侧重在耕地开垦方面,本文不再赘述。

———————

① 青岛市档案馆:《青岛开埠十七年——胶澳发展备忘录(全译)》,北京:中国档案出版社 2007 年版,第 741 页。

3.2.4.3 城市土地规划制度

德政府在租借胶澳期间,制定了相对完善的土地规划制度,为近代青岛城市的发展奠定了基础,也确立了完全不同于中国传统土地规划的近代城市规划制度。而英租威海卫期间,并没有进行大规模的城市规划,"即以道路建设一端而言,三十二年来仅有马路五十余英里(作者注:1 英里=1.609344 公里),余如桥梁沟渠堤岸及其他种种公共建设事项,俱因陋就简,并无出色惊人之成绩。"①

(1) 中国传统城市土地规划制度的主要特点

强调礼制。自西周始,中国的城市规划就体现出强烈的强调礼制的特征。《周礼·考工记》记载的"匠人营国,方九里,旁三门,国中九经九纬,经涂九轨,左祖右社,面朝后市,市朝一夫。"②(注:夫为古代计量单位,一夫约合今天的一百亩。)描绘了都城的建设规划,即都城成方形,各边长九里,每边各开三门,城中布局为九条直街,九条横街,道路宽度为车辙的九倍,中为宫城,左为祖庙,右为社稷坛,后为市场,市与朝各占地一百亩。强调了天子为中心,都城建设方正的思想。而《考工记》所记载的"环涂以为诸侯经涂,野涂以为都经涂"③即诸侯城的经纬涂宽度只相当于王城的环涂宽度(注:都城的环城),卿大夫采邑"都"的经涂宽度再降一等,仅相当于王城野的宽度,说明按封建等级,都城有大小。从春秋到战国,城市均有详细的规划。这一时期,宫城是城市的主体,宫殿为

---

① 朱世全:《威海问题》,上海:商务印书馆,1931 年版,第 144 页。
② 庄林德等编著:《中国城市发展与建设史》,南京:东南大学出版社 2002 年版,第 16 页。
③ 转引自庄林德等编著:《中国城市发展与建设史》,南京:东南大学出版社 2002年版,第 16 页。

城市的中心区。秦汉时期,城市布局基本沿用了春秋战国时期的形式,并按功能分为几个不同的区域,如宫廷区、官署区、宗庙区、市区、手工业区、居住(闾里)区等。至隋唐,严谨的封闭式棋盘形的城市格局形成,尊卑有别的礼制风格已经十分成熟严谨,但商业活动或局限在城市内的某一区域,或被排除在城市计划之外。自宋以后,城市的封闭性坊里制度已经名存实亡,经济区及商业街市越来越密集,反映出城市经济职能与政治职能此涨彼消的状况,但仍力求方正和对称,"三朝五门"严整有序。

讲求功能分区。《管子·乘马》曾言:"凡立国都,非于大山之下,必于广川之上,高毋近旱而水用足,下毋近水而沟防省。因天材,就地利,故城郭不必中规矩,道路不必中准绳。"强调了城市的供水、排水、防洪,要善于利用地形地势。《管子·大匡》称:"凡仕者近宫,不仕与耕者近门,工商近市。"[1]

忽略城市布局吻合经济发展的实际需求和公共绿化。传统的城市规划思想虽然取得了举世公认的成就,但由于过于追求礼制风格和象征意义,往往导致城市布局和社会经济发展的实际需要脱节,如"王城居中"的模式,道路尺度的考虑等。在绿化方面,虽然很注重城市的山水布局、皇家园林与私家园林的建设,但城市的公共绿化却比较落后。

(2)近代城市土地规划制度在青岛的确立

德国作为一个后起的资本主义国家,急于证明"我们不会使任何人黯然失色,但是我们也要求我们在阳光下的位置。"[2]希望能

---

[1] 转引自庄林德等编著:《中国城市发展与建设史》,南京:东南大学出版社2002年版,第16页。

[2] 李东泉:《青岛城市规划与城市发展研究》(1897—1937),北京:中国建筑工业出版社2012年版,第59页。

在世界舞台上展示一个世界强国的形象。占领胶澳之后,德希望
把青岛建设成为"样板殖民地"以展现德国的实力,在此背景下,德
国对青岛的建设进行了系统的规划,并确立了不同于中国传统的
城市土地规划制度。

近代城市规划思想的指导。德国 19 世纪后半期完成工业革
命后,其他西方国家工业革命给城市带来的问题已开始引起其他
国家的警惕,这使得德国较早地注重市政建设。19 世纪中叶已用
法律条文来保证城市的自由权、社会福利等,其民族特性中的彻底
精神和系统性使其近现代的城市规划和建设注重统筹安排和从长
计议。英国著名的城市规划大使格迪斯(Patrick Geddes)在 1912
年在德国旅行之后就感叹道"应该到德国的城市去看看",认为他
们充分利用了经验,避免了许多旧技术的弊端。[1] 德国国内的领
先的城市规划理念同样指导着近代青岛的城市规划与建设。

城市规划干预城市发展的制度保障—城市自治管理模式。德
当局希望青岛是一个完全的自治地区,"要向本国政府尽量地请求
批准独立自治、自由贸易,并随着这块殖民地逐渐发展,由本国政
府有步骤地赋予自治政府的全部权利。"[2]1898 年 10 月至 1899 年
10 月的《胶州地区发展备忘录》中记载"为了使总督府的决定具有
尽可能广泛的专门经验的基础,便设立了一个总督府议会,参加议
会的有各个方面管理部门的领导人,所有重要的政府事物都由总
督提交议会进行讨论。总督作为行政管理和军事统率的最高负责
人,一如既往,对这些事物拥有最后的决定权。这就表现出议会制

---

① 金经元:《近现代西方人本主义城市规划思想家》,北京:中国城市出版社 1998
年版。

② 阿里文(E. OHLMER):胶海关十年报告一八九二至一九零一年报告,1901,
青岛市档案馆:《帝国主义与胶海关》,北京:档案出版社 1986 年版,第 43—103 页。

的集体领导制度的优越性，在这种制度下统一的意志和负责。"
1899年3月13日总督法令创立的政府参议会最初由3人组成，
其中一人由总督任命，另外两人由欧洲人市民群体选举产生。
1907年5月14日实行改组，其成员增加到9人。其中5人以其
在政府中职务而占有席位，其余4人代表非政府机构欧洲人市民
群体。5个政府部门首脑：参谋长、市政长官、财政局长、医疗部长
和公共事务局长直接向总督负责，分别代表各部门出席参议会。
1902年4月15日又创立了中国人议事会，这种设置体现出了西
方的民主管理思想，构成了一套完备的自治制度，为政府城市规划
的制定、实施、管理、协调提供了保障。

　　城市规划和建设实施的基础—完善的城市管理机构和专业机
构的设置。青岛的城市规划和建设始终在政府的主导之下完成，
德在青岛的最高行政机构是胶澳总督府，总督下有军政和民政两
个系统，并直接管辖财政局、卫生局和公共工程局，而民政系统则
设立有包括测候所、山林局、土地局等10个单位，其中测候组专事
土地测量工作，土地局几经演变，先后有土地登记局、土地估价局
等，负责土地登记、土地交易管理、估价等方面的工作，而公共工程
局的设立则满足了大规模的公共建设的需求。

　　一系列法规和规章制度的颁布实施为城市规划和城市建设的
展开提供了法制基础。城市规划有效实施的前提是对城市土地的
有效管理，同时城市规划本身也是城市土地利用管理的一部分。在
德租胶澳之后，首先为了防止土地投机，并储备土地为城市建设做
准备，颁布了一系列的土地法规，如《田地置买章程》、《地税章程》、
《田地易主章程》这三部基本土地章程外，还颁布了一系列土地法
规，如1902年12月21日的"建立土地登记簿之敕令"，1903年3月
30日"胶州地区土地权利的命令"，1903年5月16日"胶州地区矿

产的指令",1903 年 12 月 31 日"胶州地区土地权利的命令之修正及补充说明",1904 年 5 月 5 日"胶州地区内中国民众间转移土地之命令"等等,这些土地法规条例既为规划的实施提供了充足的土地,又通过土地拍卖和土地增值税的征收为大量公共设施的建设提供了资金,并为对私人土地利用的监管提供了依据。另外还有建筑条例来规范城市建筑风格,如 1898 年 10 月 11 日胶澳当局就颁布的《建筑监督警察条例》规定了城市建筑方面的相关标准。

由专业人员统筹、科学地制定城市规划。德国选择胶州湾首先参考了德著名地质学家和地理学家李希霍芬(Ferdinand von Richthofen,1833—1905)对中国实地考察后完成的著作和作出的建议,其次德政府又于 1896 年 8 月令远东舰队司令提尔皮茨(Alfred Tirpitz)对中国沿海进行了查勘并对胶州湾的价值从军事和经济两方面做出了判断,而后德海军部建筑顾问、海港工程督办、著名海河工程专家弗朗求斯(George Franzius)被派往中国,从技术层面进行勘察并作出了详尽的调查记录和研究,其内容包括胶州湾的位置、形势、港口、面积、岛屿、起哈偶、地址、道路、动植物分布、潮汐差度、海水盐分等近 30 项内容作出报告,"小而一块礁石、一片沙土此后如何利用,大而铁路航路船坞如何设备,以及与香港上海竞争,逐条计划,以利日后建设之基础。"[①]这份报告直接指导后来的城市规划。德在租借胶澳期间先后制定出两个城市规划,分别为 1900 年的《青岛的城市规划》和 1910 年的《青岛市扩张规划》,这些规划都是在科学界定城市性质、精确测量的基础上由德国海军的专业技术人员制定的,如海军少将蒂尔皮茨(Tripits)所言:"我们有一大堆技术人员和官员可提供给青岛使用,这些人是

---

① 袁荣叟:《胶澳志·沿革志》(卷一),青岛:华昌印刷局 1928 年版,第 5 页。

我们从海军大家庭中挑选出来的……"①,在进行规划时,体现出了其截然不同于中国传统规划理念的特点:

城市规划围绕着城市的定位展开。德国尽管占领胶州湾的初始目的是为海军寻找一个军港,但海军少将提尔皮茨从开始就主张将青岛首先发展为经济贸易中心,在《胶澳发展备忘录》中就提到:"胶澳海军当局所采取的一切措施都着眼于经济方面。在不损害该地区作为舰队基地的军事上的重要作用前提下,对这一地区的未来具有决定意义的是:首先把它发展为一个商业殖民地,即发展成为德国商团在东亚开发广阔销售市场的重要基地。"②所以,1898 年德当局就确定了总方针:把青岛建设成为德国远东舰队的军事根据地和德国在远东的商业根据地,城市规划就围绕着这个目的制定。规划中首先确定了港口、车站和铁路的位置,将火车站置于商业区内靠近青岛湾的地方,这片地形平缓,铺设的铁路能够穿过指定的工业区和仓库,并与港口内的铁轨有良好的连接。

结合自然条件,把城市布局同自然环境有机结合。在市区选址上,考虑到青岛的气候特点把市区选在青岛港外面的沿海区域,"只有面对青岛海湾的南山坡才适于建设城市居住和贸易区,新的城市开发规划也是根据这一情况指定的。居民建筑群落坐落于现在的青岛村周围,村西是商业和官员居住区,山坡高地以东,位于东部兵营和炮兵兵营附近的是别墅区和浴场区。"③

注重城市绿化和公共绿地的建设。中国传统的城市规划中虽

---

① [德]托尔斯藤·华纳著,青岛市档案馆编译,《近代青岛的城市规划与建设》,南京:东南大学出版社 2011 年版,第 72 页。

② 青岛市档案馆:《青岛开埠十七年——胶澳发展备忘录(全译)》,北京:中国档案出版社 2007 年版,第 3 页。

③ 同上,第 13 页。

然注重私家园林的建设,但却忽略公共绿地的规划。在德对青岛的规划中非常注重城市的绿化和公共绿地的建设。在德国占领青岛的十七年间,总共支出经费130万马克,这些资金用于青岛的林地、公园、街头绿地、道路绿化、苗圃等建设。其中包括有防风防沙林,封育林19800余亩,总占地1800亩的十四个公园,在主要街区道路的两侧栽种洋槐和法国梧桐,使得道路建设和绿化建设同步运行,使得居住区掩映在绿化之中。

完整的基础设施规划。包括有给排水网的设计、依地形采用不同特征的道路网的设计及邮政、发电厂等的设置。德政府采用了雨污分流的排水设施,至1914年,市内共建排水管道80.32公里,其中雨水管道29.97公里,污水管道41.07公里,雨污合流管道9.28公里。[①] 其道路网规划依地形而异,在平坦的地区采用方格网布局,在城市重要地段则采取放射状道路与广场结合,在各个分区之间则通过沿着山丘、海湾等自然地形特征的自由式道路联系,并对道路的宽度都进行了详细的规定。

从这些规划的特点上可看出,青岛的城市规划是在细致调查的基础上,通过专业技术人员做出的,这种规划既体现了近代"花园城市"的规划理念,又从制度保障上确立了规划的实施,从而使得青岛成为近代成功实施城市规划的典范,实现了城市规划制度的近代转型。

3.2.5 城市土地税收制度

中国传统的土地税收均是针对农地的,故又称为"田赋",以城

---

① 李东泉:《青岛城市规划与城市发展研究(1897—1937)》,北京:中国建筑工业出版社2012年版,第83页。

市土地为征收对象的税收制度则始于中国近代的租界。无论是德当局还是英政府,在租借地均以立法的形式确立了城市土地税收制度,尤其是德国在青岛确立的土地税收制度更成为青岛土地政策的核心,也使得青岛的土地制度成为闻名欧洲和世界的土地制度,并对民国政府的土地税收制度产生了巨大影响。

3.2.5.1 以立法的形式确立土地税收制度

德、英当局均通过颁布相应的法律法规,从法制上将土地税收制度确立下来。为防止土地投机行为,德政府于 1898 年 9 月 2 日颁布的《置买田地章程》第三端第四款就规定了应纳土地税税率为 6%,第六端第一款规定了土地增值税为"所赚银数的 1/3"即 33%,在随后的 1899 年 1 月 1 日又颁布《青岛地税章程》作为《置买田地章程》的补充,规定了具体的纳税办法;而英政府占领威海卫之后,先后于 1904 年和 1906 年颁布了《土地与道路税条例》和《土地与房屋税条例》,后又根据这些条例颁布了《有关房地产问题》、《土地房屋收税规则》等规章,这些条例和规章共同构成了威海的土地税收的法律制度。

3.2.5.2 针对不同类型土地征收不同土地税的制度

（1）公益事业土地土地税免征

这又是英德双方的一个共同之处,双方均规定了对于公益事业用地的土地税免收的制度。如德《置买田地章程》第四端规定:凡商行公司及无论何项公会等于照拟盖房地图所卖地面之外,欲用地以便兴办急公好义或于工艺有益之举者,无论德境何地均可向总督受买或承租,其微细之事及酌定何法等节随时听候总督裁夺。在《胶澳发展备忘录》1898 年的记载中也有:对于那些可用于公用设施或有利于公众利益的地皮,总督府有权部分或全部免税,完全免税只限 5年,5 年后可申请再延 5 年。① 例如山东铁路公司关于建筑需要之保沙地段,即曾给予免税;德国教会所需用之地段,亦给予免税。在威海卫,行政管理公署 1918 年颁布的《土地与房屋税规章》第 14 条规定:"以下建筑物或房产只要不用来赢利,可免除其房税:(a)救济院;(b)慈善诊疗所;(c)政府;(d)医院;(e)博物馆;(f)礼拜堂;(g)学校。"②由此可见,关于公益事业双方均给予免税的优惠待遇。

(2) 一般土地按土地估价征收一定比例的土地税

德政府规定了按土地估价计征 6% 的土地税,如德政府在1898 年颁布的《置买田地章程》第八端规定:"凡地主应照当时地价百抽六之例纳地税至地价一层,适用一千九百二年正月初一日止交总督。买价一律嗣后随时估计另为新定地价。"在《征收税课章程》第三款又具体规定为:"凡经总督已买之地,照地值百抽六之例交纳土地税,至于地值一层,至一千九百二年正月初一日至,与现交总督买价,一律以后由总督随时委派数员会同另行估计地值。此其届满后,能否将地税改为房税一节,由总督酌核情形,另定章程。"③英政府则在《土地与房屋税章程》中规定了以土地估值为基础的 0.5% 的土地税,在其 1918 年 9 月公布的《土地与房屋税规章》的第 9 条规定:"本属地内除中国人外的土地所有人,应每年向政府缴纳此土地估值的 0.5% 作为土地税。"④

① 青岛市档案馆:《青岛开埠十七年——胶澳发展备忘录(全译)》,北京:中国档案出版社,2007 年版,第 17 页。

② 邵宗日、陈光编译:《英国租借期间威海卫法令汇编》,北京:法律出版社 2012年版,第 133 页。

③ 谋乐辑:《青岛全书》,青岛:青岛印书局 1914 年版,第 94 页。

④ 邵宗日、陈光编译:《英国租借期间威海卫法令汇编》,北京:法律出版社 2012年版,第 133 页。

3.2.5.3 以政府土地估价计征土地税的制度

无论是德政府还是英政府均实行了征收土地税时的土地估价制度。从面土地税的具体章程规定中可以看出，1902 年前的土地税的征收还是以买价为基础，之后便由政府组织的土地估价委员会对土地进行估价作为征收地税的基础，后来于 1910 年 10 月，专设土地估价局，具体办理评估土地及其他财产价值等有关事宜。在地税评定的过程中，价值大致相等的土地合并为 1 个税区，以 1901 年间土地价格与该区总面积相除，得到平均价格。计算之后，各区的捐税如下：第 1 区 1.69 银元，第 2 区 1.32 银元，第 3 区 0.83 银元，第 4 区 1.01 银元，第 5 区 0.69 银元，第 6 区 0.45 银元，6 区之外的土地地价个别估定。按照这个方法，根据记载 1902 年 4 月 1 日私人拥有的全部地皮共值 499588.10 银元，按 6% 的地产税，每年应缴纳税额 29975.28 银元。[①] 若有违反，地主每年将缴纳 9% 至 24% 的土地税。第 1 年为 9%，以后每过 3 年增加 3%，直至第 16 年增加至 24%。

英政府在租借威海卫期间 1921 年前对属地内除中国人以外的土地所有人征收土地估值的 0.5% 作为土地税，1921 年在码头区对所有土地所有人征土地税。关于土地估价，英当局分别于 1918 年 9 月、1921 年 3 月、1926 年 11 月和 1929 年 2 月制定规章，规定对外国人及码头区以内的中国人所有的土地、及房屋进行估价的制度以及估价的具体程序，如 1918 年 9 月 19 日颁布的《土地与房屋税章程》第 3、4、5 条分别规定："每年 2 月 28 日前或 2 月 28

---

① 青岛市档案馆：《青岛开埠十七年——胶澳发展备忘录（全译）》，北京：中国档案出版社 2007 年版，第 177 页。

日后尽短时间内,行政长官需对本属地内非中国人所有的建筑物或房产(作为不同的、单独的所有物或地产保有而被拥有或占用)进行估值。""上述估值结束后需制定一份受评估的建筑物或房产及其估值的统计表。""上述统计表接受为期 14 日的审查,时间为办公时间,地点为财税收纳员办公室,该审查须在《政府公报》上提前通知。统计表包括的任何建筑物或房产的任何所有人都可以在该 14 日内从目录中提取信息。"同时该规章的第 7、8 条也指出如果业主遇有以下情形:房地的估价超过或低于应付税金,不应缴税的房屋而仍然对其进行估价,房地与业主应列入估价表中而未列入的,凡受有损失的,应当在查表期内以书面的形式告知行政长官。行政长官如认为情况属实,可命令副华务司将估价表酌量修改。在此后的土地与房屋税相关章程中关于征税以土地估价为基础及土地估价的基本程序均未发生变动。

3.2.5.4　土地增值税制度

土地增值税制度是德政府在胶澳时首创的制度,也是当时独一无二的制度,这项制度不仅在当时的世界范围内属于开创性的制度,在实施效果上看也成功抑制了土地投机、稳定了地价,与当时中国境内其他有租界的城市形成了鲜明的对比,并对后世的土地税收制度产生了重要影响。

胶澳总督府在 1898 年颁行的《置买田地章程》第六端中规定:"所有买主如有将已买之地转卖于别人者,应许卖时将实赚银数三分之一缴于督署公用(此款应登于地册第二卷内作为永远之节制),以上所言现虽不必登入地册亦与入册无异。"第七端规定:"如至二十五年期内未卖而常属一主之地,由总督可以索一时之费,不能逾于第六端内载实赚银之分数。其地实值多寡,照第六端载四员会同估计商定。每再过二十五年之时，可照如此办理。"这两款均是关于土地增值税的较早规定，从此规定中可看出：买主如果将土地转卖与他人时，应将其所赚银数的三分之一上交总督府；土地若在二十五年内归同一所有者持续占有，二十五年期满时，地主同样要缴纳土地增值税，金额不得高于纯利润的三分之一。关于实施这项规定的理由，德当局在其《胶澳发展备忘录》1898年10月底这部分中特别注明了实施这些措施的理由，按其表述："实施以上经济措施的经济原因在于，第一次出卖所规定的价格并非正常价格，与后来土地的实际价值并不相符。通过上述措施，总督府从后来的升值额中提取一部分，并不会扼杀私人买卖活动。如果土地价格在数年内不动，总督府也不予以干涉。然而，若土地升值并非由土地所有者造成，而纯粹是由通过总督府或社会团体的整体活动而创造的该地区的繁荣造成的，那么，总督府或社会团体（二者的经济利益是一致的）就必须保有他们在升值中所占有的份额。因此，总督府自己占取 1/3，而将其余 2/3 留给私方，这样的比例看来是十分适当的。应该坚持不允许在租界区内出现不正当土地投机的原则，这是符合政府利益和意图的。这种投机造成的恶劣后果已很明显地危及了东亚其他地区的居民。"[1]

考察青岛土地政策的设计者单威廉的经历及他本人的表述，他在制定青岛土地政策前，对中国的其他开埠城市上海、广州、香港等地的土地制度进行了考察，对这些城市土地投机的现象有非常深入的了解，故而在制定土地政策时，如何防止土地投机是政

---

[1] 青岛市档案馆：《青岛开埠十七年——胶澳发展备忘录（全译）》，北京：中国档案出版社 2007 年版，第 5 页。

策中的重要内容。这一制度的实施,基本杜绝了私人土地投机活
动,把城市建设严格纳入规划,当局也从土地增值中得到了巨大
收益。《胶澳发展备忘录》档案中详细记载了1901—1909年总督
府征收的土地增值税金额、地皮块数,从中我们可以看出增值税
制度对抑制不正当土地投机的成效以及这一时期的土地增值
情况:

表 3.1   1901—1909 胶澳总督府土地增值税收入表

单位:银元

年份	1901	1902	1903	1904	1905	1906	1907	1908	1909
土地增值税额	613.68	2054.07	1128.90	1474.70	417.34	2103.06	301.28	1106.36	转卖均未获利

数据来源:青岛市档案馆:《青岛开埠十七年——胶澳发展备忘录(全译)》,
北京:中国档案出版社,2007版。

从上面的数据可以看出1901—1909年间,总督府共征收的土
地增值税仅为8093.10银元,根据土地增值税税率计算,那么这一
时期转卖土地的增值情况为24279.30银元。这说明这一时期私
人间土地转让很少,且地价未发生大的波动。之所以能取得这样
的效果,既和政府控制大部分土地有关,也是土地增值税及土地税
制度的实施结果。

这项制度实施成功后,1904年起在法兰克福及各个市镇试
用,后在全德国施行。1913年进行了修改,成为德国的联邦税,后
中欧的各个国家也都相继采用。德国非洲殖民地喀麦隆的重要城
市杜阿拉(Duala)出现了地价飞涨,土地投机者获取暴利的情况,
1914年德国政府强令其采用青岛的土地政策,稳定了社会局势。
孙中山也深受单威廉政策的影响,在《中国国际性之开发》一书中
提出了沿江和沿西南铁路线的发展规划,应按照德国在青岛的范

例进行，全民应享有土地的增值。胡汉民也认为孙中山平均地权的思想虽然主要受到亨利乔治的影响，"但在实施其土地政策时，则采用单维廉在青岛实施之办法。"①

3.3 青岛与威海土地管理制度变革的比较

从二者土地管理制度变革的分析中可以看出，无论是青岛还是威海在成为租借地之后都出现了制度从传统到近代的变革，但同时我们也发现二者的制度变革呈现出了不同的特点。总体来看，青岛实现了较为彻底的制度变革，变革后的制度有非常鲜明的德国的制度特点和其完全不同于传统的新的制度特征，而威海的制度则始终是一种传统与近代并存的二元特征。

3.3.1 行政管理制度—城市自治管理模式
与中西合璧的总董制

在行政管理上，双方的行政管理体制既体现出了一定的相似性，又有很大的区别。

3.3.1.1 对农村地区的管理均注重在传统的
乡村自治管理基础上的"自我管理"

1899 年 12 月 30 日胶澳总督发布公告，把李村区（中国农村

---

① ［德］维廉·马察特著，江鸿译：《单维廉与青岛土地法规》，台北：中国地政研究所 1986 年版，第 46 页。

居民区)与青岛区(中国城市居民区)相互界定开来两个区的区
长掌握着与区内中国居民相关的所有事物的行政管理权,区政府
还仿照英国殖民地地方民事管理的样板,任命一位地区专员负责
日常事务。在德当局的《胶澳发展备忘录》中这样记载:"农村地
区的行政管理方式与城市的、因与欧洲人共同生活而受到影响的
设施的行政管理方式差别很大,胶澳总督府根本不需要干预措
施。所有事务,除了征收和公正分配款项,均由当地居民自我管
理,当局只实行必要的监督。"①故而李村区的区长职责范围类似
于中国的县官,拥有广泛的行政管辖权如基础设施的维护、水坝
的建设等,但他主要借助传统的社区首领(地保)和大家族的首
领(族长)来进行工作,并且依然保留地保和族长的传统的选举
方式,同样在 1910 年的备忘录中记载:"居民们同先前一样自己
选举他们的地方首领和他们的族长,雇用看林人和看港人,夜间
巡察打更的规矩也保留不变。同先前一样,若干个家庭结成家
族,自行选举族长,由后者负责调解家庭关系。"因而除司法与税
收相关的事务外,由地方首领负责地方事务的自治制度基本未受
到干扰。

而威海 1900 年被英政府接管之后,"90%以上的威海卫人口
生活在农村",威海卫农村"基本处于封闭的家庭式管理之下,由地
方乡绅或宗族大户维持秩序、推行教化。各村依靠族规村约自己
管理,偶尔也会有几个村庄联合起来共同管理本地事务,表现出一
定的自治特点,乡绅阶层在威海地区发挥着主导作用",②因而如
何加强对农村地区的控制是殖民政府极为重视的问题,在 1900 年

---

① 青岛市档案馆:《青岛开埠十七年——胶澳发展备忘录(全译)》,北京:中国档
案出版社 2007 年版,第 41 页。

② 邓向阳:《米字旗下的威海卫》,济南:山东画报出版社 2003 年版,第 56 页。

殖民政府就派马来州总督史威顿汉姆(Frank Swettenham)进行
实地考察,史威顿汉姆就提出只要与英国的统治不冲突,旧的制度
均应保留,这个建议被采纳成为英政府对当地统治的基本原则。
在1902年行政长官骆克哈特上任后的第5天就接见了威海卫全
体村董,并对村董登记造册颁发委任状,认可他们的管理。为了提
高政府办事效率,1905年庄士敦在此基础上提出了总董计划,将
全区300多个村庄划分成26个小区,每个小区设总董一名,并将
26个小区分成南北两个行政区,各设行政长官进行管理。总董初
从村董中选拔,后改为由小区村董集体投票选举产生。这种总董
制的治理模式既脱胎于中国传统的乡村自治治理模式,又有所不
同,如时人所言"总董制已由民众的自治组织进而为国家内政之设
施,再进而为社会事业、经济建设运用之枢纽,因为总董制能延伸
至每户,加强上下联系与互救互保"①。

因而,在农村的治理中,两国并未进行大的制度变革,而是在
原有制度的基础上进行了小的改良。

3.3.1.2　青岛在城市管理上的高效、自治管理模式
与威海卫城的"无为而治"

与对农村的行政管理不同,德政府对于城市军民的生活和社
会组织进行了严格的控制和很强的干预,如对于台东镇、台西镇、
大鲍岛的管理,对这些地区的土地进行了征购和重新规划,如胶澳
总督府呈交帝国海军署的每月活动报告记载:"11月,开始征购大
鲍岛村的房屋,征购事宜计划几天后就结束。……大鲍岛以前的

---

① 传教士档案(内部译稿第324页),威海市档案馆藏,英国威海卫行政公署档
案,第546卷。

牧场在 11 月就完全消失了，根据卫生学的要求，青岛及其周围地区所有破旧不堪的房屋都被拆除了。"①新建立的台东镇、台西镇则由规划整齐的街道构成。这些记载反映了德当局对于城市地区的土地征购、规划和统一管理。在管理组织模式上，不仅仅是一系列土地管理专门机构的设置和土地法规的颁布，整体的管理组织模式体现出了具有西方议会特点的自治管理特点。据 1898 年 10 月至 1899 年 10 月的《胶州地区发展备忘录》记载，胶澳地方政府享有"尽可能多的自主性"。"为了使总督府的决定具有尽可能广泛的专门经验的基础，便设立了一个总督府议会，参加议会的有各个方面管理部门的领导人，所有重要的政府事物都由总督提交议会进行讨论。总督作为行政管理和军事统率的最高负责人，一如既往，对这些事物拥有最后的决定权。这就表现出议会制的集体领导制度的优越性，在这种制度下统一的意志和负责的决断结合起来。"在总督府参议会的成员的构成上，包括了平民团体的代表，在 1899 年 3 月总督府颁布的决定中，增加 3 名平民团体代表参加总督府参议会，任期一年，其中一名由总督决定，一名由非中国公司选出，一名由登记了的地主中选举产生，且这名地主应为至少缴纳土地税 50 元以上者。此种构成的目的是"除了担任官职的总督顾问，也把平民的，尤其是那些处在经济上最重要环节的商人和地主的真知灼见，吸纳到殖民地的行政管理工作中来。"②除了总督府参议会，还设有其他自治机构，如成立学校理事会，其主席与总督讨论教学和教育方面的所有问题；成立混合委员会负责颁发开

① ［德］余思凯著，孙立新译：《在"模范殖民地"胶州湾的统治与抵抗》，济南：山东大学出版社 2005 版，第 267 页。
② 青岛市档案馆：《青岛开埠十七年——胶澳发展备忘录（全译）》，北京：中国档案出版社 2007 年版，第 31 页。

设酒店旅馆的许可证事宜;成立负责评估地产的赋税和用途问题的委员会等,这些机构的设立体现了西方的民主因素,形成了有效的自治管理模式。城市组织机构的完善与自治模式促进了城市建设各项工作高效、顺利地完成,如1898年9月2日胶澳总督即颁布了土地法规,1899年4月胶澳土地局就成立,11月就颁布了台东镇的土地建筑条例。

而英租时期的威海卫城,在英国人看来卫城是一个"带有围墙的村庄",既小又土又脏,路面多为沙土铺盖或乱石铺砌,排水系统不畅,在英租的32年里,卫城不但没得到发展,反而更加破烂不堪。① 英政府所进行的城市建设主要是城外商埠区和英人居住的刘公岛上。

虽然德、英当局对于所辖区的农村均在中国传统的乡村治理的基础上较大限度的进行了保留,但对于德而言,对于城市区域在自治的基础上,设立了完善的组织体系,颁布了一系列的法规对城市进行了大规模的建设,使得青岛成为近代崛起的一座城市;而英租时期的威海,其90%以上的人口生活在农村,对于本就人口较少、区域面积较小的威海卫城在其"最小成本管理"原则的指导下并没有进行大规模的城市建设和设立庞大的、严密的组织机构,其统治的广大区域主要是农村,因而其对威海卫的统治实质是对广大农村区域的统治,而在农村的行政管理主要是在中国传统的村董制基础上进行现代改良,通过设立殖民统治区级行政机构总董,加强了对乡村的控制。因而在行政管理制度上,青岛和威海体现出了不同的制度特征:全新的制度创建与具有典型二元特征的制度融合。

---

① 邓向阳:《米字旗下的威海卫》,济南:山东画报出版社2003年版,第201页。

3.3.2 土地制度的完备性与非完备性

德政府在青岛确立了系统的、完备的土地制度,而英政府在威海的土地制度则体现出了较多的"消极性"和非完备性。

3.3.2.1 土地测量的彻底化、制度化与偶然性、消极性

土地测量是进行所有土地管理工作的先决条件,是进行土地登记、土地产权管理的前提。德政府在胶澳地区进行了彻底地土地测量工作,并把它作为地政局的工作之一,而使土地测量制度化了。在备忘录的记载中,1898 年 3 月 23 日,一名海军军官就带领测量分队开始了测量工作,对青岛周围地区进行了测绘。1899年 4 月 15 日成立地政局后把测量工作作为地政局的工作内容之一,不仅继续进行转么土地测绘工作,还为已开发的可供出售的地块进行丈量和设立标志,自 1904 年 10 月至 1908 年 10 月间,地政局设立专门的土地登记税册,详细登录了 5 年间青岛市区和郊区土地变动的情况,保证了土地登记、交易、规划等工作的展开。

不同于德细致的测量工作,英当局在土地测量上体现出了较大的消极性。基于"最小成本化"管理的原则,英对土地并未进行测量整理工作。根据 1901 年《枢密院威海卫法令》的规定,在威海卫地区设立土地委员会作为管理地政的机构。但在英人统治的32 年间,除 1898 年英国陆军工程队长彭罗斯君测量一次外,并未进行大规模的土地测量工作,土地委员会也形同虚设,致使土地登记工作迟迟无法展开。

3.3.2.2 土地储备制度的建立与缺失

为防止土地投机和城市建设，胶澳总督府通过优先购买权和土地征购政策，建立起了完备的土地储备制度。现代城市土地管理制度中，城市土地储备制度是保证城市规划、调控土地市场、进行土地资源优化配置的一项重要制度。在德统治胶澳期间，于1898到1914年间共征购青岛地区土地1727公顷44公亩9.9平方米，除此之外总督府还占有大批官地和过去清军所征用的土地。按照备忘录中的档案记载，1899—1914年间的土地征购工作如下：

1899年度：出于私人的需求、公共水土工程和植树造林的需求以及出自卫生学的考虑等诸方面因素，迄今总督府已购买了大约600公顷土地。

1900年度：总督府根据市政建设的需要，继续购置土地。购置了一片面积为400公顷的土地用于发展林木栽植。

1901年度：由于移民区不断扩大，总督府需要从中国原有土地所有者手中征购大量土地。青岛市区今后几年发展所需的土地现在已经完全掌握在总督府的手中，同样也包括林业用地。艰巨而费时的征购土地工作进行得十分顺利，在没有遇到任何干扰的情况下在某种程度上接近尾声了，总共收购了2000公顷土地。

1902年度：无数字记载。

1903年度：征购的土地总面积为195公顷87公亩57平方米，征购价格平均为每平方米0.0265银元，为造林、其他目的和保护水管之用。

1904年度：征购106公顷74公亩21平方米土地，购价

22933.17 银元。在浮山附近为造林购置了大片土地,购置的其他土地被用于修路、修建打靶场、修建疗养院等。

1905 年度:征购价值 37055.29 银元,面积 51 公顷 36 公亩 68 平方米的土地。除了可把已属于总督府的土地连成一片外,对于港口今后的发展也是必需的。

1906 年度:征购 5180.88 银元的土地 13 公顷 11 公亩 30 平方米。大部分位于太平山的东坡,这就使总督府的地连成一片并起着保护林地的作用。

1907 年度:征购 3177.86 银元的 6 公顷 86 公亩 98 平方米土地自用,用于工业设施以及建造农村房屋。

1908 年度:征购 19139.64 银元,面积 43 公顷 2 公亩 93.9 平方米的土地。

1909 年度:总督府为了自己使用共征购土地 10 公顷 44 公亩 42 平方米,征购的土地主要用于扩建和改善李村水长以及街道并修建村舍。

1910—1913 年度:无记载。

1914 年度:在李村沧口沙子口及海西半岛等处收买者又四千五百余亩。

从上面的档案记载中我们可以看出,通过征购,胶澳当局将青岛大部分土地控制在自己手里,来满足公共设施和开发建设之用,这些土地又以无偿给予、出租和拍卖的形式发放,为当局获得财政收入,并有效防止了土地投机。德政府的这种政策对于城市土地规划的实施和城市的有序开发奠定了基础,保证了城市建设和长远发展所必需的土地。

而英政府在威海并未大量收购土地,只当为了“公共利益”时才进行土地收购。

3.3.2.3 创新性的土地税收制度与因循旧制

德胶澳政府不仅利用土地税收制度对土地使用加强管理，而且创设的土地增值税制度更成为世界范围内的一大创举。

利用土地税收制度对土地开发利用进行管理。如前文所述，胶州土地法规规定买地者如若不安计划3年内完成土地建设利用，在常规地产税6％的税额上增收3％，每3年增加3％，最高限额为24％。通过惩罚性的税收，监督土地开发利用严格按照计划进行，防止土地囤积和荒置。

创设土地增值税制度防止土地投机，对土地价格进行调控。如前文所述，该制度有效地参与了租借地土地的升值过程，抑制了青岛的土地投机，保证了青岛城市建设的有序发展。

而英当局在这两面的制度是缺失的，其关于土地税收的条例，在相当部分上面是因循清朝的旧制，再次体现出其制度的二元性特点。在前文所述中，英当局先后几次颁布土地税收条例，在征税方法上均采用了迥异于中国传统的土地估价制度，但这种制度1921年以前仅适用于租借地内的外国人，只是到了1921年才在码头区对中国人持有的土地与外国人一样按照估价的百分之零点五征税，对于其他地区的中国人则仍遵循清朝旧例征收土地税。在其1904年颁布的《土地与道路税条例》中规定：土地所有者支付的地税与之前向中国政府支付的土地税相同；其应支付的道路建设和维护税与应支付的土地税金额相同，并且由土地所有者在缴纳土地税同时支付，在该法令发布前，土地所有者支付的土地税和道路建设维护税应视为是按照本条例征收的即以法律的形式确立了遵循清朝旧制。

3.3.2.4 土地司法制度上德国法律的积极传播与
英治威海间明显的法律"二元化"特征

德在租借胶澳期间不仅确立起了较为完备的土地储备、土地征收、土地税收、土地规划等法律制度,在土地司法过程中,尽管在制度的确立中为避免文化差异导致的冲突,尽量兼顾中国传统社会的规则和程序,采用"华洋分治"的办法,但在统治期间德国法的大力传播和胶澳总督府施加影响,中国旧有的法律和习惯逐渐减少,德国的法律体系和观念被越来越广泛的接受,而英在统治威海卫期间清朝的法律习惯与英国本土的法律始终并存于威海卫的土地司法体系之中。

德在司法体系中对中国传统法律和习惯的兼顾。德在占领胶澳之初,胶澳德法律体系主要有:中国法、德国法、胶澳总督府在胶澳颁布的法律,其中土地方面的法律即是这部分法律的重要内容。在土地立法的过程中,为了明确土地关系和土地权利的归属,尽量不违法中国居民的法律观念,土地法规的制定者单威廉就"晚间查对中国税簿及准备地主签字用之副本,翌晨天亮即冒着十二月间晨寒外出,以便与地主交涉。因此吾人对于村民及农地,日渐深入了解。"为订立契约"彻底了解与沟通,首先必须和各地方之长老,以及附近村里之中国主管官员,分别洽谈,并查阅当地税据,求得各地私产公平可行之税率与地价。因数百年以来,中国官厅从未参预民间土地转移之价格也。"[①]在司法体系中,如何适用法律从常年在胶澳租借地担任高级法官的格奥尔格·克鲁森的分析中可

---

① [德]维廉·马察特著,江鸿译:《单维廉与青岛土地法规》,台北:中国地政研究所 1986 年版,第 11 页。

以看出，他谈到："基于文化差异，德国的法律没有被运用于土著居民。不把德国的法律运用于缺乏运用基础的民族，这样做不仅有利于加强德国的国家权威，而且也有利于更好地实现经济和文化目标……胶澳地区的土著居民是生活在这里的、人种和文化意义上的中国人，他们属于所有臣服于或者曾经臣服于中国国家政权的种族成员，只要他们还处于中国文化（或者一种与德国文化仍大相径庭的文化）的文化圈内"①，故而胶澳当局采用了"华洋分治"的司法体系。在 1898 年度的备忘录中记载："中国的地方法律是判决华人民事诉讼的基础，必要时通过倾听当地有名望人士的意见弄清该地的法律情况"②，而对于西人，则设立了胶州湾德国皇家法院"以治西人"。有关中国人的诉讼，起先，在青岛区和李村区设立区公所，区公所的行政长官由德人充任，"与中国人不习惯明确区分行政和司法的观念相适应"③兼理行政和华人诉讼，后分别在两区设立"华民审判厅"专理华人的诉讼。除此之外，胶州湾德国皇家法院也参与审判中国人的案件。在司法活动中，引入了陪审员制度，而这些陪审员都为熟悉胶澳当地习惯规范的人，尽管在区公所没有陪审员，但从记载中可以看出"倾听当地有名望人士"的意见，说明了对本地传统法律和习惯的兼顾。

德当局对司法体系的主导和德国法的积极传播与对中国传统法律的改造。尽管在对华人的民事诉讼中适用中国传统法律，但区公所的长官由德人担任，而区公所的权限是民事案件中总金额

---

① ［德］余思凯著，孙立新译：《在"模范殖民地"胶州湾的统治与抵抗》，济南：山东大学出版社 2005 年版，第 312 页。

② 青岛市档案馆：《青岛开埠十七年——胶澳发展备忘录（全译）》，北京：中国档案出版社 2007 年版，第 10 页。

③ 同上，第 42 页。

在 250 元以下,如在 250 元以上则由胶州湾德国皇家法院负责审理,法官仍为德国人。在具体实施法律中,德国人对中国的传统法律也进行了改造,如尽管《大清新刑律》已经将笞刑废除,德当局仍予以保留,他们认为:"对于大量的小偷小摸案件和最底层社会成员的刁钻诡诈除了笞责,没有更好的,既迅速、有效,又不需付出很高代价的偿罪方式了"①关于死刑,只有经总督同意才能执行,而且,要按他指定的方式执行。而且德人还引入了律师制度,1901年 7 月德国一名律师在胶澳开业,这是第一家胶澳建置以来开设的第一家律师事务所。该所建立后不久德国胶澳总督公布《关于律师费用的法令》,并直接要求某些特定的法律事务需要律师的介入,例如,在 1912 年 6 月 29 日《买地办法》中规定:凡买卖地亩或租地者,须亲自到地亩局办理。如拍卖地皮之本人不能到,须有代表人到局,其代表人先有全权代表之凭据,此凭据即系由臬司衙门或佛威律师、葛和律师签字。除此之外,胶澳当局还设立青岛特别高等专门学堂并特设法政科由法官库尔特·罗姆贝格担任领导,系统地传播德国法律。而德国的司法工作也逐渐被当地民众所认可,如备忘录 1905 年度的报告记载,"在一桩某一国家与一家德国工资之间的价值 800 万马克的财务纠纷中,法院索要了预付费用。这个案子令人感兴趣之处在于,当事双方达成协议专门要求青岛法院来审理;这件事令人高兴地表明:保护区的司法工作是深受信任的。"②

德当局尽管注重兼顾中国传统法律和习惯的适用,但从在德

---

① [德]余思凯著,孙立新译:《在"模范殖民地"胶州湾的统治与抵抗》,济南:山东大学出版社 2005 年版,第 310 页。

② 青岛市档案馆:《青岛开埠十七年——胶澳发展备忘录(全译)》,北京:中国档案出版社 2007 年版,第 429 页。

国殖民科学领域享有权威的奥托·凯伯讷的分析中我们可以看出其初衷所在："因为……殖民刑法问题同样也是文化问题。殖民刑法的制定是德国文化向海外发展的一个步骤。"实用的、效果良好的法律一方面应当适应文化关系；另一方面又应当让法律制度迎合文化关系的变化："因此便产生了自觉的和自愿的发展进程，类似于罗马法在德国的接受：更精良、更发达的法律取代了落后的法律。"①尽管中国的法律构成胶澳中国居民司法审判的基础，但这只是一个过渡阶段，为创建"模范殖民地"，德当局要用"现代化"的模式改造原有模式，故而在德国法大力传播和德当局对司法体系的控制之下，中国旧有的法律和习惯逐渐消失，在德占胶澳后期总督发布的法律文件中，我们几乎看不到中国传统法律与中国习惯的影子。

　　不同于青岛的司法制度的特点，在英租威海卫期间法律制度"二元化"的特征贯穿整个英国对威海卫统治的期间。《威海卫法令》是英国在威海卫建立殖民政制的根本法，为英国在威海卫的殖民统治提供了基本原则与制度框架，该法令第十九条规定：……根据以上规定，英租威海卫适用的法律形式主要由四方面构成：第一，英国法律；第二，英租威海卫地方政府颁布的法令；第三，变通后的香港法律；第四，中国法律及当地习惯，学者们的讨论中也普遍将此引为其"二元化"的特点的依据。英政府对中国传统法律和习惯的保留，在前文的总董制的讨论中我们已可看出一二，1930年庄士敦本人在告别威海的演说词中也谈到了英政府对于中国传统法律和习惯的态度，他说："本政府对于中国风俗习惯，并不加以

---

　　① ［德］余思凯著，孙立新译：《在"模范殖民地"胶州湾的统治与抵抗》，济南：山东大学出版社 2005 版，第 313 页。

干涉,至于在法庭上,极力依照中国法律及惯例办理,其有在道德上与公正上与英国观念相抵触者,则修改之。中国习惯中有一最残酷无道者,即妇女缠足。本政府已尽力劝告界内人民脱离此唯一之恶习。因为我们是外国人,不能用强迫手段使你们解除此种习惯,所以我们除此之外,用尽方法劝导你们,但是所得之效果很少,这是本大臣很抱歉的。"①那么哪些是依照"中国法律及惯例"办理的呢?理论上,中国法律和惯例包括中国的制定法和习惯法,制定法当时主要是《大清律例》,而"1898 年存在的中国法是大清律例,它基本上是一部刑法典,并不包括中国的全部法律。多数的民事法律,如继承、契约及土地持有,均自在于帝国管理系统之外,由乡村耆老、商业行会及类似的代理机关主要是依据习惯解决"②,故而关于土地方面的相关法律主要是依据传统习惯来解决的,当然不得与英国观念相抵触。如前文提到的村董制,在土地的买卖、登记、抵押等方面都需要村董的参与,并且还注重中国传统土地交易中宗族的力量,在土地买卖中还要求卖主的主要走家族成员参与。在相关土地案例的判决中也体现了土地司法中的二元性,如在这份判例中:

> 大英按察司堂谕,照得前据威海副华务司贾雍称,为威星南等十九人占据官地一案,现经本司开断此案。详查所讼约有三端,一该地各断究竟官地抑系民地;二如系民地,国家可否价买;三如若价买,该价应如何定章。按本司核断,此案应照何例。查威海租借系中国租于国家,照一千八百九十八

---

① 威海市档案馆藏,英国威海卫行政公署档案,卷号 77。
② 同上,卷号 116。

年七月一号所定条约内开租借以内全归国家管理，所有管理
之权照一千九百零一年察准准行各章办理。该章十九条内
开管理之权应照当日本国所定之例办理。然照英例而论，设
有偶然之事，亦须用及当地之例办理，如有地产案件，该章内
亦经提及，须按本国土地之例办理，设未详载于例，按本司之
意，亦不必拘规照办。除非将中国列入不文明之野蛮之国，
则可否。则即照本案内所呈之各契据而论，内有年轻农夫所
呈之一张系一百六十余年之契，与今所写之格式并无大异。
足见相沿多年守产之法契卷规矩通行常例皆有一定章程。
即照如此法律而论，本司意见宜照当地之例即中国之例
办理。①

　　……

　　所有境内各地尚有数段未断此等地，本司已移交于副华务司
照以上案情办理察覆。……

　　在此判例中可以看出，《租借威海卫专条》为根本依据，土地契
约格式为中国传统土地契约格式，说明中国传统的土地契约一直
在使用，而具体判定按照"中国之例办理"，说明中国传统习惯是具
体依据，并且将此判决结果作为以后判决的参照，"所有境内各地
尚有数段未断此等地，本司已移交于副华务司照以上案情办理察
覆"，则引入了英国普通法"遵循先例"的基本规则。这种法律制度
上的"二元性"在英国"最小成本"统治威海的原则下贯彻英人统治
的始终。

---

　　① 引自张洁：《英租威海卫法律制度"二元化"特性之分析》，载《法制与社会》，
2009 年第 3 期（上），第 82 页。

3.4 比较基础上对制度变迁因素的进一步探讨

从青岛和威海土地管理制度的变革及比较中,我们可以看出,尽管二者同属于殖民政府主导下实现的制度变迁,但二者的变革内容、变革结果却并不相同,并对城市的未来发展产生了深远影响,那么哪些因素对此二者的制度变革产生了影响呢? 如果说宗主国的文化是一个主要因素,那么同一个宗主国国对同一文化背景下的不同殖民地的制度变革所施加的影响是否相同? 又是什么因素影响着这一影响呢?

3.4.1 制度变革的影响因素

3.4.1.1 宗主国的意图

在前文的分析中,我们已经知道德对青岛建设的"积极"与英对威海建设的"消极"形成了鲜明对比,形成此差异的主要原因在于两国政府对租借地的意图的差异。

德对青岛的治理目标—样板殖民地。19 世纪后期德国的迅速发展,使得德国急切地想证明给世界看自己的强国地位。至1888 年德皇威廉二世继位时,更是明确表述这一要求,把外交政策定为世界政策,在远东获取一个据点就成为德"世界政策"的一部分,为了获取这个据点,德在选址上做了精心的准备,既有德国近代著名的地理学家李希霍芬的 7 次来华考察,又有远东舰司令提尔皮茨的沿海查勘,还有技术专家的调查研究,在此基础上德国始选定胶州湾作为据点,而且是一个理想的据点。作为力主选择青岛的建议人之一提尔皮茨本身的计划是"将青岛作为一个验证对象纳入海军的战略，首先应建立这个模范殖民地，然后长期考虑在第二步，在实现和英国舰队相当的水平后，也可将其扩建成以基尔为基地的巡洋舰的据点……青岛最终构成德国夺取世界霸权的远东据点。"①在这个思想指导下，他们对青岛进行大规模建设，并且"他们感到一种民族的使命必须通过展示优越证明他们和西方列强有同等的权利。""在一个这样年轻的，为此仍然脆弱的民族国家所联合起来的德国人默默地渴望着强有力的团结和展示他们的勤奋，这种渴望体现为梦想在远东海滨建立德国异域据点，青岛成为一种帝国将来巨大发展的契机。"②这种要证明自己的目的也使得他们精心经营青岛，所选派的单威廉更是为了防止青岛出现上海、香港那样的土地投机，从占领之初就设计了一套完备的土地制度，实现了土地制度的变革。

英对威海的治理目标—平衡势力。不同于德对青岛的积极治理，英从对威海的占领开始似乎就是一种无奈之举。德占青岛，俄占旅大之后，英感到其在华的利益受到威胁，在 1897 年 12 月，英国外交副大臣克森（Curzen，George N）针对德国强占胶州湾和沙俄对旅大的占领，就提出了在华北占领威海卫以与其对抗的建议，1895 年英内阁正式讨论占领威海卫一事，认为要么答应俄国人租占旅顺港同时英国人占领威海卫以抗衡，要么坚持制止俄国人占领旅顺港，同时答应不干涉俄国人在满洲里的所作所为③权衡之

---

①　李东泉：《从德国近代历史进程论青岛规划建设的指导思想》，载《德国研究》2006 年第 1 期，第 52 页。

②　同上。

③　［英］帕梅拉·艾特威尔：《英租威海卫归还始末（1898—1930）》，威海市档案馆译（内部刊印），第 19 页。

后,英国人占领了威海卫,这种出于平衡势力的目的而占领威海卫的意图,在其同清政府所定的《租威海卫专条》中也体现出来,在专条中关于租期的长短这样规定"租期应按照俄国驻守旅顺之期相同",因而在此意图下,英国并未同德国一样,在占领之前进行周密的实地考察、勘验和论证。另一方面,从英国占领威海卫后英国国内的态度我们也可看出,在占领之前关于威海卫的军事价值就有人持怀疑态度,如英国内阁首席发言人 Salisbury 向驻中国英国大臣 Claude MacDonald 所讲的如果占领了威海卫,威海卫的防御会需要大量的军事投入……这对于我们来说,无论是否设防价值都很小,也不可能形成与亚瑟港的抗衡。[1] 占领之后,英国发现其几乎无什么战略价值,由于威海卫北方 90 海里是俄国占领的亚瑟港,南面是德国新开辟的青岛租界,皇家海军认为威海卫在战时无法使用[2],而且关于威海卫的经济价值,很多英国人也认为没什么价值,至 1905 年它对于英国的无价值性已经在几份批评英国占领这块地域的文章中出现,[3]英国首相 Arthur Balfour 更是嘲笑议会中的一些人去威海卫租界寻求利益真是"愚蠢透顶"[4],在这些思想的主导下,英国政府既不修建铁路,也不修建码头,在这样一

---

① 巴尔弗(Balfour)致麦克唐纳德(MacDonald)的信,19 March 1898,Cab 37/46。转引自[美]克拉伦斯·B. 戴维斯,罗伯特·J. 高尔著,王瑞君译:《英国人在威海卫:帝国非理性之例研究》,载《山东大学学报》2005 年第 4 期。

② 《威海卫作为海军基地的价值》,Blackwoods 杂志,165(1899),第 1075 页。转引自[美]克拉伦斯·B. 戴维斯,罗伯特·J. 高尔著,王瑞君译:《英国人在威海卫:帝国非理性之例研究》,载《山东大学学报》2005 年第 4 期。

③ 同上,第 1069—1077 页。转引自[美]克拉伦斯·B. 戴维斯,罗伯特·J. 高尔著,王瑞君译:《英国人在威海卫:帝国非理性之例研究》,载《山东大学学报》2005 年第 4 期。

④ 议会讨论下议院,4th ser,vol 56(28 April 1898),col. 第 1398 页。转引自[美]克拉伦斯·B. 戴维斯,罗伯特·J. 高尔著,王瑞君译:《英国人在威海卫:帝国非理性之例研究》,载《山东大学学报》2005 年第 4 期。

种状态下，威海卫虽然实现了一些制度变革，也建立了一些近代化的土地管理制度，但是同青岛相比，则呈现出了不同的特点。

3.4.1.2　宗主国的政治法律制度与殖民政策

在城市管理制度上，青岛体现出了较强的自治和民主特点，而威海的城市管理体系的设立则体现出了英国皇家殖民地的统治特色。在青岛城市管理制度的体系中，总督府议会的设置把欧洲议会制度引入进来，尽管只是形式上的。胶澳总督为首脑，行使司法管理监督权，直接控制军事的和民事的管理。参谋长代表军队事务，市政长官代表民事事务，各自独立，而且还设有政府参议会和中国人议事会向总督提供咨询。这些共同构成了决策机构，在民政部下又设有土地局、林务局、测量所、警察局等专业部门。这种管理体制截然不同于中国传统的城市管理体制，尤其是在参议会和议事会的设置上，政府参议会最初由 3 人组成，其中一人由总督任命，另外两人由欧洲人市民群体选举产生。1907 年 5 月 14 日实行改组，其成员增加到 9 人。其中 5 人以其在政府中职务而占有席位，其余 4 人代表非政府机构欧洲人市民群体。参议会中非官方成员，必须是居住在胶州的德意志帝国公民；每逢单年 4 月 1 日就职，任期两年；其一由每年交纳土地税 50 美元以上的土地所有者选出，其二由商业注册的商号代表从其同行中选出，其三由欧洲人商会执行委员会从其成员中选出，其四由总督任命的。中国人议事会最初由总督任命的 12 人组成，1910 年 8 月 18 日被废除，其位置由代表中国商人的 4 人参议会所取代。这 4 人由中国人商会提名，由总督任命。虽然它们都属于咨询机构，并无决策权，但这种体制增加了市民参政议政的范围，体现了一定的民主特点。而威海在英国占领之初由海军部和陆军部管理，1901 年由殖民部正式接管并于同年颁布《枢密院威海卫法令》，作为威海卫的根本大法确立了威海卫的基本政治制度。在 19 世纪至 20 世纪英国庞大的殖民帝国中，共有五种类型的殖民地，在不同类型的殖民地中，英国采用不同的统治制度，包括在殖民地建立自治政府和专制政府，前者宗主国政府一般较少直接干预，而后者则处在英国派出的总督的监管之下，并受伦敦方面的严密监管，威海卫就属于这类皇家殖民地。皇家殖民地既有英王直接管辖的特点，又有行政长官高度专制的特点，而威海的行政体制就体现出了这样的特点。英王的直接管辖权主要体现在英王对威海最高行政长官的任免权，立法否决权和法官任命权及司法终审权上，这些权力在《枢密院法令》中均予以了明确规定，如第 3 条规定："在威海卫境内设最高行政长官一人，由国王随时以敕令任命之。""该长官应依照本法令，及其任命所授之职权，或国王随时颁发之训令手稿，或秉承枢密院之训令，或由国务大臣转承国王之命，或根据该地以前或日后颁行之一切法令，以国王名义代行统治权，并依法执行该地政府所有职权范围内的各种事宜。"第 13 条规定："威海卫高等法院的法官由国王随时以手谕任命。"第 14 条规定："国务大臣可以在该地委任地方法官。"这些规定都明确赋予了英王这些权力，但同时行政长官又被赋予了极大的权力，包括有：执掌和使用英租威海卫公章的权力；在威海卫制定及颁布法令；有处置威海卫土地之权；有经国务大臣批准任命政府高级官员以及自行任免中下级官员、普通职员及地方官员的权力，并有将任何官员停职的权力；享有司法行政权和司法审判权。在行政体系的设置上，设置了最高行政长官、正华务司署、副华务司署和医官长署，分管民事、刑事、公共卫生等，但在人员组成上，高级职位全部由英国人担任。如此高度专制的统治同样也和英国仅将威海作为暂时平衡势力的军事基地的目的所决定的。

就相关法律制度而言，同样也体现出不同于中国传统模式的宗主国的特点。在德统治青岛期间，实现了司法与行政的分离，不仅颁布了一系列的土地法律法规，还颁布了交通管理、公共卫生、动植物保护等一系列现代化的法规，在设立法院的基础上引入了陪审和律师制度，如在 1912 年 6 月 29 日《买地办法》中规定：凡买卖地亩或租地者，须亲自到地亩局办理。如拍卖地皮之本人不能到，须有代表人到局，其代表人先有全权代表之凭据，此凭据即系由臬司衙门或佛威律师、葛和律师签字。① 而在威海的法律构成中同样有英国的法律制度的特点，在《枢密院法令》第 19 条中就明确规定："照本法令其他条文之规定，所有民刑诉讼管辖权，得酌量情势，以英国现行法律之原则，及英国法庭之手续习惯，分别施行之。""为了便利实施此种法律起见，法院得以不背原质，加以变通，以便适合当地情形"，同时也建立了英国式的司法系统，在威海设立了威海卫高等法院，引入了陪审员制度，在《枢密院法令》第 20 条规定："凡民刑各案，若一方为华人，法庭得酌量会同陪审员两人审讯""陪审员对于法庭的判决，不得参加任何意见。但如有意见，法庭无论容纳与否，得记入笔录"，在英治威海期间还颁布了《养狗法令》《禁止虐待动物法令》等西方色彩浓厚的 115 部法令，200 多项法规。②

3.4.1.3 宗主国的文化传统和民族特点

在青岛和威海土地管理制度的确立中，关于城市土地的供应采用了不同的模式。青岛的土地主要采用招标拍卖的形式，而威

① 《买地办法》，载谋乐辑：《青岛全书》（上卷），青岛印书局 1914 年版。
② 邓向阳主编：《米字旗下的威海卫》，山东画报出版社 2003 年版，第 44 页。

海则采用了批租的形式,不同的土地供应模式体现出了两个宗主国不同的土地法制传统。

  德国对青岛的土地主要采用拍卖的方式,有增加其财政收入的需要,但主要还是源于德国关于土地的传统认识。中世纪的德国是主要是采邑制度与封建领主土地所有权制度,至 19 世纪尤其是前半世纪,随着市民阶层对政治上的自由与经济上的自由的要求,人们开始寻求法律办法调节矛盾,经济上的自由是通过制定特别法及民法而形成的,这种所有权观念的改变表现之一便是人人均能平等获得所有权,因此尽管《民法典》是 1900 年才颁布的,但在 18 世纪人们的所有权观念就已发生改变,事实上在当时已对土地进行丈量,登记造册,并建立起土地抵押登记簿,这些都是土地制度变革成功的基础,因而在 1900 年的《民法典》中规定了所有权是所有人的排他性权利,在其中规定,"物之所有人在不违反法律或第三人权利的范围内,得自由处置该物,并得排除他人对物之一切干涉。"第 905 条规定"土地所有人之权力扩及到地面上之空间与地面下之地层。"①这种土地所有权观念对于德国在租借胶澳时期实行土地私有,确立土地售卖制度是有很大影响的,在德国海军部国务秘书提尔皮茨(Alfred von Tir-pitz)1899 年 1 月所作的预算报告中,对土地条例作了综合说明:德国人在土地管理方面没有仿照英国租赁办法,而采用收售的模式,这顾及了德意志民族根深蒂固的感情,因为德国人都希望拥有属于自己的土地。不同于德国的土地售卖制度,英国在租借威海卫期间,实行了以土地出租为主的土地供应制度,这种模式同样源于英国关于土地的传统认识。在英国,自从 1066 年诺曼底人的征服以来,英国的全部土地在法

---

  ① 陈卫佐译:《德国民法典》,北京:法律出版社 2006 年版,第 329 页。

律上都归英王或国家所有,英王一直是唯一的土地所有人。英王
作为唯一的绝对的土地所有人,把土地授予其他人,这些人就成了
持有人或租借人,他们的持有土地的权利受到法律保护,甚至国王
也不能加以侵犯。所以,一切持有土地的基础只是占有权而不是
绝对所有权。从其对所占领的殖民地的土地政策来看,英国对其
殖民地实施的也是土地的国家所有制,实行只租不卖的政策。如
1763 年,英国根据《巴黎和约》,从法国手中夺得加拿大东西大部
分法属殖民地,在 1763 年的《王室宣言》中,英王乔治三世宣布对
加拿大拥有主权,同时宣布除了魁北克殖民地与哈得孙湾公司所
有的土地外,西部的广大国土为印第安人保留地,其产权只能归英
王室及其代表;又如 1841 年英国人攻占香港本岛,在完成了私人
土地的登记之后,港英政府随即在 1843 年宣布,绝大部分非私人
拥有的土地,成为所谓"官地",即成为万里之外英女王的资产,由
港英政府管理,并向刚任命的香港总督璞鼎查发出训令:"女王陛
下政府提醒你不要把土地的任何部分作永久的让与,宁愿人们向
国主租地。"①这种土地所有观念和产权认识使得英国在租借威海
卫时,同样保留了这一做法,采取了出租而非售卖的土地制度。

在土地制度的变革中,威海卫的制度中保留了大量的中国习
惯,而在胶澳中国的传统习惯逐渐消亡,这也和双方文化中对待习
惯的观念有关。英美法系中,习惯在一定条件下可以成为法律的
渊源,这种观念在英美文化体系中也根深蒂固,因而在威海的土地
管理制度的变革中中国的很多传统习惯一直也保留了下来,在一
些司法判例中也作为判决的依据,如上文所述的判例中出现的"依
中国之例办理",以及在采用的契约上对中国传统契约格式的保留

---

① 《土地:香港经验 产权制度与契约精神》,21 世纪经济报道,2003 年 12 月 17 日。

与中人的保留等。而德国的民族传统中,对待习惯的态度则是认可并加以改造,这种做法在继承罗马法时就有所体现,在 13 世纪时罗马法开始在德适用,随着商业的发展和罗马法的复兴,罗马法被越来越广泛的应用,至 1495 年,帝国法院正式确认罗马法为德国民法的有效渊源,罗马法开始被全盘接受,但德国法对罗马法的继受并没有完全排斥固有的日耳曼习惯法,而是对其加以改造。16 世纪中叶,日耳曼习惯法在吸收罗马法和教会法的某些原则和制度基础上形成一种通行于全国的普通法,一直适用到 19 世纪,这种对待习惯的认可加改造的做法同样贯穿于德在青岛的土地制度的变革中,刚开始也是保留一些中国传统习惯,但逐渐地中国传统习惯逐渐消亡,为近代的、西式的土地法律制度所取代。

3.4.1.4 主要政策制定者的个人偏好

在制度变迁中,主要领导者的偏好会成为推动制度变迁的因素,在青岛和威海的土地制度的近代变革中,这个因素起到了重要作用。

青岛的土地政策的主要制定者单威廉,他对于中国文化的熟悉及他在中国的经历对他在青岛制定土地政策均产生了影响。单威廉于 1885 年被德国外交部选派至中国学习汉语,学成后先后在香港、广州、烟台、上海的德国领事馆任翻译,并与如卫礼贤等欧洲汉学家交往,对中国的文化有了较深的了解,也因其对中国文化的了解而被派往德国新的租借地青岛,协助办理购地工作。在占领青岛之初,调查土地状况时,单威廉就了解到"在中国从未有土地官署,其业主之变更,村长有无上之权力。"[1]在他的最初的报告中

---

① 单威廉:《胶州行政》,上海:民智书局,民国十三年六月(1923.6),第 2 页。

也提到:"吾人面临最紧急问题有二,第一为了解当地土地情形,土地所有权问题,以及面积大小等等,以及寻求实用的,不违反中国居民法律观念之办法,以取得优先购买权。"①遂在调查土地情况时,单威廉均和当地的长老,很多是村长及有威望的人洽谈进行了解,在他的报告中也提到:"彻底了解与沟通,首先必须和各地方之长老,以及附近村里之中国主管官员,分别洽谈,并查阅当地税据,求得各地私产公平可行之税率与地价。因数百年以来,中国官厅从未参预民间土地转移之价格也。""吾人每到一村,村长若没出迎即守候于村口,然后被导至村尾一小屋中展开商谈,空屋甚小,更堆有不少空棺材,以备村民不时之需,此外仅备有方桌及条凳供商谈用。另设一桌,为一账房专用,由一位中国账房在桌上准备一堆堆中国铜币以支付地主之补偿费。此外,围聚之村民均在一旁倾听双方交谈,不出一声,且和谐的观望商谈。"②这些符合中国传统习惯的做法对于土地购买工作的顺利展开,起到了很大作用。除了对于中国文化的了解之外,单威廉本人在中国的生活经历对于青岛土地政策的制定更是产生了直接影响,使得青岛的土地政策在防止土地投机方面成为样板。单威廉在广州、香港、上海这几个城市均生活过,而这些城市土地投机现象十分严重,在其 1911 年发表的《胶州地区土地政策之检讨与建议》中,他说明了他在青岛制定的土地法规的所有观点,均是其对近代中国开埠城市广州、香港、上海的土地政策考察思考的结果。③

---

① [德]维廉·马察特著,江鸿译:《单维廉与青岛土地法规》,台北:中国地政研究所 1986 年版,第 9 页。

② 同上,第 11 页。

③ 同上,第 38 页。

　　而威海的包括土地制度在内的所有制度均受到其行政长官的影响,尤其是对中国传统文化十分迷恋的骆克哈特和庄士敦。骆克哈特编读中国的经史子集,对中国的政治文学和风土人情极为稔熟,对儒道也有相当深入的研究,被威海人称为"洋儒生"。由于其对中国传荣文化的热爱,在他执政过程中,对中国文化采取了保留的态度,并把旧的体制也保留了下来。而另一位对威海的制度产生很大影响的行政长官庄士敦,也极为推崇儒家思想,在他的眼里,"不仅在中国的文化及宗教中,而且在中国的社会结构中竟然存在着如此众多的真正值得钦慕和保存的东西。"他还对儒教极为推崇,他说道:"如果在漫长的改革过程中,中国逐渐轻视并放弃他几千年来所依赖依靠的所有支柱,如果她使自己所有的理想、生活哲学、道德观念和社会控制全盘西化,则她的确会变得进步、富有与强大,甚至会成为世界之霸,但她也会因此而失掉更多优秀而伟大的品质,她的幸福来源、所有值得她自尊自强的东西都将一去不复返。代之而起的将是成千上万个派出所!"除了他对中国传统文化的推崇,他还意识到:"无论东方还是西方都处在各自社会发展的实验阶段,因此不管对那个半球而言,把自己的意志和理想强加给另一方是不明智的。同样,快速的放弃自己独有的理想则是危险的。"①在这样的理念下,在其施政期间,对中国的传统体制予以了极大地保留,如村董制,治理过程中的重教化等。因此,即使在中国别的地方都已发生翻天覆地的变化,而威海在交还中国政府时,却依然保留这许多即使在中国别的地方也早已消失的习俗,如留辫子、裹小脚等,似乎没有发生多大的制度变革,正如他在将威海卫交还给中国政府时所作的一篇临别演说中所言:"你们现在是

------

① 邓向阳主编:《米字旗下的威海卫》,山东画报出版社 2003 年版,第 37 页。

中国式,和我们三十二年以前初来威海的时候是一样,我们从没有一点野心要使你们变为别种人。你们愿意和我们合作,我们也和你们合作。或者在威海和你们住在一块儿的英国人跟你们学的,最少也比你们跟我们学的一般多。恐怕我们没使你们英国化,你们倒使我们的人中国化了。"①

因而,主要政策制定者的个人偏好对于制度的变革产生了很大的影响。

3.4.2　同一宗主国不同殖民地制度变革因素的比较

从青岛和威海的制度变革中,我们可以看出不同的宗主国的文化传统对于租借地城市的制度变迁的影响不同,那么同一文化传统的宗主国对不同租界城市的制度变迁的影响呢?

3.4.2.1　青岛与天津和武汉的德国租界的比较

除了青岛,德国在天津和武汉都拥有租界,这些租界是遏制了日本在华扩张而要求清政府给与的报答。不同于德国海军部在中国详尽考察后,满足其政治、军事和经济目的而选定的青岛,内地的租界河道不利于大型海船的行驶,并不满足德国海军的利益,而德国在中国的贸易公司由于已经移居到中国内地其他国家的租界,故而对这些内地租界并无特别的兴趣开发。故而,尽管1895年德国就获得了这些租界,但直到1897年这些租界也无太大的变化,正如德海军建港总监佛郎裘斯1897年所记录的,德国在汉口

---

①　《威海卫办事大臣庄士敦临别演说词》,1930年,威海市档案馆藏,英国威海卫行政公署档案第77卷。

的租界：在河岸边没有大帆船，茅草盖的棚屋立在沙滩上，树前是晒干的渔网。① 即使在后期对这两个租借进行了开发后，仍落后于英、法租界的建设。这与同期的青岛的举世瞩目的建设和土地制度的变革形成了鲜明的对比，这种差异的形成与宗主国的意图、宗主国的开发模式与管理模式相关。

青岛本身是出于"在中国沿海寻找一处地方，德国可在此建立一个军事—经济基地"的目的而被德国强制租借的，并由德国海军部负责对租借地城市的管理和建设，而天津和武汉的租界管理则隶属于外交部殖民司（1905 年改为殖民部），相较于殖民司海军部能带来更大的好处，如海军部国务秘书蒂尔皮茨所言："我们有一大堆技术人员和官员可提供给青岛使用，这些人是我们从海军大家庭中挑选出来的，如果认为他们不合适还可以立即撤回。殖民地部则只是一个官僚机构。我们有能力自己建港、建城和各种设施等。……我们有医生，他们已经适应了热带气候并且接受过建造野战医院的培训。我们认为无需每一步都受制于帝国国库和帝国国会，如帝国殖民部曾经遇到的情况那样。"② 相较于殖民部，青岛建设所需的财政资金由德国海军部向国会申请，最初青岛的很多军民混用的设施均通过德国的巨额财政支出来实施。自 1897 年至 1914 年青岛建设总头 2 亿金马克，其中每年帝国的补贴介于 500 万和 1460 万金马克之间，仅 1913 年尽管青岛总督府出售土地的收入和税收有 720 万金马克，但德国仍给予了 950 万金马克的财政补贴。这种资助和德国力图在青岛建设"模范殖民地"的意图是分不开的，同时青岛成功的土地制度的变革，使得总督府获得

---

① ［德］托尔斯滕·华纳著，青岛市档案馆编译：《近代青岛的城市规划与建设》，南京：东南大学出版社 2011 年版，第 79 页。

② 同上，第 73 页。

了稳定的土地售卖的收入和税收，为青岛的建设提供了稳定的资金来源。不同于青岛的开发模式，天津和武汉的德国租界则由隶属于外交部的殖民司负责，而外交部的关于这两个租界的土地政策是既不得给德帝国带来风险，也不得要求帝国付出代价，包括购买租界土地上的中国地产、街道等的建设维修保养费用以及各类公用建筑设施的费用，都绝不应给予财政资助，在这样的土地政策下，这两个租界的开发由私人公司进行。这两个租界的"租界公司"是由德国专门成立的用以资助德国租界建设的德化银行成立的，这些公司负责租借的用地平整、建设道路和码头堤岸，同时作为回报这些公司有权得到50年的船舶码头费，但公司一直资金紧张导致开发十分缓慢，直至1906年外交部将租借的管理工作交给了"租界管区"，但在出卖地产时，司法管辖权和报批义务仍取决于德国的外交部，因而管区对于租界的开发并无多大兴趣，相较而言，青岛总督府则拥有很的独立性。

因而，尽管是在同一文化的影响之下，但青岛总督府的较大的独立性、德国力图在青岛建设"模范殖民地的意图"、德海军部的强大的影响力均推动了青岛迅速的制度变革，而同期的中国内地的其他德国殖民地由于组织架构、开发模式的不同其制度变革则缓慢得多。

3.4.2.2　威海和上海的比较

近代威海制度变革的缓慢和上海英租界的迅速变革相比，宗主国的意图和主要执政者的个人偏好的差异导致了制度变革的差异。

如前文所述，英国占领威海卫是为了同俄国的势力相抗衡，并非是由于其军事和经济价值，这种认识在当时的英国当局中较为普遍,就军事价值而言,水域大部分很浅不适于航行,就经济价值而言,那里贫瘠的土地生产的出口物仅为咸鱼和花生①,因而很多人甚至认为占领威海卫甚至是一个错误,在这样的意图下,英国当局对威海卫的统治一直本着最小成本的原则,而行政长官对于中国传统文化的偏好,更使得英租威海卫期间中国很多传统制度一直村子,并在制度中体现出二元性的特点。而上海英租界的开辟,从意图而言是出于贸易目的。不同于当时的与山东内陆隔绝的威海,上海地理位置优越,英国看中其贸易地理环境的便利而选中其作为通商口岸之地,从中英双方的往来谈判中可看出,英方的目的是迫使中国政府,答应"英国臣民无论男女,应准自由和不受限制地在中国的一些主要口岸居住贸易。这些口岸应在条约中明确开列"。② 而中方则认为允准英人通商已属恩惠,不准"另有妄求,致坏成规"③但在签订《南京条约》时,英方声称:对于房屋、土地问题,"因需详细讨论,故暂时不谈,但将来提出讨论时,中国方面加以拒绝或抱拖延态度,必至严重影响两国方在开始的和平"。④ 故而英方的目的是在自由居住贸易。从中英双方圈定的租界区域来看,英方选择上海县城北边的这块土地是从现代经济、政治角度出发的,认为此区域濒江近海,空间开阔,内可扼上海县城,外能引重洋巨舰。而中方则从传统土地经济角度出发,认为此地农业条件

① [美]克拉伦斯・B. 戴维斯,罗伯特・J. 高尔著,王瑞君译:《英国人在威海卫:帝国非理性之例研究》,载《山东大学学报》2005年第4期。

② [美]马士著,张汇文、马伯隍等译:《中华帝国对外关系史》第一卷,第712、713页。转引自《上海通史》第四卷,第62页。

③ 道光朝《筹办夷务始末》卷六九,第2682、2741页。转引自《上海通史》第四卷,第62页。

④ 黄月波主编:《中外条约汇编》,商务印书馆1936年版,第74页。转引自陈正书《近代上海城市土地永租制度考源》,《史林》1996年第2期。

差,滩地无太大的农耕价值,因此,英租界最初的区域十分荒芜。为了生活及贸易的便利,租界内的商人立即从维修道路开始进行市政建设,其界内后来成立的"道路码头委员会"、工部局和公董局最初都是为了管理市政设施的建设而设的,租界的土地管理机构的设立和土地管理制度的逐渐完善都是在市政建设的基础上,仿照英国本土的制度而逐渐确立的。①

租借目的的不同,使得双方进行制度变革的意愿的强烈度不同,从而使得两地的制度变革一快一慢,而威海的行政长官中突出的对中国传统制度的偏好,在近代中国的英租界中也是绝无仅有的,这一点也延缓了威海制度变革的进程。

3.5 不同的制度变革对城市发展的影响

同样是租借地城市的青岛和威海,在被不同的国家租借后,进行了不同的制度变革,而不同的制度模式对于后续的城市发展产生了深远的影响。

3.5.1 青岛的土地优先购买和拍卖制度
保证了城市规划的进行

德国精心计划建设的"模范殖民地"青岛确实成为了近代的样板殖民地和。如1913年9月《青岛新报》刊登的一位英国人对于

---

① 此研究见贾彩彦:《近代上海城市土地管理思想》,上海:复旦大学出版社,2007年版。

青岛的报道："这是自故乡迁到那里并在迁移中获得的一块德国的土地。……德国人真的无须先学习如何建设一座城市。青岛矗立在那里，作为他们基本能力及其杰出天赋的一个典范。街道很宽，是一流的，道路两旁的人行道上植有成行的树木，很舒适。一般每座房子都位于属于自己的地块上，是真正的德国风格建筑，而且几乎没有相同的，……甚至在一些极小的事情上都秩序竟然。"①而孙中山在 1912 年 10 月 4 日接受德国旅游作家萨尔茨曼的采访时也说："我对青岛的建设非常满意，青岛应当成为未来中国城市的典范，……"而青岛的城市建设的基础是其完善的土地制度。

城市规划和建设的展开非常容易受制于土地征购的巨额资金，而这点在同时期的上海和香港均有体现，单威廉本人也观察到上海在拓宽道路时，不得不经常以极高的价钱从私人土地占有者手中买回所需的土地。为避免此土地投机，又能获得城市建设所需的大量土地，胶澳当局以法令的形式确立了胶澳总督府的土地优先购买权，通过此项措施，既可避免土地投机者提前把农民从耕地上撵出去，又能控制租借地内的建设和农业活动。政府在获得土地之后即可划定地块修建道路，房屋建设规划的编制人也不必考虑现有产权关系。

廉价、充足的土地供应保证了城市规划、建设条例的实施。在青岛的 1898 年的规划中，对青岛进行了城市分区，同时公布详细的建筑条例，对于街道的建设、建筑物的标准进行了详细的规定。其中包括有建筑密度，不仅欧人区有，华人区也进行了规定。如规划中的华人区即大鲍岛范围，在该地区的住房不能高于两层，并且最多只允许 75% 的土地面积用于建筑房屋，对于长期居住的空

---

① 青岛琴包，1913 - 09 - 05；2，3。

间,每人至少必须有 5 平米的使用面积,建筑层高至少 2.7 米,街道宽度 8 米或 10 米。而上海和香港租界在最初既未限制容积率也未限制建筑高度,但后果就是高地价导致大量狭小多层出租住宅的建设,引发了疾病传播,在香港和上海均曾出现过鼠疫、霍乱以及伤寒。如 1894 年香港爆发鼠疫后,香港政府用几百万银元买下并随后拆掉过密的劳工居住区以制止瘟疫。而青岛则借鉴了香港、上海的教训,严格规定了建筑密度,而这点能够得以实施其前提则是土地优先购买制度的实施,使得总督府购置了建设居住区所需的土地后,廉价租给企业主并规定由企业主为劳工建设居住区,由于租金低廉且能够提供足够的面积,台东和台西两个劳工区主要建筑均为一层,尽管按法律规定可建筑两层。

土地优先购买制度保证了土地拍卖的实施,防止了土地投机,为土地规划的展开奠定了前提。胶澳总督府通过土地法令保证了总督府对土地的优先购买权,并规定土地征购标准,按照城市规划,对土地进行了征购,防止了私人抢购土地投机。同时保证了土地的有计划的出售。青岛的规划者认为,在准备工作不足的情况下提前出售土地会使房屋建设计划的制定和实施变得困难。因而胶澳当局颁布了政府优先收购土地,严禁私自转让土地的公告后,进行了细致的产权界定、土地登记和测量,并对建设地块划分成小块、规定街道走向后才进行拍卖,防止了土地投机者预先囤积土地,哄抬地价而造成规划无法展开。

详细的土地售卖制度保证了城市规划的实施。在青岛的《置买田地章程》中不仅规定了土地拍卖的详细流程,同时要求土地购买者提供土地使用计划及申购土地的目的,这样可以保证土地使用者的土地利用符合城市规划。

而英国如前文所述,并无大规模建设威海的计划,也并未展开大规模的土地征购。

3.5.2 青岛完善的土地税收制度防止了土地投机

青岛的土地税收制度包括 6％的土地税的征收、利用递进的土地税防止土地投机和闲置不用以及土地增值税这三部分，这套土地税收制度防止了在上海和香港均曾出现的严重的土地投机而导致的土地价格暴涨行为。当时东亚地区一般资本利息约 6％，青岛就规定了相当于土地价值的 6％的土地税，来防止土地投机并为此确立了土地评估制度。同时为了防止土地闲置，还规定了土地必须按建设规划三年内完成，否则以每年递增 3％的土地税征收，一直到 24％直至没收，这迫使土地所有者必须迅速地完成土地开发。土地税收制度中最具创新的是土地增值税制度，城市建设的展开必然会带来土地升值，而土地升值应首先归功于总督府的开发建设，故而为获取建设资金并防止投机，规定土地转让时，扣除必要的开发投资后的增值部分后获利的 33.3％应作为增值税缴纳，同时为了预防土地交易者故意做低交易价格，还规定政府有权按照真实价值优先购买，即使持有土地 25 年不进行交易的，政府也一次性征收土地增值的三分之一。这样通过这套土地税收制度，既能防止土地所有者进行土地投机，还能保证政府获得用地，并从土地升值中获得收入为进一步建设提供资金，在德占青岛期间并未出现疯狂的土地投机行为。

可以说青岛的土地制度的成功是青岛城市发展的前提，从1898 年公布建设规划，1900 年正式推出城市建设和布局规划，到1910 年，根据主要建筑的完成时间上看，几乎全部主要建筑均已完成，城市功能已经基本具备。在这短短的十年间，青岛的城市空间布局已经形成，如此快的速度与稳定、有效的土地制度是分不开的。即使后来日占时期进行了规划，但由于其主要出于掠夺的需求而非青岛长期发展的考虑，并无具体的规划措施，因而其两次规划也只实施了很小一部分，青岛的城市空间的形成仍是德占时期奠定的。

3.5.3　威海"循其制"的治理理念和"二元化" 的制度与其城内外分离的格局及 社会状态的"波澜不惊"

在英人占领威海的军事意图和最小成本的治理原则下，在英租威海卫32年间，威海卫城内城外呈现出分离状态。旧的威海卫城在英租期间不但没有得到发展，反而更加破烂，既没有大的规划和建设，也没有对街道的整修。而在卫城东北方向的码头一带和刘公岛，为了英军疗养的需要，进行了建设，包括有道路的修建，主要有一条主干路和二十多条之路，路旁砌了水沟，修建了街心花园和洋房，但也造成了城内城外分离的格局，无城市建设的统一规划，这种状态一直到过敏政府于1930年代收回后才有所改善。

威海卫缓慢的制度变革以及制度变革中对于中国传统制度的保留，不仅仅体现在城市建设的外观上面，更重要的是对城市社会的影响上面，尽管近代化的学校、医院和一些公共卫生条例开始实施，但威海的发展却和近代沿海城市的发展格格不入。在近代城市化中，"越是沿海通商口岸，越是得风气之先，洋化最甚。"①但威海却远非如此，"中国一百多年来的社会进步，对于昏睡在这片古

---

① 邓向阳：《米字旗下的威海卫》，济南：山东画报出版社，2003年版，第16页。

老土壤中的人们来说好像什么也没有发生过。这些农民'呆头呆脑,面对一切战争和政治风暴,几乎毫无反应,毫无改变'。直到20世纪30年代初,威海人的思想行为与上个世纪也并无两样"。①甚至在很多中国内地已经废止的缠足和男士的辫子在收回时依然普遍。

　　同是租借地,威海和青岛的发展差别如此之大。也可看出,制度变革的不同对于城市的发展会产生深远的影响。

---

　　① 邓向阳:《米字旗下的威海卫》,济南:山东画报出版社 2003 年版,第 16 页。

4 非条约口岸城市土地管理
制度的变革:以南通为例

近代南通被吴良镛先生誉为"近代中国第一城",称其为
"中国人基于中国理念,比较自觉地、有一定创造性地、通过较
为全面的规划、建设、经营的第一个有代表性的城市"①,它在近
代的兴起和变革的模式,是由以张謇为代表的社会精英主导
的、自下而上的制度变革。那么,这种变革是怎么发生的? 与
别的模式相比,它有何独特性? 近代化的土地管理制度的渊源
是什么?

4.1 工业化驱动的城市化

不同于其他以贸易推动的商埠城市,南通是在近代工业化的
驱动下实现城市化和城市的近代化转变的。

---

① 吴良镛等著:《张謇与南通"中国近代第一城"》,中国建筑工业出版社 2006 年
版,第 16 页。

4.1.1　近代工业的发展,促进了城市的近代化

1895 年,张謇筹办大生纱厂,选址唐闸,奠定了南通"一城三镇"的空间布局。在大生纱厂筹建过程中,既规划了厂区,又修筑了道路、桥梁等基础设施,并配套建设行栈和工人宿舍。在大生纱厂开办后,面积近 4 平方公里,汇集学校、工厂、公园、医院等机构的城镇逐渐形成。随着以大生纱厂为核心的大生资本集团的形成,纺织业迅速发展,至 1922 年时,仅大生一厂就已拥有 75360 纱锭,布机720 张。随后,工业的发展不仅仅在纺织业,又延伸至机器制造、冶炼、垦牧、火柴、交通、航贸、养殖等行业,而工业的发展又促进了商业的发展,至 1930 年时,南通城内已有了 1432 家商号。[①] 可以说,大生纱厂的创办及由此带动的辅助工业的发展,推动了商业的发展,并由此带动了相关交通运输、金融等产业的发展,在产业结构、空间结构、城市基础设施等方面改变了传统的南通市。

4.1.1.1　产业结构的变革

在产业结构上,传统的通州是江北重要的水运枢纽和腹地内盐、棉纺织品的集散中心,有记载称通州经济是"无丝粟之饶,⋯⋯有鱼盐之利,⋯⋯民以鱼盐为业"[②],明代以后通州植棉业和家庭手工纺织业有所发展,"通产之棉,力韧丝长,冠绝亚洲,为日厂之所必需"[③],但种稻者"不过十分之二三"[④],因此其经济结构主要是

---

①　羽离子著:《东方乌托邦:近代南通》,人民出版社 2007 年版,第 36 页。
②　王象之:《舆地纪胜》,中华书局 1992 年版,第 1704—1705。
③　祝穆:《方舆胜览》,广陵古籍刻印社 1992 年版,第 949 页。
④　李文治:《中国近代农业史资料:第一辑》,三联书店 1957 年版,第 83 页。

植棉和煮盐，而粮食则靠外地贩运而来。在大生纱厂等近代工厂兴办后，很快南通的以棉纺织工业为主导产业的近代工业迅速发展，并带动了金融、商业和航运等交通运输业的发展。如1895年以前，南通仅有协源昌、大生泉等少数钱庄从事银钱兑换业务，至20世纪20年代，不仅有江苏银行、交通银行等在南通设立分支机构，而且大生企业集团还自办淮海实业银行，并广设分理处，使得近代金融业得以发展；为了大生企业集团运输等的需要，张謇等先后创建了大生轮船公司、大中通运公行、大达内河轮船公司、大达轮步公司、达通航业转运公司等系列航运公司，并设立南通客运汽车行、南通公共汽车公司、通如海长途汽车公司等汽运公司，开辟航线和构筑公路网，带动了近代交通运输业的发展。

4.1.1.2　空间结构的变革

在空间结构上，改变了传统的城市空间不均，确立了"一城三镇"的空间格局。如刘海岩先生所言，近代中国城市化的过程，在空间上体现为以衙署为中心、筑有城墙的传统类型，向以商业区、金融区为中心，城区功能出现分工的近代类型的演变。① 古代通州的空间格局，是方城，丁字街和护城河，以及对称布局。近代张謇将大生纱厂选址唐闸镇后，又在天生港设立港口，将狼山开辟为休闲、娱乐区域，旧城区仍保留其行政、商业、文化等功能，但随着城市规模的扩大，对旧城区进行改造，实现了功能分区，将旧城南部辟为城市新的商业、金融中心。

---

① 刘海岩：《近代中国城市史研究的回顾与展望》，载《历史研究》1992年第3期，第21页。

4.1.1.3 市政建设的变革

在城市基础设施上,进行了近代化的市政建设。包括有修建道路,发展电气照明、通讯、文化教育设施,修建西式风格的建筑和开辟公共绿地等。既有近代化的基础设施的建立,又引入西式风格的建筑设计,更为重要的是确立了包括通州师范等既涵盖有从小学到大学的新式教育,又开设职业教育等现代化的教育体系,使得南通成为近代文化上的"六个"第一。

4.1.2 近代工业的发展,促进了大批小市镇的兴起

近代工业的兴办和发展,不仅刺激了南通城区的发展,还带动了南通周边一些小市镇的发展,并新建了一批市镇。如大生纱厂设在唐闸,带动了唐闸镇的发展,使得唐闸镇不仅工业、商业得到了发展,还在张謇等人的作为下确立了较为完善的教育系统和公共设施,使得唐闸镇成为近代化的市镇,时人称"唐家闸工厂林立,盖犹中国之汉阳也。其街道全为新式,朴素坚实,颇有德国之风。居住者为大工厂、堆栈、运输所、工人居住所、发买商、原料供给商等,盖完全为工商区也。"①再如天生港,原为一个小港口,自张謇设立港口,修建码头和道路以来,使得天生港成为一个集交通运输业和工业于一体的、比较发达的近代港口市镇。此外在大生纱厂发展的基础上,张謇又用大生纱厂的资金发展垦牧业,在他的带动下,其他的工业资本与利润也被大量投入垦殖区,发展垦牧业。在

---

① 通通日报馆编辑部编:《二十年来之南通》下编,南通县自治会 1938 年印,第87 页。

各垦牧公司统领的农村地区,约 25 个新的大小市镇被创建了起来,如海复镇、东余镇、裕华镇、合兴镇等,如张謇所记载的:"海复新镇街衢宽广,市廛整齐,地当通道,行人麕集,百货杂陈,贸易交通。以观昔年走五六里或十余里之村市,求腥蔬而或不得者,其利便何如也。"①再如三余镇,大有晋垦牧公司在该镇修建 300 余间房屋以备出租给商人,还修建道路、桥梁,设立小学,经过几年的发展,该镇开办的店铺不下 20 多家,还开设了 1 家小型发电厂和 1 家轧花厂。这些由于近代工业的发展而兴起和发展的市镇不仅仅是增加了市镇的数目,更重要的是在近代工业和农业的发展的带动,这批市镇成为了近代化的市镇。

工业化的发展带来了城市人口规模的增长和面积的扩大。根据《南通市志》记载,自 1909 年至 1920 年,南通县城和唐闸镇的人口在这 11 年间增长了 72.9%,其周边的县海门、启东、如皋和崇明等也呈增长态势,至 1929 年南通人口有 133 万余人。南通城区的面积从明清的 1.47 平方公里增长到了 1936 年的 4.94 平方公里。②

4.2　制度变革的需求

不同于租借地青岛的移植性的强制性制度变迁,近代南通的变革是自下而上、自发实现的诱致型制度变迁。根据制度变迁的基本理论,这种变迁是由个人(或群体)在响应获利机会时自发倡

---

① 张謇:《张謇全集》,江苏古籍出版社 1994 年版,第 3 卷第 310 页。
② 南通市地方志编纂委员会:《南通市志》,上海社会科学院出版社 2000 年版,第 194—195 页,656 页。

导、组织和实施的,而在南通这个倡导、组织和实施者是以张謇为代表的社会精英团体。

4.2.1 传统文化精神及传统与现实的矛盾

在传统文化的考核体系中,张謇获得了最高荣誉"状元",浸淫多年的传统文化已经深入他的灵魂,形成他的基本人格。传统文化中,"修身、齐家、治国、平天下","家事国事天下事,事事关心","天下兴亡,匹夫有责"等体现的正是一种"以天下为己任"的社会责任感和经世致用的人文态度,这种文化精神对张謇影响极大,正如他的儿子张孝若在《南通张季直先生传记》中所记载的,"我父……认定读书人的责任,决不是读几句书,做几篇文章就弄了事。要抱定'天下事皆吾儒分内事,吾儒不任事,谁任事耶?'(颜先生语)这种气概。……"①这种文化精神对张謇的实践起了重要作用。

在科举取士的传统社会中,科考夺冠即意味着可以入朝为官,报效朝廷。但张謇考中状元是在 1894 年,甲午战争当年,中国已经备受西方的侵略和冲击,又面临着日本的挑战,官场的斗争和民族危机,使得当时很多国人包括张謇都意识到必须立国自强,他说:"中国大患不在外侮之纷乘,而在自强之无实"②至于如何自强,在当时的时代背景下,传统的圣王时代的小农经济显然已不再适宜,尽管在传统文化中贤君圣主统治的"日出而作,日落而息"的社会是多数士人们向往的田园诗般的理想社会。张謇也意识到自

---

① 张孝若:《南通张季直先生传记》,上海书店 1991 版,第 314—315 页。
② 张謇:《张謇全集》,江苏古籍出版社 1994 版,第 1 卷第 1 页。

强需进行变革,在他的《代鄂督条陈立国自强疏》提出的 8 条自强
建议中,也同当时的很多有识之士一样,谈到了要发展海军、陆军、
建立枪炮厂、开设新式学堂、发展工商、派员向西方学习等建议,说
明张謇的自强事实上是要"师夷长技",进行革新。在 1895 年《马
关条约》签订后,其中规定准许外商在中国内地设厂,使张謇深感
忧虑,更感到了自行兴办实业的迫切,他在《条陈立国自强疏》中就
提到:"向来洋商不准于内地开机器厂,制造土货,设立行找,此小
民一线生机,历年总署及各省疆臣所力争勿予者。今通商新约一
旦尽撤藩篱,喧宾夺主,西洋各国,援例尽沾。外洋之工作巧于华
人;外洋之商本厚于我国。今日毁机器,明日焚机房,一有他变,立
起兵端。是通商之害,必内民怨而开外畔。……世人皆言外洋以
商务立国,此皮毛之论也。不知外洋富民强国之本实在于工。讲
格致,通化学,用机器,精制造,化粗为精,化少为多,化戏为贵,而
后商贾有悉迁之资,有倍簁之利。① 因而,"天下兴亡,匹夫有责"
的精神,及在现有的制度下,无法实现强国的愿望的认识,使得张
謇有了强烈的革新需求,希望通过兴办实业、普及教育等实现强国
的梦想。在张孝若的记载中,"本来张公(张之洞)在南京时,因为
中日订了《马关条约》,内中有允许日本人在内地设工厂的一条,就
想自己捷足先登去办厂,不要等日本人借口。就计议在长江口的
南北、苏州、通州二处,各设一厂。苏州厂请陆公润庠办,通州厂请
父亲办。父亲因为和他的本意非常适合,而且希望国强,……就立
刻答应了去兴办这件事。"②而南通之兴因工兴,近代化的城市制
度因城市的发展而立。

---

① 《代那督条陈立国自强疏》,《张謇全集》第 1 卷,第 30—40 页。
② 张孝若:《最伟大的失败的英雄——状元实业家张謇》,华中师范大学出版社
2013 年版,第 55 页。

4.2.2 西方文化的影响

当时西方文明在中国的传播，及张謇本人对于日本的考察，使他对于西方文明有了直观的认识，现实的例子也起了一定的示范作用，使他看到了制度变革后的收益。

西方列强对中国的侵占，他所亲历的甲午战争的失败，给了他极大的刺激，使他认识到发展西方技术的必要性。与之关系密切、接触频繁的张之洞等对于兴办工业，以工强国的认识和关于西方文化的谈论等对他也产生了很大的影响，张之洞本人就认为"外洋富民强国之本实在于工"，"就外洋富强之术，统言之则百工事之化学、机器、开采、制造为本，于商贾行销为末，销土货敌外货为先、征税裕饷为后。"[1]并自己兴办了很多实业，从张謇代张之洞所拟的《代鄂督条陈立国自强疏》中也可看出二人之共同的思想。此外，张謇本人也阅读了《日本议会史》、《英国国会史》、《宪法古义》等介绍西方文化的书籍，并一直建议多派人去西方游历考察。在在他给光绪帝的建议中，就有："宜多派游历人员也。汉赵充国之言曰'百闻不如一见。'明王守仁之言曰：'真知自以力行。'夫洋务之兴已数十年；而中外文武臣工，罕有洞悉中外形势，刻意讲求者，不知与不见之故也。不知外洋各国之所长，遂不知外洋各国之所短也。……今宜多选才俊之士，分配游历各国；丰其经资，宽其岁月，随带翻译，纵令深加考究。"[2]他本人 1903 年 4 月份赴日考察，在日本的 70 余天里，一共参观了 35 处教育机构和 30 个农工商单

---

[1] 张之洞：《遵旨筹办铁路谨陈管见折》，《张文襄公全集》第 27 卷，第 9 页。

[2] 《代那督条陈立国自强疏》（张謇全集），江苏古籍出版社 1994 年版，第 1 卷，第 38—39 页。

位,并著成《东游日记》出版,宣传日本的经验。由此可见,在当时西方列强和日本对中国的冲击下,对西方制度、文化的探索和研究使得张謇认识到必须变革制度以及如何变革制度,尤其是日本更是以制度变革而强的实例,同样在《代鄂督条陈立国自强疏》中,他就提到:"中国之学西法也自兵始,日本之学西法也自工始。自工始者,学其用机器,并学其造机器。学其用机器,故有各工艺学校;学其造机器,故有各铁工制造场。工业进而后及练兵,此日之所以能也。"

制度的变革有其潜在收益和成本,当潜在收益大于成本时,变革就会发生。在当时的背景下,作为传统知识分子的精英,既有"以天下为己任"抱负和社会责任,又有对西方文化的研究和亲身考察,使他认识到在既定的制度下已难实现强国的抱负,非变革不足以强国,而日本就是变法强国的现实例子。变则强,不变则难以为继,国家富强正是制度变革的潜在收益,因而在现实的冲击与制度的示范作用下,有着远见卓识的社会精英分子就会产生强烈的制度变革的需求。

4.2.3 近代工业的发展带来的城市的变革

1895年,张謇在唐闸设立的大生纱厂是南通乃至苏中市镇第一家近代工厂,至1911年,以大生纱厂为基础,张謇又先后设立大生二厂、资生冶厂、资生铁厂、广生油厂等9家工厂,形成大生企业集团,在1912年至1922年苏中市镇又新设资本万元以上工厂共12家。短期内近代工业的迅速发展,促进了近代城市经济的发展和城市的近代化,城市经济的发展要求包括城市管理在内的各项制度的变革。

4.2.3.1 近代工业的发展带动了交通运输的发展，从而带来了近代市政机构的产生和近代土地测量技术的发展和运用

为了靠近原材料及劳动力所在地，大生纱厂选址唐闸，码头在天生港，狼山为休闲娱乐的所在，而通州则为老城区。为了改善彼此之间的交通，1904 年张謇修筑港闸路（天生港至唐闸），1910 年又修成城闸公路（通州城至唐闸），从民国成立至 1921 年，张謇等规划和建成了城港路、北干路、城任路、城姚路、东干路、南干路、云港路、啬公路等公路，总长达达 288.4 公里。道路交通的建设，客观上需要相应的专门的机构进行管理、规划。1912 年，南通成立路工处。成立之初下设总务、工程交通、建设、收纳各科。工程科负责建筑南通市政桥梁、道路等事，并测绘全市的计划图等。建筑科负责建筑市内的公共建筑物，如公园、小菜场、公厕、路亭、公井、汽车站等；交通科负责管理行驶在城区至唐闸、天生港、狼山三线的公共汽车；收纳科负责采办和储藏所有工程、建筑所需的一切材料。无论其组织机构、职责分类，还是具体的实施，路工处都堪称当时南通乃至江苏最完备的路政管理机构，也是最早的公路交通建设和管理机构之一。1914 年，为整修港闸、城港、城山等道路，南通又成立了马路工程局。大规模的近代化公路的建设需要精密的勘测，为了勘测的需求，1907 年张謇在通州师范开设测绘班，并请日本教授授课，1908 年又增设土木工程科。同年，南通测绘局成立，张謇亲任局长，通州师范测绘班的首届毕业生成为其骨干。1908 至 1910 年，测绘班毕业生所测量的南通辖区内的水陆交通线和绘制的交通图，成为南通之后全面规划修筑公路的主要科学依据，在南通乃至全国都是首创之举。

4.2.3.2 近代工业的发展和城市的扩张,需要合理的
城市规划

近代交通尚不发达之时,为了节省成本,工业的选址多在交通便利、靠近原料和劳动力之处。南通近代工业的发展发轫于大生纱厂的兴建,大生纱厂选址唐闸,也基于此等考虑。张謇在《大生纱厂第一次股东会之报告》(1907)中说:"厂基历相数处,以唐闸地介内河外江之间,交通便利,故定基于此。"在《大生纱厂第四届说略并账略》(1902)中也提到:"通厂之利,人皆知为地势使然。"在《大生分厂第一次股东会报告》(1907)中说:"论地位之形胜,棉产、女工之便利,分厂不及正厂。"①故而,以大生纱厂为主体的工业区的选址定位唐闸,实际上奠定了近代南通城市"一城三镇"的空间格局。而为了货物流通的方便,进而以天生港作为主要货物出入港,基本上确定了这种空间布局。

近代城市建设的开展,客观上需要一系列配套机构,尤其是城市规划机构。19 世纪末 20 世纪初的南通,政府并没有专门的城市规划机构,而随着近代工业的发展带动的城市的发展,越来越需要有专门的机构管理城市建设中的一系列事宜,张謇通过设立一系列的公司、协会等,担当起了城市的规划管理工作。1908 年南通设立测绘局,测绘南通县全境舆图,为全县的水利、道路、农垦等规划提供了依据;为了进行城市基础设施的建设,在张謇的主持下又成立了水利会和保坍会,进行水利基础设施的建设和维护;随着城市市政建设的开展,城市房地产业逐渐兴旺起来,张謇又先后成立了"泽生水利公司"、"懋生房地产公司""南通大有房地股份有限

---

① 张謇:《张謇全集》(第 6 卷),江苏古籍出版社 1994 年版,第 80,51,182 页。

公司"负责城市的基础工程建设和城市建设及管理。

近代工业的发展,客观上需要便捷的交通和合理的规划。南通"一城三镇"的空间格局及遍布各个市县的垦牧公司,非常需要便捷的交通沟通彼此之间的联系。1920年张謇作了《规划县路请公议即日兴修案》对区域道路规划作了分析。该规划说明了规划的指导思想,介绍了各国的规划经验,并分析了地方现状、政策法规、实施步骤等。此外,张謇还作了《南通水利已办工程及未来之计划》(1920),对水利设施进行了详尽的规划。至1922年,张孝若领导的南通自治会提出"城市规划",是南通近代史上第一个使用这个概念的规划。

近代工业的发展带来的污染,也对于如何在工业发展的同时防治工业污染问题提出了要求。近代英国工业发展带来的污染,使得霍华德提出了"花园城市"的规划设想,张謇并未去过西欧,但毗邻的迅速发展的城市——上海因工业发展而带来的城市污染,却对他触动甚大,而且在他对日本的考察期间,东京的一些见闻也对他产生了很大影响。在1903年,他在东游日记中写道:"五月二十四日……门外临江户城塔濠,濠水不流,色黑而臭为一都流恶之所,甚不卫生,此文明之果也。"①在为大生纱厂选址时,所选的唐闸尽管主要出于交通便利的考虑,但唐闸远离民众居住集中的城区,减少了工业对于生活环境的污染。在南通的规划和建设中,张謇非常重视城市公共绿地的规划和绿化。1913年他就在唐闸工业区修建唐闸公园,1918年他分别建成了东、西、南、北、中五公园,在进行垦区、道路规划时,必预先布置植树。在其子张孝若所著的《南通张季直先生传记》中提到:"他认为种树非但有关农事气

---

① 张謇:《张謇全集》(第6卷),江苏古籍出版社1994年版,第500页。

候的调剂，并且增加幽美的风景。所以规划垦区，或者建筑房屋，预先必布置种树，有时因为大树古树的关系，将路线改避，或房屋让开。我父种树，关于时令、分行、培养，都有一定的标准……我们中国的植树节，就是他任阁员的时候规定的。"①对于工业发展可能带来的污染的认识及建设新世界的抱负，使得南通的规划相较于中国传统规划中公共绿地的忽视，更有了近代化的特点。

4.2.4 近代房地产业的出现需要相应的制度

随着近代工业的发展，城市的扩张和市镇的发展，城市土地和房屋的交易增加，张謇先后在南通设立了懋生房地公司和南通大有房地股份有限公司，购地建房出卖或出租。其中懋生房地公司设立于1905年，是在唐闸工业区发展后，收购唐闸附近地产，建造商业房屋，以供出租或购买，并代管大生系统在唐闸的房产和地产。1916年所成立的南通大有房地股份有限公司也大量收购奎楼河西的土地。

这是1910年的一份从懋生房地公司租地的租地执：

朱桂林租地执宣统二年(1910)九月日，立租得猪行桥(今名疏航桥)，东首地基一段，起造草屋，前后6间，应缴坐租英洋6元，每年纳行租5元整，归春秋两季交清。不得另外侵占寸土，倘若行租挂欠，坐租内扣除，此照以上陈租一律消清又批。②

该租执上还盖有1912年国民政府的印花税票。从此租地执

① 张孝若：《通张季直先生传记》，上海书店1991年版，第368页。
② 严金凤：《懋生房地公司》，江海晚报，2013年4月1日。

可以看出,"坐租"类似于押金,"行租"类似于租金,若租金拖欠则从押金中扣除。

房地交易的增加,会增加政府的财政收入,但从《南通县志》的记载来看,增加并不明显,也从一个角度说明当时的房地交易并不如上海活跃。按照《南通县志》的记载,在民国6年地方收支中才明确列明和土地的税收收入相关的项目,如"民国六年,地方收支入款有地芦、附税、地芦特税、屯杂附税、漕米附税、买契特税、市场折价契税附捐、花布三厘、纱厘、亩捐、清丈费、屠宰带收学捐、过割费等项目,共计137113.36元。""民国6年,地方收支出款有警费、教育费、驻契费、清丈费等项,共计148268.62元。"①虽然关于房地产业的记载并不多,但房地产业的出现是近代南通城市化的产物,客观上带动了土地税收的增长和土地产权管理的变革。

4.3　城市土地管理制度的变革

近代工业的发展和城市化,以及精英人物的追求导致了制度变革需求的产生,在以张謇为代表的一批精英人物的主导下,传统的南通开始了制度的变革,实现了城市土地管理制度的近代化。

4.3.1　传统的土地管理制度

4.3.1.1　传统的土地管理机构

在中国传统社会里,并无专门的土地管理的行政机构,土地管

---

① 方志编纂委员会:《南通县志》,江苏人民出版社1996年版,第84—85页。

理多委之民间或半官方机构,如图董、地保和册书。图董一般由乡绅中选举产生,负责管理"图"的事务,地保则负责管理"图"内的土地事务,民间田宅的买卖、典押均由图董和地保证明,在江南一些地区还有册书,负责土地产权变动的注册、过户和填写粮串等事务。

4.3.1.2 传统的土地管理内容

传统的土地管理主要是土地清丈和地籍管理,在明时创设了鱼鳞图册制度对土地进行管理,这一制度也为后世所采用,同时在民间的土地交易中非正式制度因素起着很大作用。

土地清丈和地籍的管理。南通的地籍管理也采用编制鱼鳞图册的方式,在明代时按里甲编为鱼鳞册,清代沿用明朝的做法,在1664年清丈田亩,分7乡田为48区,有坐号鱼鳞等册;1745年乾隆年间定为6乡,城乡共105里,并以此为据编为顺庄册,一直至民国初期,均沿用此顺庄册进行地籍管理。顺庄册一般每庄一本,依田地种类分为6种,一般民田均载其上。其内容只记载户名、田地亩数及额征银米数,至于田地坐落地点,虽有格式,但不填注。顺庄册均存县府田赋经征处保管,但已散失不见。

土地交易的管理。旧时南通的土地除学田、义局田、义冢地、牧马草场等为官田,即所谓公地外,多为私有,权属复杂,凭证名目繁多。既有县官府所颁发的官契,又有业主完纳忙漕田赋所取得的粮串、税契,民间习惯上以契据为正,以粮串为副。近代以前南通的土地可以买卖,在土地市场上有土地买卖和土地典押。土地买卖主要为沙田买卖、荡田买卖。所谓沙田,是指南通沿海、沿江涨出的沙地,只要愿垦者向官府申报,交纳帑粮,就可垦种,报科者大多为无地农民,清后期,一些地主劣绅抢报水滩,将沙地转卖或转租,造成众多纠纷。荡田是指草荡田,由地主、商贾自由买卖。土地买卖时,一般凭中证人商定契约内容,由中证人中通文墨者,按既定格式用墨笔在桑皮纸上用正楷书写,称为"墨契"。与此同时,订立推粮字,以为推粮过户凭证。再由买主将契约交由推手所验明,填写官印单,由推手所转送税契处投税,转送土地管理部门办理土地转移税契手续。买主办理缴纳税收手续叫"税契"。买方缴纳税收后,经办人便在墨契上加盖县政府朱红钦印(县印),一般称之为"红契"。没有加盖官印的称为"白契";土地典押有出典、抵押多种,订定的契约称"典契"、"抵押"。出典为原业主以地产作为所有价款的保证,在赎回土地之前放弃土地使用权,而承典人以土地收益抵替利息。抵押则不同,原业主只以地产作为借款的担保,并不交出土地,只是当业主不能偿还借款本息时,债权人有权索取所提供担保之地产。政府在田宅典卖时征收捐税,即契税。直至清末,契税均为买九典六,即买进田房按契价征收 9%,典进田房按契价征收 6%。

土地权属继承的民间约束。土地权属继承相沿"子承父份""寡妻承夫份"的习俗。土地权属分析,多发生在兄弟分家时。此时邀家族有关人员聚集,取得协议,订立"分书",土地权属承袭便算成立。只在双方发生争执、诉诸官方时,政府才出面干预。有的土地权属关系世代相承,契据上只有祖辈名称而无现在业主姓名,民间也多予以认可。

4.3.2 专门的城市土地管理机构的逐渐确立

近代南通的城市土地管理的变革是随着张謇在南通兴办实业而开始的,随着近代工业的设立、发展,为了适应城市经济的发展,一些专门的城市土地管理机构开始出现。特殊的是，由于近代南通的变革主要是在以张謇为代表的一些实业家的推动下展开的，是一种自下而上的变革，因此，某些专门的相应机构的设置并不是由政府主导设置的，而是由张謇利用个人威望组织设立的。在变革的过程中，政府也确立了一些相应的机构，至国民政府时期，土地管理机构变换频繁，本文只研究 1895 近代南通城市变革开始至 1926 年张謇逝世前的城市管理制度是如何发生变革的。

土地测量和清丈机构。光绪三十二年（1906），清政府宣布"预备仿行宪政"，试行议会及地方自治制度。光绪三十三年（1907），张謇等人参照天津自治章程，会同教育会、劝学所及商会，草拟自治章程，试办州自治。次年，通州成立筹备自治公所议事会和董事会，选举张謇为议事会议长，另选 30 名议员。州自治机构成立后，即着手测绘地方舆图，1908 年设测绘局，将州境分为东南、西南、东北、西北四大部，测量面积，详绘地形地物，为近代南通的城市规划奠定了基础，民国时期测绘工作由县政府建设科负责。为了加强地籍管理，1912 年设立南通县城区清丈局，后于 1914 年成立清丈总局，并建清丈传习所培训相应人才 1919 年，南通县设土地局，撤销清丈总局。

市政建设机构。南通的市政建设始于 1905 年的道路建设，为解决唐闸至天生港的交通运输问题，张謇成立泽生水利公司负责道路的建设。泽生水利公司虽名为公司，但承担着市政规划、建设及管理的职能，实为市政建设机构。1912 年设路工处（即工程局），由民政署、警察局市政建设及议事会派员组成，主管市政建设。处下设总务、工程、建筑、交通、收纳等科。在城内及三城门外直街用碎石铺砌路面，拆城墙，筑马路，分人行和机动车道。在县境筑煤屑路及小马路，总长数百里，连接县内各区，1914 年，为整修港闸、城港、城山等道路,南通成立了马路工程局;由于南通濒临长江、黄海,地势较低,为了解决农田灌溉、排泄洪水和饮水问题,1917年设南通县水利会,统一规划管理水利设施建设;为了解决江岸坍塌问题,1911年在张謇促成下成立了保坍会。

土地产权管理机构。1914年财政局设立官契发行所发行官契,县署设摊收所,实行过户摊收。

4.3.3 城市土地利用管理制度的变革

一直到19世纪末,南通的城市形态仍为中轴对称的方形城廓、十字长街的空间结构,至近代南通工业的发展和城市化的展开,南通城市的发展和空间结构的改变在有意识的城市规划下展开。

城市规划实施的制度保障——地方自治。按照制度变迁理论,诱致型制度变迁首先是产生了强大的制度需求,由第一行动集团倡导、组织、实施,而大范围的推广多是由政府主导实施的。张謇等倡导者自创立大生纱厂,设立天生港,客观上确立了工业、居住分区的空间格局。工业发展所要求的城市的发展和改造则是在确立制度上的保障——实行地方自治,第一行动集团取得自治权力后大规模展开的。张謇的地方自治思想是逐渐形成的,1921年他在《为南通地方自治二十五年报告会呈政府文》中曾提到:"謇兄弟之愚以为国可亡;而地方自治不可亡;……计自强、求自治,至明年届二十五年矣。"故而其谋求地方自治的思想很早就产生,在1903年访日归来后,其地方自治思想更加系统化,将之视为立宪的根本,而地方自治落实到实践上则是城市规划与建设。他说:"言乎地方自治,则以股东会议决提存之公产,举办公司界内次第应办之教育、慈善……凡鄙人之为是不惮烦者，欲使经营有利，副股东营业之心，而即借各股东资本之力，以成鄙人建设一新新世界雏形之志，以雪中国地方不能自治之耻。"①1908 年南通成立了通州调查选举局，并于 8 月选举了州议会议员，9 月选举了州董事会，之后组建了财政课、工程课等负责南通州的区域建设。两会的成立使得"现在精英们不仅有了个可于此工作的行政中心，而且此中心还很好地超越了清廷的限制。精英势力的联合和扩张最终动摇了官方任命官僚和旧绅士势力的平衡而使之转向新的工商精英。张謇和张詧在新的体制中变成了最强有力的人。……此重组的政府机构也产生了一个新的职业人员和活动家的集团。……他们中的大多数人没有重要家庭的背景，但他们投资了或参加了改革计划并且在公共领域浮现变化成领导者，……"②南通地方自治并非是要实行政治上的自治，如张謇所言："治本维何？即各人抱村落主义，自治其地方之谓也。今人民痛苦极矣，求援于政府，政府顽固如此；求援于社会，社会腐败如彼。然则直接解救人民之痛苦，舍自治岂有他哉！"③因此，实行自治的目的是发展地方的经济，主要是实业、教育、慈善。自治的实施为城市规划提供了制度保障，很多地方自治组织实际承担了城市规划建设的职能，如通崇海泰商务总会，其职能涉及经济、政治、教育、市政等方面，既协调各商家联系，还组织救治和保坍，筹建城港道路等城市基础实施。另外还有水利会、保坍会、测绘局等，尤其是测绘，张謇自己曾说："地方自治，则山林川泽丘陵坟衍原隰易辨也，墟落市镇道路庐舍

---

① 张孝若：《张季子九录·实业录》，上海书店 1991 年版，卷四第 33 页。

② Culturing Modernity：The Nantong Model，1890，130. by Qin Shao，Stanford University Press，Stanford California. 2004. p. 29.

③ 张謇：《苏社开幕宣言》，《张謇全集》卷 4，第 439 页。

宜辨也。旧时方志之图不足据，军用之图又不能容；然欲求自治，则必自有舆图始。欲有舆图，则必自测绘始"。①

　　近代化规划理论的指导。近代南通的很多建筑是西式建筑，说明受到西方的影响。事实上，除了西式建筑之外，近代南通的城市规划与建设也借鉴了西方现代的规划理论。首先，聘用西方的专家负责相关的建设，如聘用美国、荷兰国的专拣负责南通的水利规划；其次，张謇亲自考察和资助别人考察日本、西方国家的规划建设和发展。1903年，他历时70余天考察日本，对长崎、福冈、神户、大阪、京都、东京、札幌等城市进行了走访，其时这些城市的街道、交通等基础设施大多呈现出富有西方色彩的近代城市的特点，如他在《东游日记》中记载："札幌街衢，广率七八长，纵横相当。官廨学校，宏敞整洁。工厂林立，廛市齐一。"②这些见闻对他起到了很大的触动，对他的思想产生了影响。除了本人的亲自考察外，他还派其子和学生去西方考察，考察西方的政治、经济、教育、城市规划等，其子写了《考察欧美日本各国实业报告书》、其学生完成了《欧美水利调查录》对于西方的实业发展、教育、城市规划建设等各方面均予以了记载，如他的学生在书中的第十五章"商埠概论"中，专门提到商埠的选址和规划，"……全埠街道之纵横，马路之宽狭，工商业之分区，繁盛市面与教育、住宅之分段，重要地点之保留，公共建筑之计划，大小公园之支配，警站、救火站之位置设备等等，加以特别之注意。"③，后来张謇还任命他的这个学生负责吴淞商埠的建筑科，也可见张謇对西方理论的重视；再次，在通州师范设测绘班，请日本的学者来授课，培训专门的测绘人才，这就更从制度

---

①　张孝若：《张季子九录·自治录》，上海书店1991年版，卷一第19—20页。

②　张孝若：《张季子九录·专录》，上海书店1991年版，卷四第23页。

③　宋希尚：《欧美水利调查录》，南京沿海工程专门学校1924年版，第138页。

上保证了具备近代西方理论素养的人才的供给。

分区规划及城镇一体发展的规划实施。张謇的大生纱厂选址在了交通方便、靠近原料和劳动力的唐闸区而非传统的市区，还在市区外开辟了港区，并在狼山镇建设一些园林使其成为游览区，从发展近代工业之始就采取了按功能分区的设置，防止了工业的污染。另外，对老城区也进行了功能分区的布局建设。在老城的南部开辟新市区，其中东边为学校等文化集中区，西边则为商业和娱乐设施，南濠河则开辟五公园为休闲游览区，这种功能分区引导着城市功能的多样化；除了城区功能分区以外，近代南通的发展还注重城镇乡的共同发展。周边各县的盐垦区和农垦区的建设带动了新兴城镇的发展，并在设立垦牧公司时，就实施规划，如在垦牧乡设立自治公所作为镇的管理机构，并规定分置学区，以十六方里建一小学，道路两旁植树等，带动了一批新兴市镇的出现。

城市道路系统规划。在《规划县路请公议即日兴修案》(1920)里，张謇系统阐述了他的道路规划，包括有"县道宽度二丈四尺以上"，"参酌本县地势，规定县路，分为本干支干，正支副支。"并规划了以城区为中心，分别往其他镇的道路，"以期支干衔接，脉络贯通。"并对于土地的使用上提到了按公用征收例补偿，"段家坝山路折东至观永市一段，八里上下，本无道路，所辟全是民田，自不能不按公用征收例收买。"还详细规划了桥梁拆除预算、规划的实施及管理，如"各线路桥梁约计一百五十座，大桥作五分之一，计三十座；……大桥每座八百元……"[1]等，说明对于整体道路的修建是有规划在内的。

城市土地使用的监管。1924 年，张謇为筹建三越城市场，仿

---

①　张謇：《张謇全集》(第 4 卷)，江苏古籍出版社 1994 年版，第 442—443 页。

照京津沪等地规定,建市房者必须向路工处申请,领取施工执照,经审批后方准施工。申领执照时须呈交建筑附图 2 份,其中 1 份存路工处,另 1 份在施工时张挂,按图施工。还规定以后南通城内住户建房须绘图、申请领照,经审批后方可施工。

4.3.4　土地有偿征用制度的逐步确立

近代南通的城市建设中实施了土地的有偿征用制度,但在实施中,土地的征用是有偿征用与无偿捐献并存的。

尽管南通近代的发展是由士绅精英们主导的,但在行政体系上仍是江苏省的一个县,故而近代民国北京政府的一些法规也在南通实施。1910 年 10 月北京政府就公布了《修治道路收用土地暂行章程》,1915 年 10 月颁布了《土地收用法》,对于土地收用的程序、价额、准备、监督及诉讼均作了规定,应该说从法规制度上对于土地征收做了规定。但按照《南通县志》的记载,在民国时期,有关修建公路、兴修水利和公用设施等的建设用地,均以低价向土地所有者征用或由业主捐献,如在张謇的《规划县路请公议即日兴修案》(1920)中就提到:"所需经费分为收地、造桥两项。原路宽窄,扯计约在一丈左右,应须于原路之外收地二丈四尺。查竞化区上年自筑南路乙等支干办法,系由附近农民让地相助,此实吾南通急公好义,真能共同自治之气象。但本区情势稍有不同。段家坝山路折东至观永市一段,八里上下,本无道路,所辟全是民田,自不能不按公用征收例收买。若就原有之路放款,第须酌察用地于路若干方丈,业此地者本有地若干方丈,力厚者可以仿照竞化南路让地相助,力薄者自应照地给予津贴,或征收通例之值。"从中可以看到,在道路的修筑中,已经有可循的公用征收条例,力厚者捐赠也是惯例。

4.4　南通城市土地管理制度变革的路径分析

4.4.1　行动集团的形成

张謇无疑和近代南通城市的发展紧紧联系在了一起,但在清末民初时期兴起了一批近代资产阶级人物,在别的城市也存在着有影响力的地方士绅和社会精英,但为何独独南通发展成了近代的模范城呢?从对张謇个人的分析上,我们可看出这种不可复制性。

张謇身为"状元"的显赫身份带来的社会影响力。状元是古代读书人的最高成就,在官方和民间均具有极强的社会感召力和影响力。尽管清末时张謇很快就辞官不就,但仍得到了实权人物的认可和支持,尤其是先后两任两江总督张之洞和刘坤一,为他在南通实业的发展获得了强有力的官方支持。但仅仅是达到人们认可的传统学术的顶峰并不是充要条件,"治国平天下"的强烈的社会责任感与远见卓识,是他成为主导人物的另一个重要条件。如前文所述,张謇习传统文化多年而至状元,"以天下为己任"的观念早已深入骨髓,甲午战争的耻辱又使得他从传统的兴邦之道转向了学习西方,以办实业为基础来实现强国之梦。以大生纱厂为核心的一系列近代工业在南通的兴办,为他建立理想社会提供了资本支持和基础,在这点上他不同于一般的以利润为追求目标的资本家,为了实现他宏伟的发展教育、慈善等目标,他动用公司的资本和利润,比如,从光绪 27 年(1901)到光绪 33 年

(1907),张先后总共创立了 19 个企业单位,资金主要来自大生纱厂的利润,甚而引起股东们的不满并事实上影响了大生的发展。

张謇雄厚的经济实力及广办社会事业的影响力,也加强了他在政治上的影响力,对于他事业的推动和施行提供了便利。日人驹井德三曾这样描述张謇的权威:"要之,张謇对于现在中国之政界,表面上虽无何等之关系,然以张公在经济上、地方政治上有坚固之基础,不仅大总统及现任内阁,即地方政府也无如之何也。张公虽甚持重自下,然在中国政界之潜势力,可谓不薄。"①

在张謇的带领下,在南通形成了一批追随他的事业的精英团体。如张謇倡办垦牧公司后,钱新之、李亦卿等人于 1914 年合股创办大有晋盐垦公司,张詧于 1916 年创办大豫盐垦公司等,这些当地的士绅们在张謇的倡导和引领下,大兴实业,很快在南通形成了一批工业企业。在南通地方自治运动中,南通又在张謇、张詧、关炯、顾逸梅、沈敬夫等人的发动下实施了自治,并成为自治的典范。这些追随者成为实施制度变革的行动集团。

这种个人权威、经济和政治影响力是张謇能作为制度变革发起和主导推动者的前提条件。

4.4.2 行动方案的规划和实施

近代南通的变革诉求起于民间,但其实施则是在官方力量的推动和诉诸于政治制度的变革实现的。

---

① [日]驹井德三:《张詧关系事业调查报告》,《江苏文史资料选集》第 10 辑,第 151 页。

官方力量的推动。作为心怀"天下兴亡,匹夫有责"之志的传统文化精英,张謇虽然因对政府的失望和政治局面的判断而辞官不就,但却得到了一些洋务派官员的赏识,如张之洞、刘坤一等,并在他们的支持下实施其"实业救国"、"教育救国"的理想。1895年张謇就受张之洞办实业的委托,联络一些买办、绅商集资在南通办纱厂,并向张之洞书面呈送办厂方略,他曾记载:"自光绪二十一年,……九月间,前署南洋大臣张,分属苏州、镇江、通州在籍京官,各就所在地方,招商设立机厂,……,謇因议设纱厂。……随至通州,邀集通州知州汪树堂、海门同知王宾监订合同,合详立案。"① 后来继任两江总督的刘坤一也委任张謇经理通海一带商务,因而南通近代化的主要推动力量工业化的发端是在官方的支持下开始实施的。

政治制度的变革。随着南通近代工业的展开和工商业的发展,产生了城市近代化变革的需求,而这个变革的全面实施是通过地方自治的方式实施的。发展实业本为救国强国,然而政府的腐败使得张謇等对于强国的途径逐渐有了新的认识,南通女子学校校长维娜转述张謇对自治的回顾时提到张謇的理想经历了变迁,在对西方的政治制度有所了解后,"他得出结论:建立一个强大的中华共和国的最佳方式就是首先在优良的地方管理下发展小区域,这样可以使各省富强。最后,通过模范省份的合作,理想国家就会形成。"② 故而,张謇致力于将南通建立为"模范城市",并以自治之本在实业、教育及慈善,故而从办实业始,继而办教育兴民智,

---

① 张季直先生事业编纂处:《大生纺织公司年鉴1895—1947》,江苏人民出版社1998年版,第31页。

② Nantongchow, Famous as the Model City of China, Is Called Venice of the Far East, by Verna Waugh Garrett, in The China Press, December 13, 1925.

再而办慈善。至 1901 年,清政府筹办新政,张謇写《变法平议》明确提出了国家宪政和地方议会制度,并进而在南通推动实施。1902 年成立了事实上是自治组织的通州商务总会,后发展为通崇海泰商务总会,负责城市建设、开办教育、兴修水利、诉讼裁决等,成为事实上的城市管理机构。1905 年,南通又成立了通海五属学务公所即后来的江苏教育总会,这个总会吸纳了从士大夫到工业界领袖的各色精英,成为推动地方宪政的骨干力量,同时拟定了《地方自治草案》等文件,要求在南通实行自治,于 1907 年得到政权的许可,合法地实施了地方自治,成立了地方自治议事会和董事会,主要议员们包括了公共机构的管理者们、政治团体的领袖们、实业家、教师、归国学生等,成为实现改革的社会中坚力量。地方自治的实施,从政治制度上保障了近代城市各项制度变革的实施,如商会扶助成立了测绘局,议事会推行全名测绘工作,并全面进行实证及交通水利设施建设。如上海海关税务司戈登·劳德(E. Gordon Lowder)在其 1921 年底的《海关十年报告》中就提到:"……通州,早在 1899 年就开始了建设。它从一开始就坚持自治的原则。当地有钱有势的商人在 20 年前就组成了南通自治会,对通州后来的发展,对于为建立警备力量、修筑道路、兴建医院、学校而筹措资金做出了贡献。"①

4.4.3 制度的变革中对个体主导者过度依赖

张謇的强国理想及个人的政治资源使得以他为主的精英团体规划的方案得以提出和实施,但同时这种制度变革由于地方政府

---

① 徐雪筠等译编:《上海近代社会经济发展概况》,1985 年版,第 249—250 页。

权力的弱势和对以张謇为主的个人权威的依赖,使得制度的变革有强烈的主导个体的烙印,并随着个体的衰弱而出现供给动力不足。

地方政府在制度供给中的缺失及对个体的依赖,使得制度的供给带着先天不足。在南通城市近代化的变革中,近代城市的功能如基础设施的完善、城市的规划实施、近代教育、慈善等制度安排的出现和维系,由个体企业安排和承担。如张謇所言,自治之本在实业、教育、慈善,"謇自乙未以后,经始实业;辛丑以后,经始教育;丁未以后,乃措意于慈善。"①但其宏伟的自治事业依赖于大生集团的支持及以其为代表的个人的襄助。如在张謇 1925 年的向大生纱厂股东会的陈述中就提到,南通的农科大学、医学专门、女师范、图书馆、蚕桑讲习所每年 58440 元,医院、残废院、栖流所每年 22560 元,气象台、博物苑每年 4080 元。自 1905 至 1925,张謇及其兄长张詧用于慈善教育者 200 多万,1903 年至 1909 年通州师范共得大生纱厂 125947 元,1911 年通海垦牧公司拨给该校60000 元。此外张謇及其家人又以个人资金用于社会事业,如他的夫人设立育婴堂,他及其兄张詧设立三个养老院等,从有限提及的这几个例子中可以看出,近代城市的很多功能均由个人及企业承担了,这本身制约了企业的发展。与之形成鲜明对比的就是同期的无锡、常州的近代企业的发展,当大生衰落时,1928 年无锡的荣氏集团已经成为中国最大的民族纺织业集团。在政府没有承担起公共制度供给的功能的情况下,城市的发展自然随着企业的衰落而衰落。

在制度的变革中,以个体的道德观去推动和普及,而正式制度

---

① 《张謇全集》第四卷,第 463 页。

的缺失既使新制度的构建有了一定的局限性，又使得制度的延续性难以保证。张謇个人突出的社会责任感和建立新新世界的理想给张謇以改造世界的动力，但在相关法规、制度等缺失的前提下，单靠个人的社会责任感和道德教化是非常有限的。张謇通过兴办实业，以实业为基础实现社会改造的目标，在南通城市的近代化转型中，张謇以大生纱厂、通海垦牧公司为基础建立近代纺织业，在实业的基础上办教育、兴慈善，进而建立地方自治制度，这样大规模的制度变革过程中，张謇个人的社会责任感的推动是主要的变革力量，建实业而不为谋利本身与企业的经营目标是相悖的，也与大多数经营实业的主体的目标是不一致的，故而在其利用大生的利润办教育、行慈善时因影响到其他股东的利益而遭到反对，如根据 1907 年《大生第一次股东常会议事录》记载，在大生的利润分配中，原定扣除 8% 的官利外，其余作 13 股分配，10 股归股东，2 股归绅董花红，1 股归各执事花红，后来拟增一股为师范学校的经费，股东郑孝胥称："拨助师范经费及酬报股东恽君之花红，是总理个人之道德，与公司无涉。"故而在进行各项事业的建设时，张謇还时不时要靠卖字画以筹资，当他个人能力不足时，则他的事业就会受到影响，如他在《为南通二十五年报告会呈政府文》中称：南通交通、公益诸事"综计积年经费所耗，达百数十万，皆以謇兄弟实业所入济之。岁丰则扩其范围，值歉则保其现状，不足又举债以益之，侯有赢羡而偿其负。"①因而在政府相关正式制度缺失的条件下，就连与他一同办实业的身边的人都反对损害企业利益承担过多社会责任的行为，可见依靠个人的道德教化其影响是有限并难以持续的。

---

① 《为南通地方自治二十五年报告会呈政府文》，《张謇全集》第 4 卷，第 458 页。

4.4.4 西方文化的有限影响

在南通近代城市制度的变革中,尽管近代化的城市管理机构、城市规划和地方自治的实施受到西方文化的影响,但这个变革主要是在张謇的带动下开始和实现的,而张謇本人深受中国传统文化的影响,在制度变革中制度的设计很多都是形似西方,而神似传统。

城市的发展规划构想与其对传统的城市发展模式的认识。张謇在其《记论舜为实业政治家》中,对舜时期的聚居地的发展理解为"又一年而所居成聚,二年成邑,三年成都"[①],故其地方自治规划由通州一城三镇,到通海地区,再到省乃至全国,以"成聚、成邑、成都"。即使在具体的制度的构建中,如对土地测量的重视及为此专门进行专业人才培训和设置专门机构,也以古制为依据,他称:"周礼大司徒以天下土地之图,周知九州之地域广轮之数。然后邦国土会土宜土均土圭之法,有所于施……"[②]。

制度变革的统摄性制度"地方自治"与传统基层社会的乡绅治理。地方自治本是由西方引进,张謇在其《变法评议》中就主张变法应仿效日本地方自治制度。就自治本意而言,实强调民主,强调人民的议政、建议的权利,但张謇将其认识为:"言乎地方自治,则以股东会议决提存之公产,举办公司界内次第应办之教育、慈善……"[③],即被认为经营实业、教育和慈善,而这些事业的经营

---

① 张謇研究中心等编:《张謇全集》,第五卷·艺文(上),江苏古籍出版社1994年版,第151页。

② 张謇研究中心等编:《张謇全集》,第四卷,江苏古籍出版社1994年版,第386页。

③ 张孝若编:《张季子九录·实业录》,上海书店1991年版,卷四,第33页。

主要是以张謇兄弟为代表的地方绅士,故而张謇所推动的地方自治本质上是绅治,其子张孝若自美留学归来后,也认识到南通的自治无非是他父亲一人的操持,故而才欲建立真正具有民主色彩的自治会,"但南通全县之事业,断非我父个人之事业,巩固南通之事业,发皇南通之事业,其责任当南通全县人民共同担负。庶南通之事业与日月而俱长,不因我父而兴度。……总之南通人民须自居于主人与自动之地位,我父不过发其端,启其机耳。……"①因而在南通的制度变革中,尽管在张謇等人的推动下实现了近代化的变革,但其内核依然是中国传统文化,张謇一直受传统文化的教育,尽管在近代西学的传播下对西学有了一定的认识,并在对日本的考察中借鉴日本的技术经验,但制度的变革路径仍是在中国传统文化的影响和指引下进行设计的。

4.5　比较及启示

　　青岛、上海均是在近代兴起的城市,但通过比较我们可看出,不同的城市其制度变革的模式是不同的。

4.5.1　与近代青岛、上海的比较

4.5.1.1　制度变革的路径不同

　　南通的制度变革是在地方精英的主导和推动下,自发地、自下而上实施的变革,这种变革是在由近代工业化推动的城市化中实

---

　　①　张孝若:《南通张季直先生传记》,中华书局 1930 年版,第 479 页。

现的,工业的发展和城市的扩张产生了制度变革的需求,以张謇为代表的社会精英成为制度变革的行动集团,依靠个人的社会责任感和个人声望,利用政治资源并最终通过政治制度的变革而实现了城市的近代化变革;青岛则是在成为德国的租借地之后,在德当局的主导下实现了变革,在青岛的变革中,政府成为了主导力量,德当局出于树立"样板殖民地"的考虑,从财力和制度上均对青岛的发展予以了支持,由租借地政府设计、实施了一系列土地制度,实现了制度的变革,也使得青岛成为近代的模范城市;上海的变革则具有一定的复杂性,不同于其他两个城市,近代上海近百年间,始终租界与华界并存,故而客观上存在着租界、华界两种土地制度,租界的制度变革是在各租界机构的主导下仿照本国的制度而实现的,而华界则是在租界的刺激和示范下开始变革的,在制度变革中,存在着中国传统土地制度和近代西方制度的融合与相互影响。

4.5.1.2 制度变革的渊源不同

南通的制度变革是独立地由中国人设计并推动实施的,在制度设计中尽管有西方文化的影响,但由于制度的主要推动者是中国传统的知识分子,儒家文化影响至深,故而在制度的设计中本质上是受中国传统文化影响的;青岛的制度变革是完全在德租界当局的主导下完成的,其制度的根源在德本土文化,在制度的推行中,考虑到制度的兼容性,土地制度的设计者单威廉对中国传统文化进行了研究,并在制度的制定中予以了考虑,如对中国传统土地管理中侧重税赋的管理及地方士绅的作用的了解,使得他在土地政策制定前深入走访了村户及当地的士绅,在土地征收补偿中也考虑了清政府的土地补偿标准;上海的近代土地制度的变革则是

在中西文化的交互影响中实现的,其制度渊源既有中国传统文化
又有西方文化,如土地产权凭证的变革中,租界所采用的"道契"既
有传统土地凭证的特点又克服了传统土地凭证混乱、多样的缺点。

4.5.1.3　制度变革的结果不同

这三个城市均在近代引人注目,成为近代兴起的城市的典范,
但也由于制度变革的路径不同而对城市的后续发展产生了不同的
影响。南通的近代变革中,过多地依赖个人力量,而正式制度缺失,
故而具有一定的非延续性,当大生集团衰落和张謇过世后,南通前
期的辉煌就不再;青岛的变革是在强势政府的主导下实现的,在变
革中确立了一系列的正式制度,即使德退出青岛后,它所确立的很
多制度依然在发挥作用,客观上保障了青岛的发展;而上海的两种
制度的长期并存,使得上海的规划始终不统一,租界、华界的发展不
均衡,为上海租界收回后的统一规划和实施带来了不少障碍。

4.5.2　启示

4.5.2.1　城市的发展需要产业发展的支持

近代南通的变革起于张謇兴办大生纱厂,并在此基础上发展
了诸多实业,工业的发展促进了商业的繁荣,并产生了聚集效应,
带来了人口、资金等要素的聚集,客观上产生了对基础设施的提
供、人才的培训、土地的管理等需求,形成制度变革的动力,推动城
市的发展。

4.5.2.2　政府仍应成为制度供给的主体

南通和青岛相比,一为弱势政府,一为强势政府,前者政府的

缺位,无法提供近代城市发展所需要的制度,而依赖于个人和团体,但制度的公共性决定了政府应成为主体,对于个体的依赖既不利于个体企业的发展,又注定了发展的取决于个体的发展,使得城市的发展具有了非延续性和非稳定性,但也证明了社会精英在制度变革中的推动作用。而后者,强势的政府保证了制度的供给从而一定程度上保障了城市发展的稳定性。

5 传统行政中心城市土地管理
制度的变革:以北京为例

在近代城市化的浪潮中,开辟有租界的城市、租借地城市和自开商埠城市都开启了迅速的城市化和近代化的过程,并出现了不同路径的城市土地管理制度从传统到近代的变革。作为传统行政中心的古都北京,虽然缓慢,也出现了城市土地管理制度的变革,但与其他类型城市相比,它的变革极具独特性。我们要探寻的是这个制度变革是怎么发生的?制度变革的路径和渊源是什么?哪些因素导致它出现了与其他城市不同的变革?这种变革对城市当时及后续的发展产生了什么样的影响?

5.1 近代北京的城市化与城市近代化

城市化的基本标志是城市人口、土地和产业结构的变化,表现为城市人口规模和城市土地面积的增长以及第二、三产业的增长。

5.1.1　城市人口的增长及特点

清代近代意义上的人口统计,一次是 1906—1908 年间的人口统计,一次是 1909—1911 年的人口统计,之前的北京城并存内城八旗户、外城城市赋役户两个主要的户籍管理和户口统计的系统,关于清季的人口测算依据内城、外城、城属的户口统计数进行测算,清初约为 50 万人,乾隆末年约为 89.3 万人,从清初至中期人口是持续而缓慢增长的。但至咸丰三年(1853 年)人口总数减少 11 万,至 1908 年根据统计人口数为 705604 人,1911 年为 783053 人[①],较之乾隆末年的人口数减少了,这和清后期的战乱是相关的。因而近代清后期北京的人口数是减少了,没有出现人口的增长。

从民国 1912 年起,人口如下述所列出现了稳定增长。从城市人口规模的变化来看,自宣统末年北京出现了人口规模的增长。

表 5.1　1912—1927 年北京市人口数　　单位:个

年　份	人口数	年　份	人口数
1912	725035	1920	849554
1913	727803	1921	863209
1914	769317	1922	841945
1915	788223	1923	847107
1916	801136	1924	872576
1917	811556	1925	841661
1918	799395	1926	816133
1919	826531	1927	878811

数据来源:根据北京市《市政统计》整理。

---

①　周进:《北京人口与城市变迁(1853—1953)》,第 14,24 页,中国社科院 2011 年博士学位论文。

5.1.2　城市用地规模的变化

清代城市土地范围 62 平方公里,在此范围内,土地利用的区域性很强,内城按照八旗方位划分地界,主要为中央政权机构所在地和八旗占用地,外城多为商业和手工业作坊用地。至清末民国开始,随着城市的改建及工商业的逐渐兴起,市区面积逐渐扩大,从下图可看出,明清时期市区面积几无变化,但从清至 1947 年市区面积有了较为显著的增长。

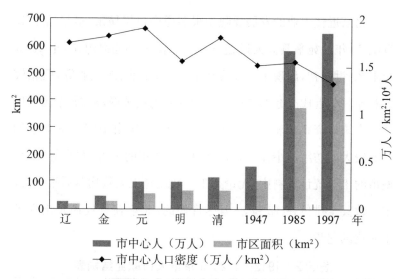

图 5.1　城市中心人口、面积示意图

资料来源:鲁奇、战金艳、任国柱:《北京近百年城市用地变化与相关社会人文因素简论》,载《地理研究》第 20 卷第 16 期(2001 年 12 月),第 689 页。

另外,中国古代城市在空间上是一个被城墙围起来的封闭空间,与乡村在空间上通过城墙隔离开来,古都北京也是如此。在城市化的过程中,城乡结合部位是从农业用地逐步转为城市用地最显著的区域,即城乡过渡带,故而现代城市区域结构从城市土地利用的角度而言,会包括完全没有农业用地的城市核心区、城市用地和农业用地交错的城乡过渡带和以农业用地为主的乡村。近代城市化之前的北京,从空间结构上有内城、外城之分,相关研究表明至1913 年北京城的城市核心区面积约 47.1 平方公里,城乡过渡带面积为 35.3 平方公里,1913—1955 年间,城市核心区平均每年向外扩展 0.2 平方公里[①],尽管缓慢,但也表明城市用地面积的扩张。

5.1.3 北京市经济结构的变化

北京近代工业的发展要晚于很多通商口岸城市,最早始于 19世纪 70 年代宛平县商人段益三在门头沟创办通兴煤矿,至 19 世纪末 20 世纪初,出现了一些煤矿业、军事工业、纺织业等,但相较于其他一些近代兴起的城市工业的发展仍然缓慢,根据《中国近代经济史统计资料选辑》的资料,1890—1910 年由中国的资本家创立的较大的纺纱厂中无一是在北京,1933 年的上海、北京等 12 个城市的工业统计资料中,无论是工厂数还是工人数均落后于上海,工厂数甚至排位在 12 位,[②]但尽管如此,北京在近代还是出现了工业化的起步。

表 5.2 1912—1920 北京市人口职业结构表

年份	议员	官吏	公务员	教员	学生	农业	矿业	工业	商业
1912	105	20318	2828	1405	31608	5115	21	28463	121926
1913	456	17427	3819	1688	26895	4474	42	24948	100716

---

① 方修琦等:《近百年来北京城市空间扩展与城乡过渡带演变》,《城市规划》2002 年第 4 期,第 57 页。

② 严中平,徐义生等:《中国近代经济史统计资料选辑(第一种)》,科学出版社,1955 年,第 98 页,106 页。

（续表）

年份	议员	官吏	公务员	教员	学生	农业	矿业	工业	商业
1914	97	33297	2252	1712	36118	2738	91	37709	112060
1915	20	17148	2304	1373	28820	2613	178	35707	118414
1916	864	21797	2341	2986	33987	5060	116	47243	143289
1918	464	20603	3953	2429	39616	4945	99	47388	120016
1919	465	20978	6050	2244	42351	5247	130	50412	153756
1920	344	19993	7024	2320	41216	5453	173	54541	161588

年份	渔业	律师	医士	新闻记者	僧侣教徒	稳婆	其他	无职业	总计
1912	190	29	512	608	4052	187	140563	367105	725035
1913	171	101	447	468	2693	166	143837	399455	727803
1914	230	159	416	347	6875	144	205121	330451	769817
1915	354	92	453	287	13892	131	182865	384472	789123
1916	258	111	527	437	11979	142	213677	316317	801131
1918	931	230	670	319	383	137	184534	369078	799365
1919	690	231	795	480	4094	164	189896	348545	826531
1920	8176	207	865	587	5072	144	167941	372996	840544

资料来源:周进,《北京人口与城市变迁(1853—1953)》,第 14 页,24 页,中国社科院 2011 年博士学位论文,第 41 页。

人口职业结构的变化。在晚清时期,直至 1908 年北京的人口还主要还是政府机关的工作人员和一部分商贩、工人等。根据 1908 年内务部对除八旗和女子之外的一项调查中,在 27 万就业人口中,从事官员、士绅、兵勇、书吏、差役等人员占 15.8%,如果再加上八旗人口约在 40%左右。[①] 1912—1920 年内务部曾对北京市民的职业进行了调查统计,他们将职业划分成 17 种,从表中

---

① 北京大学历史系《北京史》编写组:《北京史》北京出版社,1999(增订版),第 386 页。

可以看出,"其他"职业的从业人数最多,这应该是车夫、苦力、仆役等服务业;其次是商业从业人员,都一直有十余万人;再次就是工业人员和学生。职业结构的变化也说明了民国以来北京市近代工业和商业的发展。

5.1.4　北京城市的近代化

近代化本身是指从传统社会向近代社会转型的过程。相对于沿海城市,北京近代化的起步要晚并缓慢得多,学界普遍认为北京城的近代化是从 20 世纪初随着晚清政治制度的变革、北京市政建设的展开而开始的,但从文化和风尚的悄然变革上,19 世纪后半期在北京就已发生了一些改变。

西方文化的传播带来的思想观念的逐渐变化。19 世纪 60 年代中期,负责税务的英国人赫德曾言:"我自从 1861 年首次到北京以来,就敦促总理衙门向着西方所理解的'进步'一词的方向前进"[1]在他的举荐下,美国传教士丁韪良出任同文馆总教习,在其治下,同文馆的译书活动成为定制,所译书籍包括自然科学、各国法律、政治经济、世界历史等,免费发送各级官员。受西学影响,晚清中央各衙署大小司员们谈论的都是铁路、学堂,宪政、公法、权限等新名词。自 1898 年创办京师大学堂始,清政府废科举,兴学校,至 1909 年北京有各类学校 281 所,在校生约 12921 人,其中高等学校 15 所。[2]

文化的传播也带来了社会风尚的变化。在衣食住行方面均出

---

① 　曹子西主编:《北京通史》第 8 卷,中国书店 1994 年版,第 97 页。
② 　袁熙:《试论近代北京的城市结构变化》,《北京社会科学》1997 年第 3 期,第 85 页。

现了前所未有的变化，尤其是庚子前后。京城"外贸风行，土布渐归淘汰，布商之兼营洋布者十有八九"，①衣服的剪裁上也出现了"洋裁缝"；在饮食上，"满清贵族群学时髦，相率奔走于六国饭店"②；在交通方式上，人力车和西式马车也逐渐取代了原有的独轮小车和牛马车。

20世纪初市政建设的近代化。1900年的义和团运动和八国联军的洗劫，使得古老的北京城满目疮痍。自1900年始的30年间，从专业的市政机构的逐渐建立到相应的法规制度的颁布实施，北京城开始了近代的市政建设，包括有主要街道的改造、铺设、沟渠的重建、公共空间的开辟、自来水的引入、铁路和电车交通网的修建等。

故近代以来，北京城开始了城市化和近代化的进程，但也可以看出，城市化和城市近代化的进程是在20世纪初期开始才广泛开始的。

5.2　近代北京城市化的特点

虽然近代北京有了较为缓慢的城市化的过程，但与其他租借地城市、设有租界的城市和自开商埠兴起的工商城市相比，仍然体现出了不同的特点，这种不同的特点使得它的制度变革也不同于其他城市。

5.2.1　工业化和贸易不是城市化的主要动力

无论是以南通为代表的自开商埠城市也好，还是以上海为代

---

① 吴建雍等：《北京城市生活史》，开明出版社1997年版，第344页。
② 《大公报》1903年8月10日。

表的租界华界并存的通商口岸城市也好,近代工业的发展是促进近代城市化的主要动力。在南通,以张謇等为代表的民族资本家对近代农工商业的投资促进了"近代第一城"的崛起;而上海作为口岸城市的通商开放,吸引了大量的国内外投资,例如按照统计1911年,所有的中国企业——包括外国人的和中国人的,有四分之一以上设在上海,到了1933年,这一比例上升到将近一半。大量近代工业企业的兴起与国内外贸易的繁荣使近代上海迅速成为国际大都市。北京作为传统政治中心,并没有南通、上海那样发展工商业的优越的地理位置,也一直不是通商口岸城市,对外开放上仅设立了作为政治需要而存在的东交民巷使馆区,而这个区域与它以外的区域又是相对隔绝自成体系的,因而在受西方文化的冲击上也相对较小。而且自与之毗邻的天津成为通商口岸之后,更是吸引了大量的资金投往天津,北京之前建立在朝贡贸易基础上的陆上对外贸易中心的地位也被天津所取代。北京对外来人口的吸引力主要是其政治文化中心的地位,大量的流动人口的构成中很大一部分是官吏、教师、学生及服务的仆役、车夫等,这种政治中心的特殊地位,使得北京城的发展始终与政府的意图密切相关,甲午前政府中守旧势力的排斥阻碍着城市的转型,甲午尤其是庚子之后,在朝廷上下对"宪政"的筹划中,城市的近代转型才在城市管理机构的变革及一些市政建设的展开中开始。

5.2.2　城市的近代化是在政府的主导和推动下自主展开的

以青岛为代表的租借地城市,也实现了在近代由一个小渔村而发展成为近代城市的近代化过程，这种城市化也是在当局的大力推动下实现的，但由于是由殖民政府主导的，故而这种转型几乎是西方文化的移植。如青岛，出于建设"模范殖民地"的目的，德当局对青岛的建设进行了一定的资金投入和技术支持，在科学规划的基础上出台了一系列土地管理法规，并在此基础上几乎平地而起地建立起了近代化的青岛，为青岛的后续发展奠定了基础，是一种较为彻底的变革。北京在近代无论是清政府时期也好，还是北洋政府时期也好，均为政治中心，均是在政府的主导和推动下自主缓慢开始城市化和近代化进程的。清末，中央政府在国内、外形势的压力下开始实行"新政"，对城市的管理也从以税赋和稳定为主开始进行有意识的改造城市空间、兴办近代市政设施，但这种以政府为主的推动同样受制于政府本身的稳定性，清政府一垮台，城市的变革便陷入停滞。北洋政府时期，尽管在政府的支持下，成立了市政公所，并在朱启钤的领导下进行了一系列的市政建设和一些城市规划，并出台了一系列包括土地管理法规在内的城市管理法规，但由于政府的不稳定性，同样使得这种变革带有不连续性和不彻底性的特点。

5.3 近代北京的城市化对城市土地管理的影响

20世纪初以来北京人口的增长、人口密度的增大，既使得城市规模出现了一定的增长，也带来了交通、住房、公共设施的压力，同时对北京传统的城市格局也带来了冲击，如何缓解压力，满足需求成为推动城市土地管理变革的动力。

5.3.1　城市人口增长的压力需要新的规划

从表5.1可以看出,20世纪以来人口出现了较快的增长,表5.2的职业结构表格说明了相应的人口职业中从事商业、工业、矿业的人口比重在快速增长,表明近代工商业的迅速发展,这样客观上经济的发展需要便捷的交通和合理的规划与管理,而传统的城市空间格局也越来越不适应经济的发展。

传统的北京城是一个封闭的空间,城市内外分割。城市内部,体现皇权的宫城和皇城占据城市的中心区位,众多的城门成为阻碍交通的障碍,因而才有民国初年的一系列的改造工程。如在前门与正阳门之间,有东西瓮城相连,出入城门必须先穿过瓮城门洞然后再经过正阳门门洞,而正阳门外有京奉,京汉两条铁路线的终点,因而经常拥塞,成了北京城南北交通,内外交流的瓶颈,且正阳门区域是繁华的商业中心,更加加剧了这一地区的拥堵,因而朱启钤才开始了对正阳门的城门改造工程。除此之外,朱启钤又拆棋盘街千步廊为天安门广场打开东西交通的通道,还主持打通了东西长安街,府右街,南长街与北长街,南池子与北池子,解除了皇城对北京南北交通的阻碍。

近代工商业的发展,对城市的规划提出了要求。随着北京近代纺织业、制造业、矿业、电力等的发展,工业化产品日益增多,而流动人口的大量涌入和铁路等的修建,都促进了商业的繁荣,在北京内城形成多个商业中心,如西单、王府井、前门等,打破了内城不准经商、娱乐的禁令,商业的发展使得政府意识到应该开辟新商业区和市场,如1917年"拟于南北城内开办市场二处,招集各行小商摆设棚摊。闻北城已择定什刹海,南城已择定先农坛,并已就招商

领地规划,六月中旬可望开办云。"①1918 年,京都市政公所决定在
"中华门内开辟一极大之商场,招纳殷富商家经营各项商业。即定
名为中华商场,刻已派员从事筹办一切。开办之期约在七、八月
间云。"②

人口的增长和对城市基础设施需求的增加,对城市空间改造
提出了要求。民国之初,北京城仍十分破败,道路失修,沟渠阻
塞,街道狭窄,城市环境和卫生状况恶劣。如何建设新的市政设
施,解决环境和卫生问题以及繁荣商业就成为城市管理部门面临
的主要问题。然而在市区进行改造,需要较大的资金,故而市政
公所决定选取试验区域进行改造,香厂规划的实施便在此背景下
展开了。

5.3.2 工商业的发展需要相适应的城市管理体制

清政府时期,北京并没有专门的城市管理机构,顺天府同内城
的步军统领衙门、内外城的巡警总厅共同管理北京的地方行政,政
出多门,非常混乱。而清末民国初年,人口的增长和工商业的发
展,越来越需要相应的管理体制。如道路的修建,沟渠的维护,市
政设施的提供,城市空间的改造和规划,这既需要有专门、统一的
机构去实施和管理,还要有制度化的资金来源去支持,而在这些基
本城市建设的活动中,房屋的拆迁、土地的征收与整理、土地规划
与管理、土地交易的管理和相应的土地税赋的征收等,都需要有制
度化的规定去保障和实施。在传统的城市管理中,主要侧重于税

① 《将开办临时市场》,《晨钟报》,1917 年 5 月 15 日,第五版。
② 《开辟中华商场》,《晨钟报》,1918 年 5 月 7 日,第五版。

赋的管理，既随意又缺乏效率，如北京，既受中央政府的管辖，又受顺天府的管辖，尽管清末实施"新政"，但管理机构也是屡次变迁，管理的内容极为有限。八国联军入侵北京后，管理瘫痪，清廷留守官员与各国占领军多次磋商后，由当地绅董出面组织了"安民公所"，负责巡查街道、保护私人财产、救济贫困、修葺被战争破坏的街道沟渠，可以说这是北京历史上出现的第一个近代化的城市管理机构，随后设立了善后协巡总局，但更多地也是侧重于治安管理，对城市建设管理极为有限。京城稳定后，清政府裁撤善后协巡总局，改设工巡局，主要负责工程和巡捕两项，管理职责除了治安以外专门增加了工程建设的内容，负责兴修官道，整装修路灯，管理街道卫生等事项，但城市建设仍是其附属内容，治安仍是其首要任务。其后改设的巡警总厅虽也有建筑股、清道股等负责测绘、道路建设与维修的部门，但仍没有专设机构只负责城市的管理。这种城市管理体制不能满足日益人口增长和商业发展的需求，城市的近代化建设也迟迟没有大规模的展开，这与沿海沿江的口岸城市的发展形成了鲜明的对比，已经阻碍了城市的进一步发展，直至北洋政府时期市政公所设立，专门负责城市的市政建设，一些较大规模的城市建设活动才得以展开。

　　城市化的发展需要专业化的城市管理机构，同样近代市政建设的运行也需要有相应的财政体制和融资方式相支撑。清末民初北京一直由中央和地方双重管理，地方建设从财政上获得的资金不足，也导致北京市的建设也一直不能得以展开。京都市政公所建立后接管了工巡捐局，改名为京都市工巡捐局，收入的款项一律用在京都市政上，为城市建设提供了相对稳定的财政资金来源。在民国初年，市税的种类主要是铺捐、车捐、妓捐、乐户捐和戏艺捐，如下表：

表5.3 民国5年(1916年)国市两税收最高额限表

国税种类	收 数	市税种类	收 数
	元		元
崇关税	1034905.00	铺 捐	204481.89
契 税	52002.69	车 捐	134441.91
屠宰税	168215.74	妓 捐	87938.50
牲畜税	39987.01	乐户捐	54465.00
验契税	379.50	戏艺捐	18603.00
苏酒税	294495.94(民十八)	贫民捐	6770.00(民十八)
印花税	210500.58(民十八)	慈善捐	7531.55(民十九)
牙 税	131377.83(民十八)	弹压费	17198.15(民十八)
当 税	8850.00(民十八)	广告捐	13955.77(民十九)
田 赋	10533.38(民十九)[2]	自治公益捐	192313.32(民十九)
总 计	1951247.67	总 计	737694.09

资料来源：雷辑辉：《北平税捐考略》，北平社会调查所1932年版第105页。

　　通过北京市税收种类的变化，我们可看出20世纪之后北京市税收种类的增长，如表5.4，这些增长的税收从财政上为城市建设提供了一些保障。同时我们也可看出随着城市化的发展，房地交易日益频繁，土地出售收入及契税收入在市政公所的收入中占有了一定比重，如表5.5，同时在市政公所的支出中我们也可看出支出的一半用于购买土地和公共工程建设，如表5.6，在这个表中我们可以看出购买土地的支出占了约1/3，这部分支出是为了修建公共工程而征购的私人土地，也说明为了公益事业有偿征收私人土地已经成为一种制度。这种财政体制的变革也是城市建设的需要而变革的，成为近代化的城市管理体制中的重要部分。

表5.4 北京税捐起征年代

税　种	起征年代	税　种	起征年代
土地税	3000 年前	地契税	明　朝
崇文门厘金（1930 年废除）	1494 年	牙　税	清朝之前
典当税	1664 年	牲畜税	清　末
屠宰税	清　末	乐户税	1905 年
妓捐税	1905 年	营业税	1907 年
车辆税	1908 年	剧院税	1908 年
烟酒税	1909 年	夜生活税	1910 年
济贫税	1911 年	印花税	1913 年
广告税	1913 年	交易认可税	1913 年
长途汽车税	1918 年	电车税	1926 年
牲畜检验费	1926 年	房地产税	1927 年
邮包税	1927 年	公益捐	1927 年
警察薪金补贴	1928 年	奢侈品税	1928 年
证券登记税	1928 年	公共厕所税	清　末
粪便处理补贴	清　末	慈善税	清　末

资料来源:雷辑辉:《北平税捐考略》,北平社会调查所 1932 年版第 102 页。

表5.5 1925 年京都市政公所收入

项　目	数额(元)	所占比例(%)
商业税收	610646	77.4
内务部拨款	90250	11.4
地契和转让费	17838	2.2
铺设街道拨款	13452	1.7
城市土地出售收入	12037	1.5
利　息	10725	1.3

(续表)

项　　目	数额(元)	所占比例(%)
其他收入	33569	4.2
合　　计	788517	100

资料来源:史明正:《走向近代化的北京城》,北京大学出版社1995年版,第40页。

5.3.3　城市房地产交易频繁需要规范化的管理

尽管北京的城市化与上海等城市相比是缓慢进行的,但仍可从相关的税收和地价变化中看出城市的房地交易的增多。契税是房地等不动产进行交易时,向产权承受人征收的一种财产税,在我国历史上也长期存在,从表5.7中可看出自民国元年至十七年契税税率变动并不大甚至还呈减少趋势,但从表5.8征收的契税数目来看,民国4、5年时,年收仅5万多元,之后逐年激增,到12年至16年间,数目已达八九倍以上,说明这个期间房地交易的频繁。

表5.6　1925年京都市政公所支出

项　　目	金　　额	所占比例
购买土地	230250	31.3%
公共工程	175434	23.8%
市政公所办公支出	156213	21.2%
资助警察	60000	8.1%
市立医院	42177	5.7%
其他支出	71183	9.6%
合　　计	735457	100%

资料来源:史明正:《走向近代化的北京城》,北京大学出版社1995年版,第46页。

表 5.7   1912—1930 年北京的契税税率

征税标准\施行时间\契别	买契	典契	优待契	建筑契			教会租房地契		官产契	补契
				新增建	租官地建筑		有年限者	永租者		
					有期限者	无期限者				
	按买价	按典价	买价按典	按建筑工料费			按现行典价	按现行买价	按买价	买价按典
民国元年一月至四年四月底	9%	6%	照左列税率减半	9%					—	9% 6%
民国四年五月至六年二月底	6%	4%	照左列税率减半	6%					—	6% 4%
民国六年三月至十七年秋	6%	3%	—	6%					—	6% 3%
民国八年九月至十九年底	6%	3%		6%	3%	6%	3%	6%	—	3% 3%
民国十四年秋至十九年底	6%	3%		6%	3%	6%	3%	6%	—	1%
民国十七年秋至十九年底	6%	3%	—	6%	3%	6%	3%	6%	5%	1%

资料来源:雷辑辉:《北平税捐考略》,北平社会调查所 1932 年版,第 65 页。

同样,随着人口的增长和对土地需求的增加,城市土地价格也呈上升趋势。如京都市政公所在 1918 年对香厂土地进行标租时,地价为 1000 元/亩,租期 30 年,1921 年城区公地与房基线余地承领地价最高为 2000 元,最低为 600 元,至 1924 年承领价格修正为最高 3000 元,最低 1000 元,1925 年先农坛土地则分别以 2200、2000、1800 元的价格拍卖,1928 年的公地及房基地承领价格则最高为 5000 元,最低为 400 元。[①]

---

① 王均:《近代北京城市地价》,载《北京房地产》1996 年第 10 期,第 47—48 页。

表 5.8　1914—1930 年北京的契税收入

年 收入	1915	1916	1917	1918	1919	1920	1921	1922	1923
	59143	52003	104695	152226	170954	336674	371749	457420	481712

资料来源：雷辑辉：《北平税捐考略》，北平社会调查所 1932 年版第 65 页。

　　房地交易的频繁和土地价格的上涨，既反映了城市化的趋势，也产生了对房地交易进行管理，减少交易风险的需求，因而在民国初年北洋政府时期，关于房地交易的登记、交易凭证的发放均做了明确和详细的规定，减少了民间流传的各种房地契约不规范、破损而带来的风险；同时，对于地租地价的调控也在城市化的进程中进入了政府宏观调控的视野，从北京香厂地区的规划和建设开始，市政公所和警察厅进行了城市地籍登记和地产核查，在示范区实施的基础上，1928 年市政议会通过了新的《承领公地及房基线余地规则》，将市内土地分成宅田、水田、旱田和园田四类，并依据地段情况将土地分成 11 等 36 级，为土地价格的调控奠定了基础。

5.3.4　城市的扩张和城市规划的展开
需要相应的法规制度

　　民国初期，随着一些城市空间改造项目的展开，如道路的修建、城门的改造、商业区的规划等，所遇到的一些问题，如房地的征收、区域的规划、空间的测量等都需要有明确的规定，一些城市土地管理方面的法规和规定也陆续制定出来。主要包括有：

　　关于建筑方面的规定。京都市政公所于 1913 年 5 月颁布了《京师警察厅呈报建筑规则》，对于房屋的报修、新建的程序及违反规定的处罚等均作了规定。在整修道路进行城市改造的过程中，京都市政公所又分别于 1916 年和 1918 年先后颁布了《建筑管理办法》和《京都市房基线施行规则》，对于房基线的测定作了非常详细的规定，对不同形势下的街道宽度、两旁房屋应当退让的尺寸等均作了规定。

关于土地测量、征收、放领的规定。在《京都市政汇览》中，关于城市土地的测量、征用等均有市政公所实施的规定记载，如第十四章中关于土地测量的相关事项专门进行了规定指导，而且还颁布了《征地暂行规定》和土地标租放领规定，对于城市土地分等定级，并对于土地征用的对象、补偿的标准作了规定。

关于房地交易管理的规定。在进行土地整理中，市政公所关于房地的登记、转移也进行了专项规定。1918 年的《关于市内房地转移事项的规定》中对于房地转移凭单的发给、房地转移的登记均作了详细规定，既规范化了房地交易的契约，又加强了土地交易的管理，便利了土地价格和税赋的管理。

这些规定是在北洋政府时期市政公所进行城市改造时逐渐公布的，并在实践中起了指导作用，如有名的北京香厂的规划，在香厂新城区的建设中，依据相应的规定又出台了具体的规定，如《香厂地亩招标简章》、《标租香厂地亩规则》、《市政公所标租地亩投标开标细则》、《香厂地亩转租注册规则》等，在这些规则中对于土地通过招标投放的方式以及具体的投标细则和转租等均以明文规则的方式予以标准化、规范化。回看清末，尽管清末自 1906 年设巡警总厅始颁布了一批近代市政方面的法规，对于道路交通、医药卫生、饮食服务行业、矫正收容、娼妓等特种行业、市场管理等均有一些相应的管理法规，但并无专门的涉及城市土地管理方面的法规和规定，这当然与民国初年北洋政府时期较大规模的城市改造和整理的进行是相关的。值得注意的是,1914 年北洋政府下令清理田亩,厘定经界,成立了经界局并编订了《经界法规草案》涉及城市土地编列地号,按每方丈地价以表区分、地税的征收等,1915 年北洋政府还颁布了《土地收用法》,此法共 38 条 5 章,对于土地收用的价额、准备、程序、监督及诉讼等均作了规定,成为南京国民政府时期颁布的《土地征收法》的基础。

5.4　北京城市土地管理制度的变革

5.4.1　传统的北京城市土地管理制度

我国古代也有系统的城市管理制度,内容涉及有城市规划、市政管理、户籍人口和民政管理、工商税务管理、社会治安管理、社会保障管理、教育文化管理等,相应地也有城市管理机构和法律制度。虽无专门的城市土地管理的机构和法律制度,但也有与之相关的机构、法律制度等,内容涉及有城市规划、城市土地产权、城市土地税费等。

5.4.1.1　清时期北京的土地制度

北京的土地有官地、有私地,清代实行"旗民分治"的制度,出现了官有的旗地。自顺治元年圈地并分配使用后,清政府规定旗地不许典卖与民,旗民分居,但旗地、旗房是清廷无偿分配使用的,故旗人只有使用权而无所有权,不能私相授受,更不许汉民置买。但事实上清中叶以后,人口日多,旗人生计问题严重,开始出现旗地典卖现象,为使旗地归旗,雍正、乾隆年间均曾清查旗地,用国帑回赎,但旗人的生计状况并不能改变,旗地不许典卖政策终难维持,1852 年咸丰二年,正式允许"旗民交产",即旗民汉民土地准许相互买卖,旗地私有化。

5.4.1.2 清时期的城市土地管理的相关机构

清时期也并无专门的城市土地管理机构,职涉城市土地管理的机构主要有:

负责工程修建的工部营缮清吏司、都水清吏司。凡京师坛庙、宫殿、衙署、城垣、营房等工程的修建,均由营缮司负责,而河道、沟渠、桥梁、道路等的修建由都水司负责。

值年河道沟渠处。此机构与工部互为协调关系,主要负责查勘河道沟渠后,交由工部办理修葺事务。

督理街道衙门。主要负责外城各街巷道路的维修,居民修建房屋查勘给照,查核官沟掏挖等事宜。

而皇城和宫城的主管机构则为内务府,配合国家机构进行相关管理的则是顺天府和大兴、宛平两个京县。

5.4.1.3 传统的城市土地管理的内容

传统的城市土地管理的主要内容涉及两个方面,一方面是对于土地产权的管理;另一方面是对于土地税赋的管理,主要体现在税契上。除了政府机构进行管理外,在传统的城市土地交易中,还形成了一些交易中遵守的约定俗称的惯例,这些惯例,成为传统的土地制度中的非正式因素制约着城市土地的交易,政府在管理中也对这些惯例和民间机构进行了认可和规范。

我国历史上自战国时期起就有土地契约的法律规定,东晋时期有了"文券",开始征收契税,之后对于土地交易的管理成为政府管理的一项常规内容。在《隋书·食货志》中就有明确的关于契税的规定,政策规定包括奴婢、马牛、田宅在内的产业交易要订立契约(文券,即缴纳契税后盖红色官印的红契),征收契税,称"输估"。税率为 4%,卖者缴纳 3%,买者缴纳 1%。未订立契约的一般交易,也征税 4%,称"散估"。之后,历朝历代均对契税进行了明确的规定,也更为严格和标准化,至唐时对于契约的格式、文字也进行规定,并附有官府对于契约的说明即示文。至宋代又推出契尾制度,即征收契税之后,将缴纳契税的收据粘附在契约末尾,起到证明缴纳契税的作用,明清也基本沿袭了宋时的规定。

就北京而言,明朝时北京设顺天府,下辖大兴县、宛平县,基层设坊厢,坊厢之下设有牌铺,统之以五城察院。五城察院又称五城御使衙门,为京城监察机构,下设五城兵马司,各设司坊官,稽查五城十坊治安及保甲。朝廷规定"凡买宅者,先赴两县(即大兴县、宛平县)税完,执契尾赴城(即五城察院)挂号,否则不准更名"。[①] 除官府之外,又有具有半官方身份的里甲、牙纪起中介管理作用,监督立契人签定契约,交割推收。清时,大致承袭明制,但又做了调整。如前所述,清朝实施旗民分治,内城为皇宫和八旗驻地,归步军统领衙门左右两翼管辖,民人不得居住内城。外城(亦称南城)分为五城十坊,为民人(包括汉人及其他少数民族)居住地,归顺天府(大兴县、宛平县)管理,但顺天府不能过问内城事务,步军统领衙门可以管理外城事务。在这样的管理方式下,清政府对北京的房地交易的管理也因旗、民不同而不同。即承认汉族百姓住房为

---

① 《大明律·户律·田宅》卷 5,转引自朱明德主编:《北京古都风貌与时代气息研讨会论文集》,北京燕山出版社 2003 年版,第 376 页。

私有财产,允许其自由买卖,由大兴县、宛平县办理民房买卖手续,收缴税契,旗房则被视为国有财产,禁止买卖,以左右两翼统领衙门管理。

(1) 关于民人的房地契约

关于房地契约汉民、旗人也不同。大清律例的规定也是针对允许自由买卖的民人的规定。清初,《大清律集解附例》书成,即规定:"凡典买田宅不税契者,笞五十,(仍追)契内田宅价一半入官",顺治四年规定民间"凡买田地房屋,必用契尾,每两输银三分"。至于契约的格式、内容,清王朝沿袭旧制,对契约的内容格式进行规定,但对于示文和契尾的内容屡次修改。

官稿示文。清代房契官文书以契尾为主,同时辅以示文或条款。其中,北京地区称官稿示文。这一示文也是屡次更换,近代晚清时期所使用的示文内容如下:凡民间置买田房成交后,该牙眼同填写官发契稿,催令依限纳税,如有私相买卖,不经该牙,希图漏税者,该牙查明禀报,以凭按例究办。须至稿者。

契尾。契尾是用作契税收据及用来诠释、说明国家契税制度的,有很重要的作用。它是指向官府投税后获得的契税单证粘连于契约尾部,作为原契约已经纳税的合法凭证。民众申报契税时,官府按照契约内容填写契尾,加盖公章,再将该契尾由应纳数字处一分为二,前半部黏贴于契约后由纳税人保存,后半部由官府汇聚成册,以后持有者若有疑问即可持手中的契尾与官府的相对照。在清代,关于契尾的内容、格式也经过多次修订。在康熙中叶,北京城区开始在契尾编列号数,号码有的横写于契尾右上角,有的竖写于左下角。设立编号契尾,既能防范官吏的贪污,又方便管理。乾隆年间,由于各地契尾格式不一,于乾隆十四年颁布谕令:"嗣后布政使司民间契尾格式,编列号数,前半幅照常细书业户等姓名,买卖田房数目,价银、税银若干。后半幅于空白处豫钤司印,将契价、契银数目,大字填写钤印之处,令业户看明,当面骑字截开,前幅给业户收执,后幅同季册汇送藩司查核。其从前布政使司备查契尾,应行停止。"①

（2）旗人的房地契约

由于旗人对旗地和旗房没有所有权,房屋和土地是禁止买卖的,所以顺治、康熙两朝的契约都是白契。至雍正元年（1723年）议定八旗田宅税契令,"……嗣后应如所请,凡旗人典卖房地,令其左右两翼收税监督处,领取印契,该旗行文户部注册。凡实买实卖者,照民间例纳税,典者免之。至年满取赎时,将原印契送两翼监督验看销案,准其取赎。倘仍有白契私相授受者,照例治罪,房地入官。"②至此,确立了八旗税契制度,始有红契。主管机构为户部,由户部在八旗左右翼分设税关,任用钦差大臣各一人进行征收。直至民国初,改由左右翼牲税征收局主管,至1915年成立监督京师税务左右翼公署方规定：凡城内及关厢契税,不分旗人民人统由公署主管,大、宛两县只征城外契税。这样,旗人、民人的契税才统一征收。从税契的内容和格式上看,旗契和民契不同,旗契均为满汉文书写,所有旗契一律不粘契尾。

（3）协助土地管理的保甲与牙行

在传统的土地交易中,存在着亲、邻的先买制度,当典卖田宅时,先问亲邻,亲邻不卖方卖于旁人。这种习惯在唐、宋时期还成为正式制度而被政府以法律条文的形式确定为"问帐"制度。至

---

① 《大清会典事例·户部·杂赋》卷3,第897页。转引自朱明德主编：《北京古都风貌与时代气息研讨会论文集》,北京燕山出版社2003年版,第384页。

② 刘小萌：《清代北京旗人的房地契书》,《满学研究》第5辑,民族出版社2000年版,第168页。

明清时期,虽然在官方层面上弱化了官府的直接干预,问帐制度也不再实行,但民间典卖田地时,保甲长作为官府在基层社会的代理人,须在契约签字画押却在交易中保留,当发生产权纠纷时,保甲长起到管理、调节的作用。牙行的产生可以上溯至秦汉时期,其职责是提供市场指导价和评议物价,协助政府进行市场管理。房牙是牙行的一种,在京城的民人土地买卖中,双方订立契约时,均需请房牙签字画押,官稿还盖有"顺天府大兴县房行经纪某某"或"官房牙某某"印章。官府规定,牙行每五年编审一次。因此在清代时期,保甲和牙行起协助官府监督、管理的作用,人们买卖房地,订立契约,一般均有左邻、右邻、房牙、总甲、代书签字画押盖章,而且由于"先问亲邻"惯例的约束,一般充当中保人的多为立契人的亲友,在日后出现的法律纠纷中承担连带责任。如康熙十六年(1677 年)郑世隆同男郑柄卖房契,其官颁契纸具体内容为:

> 立卖房契人郑世隆同男郑柄,因乏用将自置瓦房门面乙间,接檐乙间,二层乙间,共计大小房叁间,门窗户壁上下土木相连,坐落南城正东坊五牌头铺,总甲赵印地方,今凭中人说合,情愿出卖与李化龙名下住开设坐为业,三言议定,时值房价银叁百壹拾伍两整。其银当日亲手收足,外无欠少,自卖之后,如有亲族满汉人等争竞者,有卖主中人一面承管。两家情愿,各不许反悔,如有先悔之人,甘罚契内银一半入官公用,倘有不测之事,郑承管,恐后无凭,立此卖房契,永远存照。有房红契壹张。
>
> 　左邻郑世勋　　右邻　总甲赵印
> 中保人邵三如　房牙孟栋　徐君美

康熙十六年九月日立卖房契人：郑世隆同男郑柄 弟郑
世勋

......①

这份契约中就有总甲、房牙的签字，但雍正之后，契约中提及总甲
的逐渐减少，而房牙的作用则更加突出，不仅起到中介作用，而且
还要督促交易者填写契纸，完纳契税。在咸丰年间还颁布了《写契
投税章程》，不仅再申置买田房不税契者的惩罚，而且对于契约的
承领、填写和房牙的职责、抽取佣金数额、奖罚办法等均作了明确
规定，说明直至近代牙行在房地交易中仍起着重要的协助管理的
作用。

值得注意的是，旗契和民契在这方面也有不同。在旗契中签
字画押的除了立契者本人以外，是由其所在佐领的官员共同充当
保人。

尽管在契约管理上，存在民地、旗地的差异，但清廷实行的土
地产权管理制度有以下几个特点：

行政管理上相对完备。在行政管理上实行直接管理和间接管
理相结合的体制。中央主管房地交易的部门为户部，地方又设布
政使进行直接管理，并通过保甲、官牙进行间接管理。在相应的规
则上，既有《大清律例》和相关条例明文规定相关规则，对契税的缴
纳、契纸的使用、房牙的职责作出规定，也有传统的民间土地交易
的习俗进行约束。并根据土地产权性质的不同，对旗地、民地分设
专门部门进行管理。

---

① 朱明德主编：《北京古都风貌与时代气息研讨会论文集》，北京燕山出版社
2003 年版，第 387 页。

在土地契约管理上,设立了一系列保证契税征收的制度:契约的标准化,虽然民间契约仍在使用,但颁布了标准化的官方契纸,列明需要填明的事项,对于旗地也规定:"旗地,另宗人府、内务府八旗具各种地亩坐落四至,编制清册,是为红册,以备审勘旗民田地之争"①;契尾和循环编号的采用,康熙初年,清朝康熙中叶北京城区开始在契尾编列号数,设立编号契尾,并粘贴于契纸之后,如规定:"乾隆元年覆准:凡民置买田地房产投税,仍照旧例行使契尾,由布政使司编给各属,粘连民契之后,钤印给发。每奏销时,将用过契尾数目,申报藩司考核"②;对官牙征收契税的职责进行规定,在示文中列明,如嘉庆时期的示文"凡民间置买田房成交后,该牙眼同填写官发契稿,催令依限纳税,如有私相买卖,不经该牙,希图漏税者,该牙查明禀报,以凭按例究办。须至稿者。"③

实施契约缴税登记、注销登记、查验制度。不仅缴纳契税时进行登记,还对契约进行查验保证契税的征收,并实施注销制度,以备解决产权纠纷。如一份旗契内容:"从前置买此地,原有跟随红契,普保(原业主)在本佐领处验明原契,采用图记,所以原契涂销,存在本佐领处,可以调查。"这种制度一直到清末都一直存在,如宣统二年(1910年)的一份契约载:"计附蔡姓原买印契一纸,尾全;又上首陈买眉姓杜典印契一纸,尾全;又上上首老典契二纸;又批销废典契三纸,共七纸付执。"④

---

① 赵尔巽等:《清史稿》卷120,志95,食货一,中华书局1976年版,第3495页。

② 《大清会典事例·户部·杂赋》卷3,第897页。

③ 张小林:《清代北京地区民房买卖管理政策研究》,《北京古都风貌与时代气息研讨会论文集》,第392页。

④ 曹伊清:《法制现代化视野中的清末房地产契证制度》,南京师范大学博士学位论文2006年版,第39页。

5.4.2 近代北京城市土地管理制度的变革

5.4.2.1 专业化的城市土地管理机构的确立

（1）主要土地管理机构的演变

北京专门的市政管理直至清末才逐渐开始,城市土地管理被纳入市政管理的范畴。在清定都北京时,内务府营造司,负责宫城的维修,八旗都统衙门负责内城市政工程及房地产管理,外城则由督理街道厅负责。光绪三十一年(1905)年,清成立内、外城巡警总厅,管理官署及民房的规划、建造、改良等,但在清政府的风雨飘摇中,并没有进行大规模的市政改造和建设。至民国 2 年(1913年),外城巡警总厅改为京师警察厅,隶属于内政部,1914 年北洋政府又设立京都市政公所,自此房地的管理由京都市政公所和京师警察厅共同管理,负责发给房地转移凭单和房地收用。此种体制一直持续到 1928 年北平市政府成立后设北平市土地局,专业化的城市土地管理机构才确立起来。

不同于上海等设有租界的城市,城市管理机构的确立是在租界的刺激和示范下而开始的变革,北京的城市管理机构的变革既有地方士绅参与公共事务的传统习惯的力量,又有清政府为了维护统治而实施变革的上层的推动,同时也是清末民初北京城市化的客观要求。

特殊背景下清廷、士绅、八国联军各方力量的博弈。八国联军占领北京以后,清室外逃,原来的管理机构完全瘫痪,各国列强又划地而占,在北京出现了短暂的权利真空。为了解决京师的一片混乱状况,传统社会里富有权威,并参与地方公共事务的士绅和一些留京的官员出面与列强协调谋求恢复北京的秩序,这也符合列强本身的需求,但他们于语言不通、民情不熟,需要依靠当地士绅的力量,清廷又无力解决,在这种情况下建立了安民公所,负责巡查街道、保护私人财产、救济贫困、修葺被战争破坏的街道沟渠。因而正如罗伯特·杜肯(Robert Duncan)指出:"正是在中国皇室已经逃离首都,外国军队仍然控制北京城时期,迈出了建立市政体制的最初的、试验性的几步。"①

　　清廷为维持统治而进行的变革。在西方的压力下,清廷加快了变革,如朝廷自身所言:"自搬迁以来,皇太后宵呀焦劳,朕尤痛自刻责,深念近数十年积习相仍,因循粉饰,以致成此大衅,现在议和,一切政事尤须切实整顿,以期渐图富强。"②以此,1901 年朝廷开始实施新政,这是在内、外压力下政府主导的变革,一方面在管理机构上进行变革,同时选派学生去国外学习。1902 年创设了工巡局,以督修街道工程,并负责巡捕事务。组织架构上由管理工程巡捕事务大臣一人统领,并设工巡总监及副总监各一人辅助大臣处理局务。局内又分设工程、巡捕两局,各置局长一人,分掌其事务,所以这时的工巡局是一个集警察、司法和市政管理于一体的混合机构。1905 年成立内外城巡警总厅,承担了清朝晚期几年的市政管理工作。

　　相对独立的市政管理机构的出现是在民国建立之后。北洋政府时期,成立了职能包括土地登记在内的内务部,并由隶属于它的京师警察厅直接负责管理。但在清末民国时期随着北京人口的增长和工商业的发展,单纯的警察厅已无力承担全部的市政事宜。

---

①　杜肯:《北京市与外交使馆区》,第 2 页。转引自史明正:《走向近代化的北京城》,北京大学出版社 1995 年版,第 27 页。

②　中国史学会主编:《中国近代史资料丛刊》,《义和团》(四),上海:神州国光社1953 年版,第 81—82 页。

在 1914 年设立了"京都市政公所"负责市政事宜,市政公所共分四个处十三个科,其中第二处的勘核科负责市区改正、房地收用、建筑管理、房地转移登记及勘定,第三处的测绘科负责负责新旧道路、桥梁、沟渠的勘测,制作城市地图,第四处的工务科则负责道路、桥梁、沟渠的建设与改建。

市政公所的建立使得城市土地管理有了专门的、独立的机构,正是在这个机构的负责下近代北京开始了城市空间改造、道路修建、城市规划等活动,也是这个过程中逐渐确立了一些近代化的土地管理制度,但土地管理也只是市政公所的管理内容之一。专业化的土地管理机构一直到 1928 年成立土地局才正式出现。

(2) 民主管理制度的尝试——京师参议会的设立

在制度的变革中,西方的制度和文化的传入也影响了管理机构的变革。1921 年市政公所成立了"京师参议会",该参议会由 30 位满足一定条件的参议员组成,这些参议员必须符合三项条件:至少在北京居住 3 年;至少缴纳 50 元的捐税;有显著的公共慈善记录,任期一年。参议会讨论所有关于市政的重大事务,其中包括城市规划。京师参议会一直存续到 1928 年。

5.4.2.2 城市土地产权管理制度的变革

土地产权管理是土地管理的重要内容。传统的土地产权管理是以赋税征收为目的的地籍管理,通过对土地种类、数量、质量及使用情况的调查登记作为管理依据,清时延续明的做法仍是编制鱼鳞图册进行管理。对于城市土地的管理,也主要是以税赋为目的的对房地交易的管理,体现在土地产权凭证契约的管理上。近代北京土地产权管理制度的变革主要是 20 世纪民国以后,确

立了包括土地测量、土地登记、土地产权交易管理等一系列的
制度。

（1）土地登记制度的变革

实施土地登记制度是产权管理的重要内容，民国3年起，京都
市政公所进行内城模范区域整理时，对房产地产经勘查发给凭单，
各户的房屋面积已经勘查明晰，但"……不有登记仍恐漫无稽考，
且种种改良计划之实施莫不赖有详密精确之登记，俾得有所凭
藉。"①故对土地登记进行了相应的规定。

制定、颁布土地登记条例。1918年，市政公所制定《房地转移
登记暂行规则》，对于登记的法定机构、登记的内容、登记的办法均
作了详细规定。这是北京近代第一个关于房地登记的专门条例，
但此登记也仅是一个规则，并没有强制效力。此后，在1922年，北
洋政府又颁布了《不动产登记条例》，由京师地方审判厅创办不动
产登记制度，这是我国土地登记法律之始，包括所有权保存登记和
转移登记、标示变更登记、共有权保存登记、铺底权保存登记、典权
与地上权保存登记，登记后发给不动产登记证明书，表明土地面积
和房屋间数，并附图表明土地形状和界址。

设立专门机构进行土地登记。市政公所的登记规则中明确在
市政公所的四处十三科中，由第二处的勘核科科员专门办理土地
登记，并由处指定书记助理。在进行登记时，由书记依据所发凭单
的顺序计入，并由登记专员进行复核。在登记时，按照种类不同，
分别登入"建物土地登记一览簿"、"建物登记总簿"、"土地登记总
簿"和"房地转移登记分册"。内容如下：

---

① 京都市政公所编：《京都市政汇览》，京华印书局，中华民国八年（1919年）版，
第280页。

权利关系					附记	建物表示					
其他所有权以外之权利	地主	典押	赠与	屋主	第号建物登记簿	疆界	间数	面积	方向	门牌号数	区域

权利关系				附记	土地表示			
建物及其他地上权	典押	赠与	地主	第号土地登记簿	面积	疆界	方向	区域

房地转移登记分册式							
	门牌号次	原业户姓氏	转移核准年 月 日	凭单号次	总登记簿册数号次	附记	登记人盖章
××区第 册第 页							

从内容上看,土地登记包括有土地面积、方向、位置等,并对土地交易的类型进行登记,但并没有附图形,民国 7 年的这个登记条例主要是对房地转移时进行的登记。至民国 11 年颁布的不动产登记条例则是在不动产登记后发给产权证明并附有图形,并在条例中第 5 条规定:"不动产物权,应行登记之事项,非经登记,不得对抗第三人。"[①]也就是说,当第三人与不动产权利人善意取得该不动产物权时,没有进行登记的原权利人不得向此第三人主张权利,这个规定赋予了登记者法定对抗第三人的效力,从这点上来讲,相较于传统的土地产权的管理已经有了突破。就传统的土地产权交易而言,"官府对民间执业,全以契券为凭。……盖有契斯有业,失契即失业也。"[②]即传统的土地产权的认证全凭民间订立的契约,而此条例则改变了传统的产权确认的方式,产权的确认须经过权利登记。土地登记制度本是为相关权利人和义务人提供明确权利归属的信息,从而减轻交易双方的交易成本,故而成为一种选择而确立为制度,其确立以土地测量为准,但从《不动产登记条例》的规定来看,"不动产价值,应依申请书及契约所载,其有不明不实,或较时价甚为悬殊者,应由登记衙门平允估计",[③]土地的价值主要依据登记者的申请书及契约来确定,虽提到与时价悬殊时由登记衙门进行估计,但如何估计呢?故这项法令颁布时,尽管从法律上确定了土地登记的效力,但实施登记前并未实行土地测量,土地登记权利及土地的详细信息,如土地面积、四至等均听凭地主申报,故此项土地登记制度并未根本上改变土地权利的认定方式,事实上仍是一种契约登记,而非权利登记。

---

① 商务印书馆编译所:《法令大全》,北京:商务印书馆 1924 年版,第 926 页。

② 杨国桢:《明清土地契约文书研究》,北京:人民出版社 1988 年版,第 249 页。

③ 商务印书馆编译所:《法令大全》,北京:商务印书馆 1924 年版,第 934 页。

（2）土地测量制度的变革

近代土地测量制度的变革主要体现为近代化的专业土地测量机构的设立和相关条例的颁布。就中央政府层面而言，民国3年，政府令厘定经界。遂于1915年设立全国经界局，并分设测丈、造册、清赋、总务等科，并编制《经界法规草案》，但并未颁布施行，因时局的动荡，清丈登记仅进行了一年即停止，经界局也撤销。

就北京地方而言，自民国2年成立京师警察厅，就有相应的机构负责进行测量。在京师警察厅下辖的行政处设有建筑股，负责测绘工作。京都市政公所成立后，因"市政工程端绪繁杂而筹办工程尤以测绘为要素，……，特设测绘专科委内务部技正周秉清为主任，置专门技师二员测绘员十员及测工等承督办之指挥监督专司全市各种重要测量计划及各项工程之测绘。"①测绘专科的工作职责主要包括：道路桥梁及沟渠水道的测绘、道路及房基线的测绘、市区地图的测绘等。

1918年，市政公所又设立了房基线测量队，主持全城房基线测量绘图事务，并公布《京都市房基线施行规则》，对于房基线的测量进行规范化管理。在市政公所主持的城市空间改造过程中，测量专科做了大量工作，如《京都市政汇览》所述："自创设以来，若实测开辟南北新华街、化石桥、城东天桥计划图，正阳门内模范区域街市图以及全市内外城水平图表明暗沟渠表及重要街道房基线图等，尤昭成绩者也。"②

---

① 京都市政公所编：《京都市政汇览》，京华印书局，中华民国八年（1919年）版，第60页。

② 同上。

5.4.2.3 土地产权交易管理制度的变革

传统对土地产权交易的管理主要是对税契的管理,清时期的北京由于在土地产权上既有官有的旗地、旗房,又有私有的民地,并分设不同的管理机构对旗地和民地进行管理,在管理制度上也是一种双轨制,即禁止旗地买卖而允许民地买卖,因此清政府出台的一些关于房地交易的规定主要是针对民地而言的。但就管理内容和制度来看,主要是要求交易者在进行产交易时要进行登记纳税,相关的规定也围绕着防止偷税而设计,也颁行了房契官纸为此目的对官文书进行了规范,但在流通中的契约种类不一,有旗人交易的旗契、有民契、有红契、白契等,且有的契约因为年代久远而残缺、破损,契约的履行保证和纠纷的处理也主要是依赖于中人等非官方力量,民间的交易规则也主要是大量民间交易习俗,如亲邻先买、中人制度等非正式规则。就产权凭证、交易规则而言,从清末民国至南京国民政府之前,并未出现根本的变革,但随着房地交易的频繁,围绕着节约土地交易成本也出现了一些制度的变革。

清末官府对土地交易直接干预的减弱。明清之际,京城百姓买卖房地产,须请总甲签字画押。清朝初年,百姓在房契文约写上"某城某坊某牌某铺"、"总甲某某",说明作为官府基层代表的总甲在交易中起着重要作用。而自雍正之后,契约中总甲逐渐淡出,官文书更不再提总甲而只强调房牙,如咸丰九年(1859 年)的《写契投税章程》共 17 项条款,10 条涉及房牙,其中 8 条专对房牙而设,说明官府对基层的土地交易的干预逐渐减弱。

清末对于税契管理的加强与房契官纸的使用。为了规范契税征收,防止逃税,官府既要求交易者进行交易时向官府申报,缴纳契税,由官府在契约上钦盖红印,作为完税证明,同时开始采用契尾制,印卖契约用纸,立契人在税契时,须购买官府颁发的契约用纸,并按固定格式将契稿誊写于其上,再由官府钤印,官颁契纸一般附有示文,说明税率、税则。契尾是官府征税后,将缴纳契税的收据粘附在契约末尾,证明已纳税。示文和契尾共同构成官文书,成为交易契约的附属部分,起到法律证明的作用。如咸丰九年房契官纸索附的官文书,即写契投税章程就反复申明税率、税则和纳税的义务,如"民间买卖田房契价,务须从实填写,不准暗减,希图减税。违者由官查出,照契价收买入官,另行作变。倘以卖为典,查出即令更换卖契,将典价一半入官。""民间嗣后买卖田房,如不用司印官纸写契,设遇旧业东、亲族人等告发,验明原契年月,系在新章以后,并非司印官纸,即将私契涂消作废;仍令改写官纸,并照例追契价一半入官。""民间嗣后买卖田房,其契价作为百分,纳税三分三厘整。譬如契价库平足银一百两,完税三分三厘。税银按数交清,总以粘有布政司打印之契尾,用本管州县骑缝印为凭。此项契尾公费每张改交库平足银三钱。否则系经手人愚弄,应即向经手人追闻控究。"①。光绪三十四年(1908年)规定"律载置买田房不税契者,笞五十,仍追契内田宅价钱一半入官;又户部则例内载,凡置买田房不赴官纳税,请粘契尾者,即行治罪并追契价一半入官,仍令照例补纳正税。凡民间买卖田房,自立契之日起,限一年内投税。典契十年限满,照例纳税,逾限不税,发觉照徒例责治。""民间嗣后买卖田房,必须用司印官纸写契,违者作为私契,官不为据。此项官纸每张应交公费制钱一百文,向房牙买用。准该

---

① 张小林:《清代北京城区房契研究》,中国社会科学出版社 2000 年版,第 362—364 页。

牙行仍按八成缴官,价制钱八十文。""民间嗣后买卖田房,其契价作为百分,纳税三分三厘。譬如契价库平足银一百两,完税三分三厘,即库平足银三两三钱。如有以钱立契者,仍照例制钱一千作银一两,完税三分三厘,税银按数交清,总以粘有布政司大印之契尾,用本节州县骑缝印为凭。此项契尾公费每张改交库平足银三钱。否则系经手人愚弄,应即向经手人追问控究。"①宣统元年(1909年)部章要求核定税价,核收纸价。这些规定从咸丰年间至宣统年间内容反复重申必须缴纳契税及不缴纳的惩罚,说明管理仍是重在对契税的管理,并严令采用官方契纸以防止逃税。

清末时期对于土地交易的管理从直接干预到更加注重规范交易中介行为的转变。近代以来,随着交易中介房牙越来越普遍地介入土地交易,政府一方面规范税契,制定标准化的房契官纸;另一方面开始更多地依靠房牙协助契税的征收,并用专门的规则对房牙的行为进行约束。在咸丰九年的官文书中就规定了从房地产交易中应得的费用、房牙应协助做好契税缴纳工作的义务及违反相关规定的惩罚措施,如"民间嗣后买卖田房,务须令牙纪于司印官纸内签名,牙纪行用与中人、代笔等费准按契价给百分中之五分,买者出三分,卖者出二分。系牙纪说成者,准牙纪分用二分五,中人、代笔分用二分五。如系中人说成者,丈量立契,只准牙纪分用一分。如牙纪人等多索,准民告发,查实严办。""官牙领出司印官纸,遇民间买用不准,该牙勒指不发,例外多索,犯者审实,照多索之数加百倍罚。会牙纪交出充公,免予治罪;仍于斥革。如罚款不清,暂行监禁。""嗣后凡遇契价与存根不符及契纸

---

① 曹伊清:《法制现代化视野中的清末房地产契证制度》,南京师范大学博士学位论文 2006 年版,第 167 页。

已用作存根不缴者,即系牙纪主使漏税,应将牙纪斥革;仍予监禁十年。"①光绪三十四年也规定:"官牙领出司印官契纸,遇民间买用,不准该牙纪勒揸不发,例外多索。犯者审实,照多索之数加百倍罚,令牙纪交出充公,免予治罪,仍于斥革;如罚款不清,暂且监禁。"②等,从内容上看也大同小异,但均说明近代以来的晚清对于房地交易的管理从直接干预到更多地对房地中介进行管理的转变。

土地产权凭证的标准化。清末时为加强契税的管理就已开始颁行标准化的官方契纸,载明方位、房屋数目及面积,但"至若临界尺度以及原有或新建房间之增减多阙而不备或载而不详",1914年市政公所实施各项市政建设,"类如房基线之划定,收用民房尺寸之标准无从着手,至感不便"③,因而颁行《京都市政公所发给房地转移凭单规则》规定房地转移须填报告表报警察厅查勘,再有市政公所复勘无误后发给凭单,载明尺度面积四至临界,老契遗失的则须补领。

土地产权的核验制度。清末即对契纸进行核验,解决产权纠纷。至民国初年,传统的民间契约仍在交易中使用,但北洋政府于1914年颁布《验契条例》,其目的为"本条例专为查验不动产旧契,确定权利关系而设",以验契证明来承认契约的效力,保护所有者的权利,但验契全凭当事人自为申报,政府并不加调查,而从内容规定来看,此条例也是为征收验契费而设,如第8条规定:"凡逾限

---

① 张小林:《清代北京城区房契研究》,中国社会科学出版社 2000 年版,第 362—364 页。

② 曹伊清:《法制现代化视野中的清末房地产契证制度》,南京师范大学博士学位论文 2006 年版,第 167 页。

③ 京都市政公所编:《京都市政汇览》,京华印书局,中华民国八年(1919 年)版,第 268 页。

呈验之旧契,每逾限一月加倍征收查验费。"第 9 条规定:"凡逾期未经查验之旧契,遇有诉讼事件始行发觉者,应俟判决确定后,依第八条加倍处罚。"第 10 条又规定:"凡逾期未经承验之旧契,经检察官及利害关系人向验契处报告查实后,依第八条加倍处罚。"[①]而且在条例中也并无规定不验契者,契约丧失法律效力,故而尽管形式上是国家对土地产权管理的一种加强,但实质上并不改变以契约作为产权根本凭证的管理方式。

5.4.2.4 城市土地税收制度的变革

传统的城市土地的税收主要就是契税。清初沿用明例,按 3%征收契税,至 1749 年变为买契 9%,典契 4.5%征收,至清末 1908 年,朝廷颁布《写契投税章程》,定契价为 3.3%,自立契之日起,限一年内投税;典税十年限满,照例纳税。不赴官纳税请粘契尾,按户部则例治罪,除追契价一半入官,仍令照例补纳正税。宣统三年(1911 年),朝廷颁布《买契投税章程》,定买契 9%,典契 6%;立契之后六个月内投税。缴纳契税时须经呈契、验契、缴纳、盖章几个程序,缴纳其税后的红契具备法律效力,类似于今天的产权登记。

晚清时期,西方思想的传入使得很多著述关注到西方的财税制度。梁启超在其《中国改革财政私案》的论文中就指出:"……我国惟田野之耕地有税,而城市之宅地无税。……城镇乡之主要税目,莫如家屋税,即房捐",还有其他一些论文都开始介绍西方的财税体制,故在民国初年制度的变革中,城市土地税收制度出现了较

---

① 中国台湾司法行政部:《中华民国民法制定史料汇编》(下册)1976 年版,第 38 页。

大的变革,有了现代房产税的思想和制度设计。

现代房产税概念的提出和房捐的创设。1913 年北京政府颁布《划分国家税地方税法(草案)》,草案共 5 章 13 条,涉及有印花税、契税、房屋税(房捐),这是我国历史上第一次在法律条文中正式采用房屋税(房产税)的概念。近代北京正式采用房捐之名征税是在 1927 年南京国民政府成立之后,但事实上自 1924 年用于充作警饷而征收的警捐,是以各户的房屋类型和间数为标准进行征收,相当于挂着"警捐"之名的房捐,征收标准为城区每户每年 5—20 元。由于政局动荡停征后,1927 年 6 月,北洋政府恢复征收警捐。最初的缴纳标准是楼房每间 0.2 元,瓦房 0.1 元,灰房 0.05 元,自产自住者减半。次年三月,市政府将楼房分为三级,每间征收 0.2 元、0.3 元、0.4 元;瓦房分为三级,每间征收 0.1 元、0.2 元、0.3 元;灰房分为两级,每间征收 0.1 元或 0.05 元。自产自住者减半的规定同时取消。[1]

契税制度的变革。这个变革首先体现在旗契、民契的契税管理由分立而统一,旗契和民契的契税征收一直分别由不同的管理机构进行管理,1915 年成立监督京师税务左右翼公署统一管理内城及关厢的契税。其次,在契税税率上,民国初年虽然废止了清宣统三年颁布的《买契投税章程》,但却沿用了买九典六的契税税率,仍由承典人与买主缴纳。但其后税率几经变更,如表 5.9,在北洋政府期间,契税税率由买九典六,至买六典四,至买六典三。再次,在北洋政府时期,还设置了优待契税和免税。从表中可看出,从民国元年至民国六年的优待契税率参照同期的税率减半,这里的优

---

① 唐博:《清末民国北京城市住宅房地产研究 1900—1949》,中国人民大学 2009 年度博士论文。

待契税率适用于"王公世爵典卖产业",对于官署地方自治团体及其他公益法人若不以收益为目的而买或承典的则免纳契税。[1]

表5.9   1912—1930年北京契税税率变动表

施行时间\征税别税标准	买契 按买价	典契 按典价	优待契 按典买价	建筑契 新增建 按建筑工料费	租官地建筑 有期限者	无期限者	教会租房地契 有年限者 按现行典价	永租者 按现行买价	官产契 按买价	补契 买价/典价
民国元年一月至四年四月底	9%	6%	照左列税率减半	9%					—	9%/6%
民国四年五月至六年二月底	6%	4%	照左列税率减半	6%					—	6%/4%
民国六年三月至十七年秋	6%	3%	—	6%					—	6%/3%
民国八年九月至十九年底	6%	3%	—	6%	3%	6%	3%	6%	—	3%/3%
民国十四年秋至十九年底	6%	3%	—	6%	3%	6%	3%	6%	—	1%
民国十七年秋至十九年底	6%	3%	—	6%	3%	6%	3%	6%	5%	1%

资料来源:雷辑辉:《北平税捐考略》,北平社会调查所1932年版,第65页。

5.4.2.5 城市土地有偿征用制度的确立

传统的土地征收,向不给价。近代城市土地管理制度的变革中,关于土地有偿征用最早在上海的公共租界实施,在德租青岛期间也实施土地征收的补偿原则,但由中国政府以法规的原则确立

---

[1] 雷辑辉:《北平税捐考略》,北平社会调查所1932年版,第64页。

土地征收的相关原则、补偿标准则始于民国四年(1915年)北洋政府制定的《土地收用法》,该法既规定国家因公共利益需要,可以收买或租用私人之土地,并对各种"公益"进行了列举,包括国防、建设铁路公路街市电信公园桥梁等、教育学术慈善事业、水利卫生等、建筑官署等,规定了补偿的标准,即土地部分依照其价值;附属物或者收益部分则依照市场价格,后来的南京国民政府在此法的基础上制定了《土地征收法》,但并未实施。而近代北京在修建道路时土地的征用,市政公所开始采用的是劝导、倡议大家和适当给予补助的集资修路的办法,如登载于《内务公报》1914第十期的一则《京都市政公所劝导倡修道路公启并简章》中就列明:

一 内外城各区市民,如有集资或独资修治本街道路者,应禀由京师警察厅详报市政公所派员会同警察厅暨原发起人查勘绘具线路图式,及估计修造工价,交由发起人集资依下列各条办理。

一 兴修时,如所集经费或不敷用,可由市政公所酌量衡繁偏僻工程大小补助三分之一或四分之一以成义举。

一 本街富绅巨室一家独资或数家合资修理道路不受补助暨捐让修路用地者,核其捐额达一千元以上即按照褒扬条例咨由内务部呈请大总统给予匾额并金质或银质褒章,如捐额不及一千元者另行咨部酌给奖励。

一 勘定线路图内,如有妨碍道路之建筑物,应由官厅处分或设法拆卸或凭价收买,拆卸之费应并入本路工价内计算支给。[①]

---

① 《内务公报》1914第十期,第6—7页。

从这则简章中可以看到,在公共工程的修建中,还半延续着传统的做法。在传统的公共工程修建中,多依赖本地的富商绅士等的义举,由朝廷予以表彰,如本简章中就提到"捐让修路用地者……"或授予匾额及奖章,或得到奖励。在还没有系列土地管理制度时,这种基于道德的非正式制度起着基本的支撑作用。

土地有偿征用制度的确立则始于 1915 年京师警察厅制定的《北京房地收用暂行章程》,1918 年,京师警察厅又修订了《北京房地收用暂行章程》,在京都市政公所开辟香厂新市区、开辟南北新华街及虎坊路、开通东西华门南池子南长街、开拓绒线胡同、整理妨碍交通各道路等各项空间改造活动时均依次章程办理,可以说这个有偿征用制度在北洋政府时期就确立了起来并开始实施。该项制度包括有:

明确土地征收的范围。在《北京房地收用暂行章程》中明确规定,收用房地有三种:(1)国有,指国家固有之官地官产及古代遗留之建筑物或其基址而言;(2)公有,指公共团体所有之房地而言;(3)民有,指私有所有之房地而言,教会所置之房地照民有例一律办理。

明确土地征收补偿的范围和标准。在《章程》中,列明"收用国有房地以制定收用后通知主管机关即行移交概不给价",即补偿的范围是公有和民有土地,且是"谋便利交通推广商场等公益事项",而"其他公益收用之价额得规定之,但其价额不得超过各条规定价格之一倍"。对于公有和民有土地,补偿的费用分为三类:购买费、迁移费和补偿费。对于全部征用房地及附属物的支付购买费;对于仅征用土地,而土地的附属物仍归原业主所有的,支付迁移费;对于仅征用房地的一部分及全部,但房屋根本不堪使用的,支付补偿费。但是,如果用价值相当的国有的房、地予以补偿时则不需要再给予补偿,若价值不相当则付给补偿费。对于购买费和迁移费的补偿也依据房地的不同而不同，对此，在《章程》中对于房地进行了分等，并按照等级的不同确立了补偿标准，分等标准为：一房屋整齐，工料坚固，深在一丈四尺以上，宽在一丈一尺以上者为上等；房屋整齐，工料坚固，深在一张二尺以上，宽在一丈以上及有前项丈尺而不甚整齐坚固者为中等；房屋整齐，工料坚固，深在一丈二尺以下，宽在八尺以下及有前项丈尺而不甚整齐坚固者为下等，而等级不同，补偿的标准也不相同，分别为：

上等每间	一百元	五十元
中等每间	七十元	三十元
下等每间	五十元	二十元

即对于上等房，若直接买下则每间 100 元，若要求房主拆房，则每间 150 元，而对于补偿费，则并没有标准，只是规定由征用机关根据情形给予，但是不能超过购买费、迁移费的最低额。① 市政公署在城市改建中，征用了一些土地，均记录在案，如下表：

表 5.10 民国 4 年市政公署收用房地表

区域	地址	门牌	姓名	房间数目	买价费(元)	收用日期	备考
外右五区	香厂南坡	26 号	陈玉亭	5 砖井一眼	290	1 月	
同	同	27 号	刘张氏	5	290	同	
同	大保吉巷	15 号	孙于氏	2	100	同	
同	同	16 号	同	2	570	同	
同	香厂河南		王唐氏	2	60	同	
同	龙须沟	24—25 号		29 半 砖井一眼	1870	同	
同	香厂北坡	6 号	丁以庄	8	460	1 月 15 日	

---

① 京都市政公所编：《京都市政汇览》，京华印书局，中华民国八年(1919 年)版，第 366—372 页。

（续表）

区域	地址	门牌	姓名	房间数目	买价费(元)	收用日期	备考
同	同	9—11 号	宛王氏	10	450	同	
同	同	29 号	侯星伯	20	950	同	
同	大保吉巷	17 号	孙于氏	20	1200	同	
同	阡儿胡同	31 号	丁以庄	7	460	同	
同	磨盘胡同	1 号	同	6	370	同	
同	香厂北坡	7 号	吴起凤	11	640	同	
同	同	8 号	胡鸿达	19	1070	同	
同	双五道庙	15 号	樊宝亨	11	680	2 月 11 日	
同	同	16 号	李玉堂	6	300	同	
同	同	21 号	王锡三	13	610	同	
同	同	22 号	李杨氏	7	320	同	
同	同	23 号	徐世英	4 半	205	同	
同	香厂南坡	1 号	罗文斌	12	540	同	
同	同	9 号	马齐氏	13	425	同	
同	香厂北坡	8 号	王 泰	3	130	同	
同	阡儿胡同	30 号	李襄庭	12	300	同	

资料来源：京都市政公所编：《京都市政汇览》，京华印书局，中华民国八年（1919 年）版，第 375 页。

从表中可以看出房地的征用采用了不同的标准，如位于大保吉巷 15 号的孙于氏两间房的买偿费是 100 元，而位于香厂河南王唐氏的两间房买偿费则为 60 元。根据市政公所编纂的统计，在 1914 年至 1918 年，市政公所共征用了 1000 多所住房，主要是香厂区、邻近南北新华街和虎坊路的地区以及东华门、西华门附近的地区，这四年中共支出 280000 元用于征用土地。[①]

这个补偿标准的制定与市价比如何呢？由于缺乏上世纪 20 年代的房价资料，较难统计，但从 20 年代之后的一些房价来看，平

[①] 史明正：《走向近代化的北京城》，北京大学出版社 1995 年版，第 94 页。

均每间 213 元,考虑到时间因素和地段因素,补偿的价格是以市价为基础的,同时从记载来看,受到影响的居民采取合作态度,也说明土地的征用政策是逐渐被接受的。但此项标准是由市政公所指定的,并由市政公所决定土地的征用,而无需法律授予其权利。

表 5.11　20 年代北京城区部分房价统计表

序号	地点	间数	总价(元)	平均每间单价(元)	装修、陈设	刊载时间
1	新街口积水潭西河沿	20	3500	175	带洋楼	1925.11.30
2	西直门大街酱房大院	40	5500	138	带电灯、电话、花房、车马	1925.11.30
3	西城什锦坊街武定侯中间路北	14.5	2800	193	南北瓦房各5,东西平台各2,房屋宽大,地势适中	1923.11.30
4	六部口12号	17	8000	471	有自来水、电灯,地点冲要	1925.4.3
5	宣内鲍家街中间笔管胡同1号	18	4300	239	高敞房屋	1925.5.3
6	棉花八条3号	20	5200	260	南北房各4,东西厢房各1,后院北房3,东西厢房各1,东院北房3,茅屋2	1925.5.26
7	朝阳门内迤北东城根89号	20	2900	145	老黄松木架,坚固瓦房,计三院。	1926.3.8
8	新街口北槐树胡同5号	16.5	3000	182	房屋轩爽,柱料坚固,电灯	1926.1.12
9	宣武门外官菜园上街3号	12	1400	117	不详	1926.1.13
	平均每间售价			213		

資料来源:唐博:《清末民国北京城市住宅房地产研究 1900—1949》,中国人民大学 2009 年博士论文,第 158 页。

5.4.2.6 土地使用管理制度

关于土地的使用虽然没有正式的城市规划方面的法规进行管理,但关于居民的个人建筑等行为仍有一些约束,如城市居民须申请得到许可方可进行建筑,如果建筑的房屋侵占了公共道路,则必须拆除房屋让出所侵占空间等。只是由于法令并没有得到严格执行,侵占公共空间的事情也经常发生,如史明正先生在《走向近代化的北京城》中就记载了一篇回忆录,该回忆录中就描述了售货摊如何一步步变成小商店而使得宽阔的街道变成了窄窄的小巷子。① 制度如果不能够起到约束作用,事实上也不能称其为制度,但这些规定也反映了传统的一些土地使用管理的思想。

民初市政公所在香厂新市区开发中,采用了新型的土地使用管理模式,确立的很多制度为后世所使用。

(1) 以出租的形式确立土地供应模式——出租

民国初年 1914 年,京都市政公所首次提出香厂新市区规划,并在规划实施中采用了征地补偿的方式和以招标的形式对新市区的土地进行租让:

以法令的形式确立土地以招标方式进行土地出租开发的模式。市政公所首先颁布《香厂地亩招标简章》,该简章规定:"(一)香厂地亩由本公所分段分号预定低价,随时布告投标,但商民先期情愿请领者,本公所得斟酌情形,核准承租。(二)所有招标各地段,由本公所于该地周围树立木椿标示明晰,任众阅视。(三)所有建筑期限,一切悉依本公所标租香厂地亩规则之规定。(四)投标

---

① 史明正:《走向近代化的北京城》,北京大学出版社 1995 年版,第 75 页。

开标细则，则另行布告。（五）招商承租者随时核定布告。但呈验建筑金，应依投标开标规则之规定。"①从这份简章中可以看出，它明确规定土地以投标招租的方式出让，由市政公所公布招标的地段、底价，并规定承租者需遵从规定的建筑期限并呈验建筑金。这样就确立了政府出租土地，承租人按规定进行开发的市场开发模式，并采用了公开招标的方式。在具体执行过程中，为了保证这一方式的执行，市政公所又出台了一系列细则和规定，如关于土地标租方法、价格、土地投标程序、投标人的责任义务等的规定的《标租香厂地亩规则》，还有规范投标工作的《市政公所标租地亩投标开标细则》、约束土地转租行为的《香厂地亩转租注册规则》等。这些法令规定从大的方针到具体的实施细则都进行了规定，保证了香厂地区的土地开发。

土地出租前公示制度。在《香厂地亩招标简章》的第二条中规定了，招标的各地段明确标示，任公众阅示。

实施投标缴纳保证金制度。在《市政公所标租地亩投标开标细则》中规定："凡投标人须按照预定低价缴纳百分之五之保证金，由本公所掣给收据，中标者在正价内扣除，不中者立予发还。"

租用权的取得。在《标租香厂地亩规则》中规定："四、每一亩地中标人应于缴租价前，预备建筑金一万元呈验。五、标租地亩中标人按前条期限缴清租价银时，即由本公所发给证券并地图，收执过期，作为无效。"在《市政公所标租地亩投标开标细则》中也规定："投标人应依照本公所租地成例，每一亩地须预备一万元之建筑金，于中标后呈验，方准缴租领地，否则取消其投中之标。""投标价

---

①　京都市政公所第一处文书科编译室：《京都市法规汇编》，京华印书局 1925 年版，第 152 页。

额以超过预定底价之最多数者为中标。如有二人以上相同时，以抽签法定之。"①

租赁双方的权利义务。在《标租香厂地亩规则》中规定："投标人中标后，须于十日内将标租价现银圆缴清，作为三十年地租。在三十年期内不另加租，期满后再由本公所察核该地商务状况，酌量增减租价或退租。……标人领证券后，须从事建筑。如逾六个月尚未动工，应自第七个月起，每亩照标租额加收租价十分之五；倘逾六个月仍未动工，再加收租价十分之五。依次递推，每逾六个月加租一次，扣满三年仍未动工，即不得再行展限。此项加收租价于后届六个月后，由中标人向本公所缴纳，如有延迟情形，本公所得限期催缴，逾限不缴，即将中标之租地收回。七、投标人中标缴价，务须于三年内得全部工程修竣。若逾限未竣，即由本公所将未竣工一部分之中标租地收回。"

（2）土地使用监管制度

在土地使用方面，市政公所也进行了规定：

中标人须提交建筑规划，并由市政公所进行监督。《规则》第十条规定："标租地内建造市房，其布置形式以及关于公共道路之沟渠、水平并街门小巷等，应由中标人详细规则，绘具图说，呈送本公所校定，方准兴工。至建造时，并报由本公所派员查勘。"

规定违约惩罚措施，保证土地的按其开发。在《标租香厂地亩规则》中第七条规定："投标人中标缴价，务须于三年内得全部工程修竣。若逾限未竣，即由本公所将未竣工一部分之中标租地收回。"第六条规定："中标人领证券后，须从事建筑。如逾六个月尚

---

① 关于《市政公所标租地亩投标开标细则》的条文见京都市政公所第一处文书科编译室：《京都市法规汇编》，京华印书局1925年版，第160页。

未动工,应自第七个月起,每亩照标租额加收租价十分之五;倘逾六个月仍未动工,再加收租价十分之五。依次递推,每逾六个月加租一次,扣满三年仍未动工,即不得再行展限。此项加收租价于后届六个月后,由中标人向本公所缴纳,如有延迟情形,本公所得限期催缴,逾限不缴,即将中标之租地收回。"①通过规定建筑时限和惩罚措施,保证土地按期开发。在德租青岛期间,为保证土地开发,也是通过规定"惟如将总督照准之图擅自更改与虽未改照准之图而不按所定日期将房屋修竣,即加地税三分,每百抽收九分,若三年以后仍未修竣即加至百分之十二分,以此递推,加至二十四分为止,房屋修竣以后按百分之六分缴纳地税。"②可以看出,二者都是通过加征地租或地税的方式保证土地的如期开发。

对土地转租行为进行监管。在《标租香厂地亩规则》的第十二条规定:"中标人缴清标租价银领证后,或愿转租他人亦可。但须双方呈经本公所核准注册,仍依照香厂地亩转租注册规则办理。"虽然明确规定了可以转租,但关于转租的程序、转租价格均进行了规定,明确转租必须上报给市政公所,待公所对转租人身份等调查确认后方可转租,同时转租人须按照增租价的高低缴纳注册费,如"(甲)增租价在原租价一倍以上至三倍者,征收注册费百分之三,不及一倍者同。(乙)增租价在三倍以上至五倍者,征收注册费百分之六。(丙)增租价在五倍以上至七倍者,征收注册费百分之九。(丁)增租价在七倍以上至九倍者,征收注册费百分之十二。(戊)增租价在九倍以上至十倍者,征收注册费百分之十五。(己)增租

---

① 关于《标租香厂地亩规则》的条文均见京都市政公所第一处文书科编译室:《京都市法规汇编》,京华印书局 1925 年版,第 155 页。

② 青岛市档案馆:《青岛开埠十七年——胶澳发展备忘录(全译)》,北京:中国档案出版社 2007 年版,第 741 页。

价在十倍以上者,征收注册费百分之二十。"①事实上对转租价格
进行了控制。

5.4.2.7 土地价格调控制度

在近代北京城市化中,城市土地价格问题并不像其他近代城
市,如上海、香港等那样突出,在民国北洋政府时期,并没有开征土
地税,土地方面的税收仍主要是契税和以警捐之名征收的房捐,但
契税的征收是为了加强对土地产权管理和征收田赋之用,并非为
了对土地价格进行调控。至于房捐,其前身本为警捐,是为了解决
警察的薪水而设立的捐税,用途也是用于警饷。不过在市政公所
进行市区改造的实践中,对于土地的转租价格和土地放领的价格
都进行了相应的规定。

在香厂开发中,市政公所允许土地进行转租,但同时规定:

> 租地人如将原租地全部或一部租给一转租人或数转租
> 人,呈经本公所调查核准转移后,即予分别注册。其有因地方
> 渐臻繁盛,转租人情愿增价转租者,须由租地人将双方原订契
> 约并增租数目,据实呈报本公所。但就所得增租价内,征收注
> 册费等差如左:
>
> (甲)增租价在原租价一倍以上至三倍者,征收注册费百
> 分之三,不及一倍者同。
>
> (乙)增租价在三倍以上至五倍者,征收注册费百分
> 之六。

---

① 京都市政公所第一处文书科编译室:《京都市法规汇编》,京华印书局 1925 年
版,第 165 页。

（丙）增租价在五倍以上至七倍者，征收注册费百分之九。

（丁）增租价在七倍以上至九倍者，征收注册费百分之十二。

（戊）增租价在九倍以上至十倍者，征收注册费百分之十五。

（己）增租价在十倍以上者，征收注册费百分之二十。[①]

在此规定中，根据转租时增租价的高低不同，对增足额征收不同比例的注册费，对于土地转租价起到了一定的调整作用。

根据土地位置，规定土地放领价格，对不同等级的土地价格起到指导作用。京都市政公所在进行城市空间改造时，对不同地段的房基线余地规定了不同的放领价格，如在 1921 年规定"凡毗连使馆界各地方"每亩 2000 元，"凡已连前门大街各街巷"每亩 20000 元，"凡已修马路之大街货交通横街"每亩 1500 元，"凡已修马路之街巷"每亩 1000 元，"凡未修马路之冲要街巷"每亩 800 元，"凡未修马路而不甚冲要之街巷"每亩 600 元。1924 年，京都市政公所修正承领价格，并分为七等，最高每亩 3000 元，最低每亩 1000 元，其中一等地为"内左一区全部（东单至王府井一带）；内右一区西长安街及其以南并西单南北大街；外左一区正阳门大街及东至孝顺胡同迄大蒋家胡同；外右一区正阳门大街以西迄煤市街；并中一区（皇城东部）南、北池子，南、北长街，南河沿并属之"。[②]

---

　　① 《香厂地亩转租注册规则》，载于京都市政公所第一处文书科编译室：《京都市法规汇编》，京华印书局 1925 年版，第 165 页。

　　② 北京市地方志编纂委员会：《北京志·市政卷·房地产志》，北京出版社 2000年版，第 304 页。

在这些规定中,土地的放领价格以位置、基础设施的差异而不同,如有无修马路就成为一项重要的价格基础。

5.4.2.8 土地规划制度

传统的北京城市规划是以皇权为中心,城市布局是以中轴线为核心的对称结构,街道整齐规范,呈棋盘状,宫城和皇城呈封闭状位于城市的中心。清末民初,随着北京城的城市化和工商业的发展,一些新的商业中心自发地形成,同时对于城市规划提出了新的要求。京都市政公所成立后,用近代化的规划理论和技术进行了城市空间形态的改造,实施了一些局部规划。

(1) 开辟新的商业区,形成多中心的商业格局

清末北京的商业区主要集中在外城前门一带,民国初年形成了王府井、西单等商业区。京都市政公所也有计划地开辟了一些商业区和市场,如 1917 年"拟于南北城内开办市场二处,招集各行小商摆设棚摊。闻北城已择定什刹海,南城已择定先农坛,并已就招商领地规划,六月中旬可望开办云。"①1918 年,决定在"中华门内开辟一极大之商场,招纳殷富商家经营各项商业。即定名为中华商场,刻已派员从事筹办一切。开办之期约在七、八月间云。"②具体举措上主要有:

进行城市改造,修建道路设施。市政公所进行初步城市规划时,在便利交通和经济发展的基础上,朱启钤进行了正阳门改造,他指出:"正阳门瓮城东西月墙分别拆改,于原交点处东西各开二门,即以月墙地址改筑马路,以便出入。另于西城根化石桥附近,

---

① 《将开办临时市场》,《晨钟报》,1917 年 5 月 15 日,第五版。
② 《开辟中华商场》,《晨钟报》,1918 年 5 月 7 日,第五版。

添辟城洞一处,加造桥梁以缩短城内外之交通。又瓮城正面箭楼,工筑崇巍,拟仍存留,惟于旧时建筑不合程式着,酌加改良;又箭楼以内正阳门以外,原有空地,拟将关于交通路线酌量划出外,所余之地一律铺种草皮,杂植花木,环竖石栏,贯以铁链,与箭楼点缀联络一致,并留为将来建造纪念物之地。"[①]正阳门改造的结果是两侧各开了两座宽 9 米,高 8 米的门洞,东进西出;修筑了两条宽 20 米的马路,路边开辟人行道。1922 年,皇城的东西北三面城墙被拆除修建道路,皇城南城墙被新修的三条南北走向的街道穿透。1924 年,和平门建成,南北新华街成为连接内外城的又一重要道路。

捐税和商人投资相结合,进行市政设施建设。京都市政公所建立之初,市政收入主要来源于铺捐、车捐、乐户捐和戏捐,从 1914 年到 1918 年的五年中,捐税收缴共有二百余万元用于市政工程建设,但仍不能满足市政建设的需求。市政公所积极引入商人投资,如 1918 年大资本家沈家龄以天桥以东一带河沟两岸地方辽阔,亟应建筑市场,以维持市面繁荣。于是联合志同道合者集股开办市场。[②]

(2)进行市区改造,开辟新市区

香厂新市区规划是市政公所进行市区改造的一个尝试,在这个规划中,采用了土地征收补偿、土地采用拍卖的方式进行出租、对标租土地的再转让进行管理和近代化、西方化的建筑规划模式。

开发前的通盘规划,有明确的定位和开发规划。在开发前,市政公所综合香厂地区的地理、交通、人口等进行了综合考虑,认为

---

① 朱启钤:《修改京师前三门城垣工程呈》,《嫂公记事——朱启钤生平纪实》,中国文史出版社 1991 年版,第 18 页。

② 《集资建筑市场》,《晨钟报》,1918 年 5 月 1 日,第五版。

"当查香厂地面,虽偏处西南,而自前朝之季,已为新正游观之区。一时士女骈集,较之厂甸或且过之。是可验位置之适宜,人心之趋向。"故而"开前门以利交通,辟香厂以振商业",因此定位为商业区的开发。市政公所在决定开发香厂地区时,进行了周密的计划,"……遂于民国三年,悉心计划,着手进行。计南抵先农坛,北至虎坊桥大街,西达虎坊路,东尽留学路。区为十四路,经纬纵横,各建马路,络绎兴修,以利交通。其区内旧有街道尚未整理者,则分年庚继行之。路旁基地,编列号次,招商租领。凡有建筑,规定年限,限制程式,以示美观。"①

采用近代化的招标模式、近代化的技术规划和铺设道路。香厂道路的开辟,采用了招标的模式进行,《晨报》记载:"京都市政公所现以本公所翻修地安门、香厂等处马路,共需周口店石渣上百余方。特定于三月四日起招标,二十日开标。凡属本国商人,有愿承揽该项石渣者,均可于此期间内,拿到该公所阅看标章、石样,领取标纸,照章投标云。"②在香厂新市区内,新开辟的道路共十四条,主要以石渣路为主,从修建道路的材质上优于其他城区。道路施工中使用近代技术,石渣道路经过汽碾反复碾压,与北京其他城区道路相比,香厂新市区内道路的长度、宽度和材质都不同于传统的模式。

建设新市区发展所需的基本配套设施。在确定新市区的规划之后,市政公所对于香厂周围的道路进行了改造,并修建环城铁路和有轨电车。市政公所重新规划外城道路,拓展香厂地区周边的街巷,翻修原有黄土大街为新式石渣道路,并于 1915 年修建

---

① 京都市政公所编:《京都市政汇览》,京华书局 1919 年版,第 103,104 页。

② 《马路石渣招标》,《晨钟报》,1918 年 3 月 6 日,第五版。

环城铁路,1921 年成立北京电车公司,共开设六条线路,其中有三条线路连通香厂新市区。另外,还进行排水系统建设。1915年市政公所开始整修北京市污水排放系统,这次整修由中外工程师共同测量数据,根据数据进行施工,并将数据设立石标以备后世之用,"然不将京师内外各处地面水平高低详细测量,互相比较,究非根本之图。前于市政计划中,业饬市政公所测绘专科用极精仪器,率同中外工程师等,无间寒暑,分队细测。凡内外城各大干路支路,某路高于某路若干尺,均须测明实数。先定全城水平计划,即为将来北京整理街市沟渠之根据,实市政基础工程之一。俟测竣后,当制成北京内外城水平全图,使各处高低地点之实数了如指掌。再将此次实测所得,择要度地,刊立水平石标,志明数目,以垂永久,俾便以后各项工程随时测量之用。"[①]在这样的规划下,1916 年对香厂的沟渠进行整修时也是派技术人员先进行勘察之后再进行整修。

(3)设立城市公共活动空间

传统的城市规划中,并不设立公园、广场等现代公共活动空间,只有一些私家园林。在清末民初,受西方思潮的影响,一些有识之士开始对西方的市政进行介绍。市政公所的《市政通告》上就专门对公园进行了介绍,谓"公园二字,普通解作公家花园,其实并非花园,因为中国旧日的花园,是一种奢侈的建筑品,可以看作是不急之物……公园通例,并不要雕镂画栋,亭台楼阁,也不要春鸟秋虫,千红万紫。只要找一块清净宽敞的所在,开辟出来,再能有天然的丘壑,多年的林木,加以人工设备,专在有益人群游玩。只要有了公园以后,市民精神日渐活泼,市民身体日益健康,便算达

---

① 吴廷燮等纂:《北京市志稿》第一册,北京燕山出版社 1998 年版,第 259 页。

到目的了。所以公园对于都市,绝非花园之对于私人可比。简直说罢,是市民衣食住之外,一件不可缺的要素。"①因此,市政公所先后开辟了多家公园,如改造社稷坛为公园,并筹建道旁花园,即街心公园,"道旁花园即变通花园,不求其设置,不求其备,就地规划,定备游人憩息而已。诚能于内外城各区空地,略植树木花草……清凉之趣,亦当务之急。"②

5.5　影响近代北京城市土地管理制度变革因素的分析

近代北京城市土地管理制度出现了从传统到近代的变革,在历史的制度变迁中,哪些因素在发挥着作用? 是什么因素促进了变革又是哪些因素阻碍了变革呢?

5.5.1　近代工业的缺乏使得城市资本积累匮乏

20 世纪初期北京人口的增长和外国商品的涌入,促进了北京商业的发展,形成了一些新的商业中心,旧有的以皇城为核心、内外城分割的城市空间结构已不能满足商业发展的需求,客观上需要打破原有的城市空间布局,进行交通规划和新的商业区的开辟。如清末的商业主要集中在外城的前门一带,1903 年位于北京内城的王府井东安市场形成就已打破原有的内城不得经商的禁令和格

---

①　京都市政公所编:《市政通告(第二卷)》,1914 年,第 9,10 页。

②　京都市政公所编:《京都市政汇览》,京华书局 1919 年版,第 50 页。

局,民国之初西单商业区形成并成为内城最重要的商业区,商业的繁荣需要更为合理的城市规划,因而既有新的商业区的开辟,如香厂,又有老城改造,如正阳门的改造,在这种变革中,近代化的分区和规划制度及土地征收、交易管理的一些法规和条例逐渐颁布实施,形成近代化的管理制度。

城市的空间改造和道路等公共设施的建设,需要城市财政资金的支持。在 20 世纪初的前 30 年,增加的税种有 30 余种,包括有房捐、验契费等,但主要的财政收入仍是商业税收。

表 5.12 1925 年京都市政公所收入

项目	数额(元)	所占比例
商业税收	610646	77.4%
内务部拨款	90250	11.4%
地契和转让费	17838	2.2%
铺设街道拨款	13452	1.7%
城市土地出售收入	12037	1.5%
利息	10725	1.3%
其他收入	33569	4.2%
合计	788517	100%

数据来源:京都市政公所编《市政通告》(1925 年)第 407 页。

如上表中所述,商业税收要占到 2/3 以上,土地出售收入所占比例很低,这也是北京不同于其他近代城市的特点之一。在这些收入中支出除了用于公共工程建设外,还要用于维持社会治安等公共服务,至 1930 年代,北京市的财政收入中最主要的是营业税与地契和转让费,故而财产税和营业税是最主要的财政收入来源,但在营业税中主要是妓捐、乐户捐、戏艺捐、车捐等服务业,而这些服务业主要的消费者是富裕阶层,在当时富裕阶层较少的情况下,整个财政收入是有限的,因而在城市的整个收入中由于工业的不发达,财政资金的积累不足,在除去维持社会治安、教育等公共服务之后,用于公共工程建设的资金极为有限,如即使到 1931 年,北京市的财政支出中用于公共工程的仅占 12%,64%用于公共安全。

表 5.13　1931—1932 年北京市政府支出

部门分类	金额(元)	所占比例
秘书处	200757	6.2%
公共安全处	2059821	64.3%
公共工程处	388766	12.1%
公用事业处	33880	1.1%
财政处	217070	6.7%
土地管理处	30597	0.9%
社会服务处	199334	6.2%
教育处	49951	1.6%
合　计	3199838	100.0%

资料来源:史明正:《走向近代化的北京城》,北京大学出版社 1995 年版,第 49 页。

由于资本积累不足,尽管市政公所在 20 世纪初期进行了城市改造和规划,也颁行了土地有偿征收的相应条例,但大规模的城市规划并没有展开,也阻碍了北京近代化的进程。

5.5.2　政治权利结构变化的制约

作为政治权利中心的北京,政治深刻地影响着制度变革。近代的北京经历了义和团运动的冲击和八国联军的入侵,以及北洋政府的确立,自晚清至北洋政府成立之前,清政府的社会控制力减弱,更无暇顾及社会公共领域,政府权利的弱化为社会力量发挥作用创造了空间。因而在清末,绅商等在道路、治安等的维护方面发挥了重要作用，如清皇室外逃期间，北京市的基本秩序的维护是由地方士绅等出面成立"安民公所"修葺毁坏的街道、保护人民财产、维持社会治安，清廷也通过进行表彰等鼓励、引导士绅在道路修建等方面发挥作用，这个传统到了北洋政府时期也仍然存在，如前文所述登载于《内务公报》1914第十期的一则《京都市政公所劝导倡修道路公启并简章》中就言明："本街富绅巨室一家独资或数家合资修理道路不受补助暨捐让修路用地者，核其捐额达一千元以上即按照褒扬条例咨由内务部呈请大总统给予匾额并金质或银质褒章，如捐额不及一千元者另行咨部酌给奖励。"这种民间力量的介入在中国历史上一直存在，士绅是公共事务的重要参与者，也为政府和民众所认可，实际上在城市管理中这种传统文化作为一种非正式力量发挥着重要作用。在近代南通，以张謇为代表的地方士绅对当地的影响和控制要远大于南通当地政府，这也是和清末地方政府的弱化有关的。

随着北洋政府的成立，中央政府权力再次集中，对于城市公共领域的控制加强，同时近代工商业的发展和人口的增长对于近代交通和城市规划的需求，既需要大量的资金支持，又需要专业的技术和人才，以地方士绅为主的社会团体因其局限性，进行市政建设管理的机构也逐步专业化，职能也逐渐集中于某一机构，如建立了市政公所，市政公所可以通过颁行条例、法规进行土地管理，如在香厂开发中先后颁布的征地、转租、土地登记等条例，由专业的机构进行专门管理，正式的制度也逐渐占了主导地位。

5.5.3 文化、意识形态变革的影响

明清两代一直作为帝都的北京，在规划之初就是作为皇权的

中心来规划的,整个城市规划和布局以皇城为中心,城墙的矗立,皇城的基础设施的配置、皇城所处的中心位置均围绕着体现封建等级秩序和维护封建等级秩序的目的而设计,如张申度所述:"前工业社会中的封建都城的设计经常是为了达到宇宙和社会的完美和谐,从而证明统治者绝对权威地位的合理性。"①城市的空间布局既是统治秩序的体现,又是维护封建统治秩序的物质保障。

清末以来,西方的民主观念传入,尤其是民国以来,民主共和的观念已经广为传播并深入人心。西方的民主思潮的传入逐渐改变了人们的观念,对皇权的敬畏和崇拜逐渐变淡,对平民权利日益关注。在这样的背景下,城市空间秩序的改变也更多地体现为平民生活的便利性。如正阳门城门的改造,正阳门位于内城九门城垣的正中,"取圣主当阳,日至中天,万国瞻仰"之意,正阳门的正门终年不开,只在皇帝出巡或到天坛、先农坛祭祀时才开,行人车马只能从瓮城两侧的闸门进出入,而闸门"向夕即闭",至正阳门外京汉、京奉铁路建成,人流拥挤,正阳门成了内外交通的瓶颈,迫切需要改变这里的交通状况。若在皇权森严的社会体系中,标志皇家威严和皇帝特权的城门是不能随意为平民的方便而改造的,在民国民主思潮的影响下,朱启钤主持对正阳门进行了改造,将从前禁止大众出入的地方改造成了交通大道。再如,社会公共活动空间的开辟。在20世纪之前,北京有许多皇家园林专供王公贵族享用,但平民的公共活动多为在定期举行的庙会期间去逛庙会,平时的活动区域也限于街边,没有专门的公共空间以备休闲娱乐。市

---

① 张申度为斯坦因哈德所著的《中国帝制时代的城市规划》所写的书评,载于《亚洲研究杂志》第51卷第2期(1992年5月),第393页。

政公所建立后宣传设立公园的益处，但城墙之内几乎没有大得足够建造公园的空地，市政公所将前皇家园林和祭坛改造为公园，如社稷坛的开放，这些以前只有皇帝才能用的场所成为普通百姓休闲娱乐的场所。

可以看到，具有特殊地位的北京城，其近代空间结构的改变是在社会文化、意识形态发生变革的背景下推动的。

5.5.4　西方技术、市政思想的传播和城市化经验的影响

近代北京城市土地管理制度的变革，是在近代技术的推动和西方城市管理的示范和西方城市化经验的影响下完成的。

5.5.4.1　专业化的市政机构的组成多为专业化的技术人才

京都市政公所的组织构造按职能分为四个处，下辖若干科，这些科里包括有会计科、调查科、建筑检查科、评估科等，从科的构成可以看出已按专业职能进行划分。从构成人员来看，其中包括有2—4名工程师，4—8名建筑师，6—12名调查员等，即已有专业人才的配置。市政公所的官员很多同时是市政府的官员，这些官员的构成相对比较稳定。根据一份1931年的市政府官员的年龄、学历等的资料，可以大致反映市政公所官员的构成，如下表5.14，在该表中，高中以上学历及技术学校的人员构成比例达到了77％，其中从技术学校毕业的占到了11％，高中以上学历的占到了66％，如此高的高学历人才的队伍，对于近代化的土地管理制度的构建及土地管理制度的实施奠定了基础，如土地的勘测、税收等。

这些具有高学历的人才很多都接受的是西方的教育,包括有建筑等,其中对近代北京的城市管理制度产生重大影响的市政公所的创办人朱启钤,其本人童年时代在法国度过,后来经常在日本、法国、英国和美国等国家游历,对西方的城市建设和管理耳濡目染,受影响很深。

表5.14 1931年市政府官员的学历构成

	总人数	大学毕业		军事院校	技术学校	高中	小学	无法确知
		国内高校	国外高校					
秘书处	137	41	16	2	1	37	0	40
社会服务处	239	93	8	10	28	79	4	17
公共安全处	973	94	6	432	3	139	170	129
财政处	408	97	5	21	75	120	67	23
公共工程处	188	47	6	34	15	73	12	17
卫生处	460	43	1	25	158	85	12	136
特别委员会	408	119	4	26	28	202	8	102
合 计	2813	534	40	540	308	644	273	474

资料来源:史明正:《走向近代化的北京城》,北京大学出版社1995年版第336页。

在市政公所编纂的《市政通告》中经常宣传和介绍西方的市政建设,如在进行大规模的公园建设时,就大力宣传设立公园是改变不良社会风气的一种好办法,"只要找一块清净宽敞的所在,开辟出来,再能有天然的丘壑,多年的林木,加以人工设备,专在有益人群的事情上讲求讲求。只要有了公园以后,市民的精神日见活泼,市民的身体日见健康,便算达到完全目的了。"①

---

① 《市政通告》第2卷(1914年),第9—10页。

5.5.4.2 社会上对西方城市建设的介绍和 近代规划思想的传播

自 1920 年代以来,社会上出版了大量的译著和著作介绍西方的市政建设。如世界书局在 20 年代末、30 年代初编辑出版的 ABC 丛书中,有不少关于城市和城市规划、建设和管理方面的研究著作,像杨哲明的《都市论 ABC》、《都市政策 ABC》、《市政计划 ABC》、《市政管理 ABC》等著作,还有《现代欧美市制大纲》、《市政府与市行政》、董修甲的《市政新论》等,这些著作对于西方市政思想的传播起到了重要作用。

而北平市政府为了促进城市发展,鼓励大家关注城市建设和发展,创办了《市政评论》,为一些专业人士介绍西方的市政开辟了一个平台。自 1920 年代以来,大量文章介绍了西方的市政和对中国单个城市发展的研究与思考,其中关于当时的北京的城市空间发展方向、北京城门城墙的废存、城市公共空间的开辟、城市管理等方面都有很多文章讨论,还有的制定了《整理北京市计划书》对于北京的城市规划提出了自己的建议。①

5.5.4.3 西方技术的引入与应用

近代以来,西方在道路建设、规划、沟渠整理与治污等已经有了新的技术问世并采用,这些技术在近代北京城市建设中被引入进来,推动了城市的近代化转变。

道路铺设中新技术、新材料的采用和新设备的引入。近代以来,北京城市的道路还为土路,而同时期的西方多采用砾石和碎

① 张武:《整理北京市计划书》,《市政月刊》,民国十七年(1927 年)第 3 期。

石铺路技术。北京的土路,干时尘土飞扬,雨时遍地泥泞,清末清政府官员在西方城市的考察以及近在咫尺的外国使馆区东交民巷的示范,使得他们对西方的城市有了很深的印象,尤其是道路,故而在近代北京的道路改造中,于 1904 年出现了第一批碎石路。1915 年使馆区出现了第一条柏油路后,1920 年在南门的西长安街的一段路也出现了柏油路,说明了技术从西方到北京使馆区到北京商业区的扩散。为了铺设道路,工务局从西方国家购买了 12 辆蒸汽压路机,并为了道路的维修保养,一直设有一支维修队伍。

在新式技术引进中,相关配套技术的引进和制度的实施。新式碎石路铺就之后,传统的交通工具窄小木制车轮容易在路面上压下车辙沟,为此在 20 年代末的时候曾颁布法令要求车轮必须至少宽达 10 公分,只允许有橡胶车轮的车行走,禁止生产旧式木制车轮。[1] 这个配套制度的实施对于道路的维护起到了显著的效果。

5.5.4.4 外国使馆区的示范作用

清末东交民巷成为使馆区,使馆区的建设对于近代北京城起到了直接的刺激和示范作用。在这个使馆区,规划、建筑和市政建设均采用了西方的模式,与传统的北京城区形成了鲜明的对比。如傅槐隐在《东交民巷》一文中写道:"和兰国使馆于前清光绪二十六年后,姑创立于东交民巷路南。层楼峻宇,画栋雕梁,竹木交柯,花草夹道,宛然一欧洲小小公园也。"而且道旁设置电灯,东交民巷的御河也在民国十四年"砌为暗沟,芳草时卉,杂植其上"[2],各国

---

① 史明正:《走向近代化的北京城》,北京大学出版社 1995 年版,第 84 页。
② 引自史小妹,赵靓,史晓成:《东交民巷的历史沿革及其对近代北京的影响》,载于《三门峡职业技术学院学报》2007 年第 4 期,第 55 页。

还分别设立了邮局、医院、消防局等公共服务设施,对于国人产生了很强的刺激作用,故而清政府提出"内政始于道路",首先进行了道路改造。

在使馆区的市政管理采用了委员会的形式。御河将使馆区分为东西两区,东区有德、奥、比利时、西班牙、意大利和日本等七国大使馆,该七国组成一个委员会,由各国使馆、各国侨民和辖区内总税务司选出人员参加委员会工作,负责区内的建筑、街道清扫等,费用按各国使馆面积占总区域的比例而分摊,这个管理委员会类似于市政公所行使着行政管理的职能,专门负责使馆区的市政管理。

5.5.5 中央政府对北京城市管理制度变革的主导

作为政治中心的北京,中央政府对它的影响要远大于其他城市。近代中国政局动荡,从西方列强叩开中国的大门,西方的文化、技术、商品等均传入中国,在变革期,近代清政府对西方文化的态度也从抵制到了解、学习到有借鉴地推广,变革的路径也从技术的学习到制度的变革,从文化的传播到正式制度的逐渐确立。中央政府的主导因素在近代北京制度的变革中起了重大的作用。

一系列近代城市管理体制的确立。清末,主要的统治者不得不进行变革,派员去西方进行考察、学习,并实施了一系列变革。在教育体制上,废科举、兴教育、创办新式学校,开设新的学科,对于西方文化的传播和近代技术人才的培养奠定了基础,北京就率先办起了从高等教育到社会教育的各式学校;在近代城市管理制度上,北京确立了司法、警察制度。1901年夏,清政府就于步军统领衙门设置了警务处左右两翼和警务公所,旋即改为善后协巡总局,从此拉开了近代北京城市管理的帷幕。

推行地方自治。清末,各省大臣纷纷请求自治,清政府随即采取了一系列推行地方自治的措施。先后颁布了《城镇乡地方自治章程》和《城镇乡地方自治选举章程》,地方自治的主要内容之一便是关于城镇的建设和规划,而北京作为首都备受关注,在宣统元年就制定了《京师自治章程》,详述了关于城市规划、建设和管理等方面的事宜,推动了北京的城市管理制度的变革。

颁行了一系列的城市土地管理的规章制度。北洋政府时期,政府专门成立了市政机构——市政公所。市政公所成立之后实施了一些城市改造、城市建设工程,在这个过程中,颁布了一些土地征收、交易管理、规划以及建筑管理的规定。市政公所根据1915年北洋政府公布的《土地征用法》及其1916年的修改案,享有征地权利。1918年京都市政公所颁布了自行制定的《征地暂行规定》,规定市政公所有权自行征地,并在香厂新市区的规划建设中具体化为各项规则,如《标租香厂地亩规则》、《香厂地亩转租注册规则》等。还对土地的使用进行管理,如1913年5月的《京师警察厅呈报建筑规则》,对于报修房屋等建筑工程,对于新建房屋所应遵守的程序,以及违反规定的处罚办法等都有相应规定,1915年还订立了《房基线办法》并由测绘专科测定详图;在道路建设中,颁布了《京都市房基线施行规则》标注了房屋翻造时沿街建筑物的高度和临街后退等标准,对建筑物和土地的使用进行管理。

北京相对于其他近代城市是比较特殊的,它不是自发地由下而上地进行的变革,而是政府推动下进行的,并通过相关制度、法规的颁布在实施中具体确立了基本规则。

5.5.6　主要人物偏好的影响

如同张謇之于南通、庄士敦之于威海、单威廉之于青岛，北京的近代变革也与朱启钤密不可分。可以说，近代北京土地管理制度的变革及城市建设几乎离不开朱启钤，其个人的偏好影响了制度的变革。

既有传统文化的约束又接受了西方文化的特点使得朱启钤的城市规划、建设等思想具有兼具传统和近代的特点。传统文化成长起来的朱启钤，同当时的开明、有远见的一些有志之士一样，同样能够去学习西方的文化。他的主政市政公所，从文化宣传到条文规章，使得北京的变革呈现出自己的路径和特点。

设计专业化的市政机构。1913 年朱启钤任内务总长，主持起草了《京都市政条例》，经国务会议同意设立京都市政公所，市政公所仿照西方市政厅的组织形式，按专业分处分科，起到了技术、制度支撑作用；

注重法规、制度的相互配套。朱启钤不仅通过专门的刊物对市政措施进行宣传，介绍西方的市政思想，而且通过颁布一系列规章作为实际土地开发中的标准，如香厂新市区的开发，而且还颁布了相应的卫生、建筑等管理条例，来实施区域规划。

在城市改造中，既注重传统文化的保留，又能够打破皇权思想的限制。在城市改造中，不仅对皇城的城门进行了改造，而且开放皇家园林作为公共空间，但在城市改造中，他又没有彻底摒弃传统，注重对建筑的保护，如他创立了专门进行古代建筑研究的营造学社，树了保护文物的观念，对于古老北京传统建筑的保留起到了重要作用。如后来在 50 年代初期，人民政府计划扩建天安门广场,修建人民英雄纪念碑。周总理指示有关部门征求朱启钤意见,他提出以下几点意见:天安门广场周围,不要修高于天安门城楼的建筑。扩建广场,移动华表时,要注意保护。特别是西边的那座华表,庚子时被打坏过,底座有钢箍,移动时要注意。广场上东西两面的"三座门"尽量不拆,东西"三座门"之间南面的花墙是当初(约民国 2 年)为了与东交民巷外国的练兵场隔绝,经他之手,在改建新华门的同时修建的,并非古迹,可以拆除。①

5.5.7　古老、传统城市的特质的制约

作为古老的都城,北京兼是政治、经济和文化中心,既有地方政府机构又有中央政府机构,受到中央政府的很强的控制,缺少自由变革的空间。在近代南通,以张謇为首的地方精英领导和推动的制度变革和当地的弱政府是相关的,而北京尽管自进入近代以来就已有西方文化的传播,但直到清政府决定实施变革以求存,近代化的市政建设才逐渐起步;古老的皇城处于天子脚下,传统的文化、神圣的君权、大批有着根深蒂固的传统文化观念的官僚都成为近代文化传播过程中的阻力,阻挠着近代技术的传播,如蒸汽火车的迟迟引入,这些都制约着制度的变革。从世界范围来看,古老的欧洲和近代北京类似,尽管一些技术是在欧洲发明,却是在年轻的美国得到了推广,如公共马车;而美国近代城市的发展却相对彻底,不仅体现在城市空间的发展还有人民生活的普遍改善上,如19 世纪初的芝加哥还是一个"边疆性质的贸易小镇,仅有一些木

---

① 《视人如己　体贴入微——周恩来与朱启钤》,http://www.zytzb.org.cn,2002 年 12 月 17 日。

质建筑物,几条泥泞道路和几十户居民",至 20 世纪初"芝加哥已是一个拥有 150 万人口的城市,它的供水工程每天能向居民抽送 5 亿加仑的水,它的污水排放管道总长 1500 多英里……占地 2200 多英亩的城市公园和拥有 30 万册藏书的公共图书馆为市民们提供了休闲场所和自我完善的工具。"①没有了历史包袱的制约,近代美国城市更多地是新城市的建设,因而受传统制约较重的、中央政府控制严密的古老的都城在转型中面临的约束就越多。

5.5.8 相应配套制度的缺乏

近代化的城市土地管理制度的变革,甚至是城市近代化的变革,很多都是在市政公所的主导下逐渐开始的,从道路的修建、旧城的改造、新市区的规划与开辟及一些公共设施的建设,市政公所也相继制定了一些规章制度,如《征地暂行规定》、《房地转移登记暂行规则》、《香厂地亩招标简章》、《标租香厂地亩规则》、《市政公所标租地亩投标开标细则》、《香厂地亩转租注册规则》和《承领公地及房基线余地规则》等,这些规则的制定保证了市政公所主导的城市建设的展开,但是从城市的法规条例的层面,没有配套的法规,也没有长远的规划和统一的公共政策。

在城市改造中,为了保证土地开发的顺利进行,市政公所也请求北洋政府通过了《土地征用法》,并以此制定了《征地暂行规定》,从法规层面上对于征地的范围、征地补偿标准等进行了规定,但是在土地规划等方面,没有相应的法规,也没有长远的城市规划,这样就会使得制度的实施可能会因机构或领导者的变革而难以持

---

① 史明正:《走向近代化的北京城》,北京大学出版社 1995 年版,第 294 页。

续,在近代之初的北京的城市规划中,较大规模的规划就是香厂地区的规划。

配套、统一的公共政策的缺乏。城市所进行的改造和建设中,需要的财政资金没有一个有保障的渠道获得。在财政支持上,近代的其他城市有的主要是依赖于土地售卖和土地税收,如青岛,通过土地优先购买和土地税收政策为土地制度的变革奠定了基础;近代南通依赖于较为发达的工业基础提供了财政支持,而北京近代工业基础缺乏,城市土地税收不足,城市财政资金很大部分用于社会服务和维持治安,使得资金的匮乏成为阻碍制度实施的因素之一。

5.6　近代北京城市土地管理制度的变革与其他城市的比较及启示

5.6.1　与近代兴起的其他不同类型城市的比较

5.6.1.1　近代北京的变革是中央政府严密控制下的不彻底的变革

不同于自开商埠,在以张謇等人为代表的近代实业家自下而上自发地进行制度变革而兴起的"近代第一城"南通,也不同于由租借当局自上而下地推动,进行了较彻底变革的城市青岛,同样还不同于租界和华界长期并存,在两种制度相互影响中进行制度变革的上海,作为传统行政中心的北京,在近代进行的城市土地管理制度的变革,是在中央政府的主导和推动下进行的变革。这种变革是在八国联军侵华后被动开始的,之后清政府为了求存开始学西政谋求变革,因为在天子脚下,北京受到地方政府和中央政府的双重管辖,同时政局的动荡也深刻地影响着制度的变革,使得制度的变革呈现出不连续和不彻底性。如尽管在北洋政府时期较早就制定了《土地收用法》,但一直并未实施;也未有政府组织指定的长远的城市规划。同时,政局的不稳,也使得北京和其他近代城市不同,由于没有近代工业的支撑和大规模的人口转移,北京没有出现大规模的像近代迅速崛起的城市香港、上海一样的城市土地投机,从而也没有较为完善的抑制土地投机的相关土地政策,而青岛从德当局占领之始,就对青岛的发展有长远的规划,并把防止土地投机行为作为制定土地政策的重要内容,从而形成了完善的为世界各地所仿效的土地税收制度。

　　制度变迁的发生仍是制度供给与需求变化的结果。近代南通和上海的土地制度的变迁根本上是近代工业的发展促进了城市化,城市规模的扩张和城市问题产生了制度变革的强烈需求,从而带来了制度变革的发生。而近代青岛和北京则体现为不同的特点,青岛在德租借之前是个小渔村,工业基础薄弱,德当局基于青岛优良的地理环境和想要树立德国"样板殖民地"的考虑,当局有强烈的变革制度的需求从政府层面进行了制度设计,在确定制度的框架内发展工业、建立城市土地供应、使用管理、土地税收等制度,使得青岛迅速发展起来,并有效防止了土地投机行为,它的制度变迁的发生靠的是政府的有力推动。而北京虽然也是在政府的推动下,开始了近代的土地的局部规划、土地使用的管理,但北京面临的是传统行政中心的转型问题,不同于青岛的从无到有的新城的建设,北京要面临着更多的文化约束、旧有制度的阻碍、中央政府的偏好和统治稳定性的约束,在近代工业比较薄弱的情况下,工业化带动的城市化相对有限,没有产生城市的迅速扩张而带来的强烈的土地制度变革的需求,因而需求和供给的约束使得以北京为代表的传统行政中心城市的变革相对其他类型城市而言,显得较为缓慢和不彻底。

5.6.1.2　西方城市管理的思想和文化的传播所起的作用各异

以上海、青岛、南通、北京为代表的不同类型城市的近代转型中,西方的城市管理经验和制度以及文化均对这些城市的变革产生了影响,但作用的路径和影响不同。

青岛的西方城市管理经验的移植和创新。近代青岛是作为德国的租借地而开始其近代转型的。租借之前的青岛是个小渔村,德国强租之后,在德海军部的财政和技术支持下,在组织模式上采用了具有西方议会特点的自治管理,做了城市规划,并在单威廉的主持设计下出台了一系列的土地管理制度,这些在当时世界上也属创新的制度为保障城市规划的实施提供了制度基础。德当局还通过兴办新式学校,设计新式课程体系,传播西方的法律、土地测量和城市规划等方面的文化。这种完全由西人主导的制度顶层设计和执行,强有力地推动了西方经验的传播并完成了制度变革。

上海租界的西式的管理制度对于华界的土地变革起了示范作用。上海是租界和华界长期并存的城市。租界从管理的议会式的组织结构的设计,到产权管理制度、土地规划制度、土地估价制度等的实施,使得"租界日盛,南市(华界)日衰"①,给予华界的地方绅商以强烈的刺激,在这样的形势下,仿行各国地方自治之制的思想较早地开始在上海萌生。1905 年在地方绅士倡导,地方官的支

---

① 　李钟珏:《且顽老人七十自叙》,第 206 页。

持下,建立了总工程局,采用了三权分立的西方政权体制,设置了代议机关议会,下设户政科、警政科和工政科,并在户政科下专设地产登记处,负责对土地产权的管理,而工政科则负责基础设施的建设。这样,开始了地方管理体制的变革。在这种变革中,不仅仅是看得见的制度的示范,西方尤其是英国对于契约的重视和产权管理中体现的契约精神也广为传播,深深地影响了产权管理制度的变革。

南通虽然没有租界,也不是最先开埠的城市,但南通在政治精英人物张謇的带领下,近代工业取得了迅速的发展,客观上需要近代交通、公共设施的变革,而张謇等人的政治资源、经济实力和个人抱负在当地形成了巨大的威望,相对而言,地方政府控制力较弱,给以张謇为代表的精英阶层实施制度变革提供了空间。这些有抱负的地方士绅为求强,积极学习西方文化和制度,并力求在本地进行变革,如张謇本人及其儿子张孝若对于日本、欧美等的考察以及兴办教育对于西方文化的传播,诸如专设土地测量等专业培养人才,为制度的变革提供了所需的人才和技术储备。

特殊的是北京。北京是文化的中心,汇聚了大批传统知识分子精英,为了维持清政府的统治,在近代伊始,中央政府层面对于西方文化持警惕态度。虽然至 20 世纪末期,在八国联军入侵北京之后,为图存清政府不得不开始考察西方,力图从变革中延续清的统治,但这时的变革已因清政府本身的羸弱和风雨飘摇而得以有力地推行,而且北京始终未成为开埠城市,近代工业以及国际贸易发展较慢,客观上也限制了西方思潮的广泛传播。尽管在北京也有类似于上海的租界一样的使馆区的存在,但相对于上海租界对华界的影响其影响是十分有限的,如意大利公使回忆认为北京使馆区:"一个外交官的山中城堡。对于妇女和孩子来说,如果只从卫生的观点看,这是件好事。但是大部分外交官在他们生活的这个国家内,处于孤立状态,……"①因而,北京的近代转型相对于其他城市而言要晚的多。

从比较中可以看出,一方面城市的变革事实上一种是政府的强有力的推动下开始的,如青岛、北京,一种是由民间自发进行的,如上海、南通。但政府的稳定性和控制力的强弱不同,变革的结果也不同,德当局完全控制了青岛并在强有力的推动下迅速实现了非正式制度层面的文化和正式制度层面的法律规章等的变革,而晚清的清政府本身孱弱,对北京变革的推动有限。另一方面,近代城市的开放和工业的发展始终是制度变革的基础,相较其余三种类型城市而言,北京是一直未开埠的内陆城市,城市化相对也较慢,没有形成强烈的制度变革的诉求。

5.6.2　启示

5.6.2.1　工业发展推动的城市化仍是城市土地
管理制度变革的主要因素

近代北京与其他城市相比变革缓慢的一个主要因素便是近代工业发展的薄弱。南通、上海均有较为发达的近代工业,青岛的财政收入中从 1902—1912 年间码头和仓储赋税收入占第一,也说明青岛的贸易的迅速发展,工业和贸易的发展是城市化的主要推动力量,而城市化是城市土地管理制度变革的主要因素,它会带来城

---

①　费正清主编,杨品泉等译:《剑桥中华民国史》(上卷),中国社会科学出版社1998 年版,第 178 页。

市规模扩张中的土地市场的发展及由此产生的管理制度变革的需求,并反过来为城市规划的实施和城市改造提供财政支持。而北京近代工业发展相对落后,北京在南京国民政府成立之前始终是政治、文化中心,吸引的主要人口主要是政府机构的官吏、求学及教学人员以及相应的服务者,随着政治中心地位的丧失,北京这一引力也随之下降,因而没有近代大规模的工业的发展和国际贸易的发展推动城市化,因而产生的制度变革的需求就相应较弱,并且从近代北京的局部的土地管理制度的变革中也可看出,由市政公所主导的城市管理制度的变革主要是寻求中央财政的支持和有限的土地售卖收入,缺乏财政的持续的支持,也限制了大规模的城市规划的展开。

5.6.2.2 强有力的政府能推动制度的迅速变革, 但过于严密的政府的控制也会限制 社会力量的参与

政府是制度供给的主体,强有力的政府是制度得以推行的有力保障,但制度的顶层设计却需要政府人员的构成中有必需的技术人才。青岛的较为完善的土地管理制度的设计和实施,既和德政府因要建立"样板殖民地"而提供的支持有关,也和单威廉的制度设计密不可分。北京有中央政府的严密控制,但政局的不稳和人才的相对缺乏阻碍了制度的设计和推行,同时我们可以看到,北京的变革事实上自八国联军进入、清皇室逃离北京时便已开始,当时的北京形成了一个相对而言的权力真空,为地方士绅参与、实施变革提供了一个空间,政府主导的市政公所成为主要的实施变革的力量之后,一个具备近代化的组织框架并富有进取精神的部门确实推动了制度的变革,但财政的匮乏以及缺乏像南通那样的地

方士绅大力参与的社会力量和资金成了主要障碍。

近代北京的城市土地管理制度的转型，从 19 世纪末 20 世纪初才逐渐开始，设置了专业的管理机构，出台了土地征收、土地产权管理等方面的一些法规和条文，并在实践中进行了局部的城市规划及大范围的道路、沟渠的修缮及公共空间的开辟，人们的传统文化所赋予的严格的等级观念也逐渐发生变化，在西方城市规划和管理的思想的传播的影响下及新式技术的引进和推广，使得以朱启钤为首的市政机构在民国初年北洋政府的支持下能够进行城市开发，开始了不只是土地管理制度而是整个城市的近代转型。但从整体国家层面上对组织结构进行设计完善以及配套法律制度的制定实施则是在南京国民政府时期了。

6 辟有租界的城市土地
管理制度的变革:以上海为例

上海是较早开埠的城市之一,也是在近代城市化的浪潮中迅速成长为大都市的典型城市之一。不同于其他类型的城市,几乎整个近代时期,上海一直是华界和租界并存,两个区域的城市土地管理制度也相互影响,形成一种特殊的两种制度长期并存、互相融合的特殊格局。

6.1 近代上海的城市化

6.1.1 近代上海华、洋并存格局的形成

由于 1843 年中英双方签订的《虎门条约》规定,英商可在上海等五口通商,中国地方官应根据当地情况,选定一个地方允许英国人租房或建房居住,依此 1843 年上海正式开埠,于 1845 年订立《上海土地章程》,对租地方法、范围、使用范围、租地市政管理等进行了规定,成为日后租界的根本法,也标志着英租界的设立。1848

年美租界设立并于 1865 年和英租界合并为公共租界,1849 年法租界设立,这样上海就形成了华界、公共租界、法租界并存的格局,至 1943 年租界始收回。因而自 1843 年至 1943 年的 100 年间,上海始终处于华、洋分治的格局。

6.1.2 近代上海的城市化

上海自开埠以后 100 余年来,迅速从一个小县城发展为一个国际化大都市,城市面积和城市人口以及城市经济结构均发生了很大变化。

城市面积的增长。清道光二十三年九月二十六日(1843 年 11 月 17 日),上海开埠时,共辖 12 保,28 区,214 图,面积约 600 多平方公里(作者注:约合 900000 市亩),至 1949 年时,上海市共辖 30 个行政区,面积为 926443.3 市亩。[①] 从城市面积看,开埠前的上海城区面积不足千亩,1914 年,租界区占地近 5 万亩,而原先荒辟冷落、人迹罕至的闸北则在中国商人的大力开发下,成为一个新的繁华区域。其中,1843 年英租界刚开辟时,只有外滩以西,苏州河以南,西藏中路以东,延安东路以北的一块土地,计 832 亩,1863 年两租界合并时占地面积达 3650 亩,1899 年扩展到 33503 亩,而法租界设立时占有 986 亩,经过历次扩张至 1914 年时已占有 15150 亩。[②] 租界的扩张主要是通过越界筑路的方式进行,新筑道路使得大量的农业用地转化为城市用地,如法租界的扩张中,根据公董局的工作年报,亚尔培路以西地区,开埠之后至 1900 年整个

---

① 《上海房地产志》,上海社会科学院出版社 1999 年版,第 79,83 页。

② 邹依仁:《旧上海人口变迁的研究》,上海人民出版社 1980 年版,第 10 页。

地区仍是河浜圩田形态,1900 年公董局推出了新的道路计划,先后开辟了宝昌路、刘家宅路、大坟路、善钟路等,至 1917 年有些河浜已经消失,如南长浜就被填埋筑路,此后在原来的越界筑路的基础上又开辟新的道路并修建基础设施,至 1925 年不仅新增辟了很多道路,而且贝当路、高恩路和汶林路等排水管道的铺设,反映了这一地区已快速向建成区转变。[①] 开埠之初英租界也通过大量的越界扩张使得广大的农村土地变为城市用地,如英商公易洋行与华记洋行与当地乡民订立租地条约,租赁了今海关以南至福州路北侧,东起黄埔滩,西至桥街东侧之间的 43 亩左右的土地,由仁记、和记、裕记等洋行租赁了今北京东路南侧向南至今九江路北侧约 70 余亩的土地,还有外侨租赁了今福州路南侧向南至广东路北侧的东起黄埔滩西至桥街的土地[②],这些土地在被租赁前均为农村土地,在开埠之初很快由外商租赁建房转变为城市商业用地。

城市人口的增长。自上海开埠以来至解放前 100 多年以来,整个上海地区的人口增长了 9 倍左右,净增人口近 500 万人。1852 年人口约为 54 万人,至 1949 年底人口约为 506 万人,其中至 1927 年人口已增长至约 264 万人。其中,公共租界人口从 1843 年的几百人增长至 1942 年的 158 万余人,法租界的人口也是从 1843 年的几百人增长至 1942 年的 85 万余人,而华界的人口则从 54 万增长到近 150 万人。从数字看,人口的增长速度是惊人的,但同期上海的人口出生率要比全国平均水平低得

---

① 牟振宇:《从苇荻渔歌到东方巴黎:近代上海法租界城市化空间过程研究》,上海世纪出版集团 2012 年版,第 94 页。

② 钱宗灏:《上海开埠初期的城市化(1843—1862 年)》,载《同济大学学报(社会科学版)》2013 年第 1 期,第 52 页。

多,如1935、1936年公共租界的人口出生率均在2‰左右,而全国平均水平一般估计为3‰,很显然依较低的人口自然增长率必不能使上海的人口增长如此迅猛,那只能是大量的外来人口的涌入导致上海的人口迅速增长。[1] 根据统计资料也可看出,近代主要的人口构成是外来人口,城市化的本质就是一种要素集中的过程。

表6.1　1865—1945年上海人口密度

年份	华界		公共租界		法租界		全上海地区	
	总人数	人口密度	总人数	人口密度	总人数	人口密度	总人数	人口密度
1865	543110	980	92884	37758	55925	73585	691919	1240
1915	1173653	2236	683920	30262	149000	14579	2006573	3600
1930	1702130	3441	1007868	44596	434807	42544	3135010	5943
1935	2044014	4134	1159775	51317	498193	48747	3701982	7000
1945	1479726	2991	1585673		854380	83599	3919779	7431

资料来源:邹依仁:《旧上海人口变迁的研究》表7,上海人民出版社1980年版,第97页。

表6.2　1885—1935年上海公共租界上海籍贯人口与非籍贯人口

单位:个

年　份	上海籍贯人口	非上海籍贯人口	上海籍贯人口比重%	非上海籍贯人口比重%
1885	15814	93492	15	85
1890	24315	118839	17	83
1895	40470	178836	19	81

---

[1]　邹依仁:《旧上海人口变迁的研究》,上海人民出版社1980年版,第9—13页,94—95页。

（续表）

年 份	上海籍贯人口	非上海籍贯人口	上海籍贯人口比重%	非上海籍贯人口比重%
1900	56742	242966	19	81
1905	67600	322797	17	83
1910	72132	341182	18	82
1915	91161	448054	17	83
1920	117039	565437	17	83
1925	121238	660848	17	83
1930	200230	710644	22	78
1935	236477	884383	21	79

资料来源:邹依仁:《旧上海人口变迁的研究》表 19,上海人民出版社 1980年版,第 112 页。

表 6.3 1929—1936 年上海华界籍贯人口与非籍贯人口

单位:个

年份	上海籍贯人口	非上海籍贯人口	上海籍贯人口比重%	非上海籍贯人口比重%
1929	426648	1073852	28	72
1930	436337	1255998	26	74
1931	455662	1368327	25	75
1932	430875	1140214	28	72
1933	473638	1362991	26	74
1934	488631	1426063	25	75
1935	513704	1518695	25	75
1936	513810	1631507	24	76

资料来源:邹依仁:《旧上海人口变迁的研究》表 19,上海人民出版社 1980年版,第 112 页。

如《民国上海县续志》载:"商市展拓所及,建筑盛则农田少,耕夫织妇弃其本业而趋工场,必然之势也";"近年东北各乡机厂林立,女工大半入厂工作"。民国《川沙县志》称在嘉定黄渡农村"许多男子都去上海谋生,每一家普遍总有一二人离家乡奔入都市,因此剩余在农村的劳力是妇女儿童和少数男子"①这些记载均表明当时人口从农村向城市的转移。

城市经济结构的变化。上海自开埠以后,对外贸易的发展,带动了运输、通讯、金融、工业等部门的发展。其中,19 世纪 60 年代到 20 世纪 30 年代,上海对外贸易货值占全国总值的比重高达 60%以上,低的也在 40%以上。交通运输方面,1900 年出入上海的吨位数占全国 23%,1908 年沪宁铁路通车,1909 年沪杭铁路通车,上海在 20 世纪初已成为全国重要的交通枢纽。电讯方面,1881 年从天津到上海首先开通了 1400 多公里的电报电路,至 20 世纪 30 年代上海已可以直接和欧美及世界各国通报。金融方面,19 世纪中期第一家外商银行就在上海设立了分理处,1897 年产生了中国第一家本国银行,1935 年时全国共有银行 164 家,总行设在上海的就有 58 家,占 35%,1936 年时上海的银行、钱庄和信托公司的营业资力(已缴资本、存款、公积金、兑换券的总和)占全国的 47.8%。工业方面,30 人以上的工厂在 1911 时上海有 48 家,1933 年时有 3485 家,占全国的 36%,生产净值占全国总值的 66%。② 简而言之,开埠后的上海在近代成为中国的贸易、金融等中心,从下面的表格可看出近代上海的主要经济部门。

---

① 民国《上海县续志》卷 1,卷 8;民国《川沙县志》卷 14。转引自戴鞍钢《城市化与"城市病"——以近代上海为例》,载《上海行政学院学报》2010 年 1 月,第 79 页。
② 张仲礼:《近代上海城市研究(1840—1949)》,上海文艺出版社 2008 年版,第 77—79 页。

表 6.4 上海对外贸易占全国比重表

单位:海关两

年份	洋货进口净值			国货出口总值			对外贸易总值		
	全国	上海	上海占全国比重	全国	上海	上海占全国比重	全国	上海	上海占全国比重
1864	46210	27210	58.88	48655	27209	55.92	94865	54419	57.37
1870	63693	44660	70.12	55295	31753	57.42	118988	76413	64.22
1880	79293	53876	67.94	77884	36179	46.45	157177	90055	57.30
1890	127094	64717	50.92	87144	32742	37.57	214238	97459	45.49
1900	211070	119095	56.42	158997	78139	49.14	370067	197234	53.30
1910	462965	189785	40.99	380833	175672	46.13	843798	365457	43.31
1920	762250	368663	48.36	541631	193795	35.78	1303881	362458	43.14
1930	1309756	666601	50.89	894844	312668	34.94	2204600	979269	44.42

数据来源:张仲礼:《近代上海城市研究》,上海文艺出版社 2008 年版,第 103 页。

表 6.5 1933 年上海工业行业部分主导
产业产值及其在全国的比重

单位:千元

行 业	上海产值	全国产值	上海占全国比重
棉纺厂	42704	85500	49.9
面粉厂	74172	186136	39.8
轧花厂	7500	11395	65.8
机器厂	7180	19341	37.1
橡胶厂	31767	35460	89.6
搪瓷厂	4513	5643	80.0
丝织厂	31206	41826	74.6

6.1.3　推动上海城市化的因素

6.1.3.1　上海的开埠和租界的开辟

近代上海的城市化过程是随着上海工业化和近代经济的发展而展开的,但近代经济的发展却是随着上海开埠而开始的。上海因其优越的地理位置在开埠前商品经济已有一定程度的发展,被迫开埠后,上海被卷入世界市场,对外贸易的发展带动了近代经济的发展,而租界的开辟则在市政建设、管理制度、土地开发、生活方式等方面对华界产生了直接影响,并为资本的涌入和运行创造了条件。

租界的开辟。1845 年 11 月《上海土地章程》公布,前有"晓谕",后列二十三条,涉及到居留地内许多问题,主要有:土地管理、治安管理、商业管理、外侨管理等,而基本问题和核心问题是土地问题,故英领事馆报送英政府的中文抄件上,封面题为 Land Regulation。这个章程赋予英人在划定的范围内随时租地的权利,该权利是为"永租权"。事实上,由于租界不断越界筑路而使得租界范围不断扩大,使得外人在上海的租地范围也在不断扩大。租界开辟后,建立了市政机关——工部局和独立的警察机构——巡捕房,在实际运行中,工部局事实上承担着统治机构的职能,1869 年公布的《洋泾浜设官会审章程》又进一步使得租界获得了司法权。租界特权的取得,为租界实施特殊的管理制度提供了基础,客观上也为外资的投入和运行提供了保障,使得外商可以在上海租地设厂,从而促进了外商的投资,也促进了民族资本的发展。

外商投资的涌入。上海开埠后,仅 1 年的时间,在沪的英美商行就达 11 家,1854 年时,此数目增长为 120 家,1876 年达 200 多家,按照 19 世纪 60 年代中期的统计,当时外人在上海的财产总值已超过 2500 万英镑。至 20 世纪后投资增长更加迅速,1931 年时外人对上海投资额已达 11.1 亿美元,占整个对华投资的 34％,而如此巨大的投资,主要投资于进出口业、金融业、房地产等等,如对进出口商业的投资外资投资要占到该行业的 80％,金融业要占到 79％,房地产业占到 70％。外资的大规模进入,也带来了西方先进的生产技术,促进了近代经济的发展。如开埠后,运输领域外商以轮船替代了旧的运输方式,供电方面,1903 年工部局安装了当时体现世界上最新发电技术的汽轮发电机等,外资企业大量现金技术和设备的引进也同样带动了民族资本的发展。据统计,自 1912—1935 年上海平均每年进口纺织机器 530 万海关两,占全国平均年进口量的 70％,平均每年进口的电气机器 142 万海关两,占全国平均年进口量的 53％。①

大量资本要素的集中促进了工业化,从而又带动了人口的集中。而租界采用西方式的市政管理模式,对租界范围进行规划,修建道路,安装路灯,供应自来水,并制定了一系列的城市管理方面的条例,使得租界和华界形成强烈反差,刺激了华界的变革。

6.1.3.2 国际贸易、工业化的发展是促进城市化的主要因素

上海近代经济的发展主要是对外贸易带动的。自 1843 年开埠开始进行直接对外贸易,至 1849 年外贸总值比 1844 年增加了

---

① 张仲礼:《近代上海城市研究(1840—1949)》,上海文艺出版社 1990 年版,第 42—46 页。

2 倍,1859 年时比 1850 年又增加了近 6 倍。从商品结构看,19 世纪,上海进口商品除鸦片外主要是消费资料,出口商品则以农产原料和手工制品为主。20 世纪后,生产资料在进口商品的比重中逐渐增加,出口商品中原料出口的增长速度超过了半制成品和制成品。这种变化也说明 20 世纪以后上海的工业已取得相当的发展,从而扩大了对生产资料的需求。如棉织品的进口比重从 1894 年的 40.9%就下降到了 1936 年的 3.%,金属及矿砂从 1894 年的 5.5%增长至 1936 年的 11.3%,机器从 1895 年的 0.5%增长到 1936 年的 4%。① 上海的对外贸易总值从 1864 年的 54419 千海关两增长至 1930 年的 979269 千海关两,在 20 世纪 20 年代上海的对外贸易值占全国总值的 40%以上,30 年代以后上升到 50%,成为中国对外贸易中心。

对外贸易的增长促进了上海的工业化。上海工业的发展主要是在 20 世纪末期开始发展起来的。据统计,1933 年上海工业总产值几乎占全国工业总产值的一半,1947 年上海的工厂总数占全国总厂数的 55%,工人人数占全国总人数的 53%,其中纺织工业产值是全国同行业的一半,其他的食品行业、皮革橡胶业、造纸印刷业等轻工业在抗战之前均占全国同行业产值的百分之六七十以上。② 工业的发展吸引了大量的劳动力,据统计,1929 年上海全市 28.5 万多名工业职工中,纺织业有近 20 万人,其中大多数纺织女工是来自外地的农村妇女。此外在交通运输业中,又有近 3 万名码头装卸工人和 8 万多名人力车夫,他们几乎都是来自外地的破

---

① 华洪涛、陈文瑜等:《上海对外贸易》上册,上海社会科学院出版社 1989 年版,第 195 页。

② 张仲礼:《近代上海城市研究(1840—1949)》,上海文艺出版社 1990 年版,第 262 页。

产农民。在商业方面,全市约有 72858 家商业企业,共雇佣 24 万多名职工,其中也是以外地籍居多。如民国《川沙县志》称:"女工本事纺织,今则洋纱洋布盛行,土布因之减销,多有迁至沪地入洋纱厂、洋布局为女工者";该县北乡,原先"男事耕耘,女勤纺织,近来壮强男子多往沪地习商,或习手艺,或从役于外国人家,故秧田耘草,妇女日多,竟有纤弱者不惮勤劳者,此则今昔之不同也。"而英商上海电车公司,"工人的来源大多数是从农村中来的,按籍贯来说,车务部方面以苏北人占多数,其中尤以盐城人为多;其次为无锡、苏州、镇江一带的也不少。假若以省份来划分,则以江苏籍者占绝对多数;次为浙江、山东及其他。机务部则以宁波籍者为多,约占十分之六;其次为扬州、无锡、安徽籍者占十分之二,苏北帮占十分之二,大都为铁匠和小工"。①

大量农村人口向上海的集中,固有战乱等因素,但上海工业的发展能够带来就业机会也是主要因素之一。

6.1.3.3 地方士绅、社团的力量

近代租界的设立及在租界内移植的西方的管理制度,对于华界起到了刺激和示范作用,但华界的管理制度的变革和近代化的转变则离不开地方士绅、社团力量的推动。在中国传统社会中,介于政府与社会之间的公领域,如教育、社会福利、治安、基础设施等,地方精英领导的社团一直起着重要作用。这种作用的大小因国家机构的强大或弱小而变小或变大。在清末时期,国家机构相对较小,民间社会相对就在公领域中发挥了重要作用,而在民间社会中起到领

---

① 戴鞍钢:《城市化与"城市病"——以近代上海为例》,载《上海行政学院学报》2010 年 1 月,第 79 页。

导和指导社团作用的主要是地方士绅。中国传统社会的士绅通常是卸任的官员,受传统的儒家文化的浸淫,在意识形态上与代表政府的官员是相同的,故而社会与政府的关系基本上是协调的。

开埠之前的上海,上海道台是上海各方面的首脑,职责繁多,如治安、关税、外交、洋务、学校、开埠造路等等均由其兼管,或任总办。这种传统的管理体制对于市政方面的建设是无所作为的,一些基础设施的提供及维护很大部分是由士绅来办理的。例如1879年疏浚岘塘,即记载:"……时以东坝局费无着,董事朱其莼议,援同治七年成案,就滂河图田按亩捐钱六十文,又抽田二千九百七十六亩,出夫戽水,抵免挑土。……余各均田均役。共收傍河亩捐钱三百八十六千两。绅商铺户捐钱一千一百九十八千两,裕源典本年月捐钱二百六十千文,又预支六年七年月捐钱四百八十千文,局用钱二千四百六十三千零。"①因而,在1899年公共租界大肆扩张,使得闸北地区三面受到租界的包围而面临可能被扩张的风险。在这种情况下,为了保住闸北,向具有忧国忧民情怀的士绅们再次行动起来,决定抢先开发这一地区以进行抵制,其中绅商陈绍昌、祝承桂等人发起并筹集股款,"拟于新闸浜北二十七保十一图等地方,建造桥梁。兴筑沿河马路,承办一切事宜"②,得到当时的两江总督刘坤一的批准后,二人联合其他地方士绅们组织成立了"闸北工程总局",依靠集资来进行土地开发,由于资金难以为继于1906年由政府接管,但地方士绅推动的华界的建设和地方自治事业却开始展开。1905年,在绅商郭怀珠、李钟钰等人的建议下,上海道袁树勋将原政府设立的南市马路工程善后局撤销并将

---

① 《上海续志》,卷五,第15页。
② 1906年6月14日《申报》。

"所有马路、电灯以及城厢内外警察一切事宜,均归地方绅商公举董事承办。"①这样完全由绅商们承办的上海城厢内外总工程局成立。值得注意的是,尽管这是一个民间成立的社会机构,其承担的社会职能和组织机构的设置却是一个城市行政机构,如在组织机构的设立上设有决议机构议会和执行机构董事会,议会有议长和议员,但无论议长还是议员均是从 76 位各业会馆、公所的代表,善堂、书院的董事中经知县选拔产生的。一直到 1909 年清朝廷《城镇乡地方自治章程》,总工程局改组为上海城自治公所,但主要组织结构和人员均未发生变化,至 1911 年上海城自治公所改成上海市政厅,而成为政府的正式行政机构。尽管这个最先的社会团体最终成为政府部门,但华界的市政变革和近代化的管理制度的变革及城市建设是在社会力量的推动下开始的,从总工程局的具体的部门设置上我们可以看到其承担的具体职能,这些部门包含了户政科(设有户籍处、地产登记处、收捐处)、警政科(设巡警处、消防处、卫生处)、工政科(设有测绘处、路工处、路灯处),改为自治公所后其承担的事务包括有学务项、卫生项、道路工程项、农公商务项、善举项和公共营业项,从这些机构的设置可以看出,这个社团性质的机构承担了包括城市建设在内的很多公共事务,可以说地方士绅、社团推动了近代华界的城市化。

值得关注的是,在近代城市化的进程中,地方士绅在很多城市的转型中均起了很大的作用,如北京、南通等,这个群体深受中国传统文化的影响,始终有造福一方的情怀,因而当公共领域政府缺位时,他们就会在这个领域里一定程度上弥补这个不足,而且一直以来的文化优越性使得在受到租界的刺激时,士绅们会积极起来

---

① 杨逸:《上海市自治志·公牍》甲编,第 1 页。

承担推动一定变革的力量。

6.1.3.4 西方文化的传播与影响

城市化的过程,不仅是城市规模的扩大和人口增加的过程,同时也是生活方式转变的过程。近代上海开埠后,随着对外贸易的大规模展开和租界的设立,大量的西方的商品涌入和技术传入改变了传统的生活方式,租界中实施的西方的市政管理制度和西式的生活也成为直观的样板直接刺激着传统的文化,同时大量的西方书籍的翻译也促进了西方文化的传播。

西方技术的引入和商品的输入影响、改变着人们的生活。随着开埠,近代的技术被引入进来,很多人们没有见过的西方商品也大量输入,从各方面影响着人们的生活,如和人们生活息息相关的照明、饮水和交通方式等被煤气灯、电灯的使用、自来水的饮用及铁路、电车的采用而改变。比如铁路,传统的交通方式主要是船和轿,1876 年英商修筑了吴淞铁路,大大缩短了淞沪之间的距离,尽管在铁路修建之初,因为传统的"风水"观念,受到一部分人的抵制,但大大便利了淞沪两地间的交通,促进了商品和劳力的流动而被人们所接受,以至于尽管清政府于 1877 年收回后拆除,但在人们的呼吁下终于 1898 年重新修建。再如关于牛的观念的转变,在传统的农业社会中,牛是主要的农业生产工具,也是祭祀用的被称为"太牢"的上品,并不是主要的肉食来源,但西人大量涌入后,由于习惯于吃牛肉而造成对牛肉的大量需求,因而出现了很多屠宰牛的屠户,这固然是需求增加而导致的牛肉价格上涨的基本市场规律使然,但另外一方面也说明,在上海迅速的城市化中,大量的农地转换为非农用地,牛作为农业用途的需求减少,其主要功能也在悄悄发生着变化。

租界实施的市政管理制度和实施的效果和华界形成鲜明的对

比,直接刺激着华界的变革。租界不仅仅在管理制度上有了类似西方市政机构的工部局、公董局,而且颁布了一系列市政管理条例,如其在市容维护方面关于倾倒垃圾的规定、关于禁止随地便溺的规定,在交通方面关于人车分离的规定等等,都使得租界显得洁净、整齐,与上海旧县城的肮脏形成鲜明对比,强烈刺激着上海的居民。上海的士绅们自发行动起来开始为改变华界的局面而努力,如1872年士绅们号召捐资设立路灯,进而又安装自来水、电灯等,不仅在市政建设上进行改进,而且人们也逐渐有了公共意识,开始了向市民的转变。这种转变既体现为价值观念的转变,又表现为大量不再以乡土维系的市民社团组织的出现。如1872年上海道发布告示要求鸡鸭铺户在贩卖鸡鸭时不得倒挂鸡鸭,因为不合仁道,而教育也开始多元化,不再仅仅是以科举为目的的教育,出现了大量的职业教育,也出现了很多职业团体,如律师工会、会计师公会、工程师公会、医师公会、洋务职员公会等,这些公会普遍采用选举、监督的原则,在一定程度上奉行着民主自治,这些均表明城市居民开始向市民转变。

大量翻译机构的成立和报刊的创立及新式教育机构的出现均推动了西方文化的传播,对于人们观念的变革及相应的制度变革起到了推动作用。在1843年上海开埠之始,上海就成立了第一个翻译机构墨海书馆,此后又陆续出现了美华书馆、江南制造局翻译馆、格致汇编社、译书公会等,翻译出版了很多西书,1843年到1898年,上海翻译出版的书籍就要占到整个中国的77%①。此外,开埠后上海也创办了很多报刊,无论在品种还是发行量上均为

---

① 张仲礼:《近代上海城市研究(1840—1949)》,上海文艺出版社1990年版,第735页。

全国之冠。从教育机构而言,开埠之前,上海并没有近代意义上的学校。开埠之后,上海兴办了很多新式学校,这些学校既有传教士或外国侨民办的,又有政府和一些知识分子兴办的,这些新式学校不同于中国传统书院,设置了很多新的科目,如数学、外语、化学、体育等,也促进了西学的传播。

这些西方文化的传播,既逐渐改变着人们的观念,也改变着人们的生活方式,使得传统的城市居民开始向市民转变。

6.2　上海的城市化对城市土地管理制度变革的影响

近代上海的开埠和人口规模的迅速增长,带来了对土地的极大需求,土地交易频繁,地价上涨,对城市基础设施的需求增加,城市化过程中的"城市病"问题显现,原有的城乡一体的以地籍管理为主的土地管理制度远不能近代城市发展的要求,需要进行变革。

6.2.1　土地交易的频繁需要规范土地产权管理

土地交易随着城市人口的增加日益频繁,从道契的转让可见一斑。如英册 7 号道契 1844 年由英商融合洋行永租,1845 年将其中一小部分转让给裕盛等英商,其余又分别在 1850、1852、1862、1865 年前后经过 7 次转让,其中 1862 年转让了 3 次,其中两次在同一天转让。[①] 另外,根据有的学者对道契的资料的统计

---

　　① 张仲礼:《近代上海城市研究(1840—1949)》,上海文艺出版社 1990 年版,第350 页。

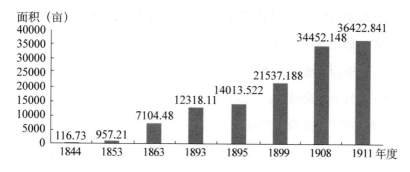

图 6.1　1844—1911 年道契累计面积图

　　资料来源：杜恂诚：《晚清上海道契申领总趋势及影响因素分析》，载《财经研究》，2011 年第 8 期，第 40 页。

分析，也显示出从 1844 年开始至 1911 年，道契所表明的租地面积增长迅速，这也从一个方面反映了土地交易的增长。而且在这些土地交易中，主要是满足贸易、工业的增长和居住所需，即交易后的土地很多变更了用途，由农业用地转换为城市用地，如租界设立（1845 年）后，甚至是在设立前（1844 年）就有外商从农民手中租地用作建立货栈、住房之需。事实上，在 1845 年中英双方签订《上海土地章程》时，划定上海县城以北一块东临黄浦江，北至李家厂，南临洋泾浜，西至界路（在签订《土地章程》时西界尚未定，1846 年英领事巴富尔与上海道台宫慕久始议定）的总计 830 亩的土地为租界，就是因为清政府认为此地农业条件差，滩地无太大的农耕价值，且地处偏僻与老县城隔离而选定的，但英政府则认为此区域濒江近海，空间开阔，内可扼上海县城，外能引重洋巨舰，交通便利适于贸易，因而自一开始双方对于土地的认知上就是不一样的，一个是从农业用地的角度，一个则是从从事贸易的角度，故而英商的租地并不是为了从事农业生产，大片的永租的土地转换为非农用地。这种不同国家的主体之间的土地交易，由于产权观念的不同和文化背景的不同，对于中国传统的土地交易制度也产生了冲击，推动了土地制度的变革,并因其相对于传统的土地交易的优势促进了华界土地交易制度的变革。

在中国传统的土地制度中,土地是可以买卖的。开埠前的上海在进行土地交易时,交易双方须将契证呈送到县,由上海县政府"照单核明"、"造册"、"用印"、"备案",会馆、公所等商民团体契买或契当房地时,不仅有中保,大多还由上海县县衙出面勒石立碑。官府对土地过户进行管理主要是为了办理粮串、征收契税,但并不是发给标准化的、新的土地产权凭证,很多只是在原田单上签注新户名,甚至只是将原田单按照分户情况,分割成数份。因而就传统的土地交易而言,上海地区的土地交易同其他地方的传统交易方式一样,也存在着契约凭证种类繁多、很多契约年代久远难以辨识、契约交易受民间惯例的约束(如中人、保人的存在,亲邻优先购买权等),这样的交易方式由于民间惯例的存在、凭证的不规范等,不仅造成交易效率低下,而且很容易产生纠纷,加剧交易成本,阻碍交易的发生,如找贴风俗的存在。找贴是指卖主在卖出一宗房地产后,仍可多次以各种名目,向买主追加索要该宗房地产的价款,并立下书面契据。有的交易在达成很多年后,仍会有卖主的后人一再加价向买主索要,如 1844 年(道光二十四年)李见心等卖房,前后共经过 6 次交易,历时近半年;1856 年戴心如把南市大东门外十六铺一处地产出卖,前后 7 次交易,历时 2 年 1 个月。这两个时间漫长的交易均出现了卖、加、绝、叹四份契约,即订立卖契之后,卖主再加价复订加契,后卖主复索要"绝价银"立绝契,后又索要叹银立叹契,甚而出现了"升高起造据","借据"和"永远叹契"[1],

---

① 杜恂诚:《从找贴风俗的改变看近代上海房地产交易效率的提高》,载《上海经济研究》,2006 年第 11 期,第 134 页。

这些风俗的存在也表明即使在双方已经订立了契约之后，买主也并没有立即获得完整的土地产权，这大大阻碍了土地的流通转让。

土地产权凭证的不规范所带来的弊端随着土地交易的增加而日益突出。传统的土地交易凭证田单，一直是完粮纳税的凭证，在田单上虽也注明有土地的户名、位置(×保×图×圩×号)和面积，但在土地交易后并不更换凭证，只是签注户名，而祖上传下来的土地甚至户名一直不变更，一张凭证年代久远，致使所载事项看不清楚，且极易破损。有的土地因分户而地权分拆，不同的地主各执一部分，而在外商租赁其中一部分土地需要更换道契时，因需要核对原田单，但各部分凑不齐而阻碍交易的事情也时有发生，如根据《道契》中的记载，光绪二十八年间，上海县二十三保一二图章字圩第 362 号户名周坤荣则田 7.158 亩内划租 0.73 亩与洋商濮兰德，申领道契时，"附交田单一角"，据该图地保王心山称，"原单分为七角，一再饬吊，仅只送到三角，其余屡催不交，无从核对，便因此延搁"且由于田单的不规范，在土地地价随着城市化而不断上涨的背景下，出现了很多造假行为，"惟上海因洋商租地，价值腾贵，奸民但知图利，玩法欺朦，历查此等作伪之单，板印纸张，如出一手，必有一专事作伪之人，若不严行根究，何所底止，且恐将来作伪日工，真伪莫辨，万一失于觉察，贻咎匪轻"①。这些弊端均产生了规范土地产权凭证的需求。

另外，由于租界的开辟是促进上海城市化的一个主要原因，且由于"租界"本身的特殊性，也使得土地产权交易不同于传统。如因为涉及到土地问题，故而清政府方面和英领事馆方面均非常谨

---

① 杜恂诚：《道契制度——完全意义上的土地私有产权制度》，载《中国经济史研究》，2011 年第 1 期，第 9，10 页。

慎,当发生土地交易而申领道契时,双方均要对原有的产权凭证仔细核对,并对实际交易的土地面积认真丈量并标注清楚,也客观上使得新的道契凭证所载事项相对准确、客观,而增加了其公信力使得道契的流转更加容易。

因而,随着上海城市化的迅速发展,大量人口的涌入陡然增加的对土地的需求和频繁发生的土地交易,客观上需要降低土地交易的交易成本,明确土地产权。

6.2.2 城市土地市场的发展需要健全、
法制化土地管理制度

城市化带来的巨大的土地需求促进了土地价格的上涨,而土地价格的上涨也进一步刺激了土地的投机行为。频繁的土地交易中,不仅有自住需求,更多的是土地投机需求。在道契资料中,很多道契的频繁转让就是一个说明。土地交易的旺盛,促进了近代城市土地交易市场的形成和近代房地产业的形成,进而产生了对健全市场交易法规和管理法规的需求。

近代上海房地产业的兴起需要法制化的管理制度。西人通过《土地章程》获得了在上海的永租权,并对土地产权的取得、转让、利用均进行了规定,从而成为租界的土地管理的基本大法,也使得西人事实上获得了完全的土地私有权,从而为土地开发、转让、投机等活动奠定了基础。从《土地章程》来看,可以说制定之时对于土地的投机性买卖是进行了限制的,如在第九款规定:"……商人如有将自租基地不愿居住,全行转租别家、或将本面基地分租与他人者,除新盖房屋或租或卖及垫填等工费自行议价外,其基地租价只可照原数转租,不得格外加增,以免租贩取利,

致令华民借口"。第十五款也规定:"……嗣后英商租地,应行酌
定亩数,每家不得超过十亩以外,……,如租定后并不建造可以居
住贮货房屋者,即系违背条约,应由地方官会同管事查明,将其地
基拨给别家租赁。"但是随着人口的大量涌入,尤其是 1853 年小
刀会起义使得大量难民涌入租界避难,土地需求陡然增加,致使
房租、地价大涨,在政治利益和经济利益的推动下,英领事与上海
道修改了 1845 年《土地章程》,使华洋混居成为可能,并删去了原
章程中规定外商将土地转租他人不得赢利的条款,还于 1855 年 2
月 24 日颁布《华民住居租界内条例》,允许华人进租界设店、辟街
并从事各种经营活动,租界内的房地产业迅速发展起来。根据估
计,1901 年英人在上海投资 1 亿美元中有 60%投资房地产业[①],
至 1914 年时,上海仅外国房地产商行就有 30 多家。房地产业的
兴起,促进了大规模的土地开发、土地交易,同时也提出了一系列
的要求:如何在土地交易中防止侵占他人的土地权益,对土地产
权进行保护? 如何在土地征用过程中对土地私人产权进行保护?
如何防止无序的土地开发? 如何平抑暴涨的土地价格? 如何从
财政上保障公益事业的土地开发? 如何解决土地纠纷? 这些因
房地产业的兴起而产生的问题,都需要有正式的制度予以管理,
并通过明确的法律规定予以规范。

　　如上条所述,在传统的土地交易中,诸多的非正式习俗如找
赎等影响着土地交易,使得土地交易存在着诸多的不确定性,土
地产权法律意识的薄弱与士绅、地保等势力对土地交易的干预
等非经济因素的干扰阻碍了土地交易市场的发育,因此如何从
法律上明确土地产权也是租界当局在确立永租制之初就关心的

---

① ［法］雷麦:《外人在华投资》,上海:商务印书馆 1959 年版,第 184—254 页。

问题,如关于土地登记制度的规定,这个规定对于减少土地交易的纠纷促进土地交易起到了重要作用,也是土地市场得以繁荣的基础。同时土地取得之后的利用的管理也成为土地规划的基础。

6.2.3　土地地价的上涨和级差地租的加大,需要调控

迅速的城市化带来的后果之一便是土地价格的上涨。在近代迅速城市化的城市中,香港、上海等均出现了土地价格的飞涨,也正是这种现象使得青岛土地政策的制定者单威廉从德当局强租青岛之始,在制定土地政策之时就把防控土地投机作为主要的目标,而制定出了在当时世界上都较为成功的土地政策,使得青岛成功地防止了城市化过程中的土地投机行为。

近代上海土地价格的上涨是惊人的。如法国领事爱棠所言,先前200两一亩的地皮涨到1200两,买主还是"争先恐后","一眨眼就从一个人手里转到另外一个人手里,每亩1000两买进的,转了几次手,就变成了2500两。"①如下表所示,地价的上涨是惊人的,而同期从1869年至1927年间人口仅增加8倍多,同时地价的上涨也远远高于平均物价的上涨,以中国的批发物价指数而言,以1913年为100,1926年为154,13年间上涨54%。② 地价的上涨,需要相应的土地管理制度对土地价格进行调控。

---

① 梅朋、傅立德:《上海法租界史》,上海译文出版社1983年版,第301页。
② 孔敏主编:《南开经济指数资料汇编》,中国社会科学出版社1988年版,第499页。

表 6.6　1865—1933 年上海公共租界每亩平均地价估价表

单位:两

年　份	估价面积 (亩)	估价总值 (两)	每亩平均估价 (两)	每亩平均地价 百分比
1865	4310.000	5679806	1318	100％
1875	4752.000	5936580	1459	110.70％
1903	13126.102	60423773	4603	349.24％
1907	15642.625	151047257	9656	732.62％
1911	17093.908	141550946	8281	628.30％
1916	18450.870	162718256	8819	669.12％
1920	19460.174	203865634	10476	794.84％
1922	20338.092	246123791	12102	918.21％
1924	20775.992	336712494	16207	1229.66％
1927	21441.319	399921955	18652	1415.17％
1930	22131.379	597243161	26909	2041.65％
1933	22330.401	756493920	33877	2570.33％

数据来源:张辉:《上海市地价研究》正中书局刊行,1935 年第 91 页。

同时,尽管地价上涨惊人,但不同区位间的地价仍有很大差异,如法租界对洋泾浜外滩每亩平均估价从 1862 年的 2000 两提高到 1933 年的 185000 两,而华界的土地价值则远远低于租界,据 1930 年上海市土地局调查,上海华界 17 个区(包括郊区)中,业经估价的土地以沪南区价值最高,平均每亩 8262 元,以每元 7.2 钱折算成库平银,合 5948.6 两,全市(华界)平均地价,每亩 1428 元,合 1028.2 两。① 巨大的地价差异,与土地的区位和市政建设相关,事实上是土地级差地租的差异,是外在投资(尤其是公共投资)效益和经济聚集所产生的聚集效益在土地上的转化反映。而在传

---

① 张仲礼《近代上海城市研究》,上海人民出版社 1990 年版,第 465 页。

统的土地管理中,城市土地并无税务负担,只有房捐,当然这与传统的城市土地交易不发达,土地级差地租不大有关,但随着市政建设的展开和土地级差地租的扩大,如何从土地增值中获益并为市政建设提供持续的、稳定的资金来源就成为一个新的课题,也对城市土地管理提出了新的需求。

6.2.4 城市土地利用方式的转变,需要土地管理方式的转变

城市化过程的表现之一就是土地用途的转变,有大量的农业用地转换为非农用地。对农业用地的管理,传统的管理主要是以税赋为核心的地籍管理,包括有土地的丈量、土地税的征收、土地交易的登记和纠纷的处理,还有土地产权的划分等,而非农用地涉及到土地的开发、土地的征用、土地增值收益的分配、公共基础设施的提供及维护等,故而不同的利用方式客观上也需要不同的土地管理模式。

由于上海的地理位置和地理环境,开埠之前的上海乡村是一副江南水乡的画面,河汊纵横,乡村的分布以河道体系为核心,在这样的水乡向大都市转变的过程中,一个必然的结果就是大量河浜的填筑。在传统的农业社会中,河浜主要承担着水利、运输、泄洪等功能,有时随着淤泥的堆积,新形成的土地还能用作耕垦,由邻浜的农民向政府缴纳地价获得产权,政府承担着河道维护、疏浚的职责。而随着租界的开辟和扩张,很多河浜被填筑,相应地带来一些问题:这些河浜产权界定问题?河浜形态的改变对农业、乡村带来的影响和冲突在管理上如何解决?地理形态的改变如何影响着城市的空间格局的变化,从而在规划中注意这些问题?这些问

题的产生,对于制度的变革产生了很大的影响。

河浜产权制度的变化带来的土地开发模式的变化。传统的河浜属于国家所有,但使用权归民众,其使用方式也是以服务于农业生产为目的的,对于这种资源的开发其实主要是维护,具体的模式因河浜的级别不同而不同。例如,上海的主要河流吴淞江的治理维护,由中央直接派员监督,巡抚牵头统领,而下属各州县组织民工完成所派的工役,所需的资金由中央帑金、地方库银及民间集资而成。地方所承担的费用也是由受益的州县按亩摊派征收。但对于乡村河道,则要依赖于有威望的地方士绅进行组织,由土地主出钱,佃农出力的方式进行疏浚维护,这种模式根本是以服务于生产为目的的非盈利性的组织管理模式。随着西人开始大规模地租地,原为公共财产的河浜的所有权如何归属呢? 从签发的道契来看,是考虑了这个问题的,大部分的道契上的土地边界是以河浜或路为界的,即作为边界的河浜理论上不属于任何租地的个人,但由于租地的目的本不为农业用途,土地的性质和用途发生了改变,因为筑路需要对一些河浜进行填埋,使得一些河流的一部分因填埋而被阻断,或者淤泥堆积成为新的地块,或者因成为污渠而被填埋也成为新的地块,这些地块的产权如何界定呢? 尤其是随着土地开发带来的土地升值使得产权问题尤为突出,在这方面,传统的土地升科权分配习惯被延续了,沿浜的居民优先办理升科,付出地价获得土地的产权,事实上随着大规模的筑路,原来的公有的河浜因土地性质的变化被私有化了,所有者相应地获得了土地的处置权、收益权等。而被划入租地范围的河浜,租地主则获得了完全的使用权,可以进行土地开发,但若是划入租地范围的河浜滩地因公共需要,如租界内的公路,则租地者有义务捐出以便修路。这些变化从根本上来讲是城市化带来的资源功能的改变而带来的,但是这种由土地开发带来的更多原河浜地的私有也给予了土地所有者更多的开发驱动。

河浜形态的改变带来的影响和冲突需要相应的制度去协调。在中国传统的文化中,山川、河流不仅仅作为自然景象而存在,还往往具有更为重要的象征意义,其中之一便是因其地理位置、形态而反映的风水的好坏,成为建城、建房、选坟墓等的重要依据,而山、水形态的改变又会改变风水从而被认为会对大到国家、小到个人包括后代都会产生很大影响。就上海而言,因其是水乡,传统民间选择坟墓是多选择三面环水,水道流通之地,因为根据阴阳五行说,气逢山而生、逢水而止,三面环河、一面开阔的地势,使远方高地来的吉祥之气从开阔的一面进入坟地,在三面河道的环绕下停聚下来,可福荫子孙,这种传统习俗在人们的观念里根深蒂固,也为政府所接受。但随着租界的开辟,越来越多的河浜被填筑或改变了形态,因"影响风水"之说而带来的冲突也频现,如1875年的《申报》就记载:"本埠虹口至吴淞之马路,自去岁兴工,凡逐段之工作,皆令当地之保甲承包,原所以免人众肇事办法,固称美善。乃不料去腊之二十七日午后,在江湾镇东仍有督工西人熙尔被殴之事,当经列诸前报。兹闻其起衅之由,知系该处之包工总甲徐大全及金杏等,筑至寡妇苏张氏之祖坟旁边,原有沟河一道,拟将填连马路,而苏姓寡妇惑于风水之说,以为填断此沟,有碍苏坟,并称填断河道,致水流不能宣浅,诚恐有碍地方之田畴水利,随与工头阻挠……"[1]因而,在城市化的进程中,为避免社会问题,也需要有相应的制度来避免和解决这样的问题。

---

① 1875年《申报》:记江湾筑路滋事。转引自吴俊范:《环境·风水·聚落——以近代上海为中心的历史考察》,载《民俗研究》2009年第4期,第178页。

地理形态的改变对城市空间布局的影响及带来的问题。随着道路的修筑,很多河浜因被割断而成为沟渠,而逐渐变为臭水沟,带来了很多卫生、环境问题,随着外来人口越来越多和城内房租的昂贵,使得很多外来人口聚集在河道里的船上或河浜旁边的堤岸上,形成了众多的棚户区,也对城市管理提出了新的要求。

6.2.5 城市化过程中暴露出来的"城市病", 需要有城市规划

城市人口的聚集,加剧了对资源的需求,如公共设施、住房等,会产生交通拥堵、环境污染、公共配套设施供给不足等问题。近代上海城市化的过程中,也出现了诸多的问题,需要有统一、科学的城市规划。

近代上海城市化的一个特殊性在于上海一直处于公共租界、法租界、华界长期并存的局面,客观上形成了割据的状态,租界、华界各自为政,道路系统互不相连,至 20 世纪 20 年代时,问题已经很突出,"中区和西区的房屋及办公大楼增多之后,两区马路上的行人及车辆相应大大增多,而跑马厅的位置又恰在中心,通往西区的道路只有 3 条可行,每天高峰时刻,这几条马路上拥挤不堪,加之南来北往的车辆、行人川流不息,致使交通状况更为恶化。"[1]因而在 1924 年公共租界的工部局成立了交通委员会,并于 1926 年提出了一个规划报告,提出了初步的规划,但因为种种因素并未成功实施。另外,城市环境污染严重,生态平衡遭到了很大的破坏,

―――――――――――

[1]　徐雪筠等译编:《上海近代社会经济发展概况(1882—1931)》,上海社会科学院出版社 1985 年版,第 282 页。

如排水系统很不完善,一方面不断填高地面以便修筑马路和建造房屋,另一方面却因抽汲地下水而引起地面下降,每逢台风、暴雨、高潮和洪水季节,潮水上涨登陆,往往出现积水难排的情况;对生活污水和工业废水的处理方面,城市污水大多不经任何处理就直接排入苏州河和黄浦江,使上海的水质受到污染;在环境卫生方面,在棚户区和华界的一些地区则缺乏垃圾粪便的处理设施。

这些问题的暴露,也对于政府进行合理的土地规划提出了要求。

6.3 近代城市土地管理制度的变革

6.3.1 上海开埠前的土地管理制度

6.3.1.1 上海开埠前的土地行政管理机构

上海县开埠前,作为封建帝国中央集权下的一个属县,上海县的行政建制与全国同一模式,县署是最高行政机关,知县为一县之长,官阶属七品,总理一县的政务、户籍、赋役、税收、缉捕、诉讼、文教、农桑等,所谓对诸政皆应"躬亲厥职而勤理之。"①故并无专门的土地行政管理机构,上海县以下依次有乡、保、区、图等基层组织,由知县指派地保负责日常土地产权过户。

6.3.1.2 土地管理的具体内容

开埠前上海的土地管理内容与其他地方相同,是以征收田

---

① 《清朝通典》,转引自刘子扬:《清代地方管制》,紫禁城出版社 1988 年版,第 111 页。

赋为目的的产权产籍管理。对地籍的管理编为保、区、图、圩、号五级,号内分户,并以图为单位编制鱼鳞图册。在编定地籍的基础上,确认每一地块的所有权人,核发产权凭证。旧上海县田地产权凭证为田单,单上注明某保、某区、某图、某字圩、某号、亩数、原粮、客户姓名等。上海县的土地还有两类特殊的类型:漕田和芦课,漕田是内腹地,其中公地、义冢、荒地、公浜、公路等均属免科地,不征钱粮不发产证,这类土地如因情况变化,政府可以出卖,由县署发给执照或印谕执业。芦课又称沙田,系沿江沿海新涨沙滩,涨滩属于国有公产,人民缴价后,可领取执业凭证,按情况分等级征粮。对于公家筑路用地,向不给价,为无偿征用。城镇房地可自由买卖,但要去官府登记注册,并缴纳契税。

6.3.2 上海开埠后租界根本土地制度的确立

孙中山先生曾说:"近来欧美的经济潮流,一天一天的侵进来了。各种制度都是在变动,所受的头一个最大的影响,就是土地问题。"[①]在中英双方签订的《五口通商附黏善后条款》第七款就规定:允许"英人携眷赴五港口居住,或租赁房屋,或租基地建屋。准予何处租赁,何处建造,尤应各就地方民情先行议定。"[②]故而 1845年双方签订了《上海土地章程》,确立了租界根本的土地制度,此后1854、1869、1898 土地章程均在此基础上有所变动,这一系列土地章程是租界各项土地管理制度变革的基础。

---

① 《孙中山选集》(下卷),《民生主义》第二讲,人民出版社 1966 年版,第 792—793 页。

② 黄月波:《中外条约汇编》,商务印书馆 1936 年版,第 124 页。

6.3.2.1 《土地章程》确立的租界的根本土地制度框架

1845 年 11 月《上海土地章程》公布,前有"晓谕",后列二十三条,内容涉及到城市管理的诸多内容,如土地管理、治安管理、外侨管理等,但根本内容仍是土地管理,故其英文名称为 Land Regulations,又被称为地产章程、地皮章程。这个章程奠定了租界土地管理制度的基本框架,与以后历次的土地章程一起成为各项管理制度的基础。

(1) 基本的土地产权制度——永租制的确立

传统中国的土地制度是一种名义上"王有"实际上私有的土地制度,"普天之下,莫非王土"的观念根深蒂固,即皇帝拥有土地的终极所有权,是辖内全部土地的名义上的所有者,有权向人民收取租金,清人陈沣在《东塾读书记·周礼》中就曾将君民的关系比为业主和佃户的关系,称:"古者君授民田,其君若今之业主,其民若今之佃户"。但人民却拥有土地的使用权、处分权、收益权、出租权、转让权、抵押权等,即事实上的土地所有权。在 1845 年中英签订该章程时,在该章程第 9 款规定:"商人租地建房之后,只准商人禀报不租,退还押租;不准原主任意退租,更不准再议加添租价。商人如有将自租基地不愿居住,全行转租别家、狄将本面基地分租与人者,除新盖房屋或租或卖及垫填等工费自行议价外,其基地租价只可照原数转租,不得格外加增,以免租贩取利,致令华民借口,均应报明领事馆,照会地方官会同存案。"这款规定中事实上体现了一旦商人租赁,除非自己退租,否则具有"永。租"的权利。此外在第八款、第七款规定了该权利的取得是通过一次性缴付押租和每年支付业主年租的方式取得。因此,尽管这部章程中并没有言明"永租"的字样,但事实上取得了永远租赁的权力,在发放的产权凭证"道契"中,言明"永远租赁"。

从表面来看,这是一种租赁的关系,土地的所有权仍归清政府所有,外商获得的是租赁之后的占有、使用的权利,但不得任意转租,需在禀明领事馆、照会地方官员的前提下方可将租得的土地进行转让,切不可从中获益。从这个角度来讲,外商对该土地拥有的权利并不等同于中国传统的土地所有制中人民所拥有的事实上的所有权。但在之后1854年的修订中,只规定有"租地皆注册为凭。凡转租,限三日内报明添注,如过期未注,即不为过契矣……",不再禁止转租获益,即外商在登记的情况下,对土地可以转租获益,外商获得了事实上的占有、使用、收益、处置等权利,即事实上的所有权。因而,永租权到1854年时,尽管名义上仍是租赁,但在一次性付给原业主押租之后,只需每年付年租即可,而且在1854年修改《土地章程》时,明确将年租改为地税,押租改为地价,但为了强调和表明土地仍属于原业主所有,在程序上仍强调押租先要付给原业主,再由原业主向官府缴纳。这样,永租制就成为租界的根本土地制度,成为各项土地管理制度的基础,在此基础上关于土地产权凭证取得的程序、格式,土地产权交易的管理等均进行了详细的规定,并成为新的产权制度不仅在租界确立起来,而且也影响了华界的产权管理制度的变革。

（2）基本的土地使用管理制度的确立

确立了土地的产权后,《土地章程》的其他条款及之后的历次土地章程对于外商获得的土地的使用,均进行了一些规定,体现了对土地使用进行管理的制度的逐步确立,这些规定涉及到:

对于土地用途加以限制。在关于土地用途的规定中,既有如1845年章程的第10款明确规定何可为何不可为,该条为"商人租地之后,建房居住自己眷属,屯贮正经货物,造礼拜堂、医人院、周济院、学房、会馆各项,并可养花种树,惟不得屯贮违禁货物……",又专门对于华人尤为看重的坟墓用地如何处理做了规定,如 1845 年的章程第 5 款就规定:"商人租定基地内,旧有华民坟墓,租户等不得践踏毁坏。遇有应行修理之处,听凭华民通知租户,自行修理……",在 1854 章程的第 11 款,1869 年章程的第 16 款均表明了同样的思想:即土地开发利用不得毁坏墓地。

对于公共用地征收、开发的规定。历次《土地章程》中关于土地使用进行管理的另外一个特殊之处在于,关于涉及道路等公共用地如何获得、如何开发均进行了规定。在 1845 章程的第 2、3、4 款中均规定,租界内必须留出足够的公用土地作为建设道路之用,1854 年的第 5 款、1869 年第 6 款均做了类似规定。关于土地的开发,1845 年第 2 款、第 12 款分别规定"杨泾浜以北原有沿浦大路,系粮船纤道,后因坍没,未及修理,现既出租,应行由各租户将该路修补,以便往来其路……","商人租地得在界内租房,自杨泾浜(注:后为洋泾浜)以北,应行公众修补桥梁,修除街道,添点路灯,添置水龙,种树护路,开沟放水,雇募更夫,其各项费用,由各租户呈请领事官,劝令募集,公同商捐,所有更夫雇价,由商人与民人公平定议……",即道路的修建由受益者摊派,自行筹款、自行组织、自行管理。

这些规定,已经涉及到土地征用制度,包括有征用权的取得、征用补偿、土地开发及基本的道路规划等用地管理方面的内容。

(3) 基本的土地估价、征税等制度的确立

土地开发必会带来土地价格的上涨,对价格进行调控是土地管理的重要内容,其中土地税的征收是一种基本的调控工具。在传统的中国土地管理中,农地征收田赋,城市土地并没有土地税,但在租界中土地税的制定、征收却确立了起来。

在 1845 年的章程中，虽然没有明确规定关于土地税收的一系列法则，但在 13 款中却规定："新关南首房屋地基价值，比北首较贵，究竟应该多少，须仿照估价纳税章程，由地方官会同管事官派公正华英商人四五名，将房价地租迁费垫工各项秉公估计以昭平允。"初步订立了土地估价的规则，且税收的征收以土地估价为依据。《土地章程》订立后，英租界于 1869 年由租地人会授权道路码头委员会对界内地产进行估价，工部局成立初期曾规定界内各租地人向工部局报告各自的地产价值以便征收地税，1856 年开始派专人进行地产估价，并于 1862 年成立了地产估价委员会开始每 3 年对土地估价一次。法租界出现后，也由专人对土地进行估价。因此，为了征收地税，这一租界内主要的财政收入，土地估价制度开始形成。

6.3.2.2 租界土地根本制度得以确立的基本因素

以永租制为基础的租界根本制度为何能在传统的上海县城得以确立，从而确立了不同于传统的土地管理制度？从基本制度框架来看，无论是土地产权管理制度、土地利用制度还是土地税收制度都是一个迥异于中国传统的制度，这个制度创新是怎样实现的？分析这些问题，其实质就是这个《土地章程》为何能被双方所接受并得以实施？

（1）经济发展阶段的差异

《土地章程》的签订是根据《南京条约》的相关规定而由中英双方签订的，双方最后能就租界的区域达成一致并确立了永租制，清政府当然是被迫的，但最后能形成这样内容的一个文件，也是双方反复博弈达成的结果，这其中两个国家经济发展阶段不同，而导致对于土地问题的认识及所要实现的目的不同，是永租制得以确立的基础。

在 19 世纪 40 年代,中国仍处于传统的农业社会,而英国已经完成工业革命进入工业时代。农业社会的分工远不及工业社会的分工体系,也没有工业社会体系对于更大规模市场那么强的需求。英国进入工业社会后,需要的是世界市场,根本上说这是其四处扩张的目的所在,因此英国需要的是能够在上海自由地贸易和居住,而不是要占领领土。清政府被迫打开大门,关注的是维护领土主权的完整而不是市场的被迫开放,因而根本来说只要没有对领土丧失主权,清政府也相对能够接受。永租制的一个特征之一,便是外商获得的仅是土地的使用权,土地的所有权仍属中国业主所有,也就仍属中国皇帝所有,尽管是名义上的,但也成为清政府能购接受的理由之一,而对于英国来说,只要能够永远地使用租赁的土地,在该区域内进行居住和贸易就可接受。

经济发展阶段的差异,还使得双方对于土地价值的认识不同。农业社会的中国是从土地的农业价值上进行判断的,而英国则从便于贸易的区位环境的角度去甄别的,因而选定了县城以北的这块荒凉滩地,正是源于中方认为这块地没有多大的农业价值,而英方认为此区域濒江近海,空间开阔,内可扼上海县城,外能引重洋巨舰,恰巧便于贸易往来。这种因经济发展阶段不同而导致的认识上的差异是租界范围划定及永租制被接受的基础。

(2) 中英双方传统的土地管理制度的影响

中国传统的永佃制度。清代永佃制度已经在江南普遍存在,是佃主和佃户之间存在的一种土地所有权和使用权长期分离的关系,在该契约下,佃主拥有所有权(田骨),而佃农拥有使用权(田皮),佃农需要按约定交租,佃主不能"增租夺佃",两个分离的产权均可以独自进行交易,也和普通买卖一样,有绝卖、活卖、典当、加找等各种形式。如下例即是一个田面绝卖的契约："立加绝田面文契，×××因前于××年间，曾将自己坐落××县×保×图×宇圩内田面××亩×分×毫×厘，应纳××仓额或实租米×石正，凭中×××活顶于×××名下，得过时值银通足钱××千文正。今因需用情愿绝卖，议得加绝价通足钱××文正，当日一并收足，不另立收据。自绝之后，无找无赎，任凭永远耕种完租。此田面的系自己绝业，毫无枝节争端，如有等情，卖主理直，与买主无干。此系两相允恰，各无反悔。欲后有凭，立此加绝田面文契存照。"①因此，清代末年的上海早已有永佃权的观念，即保有所有权的前提下，出售使用权，获得使用权者需按时交租。

英国传统的土地制度。英国传统的土地制度是一种土地国有的制度，英王作为国家的象征是名义上的土地所有者，由英王把土地授予其他人，持有土地者拥有使用权。这种思想使得英国在它的海外殖民地也采取了土地国有，只租不卖的政策，如 1841 年英国人攻占香港本岛，在完成了私人土地的登记之后，港英政府随即在 1843 年宣布，绝大部分非私人拥有的土地，成为所谓"官地"，即成为万里之外英女王的资产，由港英政府管理，并向刚任命的香港总督璞鼎查发出训令："女王陛下政府提醒你不要把土地的任何部分作永久的让与，宁愿人们向国主租地。"②关于土地租赁的期限，据 1832 年英国《改革法案》规定，英国本土上土地租赁的期限有"二十年"与"六十年"两种，又根据 1857 年英国银行法特别委员会"年度报告"称，西方其他地区土地租赁期限大多为九十九年。英占领香港后，对土地进行批租，1844 年以前所批的土地承批人可

---

① 杨国桢：《明清土地契约文书研究》，人民出版社 1988 年版，第 162 页。
② 《土地：香港经验　产权制度与契约精神》，21 世纪经济报道，2003 年 12 月 17 日。

获永久的土地使用权,1844 年至 1847 年改为 75 年,由于承批人的不满,1848 年将原批 75 年的使用权一律改为 999 年,但郊区及九龙内陆地段始终为 75 年,后来在 1898 年对期限又进行了调整。因为事实上 60 年后的土地价值对当前的地价影响甚微,才有"60 年等于永久"的说法。① 因而,60、75、999 等期限在他们的观念中如同永租一样,即是在长时间里获得排他性的使用权,这也是他们能接受永租制的一个思想基础。

(3) 中国传统的文化习俗及英国本土的规则

在《土地章程》中除了永租制的相关规定,还有很多关于土地的利用等方面的规定,这些规定能写进去成为必须遵循的规章,也有文化等因素的影响。

中国传统的文化、习俗。在《土地章程》中多处特意提到坟墓的处理,对于坟墓用地在历次的章程中均是不得践踏的原则,能够特意把坟墓特意写进去,也说明英国人对于中国的习俗做了一定的了解,为了尽量减少土地使用中的冲突而做的规定。坟墓在中国的传统文化中占有重要的位置,不仅是祖先的安放之所,其风水的好坏还会影响到后代。因而,坟墓的风水的改变是人们非常在意的。事实上,在近代上海就发生了一些因为道路的修建而使得风水被破坏而发生的冲突②,但也有很多在实施中工部局对于中国这一习俗的重视,如在 1876 年 11 月 13 日的董事会会议上就明确提到,修筑的马路只有遇到坟墓,需要避开时,才转弯改道,在 1877 年 3 月 26 日的董事会会议上提到,熙华德路的修筑沿途需要迁移大约 40 座坟茔与骨灰,此事十分紧迫,必须在 20 天之内与

---

① 周诚:《香港土地问题考察报告》,《土地与房产经济管理》1991 年第 1 期。
② 牟振宇:《近代上海城市化过程中的风水事件(1872—1900)》,载《复旦学报(社会科学版)》2014 年第 1 期,第 25—34 页。

这些乡民们讲妥,因为现在这个季节是乡民们迁坟的季节。① 因而,一个新的土地制度的确立并能最终实施,也是融合了当地非正式制度的关系。

英国本土的规则。19世纪中叶的英国,因产业革命促进的城市化,使得城市中产生了人口拥挤、卫生状况等问题,为了解决这些问题,英国政府也制定了一些法规,如关于城市规划方面的,对于道路的规定、建筑物的规定等。此后,不断调整的土地章程中,关于工部局的组成、土地征收的标准制定等均收到了英国本土观念的影响,在后文具体的制度分析时会对这一点进一步详细分析。

在多个因素的影响下,奠定租界根本土地制度的 1845 年《土地章程》得以确立,并在中国传统的制度环境中能够实施,成为租界各项土地管理制度的基础并深远地影响着整个上海地区的土地管理制度从传统到近代的变革。

6.3.3　租界的土地管理制度

近代上海的土地管理制度的变革,始于租界。在上海存在长达 100 年的租界,因其由殖民者治理,深受殖民国家的文化、政治等制度的影响,呈现出明显的舶来特征,而移植的制度在和本土非正式制度的融合中,又出现了一些变异。

6.3.3.1　专业的土地管理机构的设置

土地产权登记机构——领事馆土地股。1845 年《土地章程》

---

① 练育强:《近代上海城市法律的移植及本土化》,载《政治与法律》2010 年第 11 期,第 143 页。

第 1 款规定:"商人租赁基地,必须地方官与领事官会同定界,注明步数亩数,竖立石柱,如有路径,应靠篱笆竖立,免致妨碍行走,并在石柱上刻明外有若干尺为界,华民报明本道暨上海厅县衙门,以凭详明大宪。商人报明领事官存案,并将认租、出租各契写立合同,呈验用印,分别发给收执以昭信守而杜侵占。"这项规定要求外人租地需中外双方共管辖,外商需报领事官备案,故而为方便商人租地,各国驻沪领事馆设立了土地股,由租地人申请领取道契,在与业主商定地价后,必须前往领事馆土地股填写申请表,说明所租土地所在地点、面积、四至,并附上有关契据。领事馆土地股对这些契据作初步审查和编号,加盖领事馆印记后转送道台,转送时必须附上中文译本,道台在道契上加盖印章或批注后再退回原转送的领事馆土地股,再由之发给承租人。

土地价格调控机构——土地估价委员会、地产委员会。土地价格的调控是土地管理的重要内容,随着租界土地开发,价格飞涨,引起了工部局和公董局的重视,成立了专门的机构进行管理。1863 年,法公董局董事会召开首次租地人大会,决定组织调查地价委员会,1865 年,工部局设立地皮估价机构,对界内土地估价,并编列地号,造地价册。1872 年,工部局成立地产委员会,负责土地的管理,同时根据地价的变动采取定期对土地重新估价的措施,以便调整地价税的征收。1896 年,工部局成立土地估价委员会,对英租界与虹口租界全部土地重新估价。法租界则于 1901 年成立土地估价委员会,对新老租界土地重行估价。

土地勘测机构——会丈局。1889 年 8 月,为解决租地与土地转让中发生的纠葛,上海道台龚照瑗经同各国驻沪领事磋商,正式设立会丈局,专门处理有关外商租地的具体事务。会长局设有局长 1 人,帮办 5 人,秘书 1 人,以及若干书写员、绘图员和丈量员。

其职责是丈量和调查租地情况，并建有专用档案，保存图纸、土地面积及地保的记录等等。会长局工作的基本程序为：首先由租地西人向领事馆提出申请，由领事馆转交道台，道台将文件转给会丈局，由地保带同租地人与出租土地业主将所执田单赴会丈局验明，约定 10 天期限，由会丈局调查粮册，验证单地是否相符等，如查有单地不符及纠葛不清等事，会丈局需在 10 天内将情况通报领事馆。至于勘丈费则按照地价以 8 厘计费，由原业主华民付给，在地价内代扣，由领事馆派员送至会丈局。如果该道契因故不能批准颁发，会丈局于 1 天内将费用如数送还。最后会丈局对有关情况审核无误后，择日与领事馆土地股、租地人同到现场勘丈土地，注明勘丈情况，再由道台在道契上盖印签发。① 在会长局成立后，各国道契后的附文中均有"会长局会同勘复"之类的字眼，如英册道契附文为："饬据会丈局会同勘复，坐落于×保×图×圩土名××，丈见实地×亩×分×毫×厘，东至×，南至×，西至×，北至×，绘图到道，应照丈实亩址管业，相应批明盖印备考，光绪×年×月×日批，印给"，法册道契后附文："此项租地饬据会丈局会同勘复"等。

　　土地测量机构——清丈处、地产测丈股。为了对土地进行重新估价，编列地籍，工部局于 1900 年成立土地处（亦称清丈处），当外商向产业主租地时，会同会丈局、领事馆、租地人同到现场勘丈土地，认为丈量无误后绘制一份，送交会丈局（民国 19 年以后地图由市土地局绘制）。法租界则于 1914 年成立了清丈处。工部局清丈处的基本规则为：工部局清丈处职员与会丈局会同执行丈量，若

---

　　① 《上海租界志》编纂委员会编：《上海租界志》，上海社会科学院出版社 2001 年，第 548，551 页。

属于英美道契,则由英领馆或美领馆土地股派翻译一人协同查验,丈量后由清丈处负责绘图,若是租界外土地丈量后,由会丈局负责绘图,绘图后除工部局存底备查外,须另誊三份,一份送会丈局查验,二份送有关领事馆土地股。领事馆土地股将一份转交租地人,由其同意签名后,交领署备查,另一份发给地产业主。工部局清丈处的测量人员除了从欧美招募外还招募在上海的外籍人员加以培训,因而采用的测量技术应为近代欧美的测量技术。除此之外,工部局工务处还设有地产测丈股,其职责是:绘制正式地图,办理公共租界内工作,制备图样;商洽、收买、放宽并延长道路的用地与其他市政用地。

地籍管理机构——地籍办公室。为了便于地税的征收和土地交易的便利,鉴于"目前整个地籍系统:a)缺乏精确的小地图。b)为地产的改动,缺乏整个组织以及所有的核对。请允许我向董事会建议建立一个'地籍办公室',为了接收必要的文档,建立土地册,复印给领事和秘书的同一精度的道契副本。"①这样,地籍办公室就于 1907 年 3 月 20 日正式设立并制定了地籍测量、路线测量等章程。

除了这些机构外,关于道路的修建、土地的征收、基本规章制度的制定还有租界的行政机构工部局、公董局和权力机构租地人会议、纳税人会议。工部局、公董局开始的设立本身是市政建设的需要,在 1854 年《土地章程》的第 9 款规定:"起造、修整道路、码头、沟渠、桥梁,随时扫洗净洁,并点路灯,设派更夫各费,每年初间,三国领事官传集各租主会商,或按地输税,或由码头纳饷,

---

① 工程委员会会议上董事会主席的报告,上海档案馆藏,卷宗号:U38-1-2775。

选派三名或多名经收，即用为以上各项支销。……其进出款项，随时登簿，每年一次，与各租主阅准"，由是成立了工部局，原负责道路修建、管理的道路码头委员会解散，职责由工部局负责，1869 年法租界成立了自己的市政机构公董局，无论是工部局、公董局，其职责均涉及租界内工程的兴办、道路的修建、公共用地的租买事宜、地税的征收等。而租地人会议虽然并不是常设机构，只是一个会议制度，但其负责根本章程的修订，如《土地章程》的修订等，类似于立法机构。这些制度的设定同样制度化了土地管理。

6.3.3.2　规范化、法制化的土地产权管理制度

（1）规范化、标准化土地产权契证管理制度

如前所述，传统的土地产权凭证种类繁多、手续繁琐且受复杂的各项习俗的制约，大大降低了土地交易的效率，加大了交易成本，不利于土地的流通，与日益频繁的土地交易需求极不适应，租界采用了道契制度，使得产权凭证规范化、标准化，不仅提高了效率，还增强了其公信力。

新的产权凭证——道契。1845 年《土地章程》第一款规定"华民报明本道暨上海厅县衙门，以凭详明大宪，商人（指英商，此注）报明领事官存案。并将认租出租各契，写立合同，呈验用印，分别发给收执，以昭信用而杜侵占。"这一款是对外商租地合同的相关规定，在这个规定中明确列明租地地契须交上海道台审查并加盖印章，故俗称"道契"，英语中被翻译为"Shanghai Title Deed"。道契有正本和附件两部分构成，共有上契、中契、下契三份，分别由外国领事馆、道台和租地人保管。

规范化、标准化了的产权凭证管理。虽然在 1845 年的《土地

章程》中并未给出具体的道契的样式,但第一款规定了基本的办理程序,并在其他款中关于租地契约的取得,如年租的额度及给付、押租的支付,租地人及原业主的权利义务均予以了相关规定,这些规定均在道契内容中予以了体现,虽然章程在之后进行了几次修改,道契的样式略有变化,但契文的主体内容变化并不大,无论从契约的发放程序还是格式、内容上均体现出了规范化、标准化、严格化的特点:第一,道契申领程序明确。租地人与外商谈妥之后,订立土地出租契约,业主将原产权凭证田单交给租地人,并附有地保的证明及列明四至的地形草图。租地人将这些材料交给领事馆后获得一个由领事馆编定的道契号码,之后领事馆将这些材料交给上海道台查核,同时租界机构工部局或公董局组织对土地进行丈量并出具图纸,经租地人核查无误后交由领事馆保存,领事馆将3份契纸及地形图交给上海道台审核签发,核查无误后,上海道将三份契纸盖印,自己保留一份,其余两份交给领事馆,再由领事馆将其中一份发给租地人,作为租地凭证。第二,道契形式严格。道契均具有统一的标题,如英式道契均为"Title Deed",均有序号成为道契编号,如道契第1号。道契契文中记载有原业主和租地人的姓名,经办道台和领事的名称,上海道台衙门和领事馆的印鉴及签发日期。所租的土地均标明地理位置和四至,以及土地的交易价格。如英册道契1号,原业主及租地人分别为奚尚德和英商颠地·兰士禄,签发日期为"道光　二十七年拾壹月二十四日",编号为"租地第八分　地契第壹号",即第1份道契,所租地块在租界地分图上的排列序号为8号。土地四至为"东至黄浦滩,西至公路,南至第玖分租地,北至公路",土地相关的价格规定为"押租钱每亩九十九千八百八十零文,共壹千三百零八百四十七千文,其年租每亩每年叁千五百七十四零文。应将遵照定议,减作每亩每年壹千伍百文,以其余年租贰千零千七拾肆文,按照减年租壹千增重押租拾千之例,加入押租数内,计增贰百七拾壹千五百九拾文,并将原数共计押租钱壹千三百七拾钱九千四百叁拾文。嗣后永定轻租每亩每年壹千伍百文,共计拾九千六百四十一文,务应先给,每到年底预付次年之租,交入银号",并按照章程规定标明"永远赁租""惟此外均不许华民另索钱赋,并议嗣后倘若英商颠地·兰士禄愿将退地,由该业户奚尚德等即必收回""概不准业户奚尚德自讨退地"等。① 第三,道契制作格式严格。1847—1852 年签发的道契,中英文分开,中文本用宣纸印制而成,英文本以英国机制纸印制而成。从 1854 年开始,中文与外文不再分开,道契契证用纸质较厚的天蓝色或白色机制纸印制而成,整个纸对折成二页,共有四面,第一面写有中文内容,第二面写有外文内容。第三、第四面为空白,便于以后土地流转时的签批。第四,要件完备,减少产权纠纷。道契附有签批及相关的函件。涉及到土地的权利转移和重要事项的,会被记录下来,如英国鸦片商颠地·兰士禄(Lancelot Dent)在上海永租土地取得的英册第 1 号道契中,便记载这块地属上海县第二十五保三图必字圩,原先的土名叫"斗鸡场"。而涉及到与此土地相关的一些公文函件也会被作为附件一并保存,这些均为证明土地的产权归属提供了证明。

道契与传统土地契约的主要区别。与传统的土地契约相比,意识克服了传统契约名目繁杂,格式不一,产权不明的弊端。传统的契约一者名目繁多,如印谕、芦科执照、绝卖文契、烂单、劈单等,反映的产权关系不同;二者,虽然土地交易应该到官府登记,使用红契,但为了避免契税,存在很多不经官府私自交易的

---

① 蔡育天主编:《上海道契》(第 1 卷),上海古籍出版社 1997 年版,第 1 页。

白契,且官府编制的地籍图册很多年编一次,并不能准确反映土地的交易带来的权属变更,无精确的地籍可查;三者,传统的习俗极大地制约着土地交易,如找赎、亲邻优先购买等,使得产权不确定。道契格式的统一和标准化,较为准确地土地测量以及土地产权登记的严格实行和管理,大大减少了土地交易中的产权纠纷,增强了土地契证的公信力,使得道契在融资领域也被广泛接受,这之后所体现的制度变革的实现及思想的渊源是需要我们进一步分析的。

(2) 法制化的土地产权交易管理制度

租界的土地产权交易的管理从产权的取得到产权的流转,均对程序作了相应的规定,其中突出的一点便是登记注册制度。

土地产权的取得须登记注册。在 1845 年《土地章程》的第 1 款即明确规定了双方达成契约后须报备领事馆并由道台核查,盖章签发,并留存备案,其基本程序如上文所述。这个要求登记备案的思想在随后历次修订的土地章程中均予以明确规定。1854 年章程的第三、第四款分别规定:"查明无先议之碍,即议定价值,写契二纸,绘图,呈报领事官,转送道台查核,如无妨碍,即钤印送还,……","付价后,仍旧用道台全衔,填契三纸钤印,并由道台照会三国领事馆,以便存案填图备查。"1869 年的《上海洋泾浜北首租界章程》第 3 款规定:"凡永远租地之事,如查无关碍,方准原承租者与中国原业户商定价值等事。禀明该管领事官,在署中呈出中国原业户所写为永远出租契据二纸,系属一式。绘图一纸,画出地形,详载四纸。领事官即以转送上海道衙门,以备查考。查明所租之地事俱妥当无疑,即由道署加盖印信,移换给执,该地价值即可照数付清。……"第 4 款规定:"凡遵照以上例章置产立契,事竣之后,限一月内由该租主持赴该管领事馆衙门内报明入册挂号。

以后如有典押各情,亦须于一月内赴该领事官署报明入册备考。"
这些规定,均以法律条文的形式规定了产权取得的基本程序及登
记注册的要求,既规范了程序,又明确将土地交易纳入管理的范
畴,不仅减少了可能存在的产权纠纷,又体现了租界对于产权保护
的重视。

　　土地产权的转让需要登记备案。1845 年《土地章程》的第 19
款规定:"如有分租、转租房屋,换租地基之事,应随时报明备案。"
具体体现在产权凭证上,就是签批制度,即将产权的转让记载在签
注栏里予以说明。这种规定同样贯彻在随后的历次土地章程之
中,如 1854 年的章程第 8 款规定:"租地皆注册为凭。凡转租,限
三日内报明添注,如过期未注,即不为过契矣。"1869 年的第 5 款
规定:"凡转租基地,须在该挂号之领事衙门内呈明。其得主亦须
赴该领事衙门呈请挂号,并由领事官通知公局。"这些要求体现在
道契中众多的签批中,如英册道契的第 145 号的签批:"查同治元
年五月廿五日,英、美等民四十八户转租一百五十一分、一百四十
五号马路余地,内有一户计地一亩七分零四毫,兹于同治十二年十
一月十一日换立英册九百九十七号新契租用此批。"第 246 号签
批:"同治十一年七月初二日,据美国清心堂教会经理人将本号地
契与英册二百五十号契地并换新契前来,除已换立九百二十四号
新契给执外,本契理合注销此批"①在法租界内,从 1853～1854 年
就有四十多位英国人向法国领事馆登记申请并成功购置地产。②
这些规定均是要求土地在流转时均需登记。

---

　　① 蔡育天主编:《上海道契》(第 1 卷),上海古籍出版社 1997 年版,第 198、
301 页。

　　② [法]梅朋、傅立德著,倪静兰译者:《上海法租界史》,上海译文出版社 1983 年
版,第 190 页。

土地产权的登记均需附加地形图。租界关于土地产权的管理,不仅在产权的取得和流转时需要登记注册,以便备查,同时为了准确,还要求必须附有地形图。这在 1854 和 1869 年章程的第三款中均有规定,同时为了保证该项制度的实施,上海的衙门和租界均在机构设置上予以保障,如 1889 年上海道台设立了会丈局,专司外商租地时的土地清丈事宜,1900 年工部局亦设立了清丈处会同会长局进行勘量,以绘制地形图。这种规定克服了传统的田单没有地形图,以致契证上的面积与实际不符的弊端,同样减少了产权的纠纷,保护了产权。

6.3.3.3　土地使用管理制度

（1）土地有偿征用制度

城市的扩张和开发,必然涉及到土地的征用及使用。租界划定之后,涉及到公共用地的主要是道路的开辟,那么开辟道路所需的土地如何获得,由谁开发,如何开发呢？这不仅涉及到开发的主体、开发的资金来源,还要涉及到土地征用权利的合法性问题及何种情况下可获得该权利。在这些方面,租界也将之纳入管理的范围,在规章上对于公用土地的征用、补偿及土地规划均予以了规定,同时我们也可看到,这些制度也是逐渐确立起来的。

对于公共用地,租界管理当局有强制征地权。在传统的土地管理中,国家是有强制征地权的,但租界开辟后,一开始并没有专门负责租界管理的行政机构,因而在 1845 年的章程中,虽然涉及到了道路的开发问题,但并没有关于强制征地方面的规定。在它的第 2 款规定列明"商人租定基地内,前议留出浦大路四条,自东至西,公同行走。……此外,如有应行另开新路之处,亦须会同妥议。"这个条款只是表明两点,即需要留出公共用地;需要新辟道路

应该协商处理,但如何协商并未进行详细规定,但此制度已明确了
租地人有在租界范围内修建道路的义务。这一规定的提出和实践
中的已有做法是相关的,在《土地章程》订立之前,已有洋商在其建
筑周围修筑道路,如宝顺洋行的约翰·卫斯,仁记洋行的麦凯尔·
吉布,为了方便在其房子旁修筑了"劳勃渥克路"(今福州路),业主
们也约定俗成地形成了各自在自己建筑旁修路的惯例。[①] 至 1854
年时进一步明确土地业主有义务提供因公用地,第 5 款明确列出
"凡道路、马[码]头前已充作公用者,今仍作公用。嗣后凡租地基,
须仿照一律留出公地,其钱粮归伊完纳,惟不准收回,亦不得恃为
该地之主。至道路复行开展,由众公举之人,每年初间察看形势,
随时酌定设造。"虽然规定了需因公共用途让出土地,并公推出代
表来决定道路的开辟,但如何强制执行呢? 在实际修路的过程中,
工部局(法租界为公董局)有无这个强制执行的权力呢? 1855 年
工部局在修建道庙街时,街的东侧一带有租界最大的地产商史密
斯的产业,工部局董事会就先派人请教英国领事以厘清工部局在
道路划界方面的权利,被明确告知:划定道路路线是工部局董事会
的职权,不必考虑任何土地买卖的界限问题,若任何人侵占道路土
地,拒绝搬移围墙,工部局可以请求领事执行他们的决定。因而,
事实上,租界管理当局强制征地的权利已经得到明确,但需要领事
来执行,说明在实际执行的过程中,领事是干预的,而且有关的条
文的制定,领事也起着重要作用,如讨论《土地章程》中涉及外滩滩
地相关条文的理解时,领事温思达说:"章程条文使用'让地'一词
并非意味着订立契约让地,二是土地业主将沿岸的筑路权让予公
权,所以后来由公众出资扩展了公共道路,而业主为其自身的目

---

① 马长林等:《上海公共租界城市管理研究》,中西书局 2011 年版,第 289 页。

的,或者为了使各处土地进出更加方便,在一定时期内出让筑路权,此后他就无权收回土地,这是很好理解的。这就是'让地'的实质。"①在法租界内,1864 年因筑路毁坏了一所旅馆,旅馆主人夏纽要求公董局赔偿损失费 1500 元,公董局予以拒绝,为此旅馆主人拒绝纳税以示抗议,董事会决定起诉他但未获领事答复,待董事会决定封了该旅馆时,领事认为董事会越权,这说明公董局在当时也未获得完全的强制权。② 在后来的 1869 年章程的第 6 款中规定:"凡在租界以内,已经执业租主各西人让出作公用之地(如道路涨滩之类),嗣后仍照前遵行,专作公用,不得另作别用。即将来买卖新地内,如有涨滩,亦必凭照此章,让作公用,以资执业。因须欲酬推广开筑租界通行往来之路,由公局欲西历每年新正查勘地图,将应作新开马路处所,公同会议拟定。凡遇此后转租之事,基地内如有续涨滩地,及应开作道路之地,必由承租者照章让作公用,以便执业。此项照章让出及已作公用之地,除齐集各执业租主有关人等公同会议核定,允准将该地给还原主收回之外,不能由原主自行任意收回,至此项已经让出作为公用之地尚有应完年租,虽仍有原主照缴,但不能藉此希图管业。……"明确规定了道路涨滩这类公共用地,租地人必须让作公用,该项条款后的三款新增章程,更分别对公局征用土地作为公路、铁路、及新路之建筑的具体细则作了详细规定。这些规定均说明了为了公共用地,土地所有者必须让出土地。因此,虽然有规定因公可强制征地,但要靠领事的力量强制执行,在征地中被业主拒绝的案例也有发生。如 1898 年工部局征用麦克默里的地皮就遭到拒绝,工部局在高等法院败诉后诉至

---

① 《字林西报》,1866 年 3 月 17 日。
② 〔法〕梅朋、傅立德著,倪静兰译者:《上海法租界史》,上海译文出版社 1983 年版,第 336 页。

英国枢密院后才于 1900 年获得有利于它的判决①。1903 年对英领馆管业的 15 号地块的征地中,工部局希望对方能因为公众利益,无偿放弃该地遭到拒绝,愤而放弃征用该地。② 而在法租界内,也市场因被征地人要价过高而导致征地无法实施,一直到 1914 年 9 月 15 日始正式公布"公共征地的章程"③,在该章程的前言中就称:在此章程制定之前,公董局征地都是地产主自愿情况下实施的,但地产主所要求的过高地价,给公董局造成了很大损失,并且时常因地产主拒绝让地,使计划的路线难以实现。这个章程详细规定了土地征购的范围、类型及实施办法,以及赔偿问题和土地估价问题,其中关于公共用地的强制征收,其第一、第二条分别如是规定:"位于法租界边界线以内及界外路区,各个国籍的地产主,都必须退让道路、河流或河岸的土地,作为市政公共用地使用"。"在董事会确定为需要开筑的道路,并在公布了计划路线之后,位于计划路线土地买主,必须准备留出筑路所需的土地,包括河岸和河浜等"。

有偿征地制度的实施。尽管在 1845、1854 年的章程中均强调土地业主应让出因公用地,但对于土地业主的补偿问题在章程中并未明确列出。事实上,1854 年工部局成立之前,由 1846 年成立的道路码头委员会负责道路、码头修筑事宜,建筑周围的道路由洋商自行修建也是已经形成的惯例,故而也有很多私人道路,大规模的道路修建并不多,在 1845 年土地章程中规划的 10 条道路中 9

① 练育强:《城市·规划·法制:以近代上海为个案的研究》,法律出版社 2011 年版,第 75 页。

② 海市档案馆所史档案,UI-14-4771。

③ 上海档案馆藏,卷宗号:U38-1-2782,本文转引自牟振宇:《从苇荻渔歌到东方巴黎》,上海书店出版社 2012 年版,第 233 页。

条系租界开辟前已经存在的道路,避免了私人土地的征收,新设道路也是以旧有的道路为路基的。至 1854 年工部局成立,颁布了经英领事同意的租界修建新道路计划,规定有关土地业主必须让出修建道路所需的土地,在执行中就遇到如何执行的问题。因而在 1855 年工部局修建道庙街(今山东路)时特意向领事咨询工部局的权责事宜,当时就提到若因修筑道路需要,土地所有者不得不放弃这条道路的一半土地或者全部土地时,可以要求补偿所丧失土地的一半金额。工部局和道庙街旁的业主史密斯反复协商,才达成由董事会筹款,史密斯安排拓路事宜,修好后道路两旁各按他们门前占地宽度支付一半费用的协议,完成修路。实际上,这里也考虑到了受益者承担一定费用的问题。循此先例,工部局 1854 年至 1865 年期间,共整修开辟 26 条道路。之后,工部局开始增辟和延长界内已有道路,对拆迁户予以补偿,这样需要在规定中列明补偿的标准及原则,故而在 1869 年《上海洋泾浜北首租界章程后附规例》第 2 条规定:"……倘有将沟应接通别条街道者,不拘是何街道,均可穿过,务须小心酌度,庶不致损及产业。若果与人家私产有碍,即自行照数赔偿。"1893 年《新定虹口租界章程》第 3 款也作了类似的规定:"倘工部局欲筑公路穿过华人产业,则须于动工之前,预先商议购地,及搬迁房屋或坟墓之在路线上者。"1898 年修订的章程中则进行了较为全面地规定,在新增章程之一中规定选定地产董事核定地价,该规定为:"……由公局函请后开选立之勘估地值地产董事,公同核断,估给地值及屋价,……",另一条款规定铁路公司征用土地应按公局购地公用规例办理,按当时地价市值购买,并额外给予津贴。"……倘公局允行,公司可将应需之地向该租主购用,照公局购地公用规例办理,给价时值地价,并按地价另加津贴,每百两极少二十五两,以偿勉强让购基地所受亏损,

至用剩之地,该租主如尚受亏,应由地产董事酌给价款。"①1914 年
的法租界的《公共征地章程》的第五条规定:"这个委员会的成员,
在听取了各方意见并获悉了必要的文件之后,判定支付给地产主
必要的补偿数额,并根据退让土地所在的位置,以及在这个位置上
直接用作建设的土地和建筑,计算因征地而导致的更高或更低的
价值。委员会对地产主具有裁判权,以确保执行委员会的决议。"
这里的委员会即为土地委员会。

征地补偿标准的确定。虽然在章程中列明了强制征地权及征
地补偿的原则,但关于补偿标准的确定,在章程中并未作出规定,
只是"额外给予津贴""酌给价款"之类的模糊规定,这给实际操作
带来了诸多不便,因而在 1909 年北京路拓宽的征地中,工部局提
出对于已经的以及未来的出价,是有必要明确一些赔偿政策的。
根据征地谈判的档案记录,工部局对于征地补偿的惯例是按照土
地估价乘以征地亩数确定土地补偿价格,附加 10% 的强制征地
费,扣除一定量的改善金。在大部分案例中,工部局征地按照惯例
出价:估价×被征地面积+10%强制征地费-1/3 改善金。② 关于
这个惯例,工务处长解释为:"至于应付的赔偿,没有实在的有效地
条例,每个案子是按照各自的价值来考虑的。习惯上,……在用于
道路土地的征用方面,基本的补偿是按照地产的估价为基础,减去
一部分改善金(1/5—2/3),最后附加 10% 的强制征地费,偶尔,如
果土地没有道路出口,也会对需要的土地要求无偿转让。"③而改
善金的来源则源自英国本土的法律,即 1894 年英国国会上议院特

---

① 陈炎林:《上海地产大全》,华丰铸字印刷所民国二十二年,第 12—13 页。

② 王方:《上海近代公共租界道路建设中的征地活动》,载《第四届中国建筑史学
国际研讨会论文集》,第 229 页。

③ 上海市档案馆档案 U1. 14－5769。

别委员会规定了地产因为道路修筑增值,业主将被征收相应的费用。因此,虽然根据英国国内法形成了一些基本惯例,但实际上仍无明确予以规定的标准,每块地的征收均需经过反复的谈判,有的甚至会因谈判不成而导致征地放弃,如 1887 年,为把武昌路从乍浦路延伸到北四川路,工部局向第 623 号册地的日本人业主征地询价,日本人开价每亩 1100 两出售 0.476 亩地皮。工部局认为,如果所涉及另两位业主(朱玉奇和玛礼逊洋行)也以同样价格要求的话,单购买地皮的费用就达到 3220 两,这个价钱太高,于是武昌路的延伸工程就搁置了下来。① 法租界的征地中,通常也由土地估价委员会评估地价,并和业主进行谈判,很多情况下最后的补偿价格是评估的地价和市场价的中间价,同时在土地补偿标准的确定中会考虑到地理位置等的影响,即极差地租的考量,但基本的补偿费用中同公共租界类似,也考虑强制征地费和改善金。

征地前预先宣示的规则。因公征地,既涉及到公众利益,也涉及到被征地者的利益,尽管有强制征地权的规定,但英国人尊重私人产权的习惯和文化还是在租界的制度实施中得以体现。在1869 年上海《土地章程》第 6 款规定:"……各执业租主会同决议将地段划归公局管辖之后,公局即将拟在该地方作公用公路等处,出示通知,倘有早在该地方置有产业之有约各国商民等,因公局示内所云公用公路之处,有所辩论,限十四天内,投该管领事官,具呈禀明,或自己专函通知公局,以便设法调处……",在 1898 年新增条款中也规定:"公局拟作公用之地,应绘第六款所指图样宣示,西国租主于图样未宣示以前,已经管业,或虽已承租而尚未管业者,

---

① 《工部局董事会会议录》第 9 册,第 578 页,转引自杜恂诚:《晚清上海租界的地价表现》,载《史林》2012 年第 2 期,第 20 页。

限三个月内,准将详细情形及不愿遵让之处,函报公局,或诣局面陈,或托人代诉,听候公局核断。倘逾限已四个月,及图样宣示一年内,并已将该租主所陈核定而仍行抗争,即由公局函请后开选立之勘估地值地产董事,公同核断,估给地值及屋价。……"这些规定,均表明了征地预先公示的规则,体现了租地人的知情权及当局的行政公开义务,既可以防止当局的滥用职权,又能保护租地人的财产权益。

征地中协调各方利益的灵活制度。土地征收涉及到当局、业主、全体纳税人等各方利益,在征地中也常常是各方利益的博弈,为了保证征地的实施,协调冲突,租界当局也采用了一些灵活的制度。如赋予地产主对计划路线的选择权、适当调整计划路线、多样化的补偿方式等。在法租界 1914 年的规定中,第三条规定:"在计划路线公布的 3 个月期限内,地产主可以通过书面方式,以个人或委托他人提出异议,并说明反对开筑或放宽道路的理由,若关系到他们的地产得失,董事会随后会进行考虑,并给予保护",即业主可以有适当的路线选择权,如 1919 年 6 月 28 日,一位地产主 Ed. WHITE 给公董局写信称规划的一条道路穿过他的地块,使得其地块被分割为不能使用的几部分,请求调整路线。公董局研究后认为已不可调整,但也考虑到对他的地块的影响,将他的地块最终全部予以收购。这说明公董局在实际执行中可行的情况下会考虑业主的请求。同时,在征地补偿中,如果当年的预算不能支付,有时也会采用"交换土地"的办法,如 1916 年,为辟筑莫利哀路(今香山路),需要征购一块面积为 1.4639 亩的地块,该地估价为每亩 2300 两,损坏房屋和移除坟墓的费用为 150 两。而当年此项工程预算仅 1300 两,不能支付这些费用,其中一位地主愿意退让面积为 1.2625 亩的土地,但要求公董局以贝稀鏖路边线之外 1.903 亩的土地交换,公董局同意了。① 当私人利益与公共利益相冲突时,要维护公共利益。在法租界征地修筑道路时,有时道路的规划影响到私人利益,如 1916 年关于萨坡赛路的延长,因为该路线穿过某个地产主的地产而遭到他的反对,但董事会认为该路线符合这个区的总体规划,而拒绝了该地产主要求修改路线的请求。

(2) 土地规划制度

传统的中国城市规划理念深受礼制的影响,租界的规划制度则已经体现了近代城市规划理念,在租界的土地管理制度中,逐渐制度化的土地规划主要体现为规划主体、规划程序的逐渐明确、规划的内容更多关注公共空间,主要为道路的规划、城市分区的考虑及土地使用上的管理制度。

规划的基本法律。租界的基本土地制度是由上海道台和英国领事签订的《土地章程》确定的,这部章程对于租界的范围,租界内的土地的使用,土地的基本产权性质、租界内的道路规划及公共卫生的管理均做了规定,成为实施土地管理的基本依据,也是实施土地规划的基本文件,以后土地章程虽然经过了历次修订,但其法律地位一直没变,是中、英双方认可并对双方均具约束性的文件。

土地规划的主体。在 1845 年的《土地章程》中并没有明确的主体,只是在第 3 款中就规定:"如有应行别开新路之处,亦须会同妥议。"表明由租界内的洋商一起商议道路的开辟,至 1854 年的《土地章程》第 5 款规定中有:"至道路复行开展,由众公举之人,每年初间察看形势,随时酌定设造。"表明道路的开辟由选举的代表来决定,但从实践中看,领事仍然起重要作用,如 1854 年英领事就

① 上海档案馆藏,卷宗号:U38 - 1 - 2784,U38 - 1 - 2787,本文转引自牟振宇:《从苇荻渔歌到东方巴黎》,上海书店出版社 2012 年版,第 235 页。

颁布了道路修建计划。1869 年的《上海洋泾浜北首租界章程》第 6
款规定有："因须预筹推广开筑租界通行往来之路，由公局于西历
每年新正查勘地图，将应作新开马路处所，公同会议拟定。"这样明
确了工部局是道路规划的提出者，但由会议决定，这里的会议即指
纳税人会议。

　　土地规划的基本程序。租界内的规划主要是道路规划，从租
界新辟时的业主一起协商参与，到后来的由纳税人会议最后审议，
事实上都注重道路规划要符合公众的利益，得到大众的认可。至
1898 年的新增土地章程第 6 款丙规定："公局为建筑新路（此义包
括任何一路之延长）起见。凡征得之地皮，于公共利益方面着想，
认为照章必须建筑新路于其上者，当进行工作之前，必于上海所发
行之英文日报中至少刊登一天。公布此意，并致同样之布告于地
皮当街或毗连或接近之西国租主（若有则办）且绘制该项新路之平
面图部面图，连同铲平铺置安设材料。开设沟道及完成该新路所
需一切费用之详细预算表，备存于公局测量员之办公室内。待公
众查阅。于通告后三个月期内，该项地皮当街或毗连或接近新路
之任何西国租主（若有）有权向公局用书面或亲到或委托代表到局
抗议，并提出证据，证明该新路不应建筑之理由。公局当听其陈述
予以裁定。"[①]这一条款从制度上明确了道路的规划既要符合公众
利益，又要符合程序，即需要公示，听取公众的建议。这就从制度
上保证了规划的公众参与的原则。

　　租界道路规划制度。租界对于道路的规划在历次《土地章程》
中均有体现，主要体现为道路宽度的设计、人行辅导的设计，这些
基本规划以规章制度的形式予以确立。在 1845 年的《土地章程》

---

　　①　陈炎林：《上海地产大全》，华丰铸字印刷所民国二十二年，第 14 页。

的第 1、2、3 款的规定中,对于主干道路、道路的宽度予以了规定。这个时期在租界的土地使用管理制度中主要贯穿着租界内的土地就是经商居住用的,而不是通过土地开发来获取利益的。在这个思想的主导下,土地道路的规划一是在原有道路的基础上进行构建,一是限制租地者对土地进行开发。如其第 1、2、3 款所述"杨(洋)泾浜以北原有沿浦大路,系粮船纤道,后因坍没未及修理,现既出租,应行由各租户将该路修补,以便往来。其路总以粤海官尺二丈五尺宽为准,……","商人租定基地内,前议留出浦大路四条,自东至西,公同行走。一在新关之北,一在打绳旧路,一在四分地之南,一在建馆池之南。又,原先宁波栈房西至留南北路一条,除打绳路旧有官尺二丈五尺外,其余总以量地官尺二丈宽为准,不惟往来开阔,并可预防火灾。……其新关之南、桂花浜及怡生码头之北,嗣租定后,仍须酌留宽路两条。此外,如有应行另开新路之处,亦须会同妥议。……","……议于浦江以西、小河之上,北自军工厂旁冰厂之南官路起,南至杨(洋)泾浜河边厉坛西首止,另开二丈宽直路一条,……"这样规划的 10 条道路中 9 条为原来所有,减少了征地的成本,并将道路的宽度统一限为二丈五尺和二丈(一丈=3.33m)。第 9 款和第 15 款则限制租地商人租得土地后必须建造居住、存货之所,如若不然则视为违约而会被剥夺土地,这样就防止了土地囤积。此后 1854 年成立工部局后,又颁布了一项由英领阿礼国富署的筑路计划,到 1865 年,由 26 条道路组成的英界干道网已具雏形。但 1860 年代后,随着租界内大批华人的涌入激起的土地开发热潮,很多土地业主提出了很多道路修筑计划,工部局为了公共利益也提出了一些道路修筑计划,因此这个时期的道路修筑的目的已转变为根据地产开发的需要而修建,应该说道路的整体规划仍主要体现在道路宽度的统一规定上,规定:"今后凡工部局修筑的干道,除另有安排外,其宽度不得少于四十英尺"。① 租界道路规划另一不同于传统规划之处在于人行道的开辟,1861年,工部局在花园弄、九江路、广东路等主要干道铺设人行道。并于1863年规定:凡净宽22英尺的街道,其人行道的宽度也按比例增加;规划花园弄、"马路"(即河南路与浙江路之间的南京路)的人行道应按规定放宽到4英尺,外滩的人行道8英尺,并靠洋行建筑一边铺设,其外侧为30英尺宽的车道,车道与江岸间留出平均30英尺宽的江滨大道。② 这个规定的提出与适应近代城市的扩张和交通工具的改进是相适应的。19世纪末期时道路规划体现为工部局制定总体道路计划。自1898年至1905年工部局每年均编制《道路规划图》,因而对于道路的规划始终是租界土地管理的内容之一。

租界功能分区规划。租界在进行棋盘式道路建设的同时,注意娱乐区、生活区、商业区的布局规划。1845年《土地章程》中就特意辟出商业区,并通过审批的办法来限制市场的随意开辟,其第16规定:"杨(洋)泾浜以北界内,准各租户公建市房一处,以便华民挑运日用物品在此市卖。其坐落处所及办理各法,必须由地方官会同管事官定议,商人不得私自建造,……",第17款也明确规定:"如有人在议定界内开设零用饮食等物铺房,及租给西洋各国之人暂行寄寓者,应由管事官先给执照,始准开设,以备租界土地使用上的管理—系列建筑管理制度。"随后的土地章程中,也一直注意功能分区的规划,如专门的娱乐休闲区的开辟,在1869年《上海洋泾浜北首租界章程》第6款规定:"……租界内执业租主会议

---

① 1870年度《工部局年报》,工务委员会报告。

② 1863年工部局半年度报告。

商定准其购买租界以外接连之地,相隔之地,或照两下言明情愿收授之地,以便编成街路及建造公花园为大众游玩怡性谪情之场所。……"虽然在这些基本章程中对于土地使用有着初步的功能分区的考虑,但真正的大规模的分区规划并未实施,尽管到 20 世纪 20 年代在工部局已有相关的讨论。①

对于土地使用进行监管。租地者在租得土地后建造建筑物要受到监管,主要体现为租界内的各种建筑管理法规。从 1845 年章程到 1898 年,均对租界内的建筑用途、排水防火设施等进行了规定,主要是出于卫生防疫、防火、交通等目的出发的,管理的措施主要是颁发建筑执照、派查勘员现场检查和对违章建筑予以取缔等。颁布的法规除了土地章程,还有 1901 年颁布的《公共租界工部局中式新房建造章程》、1903 年的《西式建筑章程》及 1911 年和 1914 年对这两个章程的修改。

6.3.3.4　土地税收管理制度

在传统的土地管理中,农地主要是征收田赋,城市土地的税收一直是空白。而在近代城市化的过程中,城市土地极差地租越来越大,土地价格上涨很快,且随着大规模的城市土地的开发财政支出也加大。如何调控土地价格? 如何解决土地开发的财政支出问题? 如何处理因土地开发带来的土地增值问题? 这都是城市化的进程中会面临的问题,而且在近代上海租界,土地价格的上涨速度惊人,如何进行调控也是租界当局需要解决的问题,租界当局通过征收土地税使得土地课税的对象扩展到了城市土地,影响了近代

---

①　如 1926 年 6 月工部局交通委员会过一个规划报告,提到了区划。见孙平主编:《上海城市规划志》,上海社会科学院出版社 1999 年版,第 61 页。

的土地税收制度。

形成土地税收制度需求的基础。在制定 1845 年《土地章程》时,因严格限定租界内所租土地只能用于租地人自己居住或商用,或不以盈利为目的的转租,且对每家所租土地的大小进行限制,"每家不得超过十亩以外"(第 5 款),故而并没有大规模的房地产开发,租地的押租和年租均在章程中予以了规定,因而也无平抑土地价格之说。但租界内公共土地道路的开辟需要费用,1846 年按照章程的规定,英租界成立了道路码头委员会负责道路、码头的建设事宜。道路码头委员会成立后的首要事项便是向租地人摊派捐款以便修路,但因缺乏权威性市场受到抵制,因此 1849 年 3 月确定对每亩租地每年征收 1 元的地税,用来建立偿债基金以维持所需的费用。故而这是征收地税的由来,因此土地税收制度在租界内的确立最早是为了弥补公共开支的。

土地税收制度的确立。将土地所有者具有缴纳土地税的义务纳入正式规章的是 1854 修订的章程,该章程第 9 款规定:"起造、修整道路、码头、沟渠、桥梁,随时扫洗净洁,并点路灯,设派更夫各费,每年初间,三国领事官传集各租主会商,或按地输税,或由码头纳饷,选派三名或多名经收,即用为以上各项支销。……",明确列明征税的目的、征税的时间、交税方式,即每年初由选派的三名或多名代表为道路修正等目的经租地人协商后征收,也表明此税的征收需要经过租地人会议的批准,租地人会议就类似于权力机构,使得土地税的征收具有了合法的身份,虽然税率、税金的确定标准均没有在章程中规定,但具体的执行机关工部局通过董事会会议进一步进行了明确。在 1854 年工部局成立后的第一次董事会会议上,规定租界内各租地人应在 7 月 26 日前,向工部局报告各自的地产值以便征收地税,对外侨征收的土地税税率为地价的

0.5％。这样确定了税率,及按照土地价值进行征收的原则。但土地的价值如何确定呢? 虽然规定了由租地人自行申报,但申报的价值是否公允呢? 为此,1856 年委派专人进行估价,1862 年成立了地产估价委员会,专事地产估价工作,并规定每 3 年重新对土地估价一次。地产估价委员会的董事在 1869 年的章程中规定由选举产生,还以条文的形式规定了土地税的征收以土地价值为依据,该章程的第 9 款规定:"……地捐照所估时值地价抽取,房捐照所估每年应收租金抽取。总之地捐如系抽一两,则房捐所抽不得过二十两,余皆仿此类推。……"对于土地税的征收对象,限定为外人租赁的土地,这些土地因均为非农用地,事实上将耕地排除在外,在 1893 年时《新定虹口租界章程》第 6 款规定:"一切向来所有住宅,因系华人原业户之产,并系华人原业户居住,现在并不收捐者,又一切新、旧房屋,在华人原业户地上,离马路或应筑之路较远,并无利益可得者,工部局情愿概不收捐。""凡虹口租界内耕种之田,倘常为华人原业户之产,工部局愿不收捐。"这样土地税的征收对象、计税依据、税率、征税办法、目的均在历次的章程和董事会会议上逐渐确定下来。

随着土地的开发,土地价格不断上涨,不仅土地价值每 3 年重新评估一次以作为征税依据,且税率也是变化的,如 1865—1873 年地税税率为 0.25％,1880 年为 0.4％,1898 年为 0.5％,1908 年为 0.6％。[①] 对土地价值进行评估时,土地的极差地租也被考虑在内,如一份 1870 年的土地估价委员会的报告中就提到:"本委员会首先将两个租界内所有外国人租用的土地列出来,仔细地准备一

---

① 杨正礼:《上海市办理地价税之研究》,中国地政所研究所专刊 1977 年版,第 412—419 页。

份估价表,然后在此基础上,考虑到诸种因素:距中心点的远近、出路,作为建筑用的效果以及邻近相关土地的平衡比较等等。当然,本委员会认为过分强调一些偶然性的因素是不合理的,譬如土地上的建筑物形式,或者邻地建筑物之类,这些只能在特定情况下起作用。相反,本委员会所从事的估价,要求做到尽量接近土地的真是价值,避免外界突发事件的影响。采用这样一个广泛的原则,从社会公共利益出发,本委员会认为地产的估价,应着眼于永久性的土地坐落和出路加以考虑,这比临时性的因素重要地多。在这个基础上,提出一份估价比较表,再就各地情况,用增减百分比进行调整,使之符合市场价格。最后听取租地人的意见再作修改,这样经刊印后送请纳税人审定。"如果业主不同意地产董事的估价,则提交地产委员会公断,以公断价为准。

6.3.4 华界的土地管理制度

华界的土地管理制度在租界的刺激与示范下,也逐渐发生了变革,这个变革主要体现在土地开发中。

6.3.4.1 专门的管理机构的设置

最早的市政机关是创设于 1895 年的南市马路工程局,主要任务是填筑沿浦马路,二年后工程竣工,改为马路工程善后局,1898年督办吴淞开埠工程总局设立,主要是修筑道路。为了阻止租界越界筑路,华界的绅商决定先行开发闸北,于 1900 年设立闸北工程总局,因经费难以为继,遂呈请官办,于 1905 年改称为闸北工巡总局,次年正式改为上海北市马路工巡总局。上海绅商李平书等人还于 1905 年发起成立了上海城厢内外总工程局,值得注意的是,在机构的组织结构的安排上,采用了西式的分权模式,设置了代议机关议会,其职责是进行决策,执行机关是参事会,下设三个行政科:户政科,下设户籍处、地产登记处、收捐处;警政科,下设巡警处、消防处、卫生处;工政科,下设测绘处、路工处、路灯处。地产登记处、测绘处、路工处等均已单独设计。至 1909 年,该局改组为城自治公所,1911 年上海北市马路工巡总局改组为闸北地方自治公所,均是专门负责城市建设和城市规划的。

6.3.4.2 土地征收中开始实行征收补偿

土地征收补偿制度是在吴淞自开商埠的过程中实行的,虽然自开商埠本身失败了,但土地的管理却采取了很多不同于传统的做法,其中之一便是有偿征地制度。开埠过程中专门制定了《吴淞开埠买地章程》,这个章程共计十三款,对于买地事宜作了规定,按照土地所处的不同位置予以不同等级的补偿,具体为:自黄浦江边起,西至一里进深止,列为上等,每亩给银一百六十两;自浦边一里进深处起,西至距浦边二里进深处止,列为中等,每亩给价银一百二十两;自距浦边二里进深处起,西至三里深处通商场极西边界止,列为下等,每亩给价银八十两。[①] 这个规定的补偿标准还是考虑到了级差地租问题。

6.3.4.3 产权凭证标准化

在《吴淞开埠买地章程》中对于如何取得产权凭证、华商、洋商如何区别办理均作了规定:通商场界内洋商所租官地、民地,悉按

---

① http://www.shtong.gov.cn/,上海市地方志办公室"吴淞区志:第三篇城市建设"。

时值缴价,照章换给华洋文合璧印契执业,将田单内丈实亩分四至,分别载入,一切酌仿上海租界章程办理;界内原有洋商租地,须注销换定新契,以清界限。华商在通商场内置买田地,准援杂居之例,将单缴呈苏淞太道,换给华英文专契。一切管业事宜,悉照章程办理,以归一律。我们从中也可以看到租界的管理对华界的影响,"印契执业"仿照租界章程办理。不仅吴淞开埠的实践中明确规定了仿照租界的土地产权凭证办理制度,在 19 世纪末,还有付诸于实践的华商道契制度。1898 年开始办理的华商道契,本身即是模仿租界道契的结果。租界道契由于其标准化、简单化,克服了传统土地产权凭证多样、交易中受传统习惯力量的干预、四至不清而至产权不稳定、不明确的缺点,使得很多华人以外人的名义申领道契,以致出现了大量外商代为华人申领道契的挂号道契业务,即道契名为外人实为华人,外商收取一定的费用。这也说明了华人对于道契信用的信任与土地交易对土地产权凭证变革的需求,在这样的背景下,一些绅商希望能有华商道契,1853 年上海商务总会呈请江苏督抚办理华商道契获准。华商道契仿照道契,华人在购买土地时,可以申请办理,由会长局进行测量绘制地形图,再禀呈道台复核后盖印,且所缴纳的年租也与道契相同。1907 年,上海道台指定由上海商务总会办理华商道契,按照费唐的分析,是因为"当时之采用此种注册方法,系由于其时之中国政局,正在变迁,或料变迁,华人买主,深恐政府当道所给地契或为新政府所不承认,所以不愿地契之由该当道发给,而乃倚赖为一中立团体之商会,由该会给发地契。"[1]1917 年,总商会设立华商道契处专门办理

---

[1] 费唐:《费唐法官研究上海公共租界情形报告书》,1931 年版,第一卷,第666—667 页。

道契,但刚开始办理华商道契时,办理的数量很少,至 1912 年共办理了不到 100 份,这一方面和华界的土地交易不如租界频繁有关,但也说明华界制度变迁的相对缓慢。

6.3.4.4　土地开发模式的市场化

租界的土地开发中,经费的来源并非是政府的拨予,而是采用了商业化的筹集方式,包括有摊派,如 1866 年修理静安寺路、徐家汇路及吴淞路,捐银共 2601 两,凡步行者每人 5 两,骑马者每人 10 两,单马车每辆 20 两,双马车每辆 30 两,各路居户每家 30 两。[①] 1906 年更将之法制化,列入《土地章程》,明确列明:筑路各项工程所需费用 2/3 以内,由当对及毗连路身的执业西人负担,每人负担成数由工部局酌定,如果不服工部局所定,可陈诉于地产委员会,由其最后裁定。[②] 还有征收地税、抵押贷款、发行债券、土地储备、拍卖等方式,如工部局主张在即将发展起来的地区预购筑路用地,以减少购地费用,并乘界内房屋拆迁或地产变动之机,与业主谈判,法租界公董局在法租界外滩填造地皮,留出一百尺宽的土地归公董局,剩余的土地以"正在建造的外滩地皮的原价"卖给土地所有人,而"码头不算在内","万一河边土地所有人不愿购买自己地产对面修筑外滩多余的土地,该土地就将拍卖"。1867 年结束的工程费用总额为 51618.62 两,而出售多余土地却收入了 48064 两。[③] 这些开发模式对华界的土地开发产生了很大影响,如在吴淞自开商埠时,就尝试通过成立公司预先购地再予以拍卖的方式进行开发,为防止外商投机,两江总督刘坤一提议:"……密托

---

① 《上海公共租界史稿》,上海人民出版社 1980 年版,第 435 页。
② 王铁崖:《中外旧约章汇编》,第 1 册,三联书店 1957 年版,第 804—805 页。
③ 梅朋、傅立德:《上海法租界史》,上海译文出版社 1983 年版,第 421—423 页。

公正商人,出名认领。设立'兴利'、'恒源'两公司挂牌注册,陆续将地变价。酌提酬劳外,余利悉以归公。并派该员就近监管。"①这也说明清政府是筹划以地价收入开发界内工程及其他洋务企业的。

从进入近代以来租界、华界所出现、采用的土地管理制度可以看出,这些制度,尤其是租界所采用的管理制度与中国传统的土地管理模式相比,发生了很大的变革。我们要探究的是这种制度变革是怎样发生的? 制度变革的思想渊源又是什么? 在近代的城市土地管理制度的变革中,它的变革与其他城市的变革相比,有着怎样的特殊路径和影响?

6.4 传统到近代变迁的因素分析和比较

上海开埠后的城市化是推动土地管理制度变革的基本因素,这个传统到近代的变革从开埠后就慢慢发生,并为民国时期的制度变革奠定了基础,那么还有哪些因素影响着近代上海的变革,与其他近代城市相比,有哪些异同呢?

6.4.1 影响因素分析

6.4.1.1 租界和华界的长期并存

近代上海的一个显著特征就是租界和华界的长期并存,这成

---

① 《吴淞官地暂设公司召集折》,《刘坤一遗集·奏疏》卷三十一,转引自马伯煌:《上海近代经济开发思想史》,云南人民出版社 1991 年版,第 110 页。

为一个基本的制度特征。从租界最初的划定来看,清政府本不愿给予外人居住权,来华贸易的外国人只在广州取得居住权,且需居住在公行之内,但英国政府希望在中国沿海一些城市,包括上海取得自由居住权,被道光帝明确拒绝"著谕以天朝与各国通商,本系格外施恩","……断不能另开一境,致坏成规",①因此,清政府对于外人在中国境内自由居住是十分警惕的。事实上,在居留权问题上,双方认识的角度也是不同的。就英国人来看,他们希望能够自由居住进行贸易,是从方便贸易往来的角度而言的,但对清政府来说,其对外交往仍是从政治的角度来看的,长期以来是一种"朝贡体制",而不是条约制度,这是双方对外经济、政治往来的不同制度基础。经过反复谈判,中方劝告英方:"告以内地房基,皆系民间所置买,完纳钱粮,虽大皇帝亦不肯将民产作为官地,径行建造,致令失所。尔等寄寓中土,若不问何人之地,擅自拣择造屋,直是与民为难,并非前来贸易。中华百姓不知凡几,沿海四省群起而攻,从此争端又起,于尔等有何利益?"②最后达成划定范围而居,在《五口通商附黏善后条款》中关于外国人居住问题进行了规定,第7条规定为:"在万年和约内言明,允准英人携眷赴广州、福州、厦门、宁波、上海五港口居住,不相欺侮,不加拘制。但中华地方官必须与英国管事官各就地方民情,议定于何地方,用何房屋或基地,系准英人租赁,其租价必照五港口之现在所值高低为准,务求平允,华民不许勒索,英商不许强租。英国管事官每年以英人或建屋若干间,或租屋若干所,通报地方官,转报立案;惟房屋之增减,视乎商人之多寡,而商人之多寡视乎贸易之衰旺,难以预定额数。"③

①　《筹办夷务始末》(道光朝),(一),卷十三,中华书局 1964 年版,第 391 页。

②　《筹办夷务始末》(道光朝),(五),卷六十九,第 2740 页。

③　王铁崖:《中外旧约章汇编》,第一册,三联书店 1957 年版,第 35 至 36 页。

从这个过程来看，清政府本是被迫所为，故在租界范围的划定上，也希望能够远离华人居住区，以免生事端，故而选择了当时荒僻的上海县城以北作为居留地，同样也出于尽量减少外国人影响的考虑，把外国人封闭在一个指定的区域内的考虑，把这个指定区域内的市政管理权力交给了外人，这为日后租界内租界当局权力不断扩大打下了基础，也为租界内的管理者按照自己的模式管理租界提供了条件。如果租界确实是一个封闭的外人居住贸易的区域，租界对于近代上海的冲击将会很小。从签订的《土地章程》来看，确定了基本土地制度永租制和道契制，这个基本制度的确立有其中、西思想渊源，但由于华洋分居和《土地章程》的限制，并没有立即对华界产生很大影响，在小刀会起义后华洋分居局面改变，租界内涌入大量的华人，在谋利的驱动下，如一位英国商人所言："余之职务在于最短期间致富，将土地租与华人或架成房屋租与华人，以取得百分之三十至四十之利益，倘此为余利用我金钱最善之方法，余只好如此做去。迟则二三年，余希望能捆载而归，则将来上海之沦为沧海，或化为劫灰，又与我何涉？"①这样华洋分局的局面逐渐改变，《土地章程》也进行了修改。此后，又由于天平天国起义，使得更多的华人(尤其是江苏、浙江的富商)涌入租界，既带来了对于土地的极大需求，又带来了资金，使得近代房地产业迅速发展起来，大规模的土地开发展开，也对华界的制度形成了越来越大的冲击。

从租界的确立、扩张和《土地章程》的一次次修改，可以看出，租界的范围和租界当局的权力是一步步扩大的，最初的为了最大化地减少外人的影响而赋予的租界的市政管理权为制度的变革提

---

① 徐公肃，丘瑾璋：《上海公共租界制度》，第 28 页。

供了条件,使得租界当局有权并能够采用自己的模式进行变革。而华界和租界的并存,最直接的影响便是租界的示范作用带来的冲击,因而这种在一个城市华界、租界并存的格局直接影响着近代上海土地管理制度变革的轨迹,即突出的中西交融性。

6.4.1.2 传统的农业经济向工业经济的转变

中国传统社会一直是农业社会,在此经济基础上形成了各种社会关系、规范、交易秩序和政府治理模式。而土地一直是作为农业生产要素,交易主要在村级市场,并形成了一整套土地交易制度,在这个交易制度中,既有以征税为目的的政府干预,又有以中人制度、亲邻优先购买权等民间习俗来支撑的非正式规范的制约,这些制度在传统的土地契约中均能得到反映。

从对房地交易契约的研究中,主要是农村土地的买卖。因为分家析产、人口增长等因素,土地交易呈现一种小额化的特点,这点在宋以后越来越明显,而这种小额化的土地交易使得交易多集中在同村之间,如果土地分散会加大土地劳作的成本和租佃制下地主监督的成本,成本的制约使得土地交易市场多为村级市场。而在村级市场中,家族、道德起着很重要的约束作用,宗法力量在基层组织中是维护稳定的重要力量,家族的权威领袖、当地有威望的士绅等起着组织提供公共服务、调停纠纷等作用。在土地交易中由于信息不对称存在的风险,需要权威起着一种降低风险的担保作用,故而中人一般均由当地的首领、熟谙人情世故并负有公共威信的人物来担任,而且为了逃避税收,交易者更希望回避官府,并且通过官府解决纠纷的高额交易成本也使得人们更倾向于寻找当地的权威来解决。从传统的中国政府的管理模式来看,国家的管理更注重税收和稳定,而民间的财产交易并不会引起社会动荡,因而如西方观察家所言："他们（指中国）的立法者的主要努力，都用在制定镇压骚动及保护税收的法律方面，而把民法、商法或契约法的问题交给地方政府去处理。"[①]而地方政府对基层的治理中也依赖于宗法秩序，正是这种治理模式给了大量民间交易习俗产生和长期存在的空间。同时，传统的农业社会是一个稳定的社会，财产所有是一种家族所有，即使土地、房屋等已经析产给了诸子孙，但祖宗传下来的产业不能随便变卖的观念是根深蒂固的，因而即使不得已变卖房产也优先卖给本族中人，而邻里间更是因土地、房屋相接相连，彼此间的交易更容易减少产权纠纷。故传统的土地交易制度是建立在地缘、血缘关系之上的。

但近代的工业化带来的人口的流动，改变了原来靠血缘、地缘维系的稳定的社会关系，民间习惯法的约束力量减弱，客观上需要法规等正式制度的完善来弥补非正式制度约束减弱带来的交易的不便。从对清末上海地区的房地产交易的研究来看[②]，交易过程中的找贴风俗已经逐渐发生改变，交易的过程已经大大加快，也说明了原有的习俗约束的减弱。传统的农业社会本是乡土社会，土地为安身立命之本，不到万不得已不会用于交易，且变卖土地也受着传统道德观的约束，是一种败了祖宗基业的行为，故在很多传统契约中多有"万不得已"之词。但在工业化的过程中，土地的性质发生了变化，农业用地转换成了工、商业、住房等用地，原有的因受多种因素制约缓慢的、不稳定的交易已经不适应工业发展对效率的需求，也带动了传统的交易制度的逐渐变化。

---

① 李文治编：《中国近代农业史资料》（第一辑），生活·读书·新知三联书店1957年版，第44页。

② 杜恂诚：《从找贴风俗的改变看近代上海房地产交易效率的提高》，《上海经济研究》2006年第11期，134—136页。

6.4.1.3 中、西文化的交流与融合影响着制度变迁的轨迹

上海从传统到近代的转变始于开埠后租界的设立,划定范围后外人根据永租制租地造房筑路,采用自己的模式进行了自治意义上的管理,形成了道契制度和土地规划、土地利用管理等制度,而华界相对要滞后,且变革的轨迹多为模仿租界,如华商道契等,同样的传统文化的变革在租界可以看成是一种由顶层设计而推动的制度变革,而华界的变革更多地体现为一种自发地、自下而上地推动的变革。但无论哪一种路径,均体现出两种不同文化的交流,如美国学者罗兹·墨菲指出"胜于任何其他地方,理性的、重视法规的、科学的、工业发达的、效率高的、扩张主义的"西方文明与"因袭传统的、全凭直觉的、人文主义的、以农业为主的效率低的、闭关自守的"中国文明在上海走到了一起,"两者接触的结果和中国的反响,首先在上海开始出现,现代中国就在这里诞生。"但这两种文化很难说哪一种文化占着主导地位,更多地是这两种文化碰撞、交流而产生的新的制度,关于这一点,罗兹·墨菲的感叹"上海是两种文明会合,但是二者中间哪一种都不占优势的地方。对洋人来说,上海是化外之地,不受他们本国文化知识的影响和管辖,每个人各行其是,或者很快与当地的恶习同流合污,一点也不感到内疚……对华人来说,上海同样是不受限制的……"[1]在一定程度上反映了出来。

如前文所述,租界土地产权凭证为道契,该契证格式规范统一,四至明确附有地形图,办理程序简单,且不受传统习俗的制约,具有很高的权威性而被广为认可,以致还出现了挂号道契和华界

---

① 〔美〕罗兹·墨菲著:《上海——现代中国的钥匙》,第 4,10 页。

模仿的华商道契。那么就道契而言,与传统的土地契约相比,有哪些异同呢? 从契据形式来看,传统的土地契据一般载有:(1)契首称谓,即立契人,此为土地出租者;(2)土地所有权的说明;(3)出租原因;(4)对象地,必须详细注明坐落(邑、保、图、圩号等)、面积诸项;(5)承租人;(6)租价;(7)税粮、租额除割过户与时间;(8)契末称谓(立契人)、邻人作中、地保或代笔人,等等,但形式多样,且名目繁多,且因有白契、红契,有的契约官府虽有契尾但仅作征税之用,固无精确的地籍可查。道契均具有统一的标题,如英式道契均为"Title Deed",均有序号成为道契编号,如道契第 1 号。道契契文中记载有原业主和租地人的姓名,经办道台和领事的名称,上海道台衙门和领事馆的印鉴及签发日期。所租的土地均标明地理位置和四至,以及土地的交易价格。从内容上看,要件基本一样,但有明确的政府的印鉴。简而言之,传统的契约有的属于私家文本(白契),有的属于官府文本(红契),法律效力不同,道契均为官府文本;从办理程序来看,传统的土地契约主要由基层的地保、图董、册书等办理,有的直接在原契上加盖官府的钦印,有的采用官定的文本,而道契规定了严格的办理程序,均由外国人将租地单呈交领事馆,领事馆按规定格式填好一式三份,加盖领事馆印记,转送上海道台,道台填好中文,加盖印记,道台留存一份,其他两份送领事馆以备领事馆留存一份,剩余一份给租地人。表面来看,内容包含的主要要件基本类同,道契有官府和领事馆的参与,增强了官府的权威性。但从管理来看,传统的土地文书无准确的地籍可查,但道契均编号留存,有精确的记录。因而,从契约的管理、内容来看,既有传统所认可的内容,又有了西方的注重效率、法规的思想的体现。

那道契能具有如此的权威以致出现了挂号道契,是否就是西方的契约精神更占优势而是西方文化主导下的产物呢？从中国传统的土地契约来看，尽管它有着诸多弊端，还存在着烂单、割单等，但从另一个角度看，因为土地分割仅仅持有契约的一角即能作为契约凭证而被广泛认可（割单）且长久地保存下来，并在民间被广泛认可，更是一种契约精神的闪现，因而中国传统的历史悠久的民间土地交易早已有其契约观念在里面。中国传统和西方的差别在于，前者更多地是"礼"的约束，后者更多地是"法"的约束，这是两种不同的文化体系。不论哪种体系中的交易均要受到一定的约束，当非正式制度有着很强的约束时，就不会发展起完善的正式制度的约束，反之亦然。道契也好，传统的土地契约文书也好，均闪现着契约精神，支撑两种契约的精神是两种文化所共有的。但因为在近代当时的背景下，后者更适应工商业经济发展的需求，且因为当时连官府都对洋人有所忌惮，而使得有洋人监督下的契约更有了权威性。以契约的发展为例，我们可以看出它事实上是两种文化相互交流、融合的产物。

再如对于《土地章程》的分析中，我们可以看到历次的规定中均有关于坟地的规定，在 1845 年章程的第 5 条就规定有"在租界内，原有华人坟冢，租地人不得加以损毁，如需修理，华人得通知租地人，自行修理之，每年扫墓时间规定为清明节（约在四月七日）前七日，后八日，共十五日；夏至一日；七月十五前后各五日；十月初一前后各五日，及冬至前后各五日。租地人不得加以阻碍，致伤感情，扫墓人亦不许砍斫树木或在他处挖掘泥土，移覆墓上。租地上所有坟冢数目及坟主姓名，均须详为登记，以后不许增如。如华人欲将其坟冢移至他处者，须听其自便"。在这里，不仅将对坟地的保护写进了规章，还特别提到了中国传统的扫墓的习俗，这也说明在制定租界的根本章程时双方对于中国文化的认可与尊重，使得这一点成为后来西人租地、筑路中应该遵守的规定。在实践中，我们也可从很多道契中看到租地人在租地时，坟冢本身是不计入契内的，如《上海道契》中的法册 245 号道契注有"该地南段西边有留土坟地 6 厘 6 毫，请于契内批明不得侵占。"这些类似的规定既是对于土地使用管理的规定，又是中国文化习俗制约的结果。

在租界内由于是由西人自己管理的，虽然有很多规定中尊重了中国传统文化，但西方的治理模式、理念还是迅速地采纳和传播开来，相对而言，华界就缓慢地多。在《申报》中记载的近代以来的很多涉及地产的纠纷的处理，就很有意思地展现了这种不同和逐渐的结合。在租界内的纠纷处理中，由于是由会审公廨处理的，采用了西方的审理程序和方式，如律师的介入，有这样一份登载的案例"原告延佑律师帮办到案请究，冯延爱律师声称：被告于去年四月中旬将宝山县境基地二十四亩卖于沈姓，当时订期一礼拜，银契两处因到期，地价无着，是以作为罢沦，况定洋五百元亦沈姓所交，并无洋商代表，应请将案注销。"①而在华界的很多纠纷中，还是沿用的传统的告官的习俗，由上海县署的县官进行审理，如 1899 年 12 月 31 日《申报》刊登的一则原告怡昌洋行买办袁明尚诉被告沈祥华挖原告家坟地的泥土筑路，致破坏他家的风水一案就是由县署的县官进行审理的，最后，县府"核两造禀词，知袁殊属不合，遂叱之，使出不与准理"。② 但也有很多案例中华人也开始聘请律师，还有的案例中有中西冲突的，很多也采取折中的办法，如发生在 1874 年的江湾筑路风水事件，在此事件中，清政府与租界达成了筑路协议，且已给地价，但有苏姓寡妇认为妨碍了她家风水，纠

① 马学强：《从传统到近代：江南城镇土地产权制度研究》，上海社会科学研出版社 2002 年版，第 274 页。

② 申报，清光绪廿五年十一月十一日，1899 年 12 月 31 日。

集民众打上了洋监工,几经审理,2 月 17 日登告示"为出示晓谕事,照得西邑江湾镇南至上海北达吴淞,向为来往通衢要道,前经洋商议开马路,因在各该图民田内起筑,叠奉道宪委员,会同前县躬视履勘,并督同该处董事地总按图按故丈量,明晰分别,立契给价,群情允洽,均已先后领价。在案现往洋商兴工挑筑,自应任听举办,不得妄图希冀有违。前讯查近有乡丛无知之辈,听人煽惑,甚至恃众肇衅,实属不知自爱,殊非辑睦中外之道合。亟出示晓谕,为此示仰该处业户人等,知悉尔等当知田亩,即经立契收价,自当任听开筑马路,勿得恃众阻挠,妄生觊觎……"①但在 7 月 26 日绕开修路了,这里既言明按法理既然已经议定给价,民众不得妨碍,但最终还是因着风水之说而绕开修路了。

因而,近代上海土地管理制度的变革是中西文化碰撞、交流而缓慢实现的,变迁的轨迹也是不同的。从租界的根本大法制定之初就考虑了中国传统文化,但也引入了西方的模式,而传统的观念在近代经济发生变革和西方文化的影响下,也在逐渐、缓慢地发生变革。

6.4.1.4 近代技术的发展

土地管理制度的逐渐变革和完善受近代技术发展的推动。如租界的道路规划,在 1845 年的《租界章程》订立时,规定了租界内开筑东西干道 7 条、南北干道 3 条,但大多是利用旧的道路,并规定了道路建设费用分摊,并无更详细的规定,但从会议记录来看也没有很多的利益冲突。但自 1860 年代以后,一者租界内因战乱涌进大批的华人,且出现了新的交通工具马车,改变了原有的有舟无

---

① 申报,清光绪乙亥正月十二日,1875 年 2 月 17 日。

车的交通状况,使得原有的道路体系不能满足需求,使得新的道路
规划提出,并因大规模的修路,引发了征地、道路修筑费用等问题,
如根据董事会会议记录,有位伯顿医生询问工部局是否能支付其
填筑沟渠使之成路时遭到拒绝,理由是董事会无权为开拓道路而
支付费用,但当史密斯先生称其修筑供行人使用的人行道时却得
到了董事会支付的 50 两白银①,因其是为着公众利益。这就明确
了当道路的修筑是因公共利益时,是应该得到资助的。1865 年外
商发起成立的自来火公司向租界供应煤气时,引发关于挖掘道路
而引起的路面损坏问题,也使得工部局对于道路维护制度予以完
善。至 90 年代时,由于交通技术的发展,汽车也引入了中国,交通
迅速膨胀而使得 90 年代工部局不得不再次编制道路规划,并修订
了土地章程,即 1898 年《新增土地章程》,在这个章程中对于工部
局强制征地权的保障是关键,在其第 6 款即规定:"公局拟作公用
之地,应绘第六款原载所指图样宣示。西国租主于图样未宣示以
前,已经管业,或虽已承租而尚未管业者,限三个月内,准将详细情
形及不愿遵让之处,函报公局,或谒局面陈,或托人代诉,听候公局
核断。倘逾限已四个月及图样宣示一年内,并已将该租主所陈核
定而仍行抗争,即由公局函请后开选立之勘估地值地产董事,公同
核断。估给地值及物价,如再不遵,查第六款原文虽似有异议,兹
由各租主本管官员帮助,以伸地产董事之权。"强调地产董事来保
证土地征用。

仅从道路规划中相关制度的逐渐完善就可看出,近代交通技
术、公共事业等的发展也加快了制度变革的需求,同时也为相关制

---

① 上海市档案馆编:《工部局董事会会议录》(第 1 册),上海古籍出版社 2001 年
版,第 616,639 页。

度的实施提供了保证。如测量技术的发展在道路测量中的应用等。

6.4.1.5 地方士绅的作用

地方士绅是社会的精英团体,他们会因着本身的强烈的责任感和威望,而成为制度变革的主导,这点我们在分析近代南通、北京的制度变革时均能很清楚地看到。在近代上海的制度变革中,他们同样也是推动制度的变革的中坚力量,尤其是华界的土地管理制度的变革。

在19世纪90年代,租界日盛,华界日衰的局面给予地方绅商和知识分子的刺激相当强烈,他们迫切希望"变通"和"自强"。1905年,上海地方绅商郁怀珠、李钟珏等向上海道建议,鉴于"外权日张,主权侵落","道路不治,沟渠积淤",上海应建立地方性的总工程局,"整顿地方,以立自治之基础",他们的提议得到了政府的大力支持,郭怀珠等组织投票,公举出总董、帮董、议董,组成"城厢内外总工程局",后又改名"城厢内外自治公所",是上海华界的地方自治总机关。工程局(自治公所)的董事们多为来自上海各个同业公所的商界领袖,地方自治事业也得以顺利开展。此外,如闸北方面,1900年设立闸北工程总局,最初由地方绅商陈绍昌、祝承桂,接着由沈镛、钱康荣等主办。浦东方面,1906年设有浦东塘工善后局,是由高行、陆行两乡绅董朱有恒、谢源深等呈请上海知县而创设的。从前文对华界的分析我们已经得知,这些机构类似于租界的工部局、公董局,负责土地管理和市政事业,如总工程局的组织机构中,就包含了地产登记处、收捐处、测绘处、路工处等。这些机构的设置改变了传统的管理方式,而它们的设置俱是由绅商们自发设置的,可以说,是他们推动实现了华界的管理制度的变革。

6.4.2 与南通、北京、青岛的制度变革因素的简要比较

在这些不同类型的城市从传统到近代的变革中,不同因素所起的作用不同,使得它们的变革呈现出不同的路径。

就共性而言,西方文化的传播、技术的发展、近代经济的转型均是主要因素。但即使是同样的因素,也呈现出不同的特点:就上海和南通而言,一为约开商埠,一为自开商埠,开埠后近代工商业的迅速发展推动了城市化的迅速展开,这是城市近代转型的根本原因,这两个城市均迅速成长为近代城市,一被吴良镛先生誉为"近代第一城",一为国际化大都市。但这两个城市仍呈现出不同的转轨路径。虽然西方的文化都产生了很大的影响,但就南通而言,它是由以张謇等为首的地方精英自发、自觉地推动实现的变革,这种变革的基础是张謇本人作为传统知识分子的深厚的"家天下"情怀,在变革中政府的力量几乎是缺位的,这也使得制度的变革呈现出非连续性的特点,而上海因为租界、华界的长期并存,西方的文化和传统文化产生了激烈的碰撞、交流,在制度变革上呈现出二元性的特点,但由于租界的基本制度的确定是由两国政府确定的,在这个过程中很多中国传统的因素得以尊重并产生影响。上海地方政府在和租界的多次博弈中,直观地观察到了租界的做法,在制度的变革中呈现出积极的一面,对于士绅的计划加以支持,并能够在绅商力量不足时而加以接替,如始由士绅主办的闸北工程总局,因修筑道路力量不足而转为官办,使得制度的变革呈现出持续性的特点。就上海和青岛而言,一个长期存在着租界,一为租借地,西方文化对于制度的变革的影响均十分巨大,但也呈现出

不同的特点。青岛几乎是一个平地而起建立起来的城市,租借国德国对于制度的变革起了主导作用,在当局的强力干预下,一整套制度得以以法律法规的形式确定下来,并通过教育中西方文化的普及使得西方的文化强力嵌进,法律制度带有鲜明的西方的特点,它的整体规划的实施对整个城市的后续发展奠定了良好的基础,而上海由于租借、华界分割,文化融合明显,但不统一的规划对于后续的城市发展带来了阻碍。

相对而言,古老的北京的变革呈现出比较独特的一面,因为中央政府的力量相对较为强大,且由于政府稳定性的考虑,对于西方的文化一开始非常警惕,即使不得已有使馆区的存在,但使馆区犹如孤岛,并没有像上海的租界区一样对于其他地区产生很强的影响。北京的土地管理机构(刚开始只是市政的一部分)的变革从八国联军进京后为了维持秩序被迫开始,而后以"求存"为目的在政府主导下逐渐开始了变革,这种变革是政府主导的一种自上而下的变革,但由于近代工业发展的缓慢,它的变革要迟滞得多。

6.5 近代上海城市土地管理制度变革的思想渊源

上海的土地管理制度的变革有着明显的中西文化交融的特征,从其制度的转变中,我们可以看出其制度的思想渊源。

6.5.1 租界根本土地制度——永租制的思想渊源

中英双方确立的永租制,既是双方博弈的结果,也有双方各自的制度基础。永租制的基本内涵是指永远租赁,即租借方(英国商人)通过缴纳保证金(押租)和租金(年租)获得土地的使用权,租借方可以退租但出让方不得收回,因而永租制是一种土地使用权的转让。

就英方而言,在通商口岸开辟之前,只能在广州进行居住贸易,且只能居住在十三行划定的商馆中,英国商人很是不满,因而英国政府一直谋求使本国商人获得自由贸易和自由居住权,如一份交涉文件所言:"英国臣民无论男女,应准自由和不受限制地在中国的一些主要口岸居住贸易。这些口岸应在条约中明白开列。"①因而英方谋求的是居民能够获得土地自由居住的权力,而不是领土的主权。如何获得土地呢? 就英国本身而言,私人获得和拥有的土地的产权也并非是完全的土地所有权。英国历史上自1066 年诺曼人政府英国,建立新的英王王朝后,英王成为整个国家土地的唯一所有者,由英王将土地进行分封,这些获得土地的人成为土地的持有人或租借人,并相应地应向英王尽一些义务。土地持有人还可以再把土地授予别人,而获得土地者也同样对直接的土地分封者履行规定的义务。随着英王控制的减弱,一些贵族、大地主将土地卖给他人,至 16 世纪下半叶土地已可买卖,但法理上的土地所有者始终是英王,拥有土地者事实上是土地占有者。这与中国传统的土地王有制类似,即"普天之下莫非王土"了。故而通过租赁获得土地的永久使用权,而不追求完全的土地所有权有其历史传统,这一传统在英国治理殖民地时也被保留,如 1841年英国人攻占香港本岛,在完成了私人土地的登记之后,港英政府随即在 1843 年宣布,绝大部分非私人拥有的土地,成为所谓"官

---

①　[美]马士著,张汇文等译:《中华帝国对外关系史》,世纪出版集团仁海书店出版社 2000 年 9 月第 1 版,第一卷,第 712 页。

地"，即成为万里之外英女王的资产，由港英政府管理，并向刚任命的香港总督璞鼎查发出训令："女王陛下政府提醒你不要把土地的任何部分作永久的让与，宁愿人们向国主租地。"①

就中方而言，土地制度也一直是名义上的土地王有制，土地的终极所有者是中国的皇帝，土地持有者也只是土地占有者，土地虽然自由流通转让，但所有者不变，同时江南盛行的永佃制，也使得土地所有权和使用权可以长期分离的思想早已深入人心。在这样的背景下，所有权不变而永久让渡使用权的永佃制也比较容易为清政府所接受。

6.5.2　土地产权管理思想的渊源

从租界的土地产权管理制度来看，无论是从土地产权凭证的管理，还是对土地产权交易的管理上，均体现了其中、西思想渊源。

6.5.2.1　道契制度所蕴含的思想渊源

道契因其标准化和高信誉不仅在租界流通，还为华界所效仿，并成为融资工具。以道契为基础的土地产权管理制度的变革，为近代化的土地运营也奠定了基础。道契本身是产权凭证，是中英双方于 1845 年确立了《土地章程》后，进一步在契证的格式、内容、手续等方面商讨之后于 1847 年开始签发的。但最早的租地行为在 1843 年上海开埠时便有了，从租地时的契约到后来标准化的道契制度的形成，又体现了怎样的对传统制度的继承与变革呢？其

---

① 《土地：香港经验　产权制度与契约精神》，21 世纪经济报道，2003 年 12 月 17 日。

变革的思想渊源又在哪里呢?

在英册道契的 1 号至 62 号上均记明这些道契均是后来租地手续确定之后根据原有的租地议单补发的,如 1 号道契后注明:"再查此租地原于二十四年四月间租定者,彼时因租地契样式尚未办成,是以先将各业户原立租地议单暂交该商收执。今既将出租地契样式办成,当将原业主租地议单缴回本道契内存案,本日换给此地契为凭。"①即原有的租赁双方立有租地议单,双方在换领道契之前早已达成契约,对于通过强制性条约的签订而迫不及待地来到上海的英国商人来说,当时尚未签订《土地章程》,他们自己寻找能够租赁的土地和房屋,而关于土地交易的规定、习俗和习惯,对于两个不同文化传统的国家而言自然是有所不同的,对于想要在一个不同的国家获取土地的外商来说,熟悉、了解、接受当地的文化,即"入乡随俗"才能更好地为当地所接受,故而在最初的土地交易中,外商是接受当地的交易习惯的。

在当时上海普遍流行的土地契约也有卖契、绝卖契、典契等。马学强先生对江南城镇土地产权制度进行了研究,并列举了当时的一份苏州农村的租契,其内容为:"立租契顾大章,今因缺田布种,情愿央中租到屈府水田四段八亩,每年租米八石一斗正。秋收成熟,到冬即将干圆好米送还,不知拖欠。恐后无凭,立此租契为证。计开:脚、斛手在外。东至自田,南至张田,西至马田,北至河乾隆十三年十二月   日 立租契顾大章 中顾东来"②在这份租地契约中,列明了出租人、租地人、租地缘由、地亩四至面积、

---

① 蔡育天、桑荣林、陆文达主编:《上海道契》(第一卷),上海古籍出版社 1997 年版,第 1 页。
② 马学强:《从传统到近代:江南城镇土地产权制度研究》,上海社会科学研究出版社 2002 年版,第 194 页。

租金、缴纳时间、立约时间等,事实上租约中让渡的是土地的使用权。就租佃时间而言,在当时的江南有永佃、定期租佃与不定期租佃,其中永佃制盛行。外商在刚开始租赁土地时按照当时的习俗来办理租地议单。但为何会成了永租呢? 1845 年《土地章程》中规定了原业主不得任意退租,租主可以退租。从《土地章程》的订立来看是双方反复谈判的结果,公布该章程时,已有一些外商在上海当地租赁了土地,在此过程中对于中国传统的土地交易习惯、习俗也有了相当的了解,自然也包括对永佃制的了解。在中国民间的土地交易中,即使是绝卖契,也还会出现找契、贴文契,原卖主在卖绝后仍然找各种理由找买主加钱,这种民事习惯在江南普遍存在,如一份调查报告记载:"卖田土、房屋,凭中出立卖契,本为通例。但此间习惯,如正契卖价若干,找契则写外有乡例使费,初次加一、二次加一、三次加一、四次八折、五次七折、六次六折、七次加一抽等情,以备各项使费,总共计钱若干,凭中一概收讫,再照云云。有声明于正契后者.有另立一契者,实则所得找价买者仍核入正价之内。契亦一次成立,卖者亦只知共卖若干亩,得价若干而已。缘社会既有此习惯,非先声明以杜后累不可也。"①这种习俗外商在多方了解当地的土地租赁、买卖习俗时应该是有所知晓的,因此如何尽力避免这些事情发生对于后来租界土地道契制度是有影响的,即使是《土地章程》确立了永租制之后,申领道契时,租赁双方仍会先立一份租地议单,如:

　　立永远出租基地文契

---

　　① 南京国民政府司法行政部编:《民事习惯调查报告录》(上册),第181页。转引自马学强:《从传统到近代:江南城镇土地产权制度研究》,上海社会科学研出版社2002年版,第92页。

今将自置坐落×邑×保×图×字抃×第×号内粮地，×
正情原央中永远出租到×洋商处为业，三面言明凭中议定时，
值出租价银计×，正当立契日其价一并收清，另立收据为凭，
其地自出租之后任从得主管业、耕种、收册、过户、承粮、取租、
起造华洋房屋、开沟筑路，概由得主之便，与失主永不干涉，门
房上下并无言阻，如有重交叠卖、来历不清以及别项罄幅，失
主自愿理直。承租人年租每年每亩制钱一千五百文，须预付
以供粮赋，此系两相允洽，各无异言，恐后无凭，立此永远出租
基地文契为照。

计开四址

×年×月×日立永远出租基地文契

中

图

代笔①

从此租地议单的内容和格式看，与传统的土地契约文书几乎
一样。在此基础上申领道契，即双方已经就契约内容达成一致后
来换取标准化的由行政当局发放的产权凭证——道契，该凭证是
个官方证明，但所体现的内容和双方的权利义务，与之前双方达成
的契约——租地议单是一致的。

但道契在很短的时间内不仅能被广泛接受，甚而出现实际的
租地者是华人，却不惜委托外商用外商的名义去申领道契的"挂号
道契"，还有被华界所模仿的"华商道契"，说明它相较于传统的土
地交易契约又有更高的权威性和便利性，具备原有契约所不具备

---

①　上海通社编：《上海研究资料》，上海书店 1984 年 1 月版，第 119 页。

的优势,即标准、统一的格式、申领手续的规范和产权的相对稳定性。传统的土地契约不仅受国家律例规定的约束还受习俗的约束,甚而有的习俗和国家律例甚至是相悖的,如在土地交易中,在清律中:"卖产立有绝卖文契,并未注有找贴字样者,概不准贴赎。如契未载绝卖字样,或注定年限回赎者,并听回赎。若卖主无力回赎,许凭中公估找贴一次,另立绝卖契纸。若买主不愿找贴,听其别卖,归还原价。倘已经卖绝,契载确凿,复行告找告赎及执产动归原先尽亲邻之说,借端掯勒,希图短价,并典限未满. 而业主强赎者,惧照不应重律治罪。"①明文规定了绝卖文契没有注明可以找贴,则不许原卖主再去加价等,但一直到清末在民间仍有绝卖契找贴的行为,说明民间习俗力量的强大。但道契制度的推行则没有出现此弊端,一方面一定程度上有很强的政府力量在里面,《土地章程》中既已明确规定了租金和永租,且由英领事和中国的苏松太道办理,排除了其他强权力量的干扰。在政府力量很强时,民间习俗的力量就弱,反之,则民间习俗的力量就强。另一方面,道契后来能作为资产进行抵押,也有其很强的信用在里面。在中国传统的土地交易中,购买房地的目的主要是居住或者经营所需,并且在传统观念的约束下,不到万不得已不会出卖土地,很少有以土地投机为目的的房地产交易,土地房屋作为不动产,会以析产制的方式平均分配给诸子传承。但外商进入上海之后,其对土地的处理就受到本国习惯的影响。如在土地交易、赠与、继承等行为中,外商均委托律师进行,这些习惯对华人也产生了影响,在《申报》的很多记载中,我们也可以看到很多房地产交易直接委托律师进行,而不再借助图董、地保、中人等。不仅仅是土地运营的西方式的方式影

---

① 《大清律例会通新纂》卷八"户律田宅"。

响着中国的土地市场，道契办理的程序和本身的标准化在制度上为道契的信用提供了基础。随着土地需求的增加，土地交易日益频繁，我们可以看到很多道契中均有很多的批注，但无论发生多少转手，契证办理机构均在道契上一一注明，领事馆一一登记，大大纠正了中国传统的只换粮串户名，不换地契户名，或者简单劈单的做法，严格的程序和明晰的产权为道契的信誉提供了保障。除了制度上作保障，英国人对契约的重视和其契约精神也增强了道契的信用。香港地产行政学会会长、香港苏振显测量行董事总经理苏振显曾说："英国人所特有的土地管理制度，以及对土地契约的重视，为香港一百多年的土地管理打下了良好的基础。"[①]这虽然是就香港而言，但就上海的英国的租界而言，其重视契约的理念同样在发挥作用。对英国社会本身，就有学者认为带有契约性质的从属关系是其制度特征之一，如陪臣（vassal）之对领主（lord）的骑士勤务（knight service），每年有 40 日的义役，13 世纪的大宪章（Magna Carta）又将国王的权利详细规定，1066 年的诺曼征服，在英国建立了诺曼王朝并开始在英国推行诺曼法，诺曼法本质上是一种契约法。它不是建立在国王的单方支配和臣民的单方服从基础上，而是建立在领主和附庸（受封者）之间相对对等的权力义务关系上。不管领主和附庸那一方，只要是单方拒绝自己的义务，或者是寻求契约以外的权利，权益受害的一方都可以投诉于法庭获得救济。如果法律解决不了，则受害者（不管是领主还是附庸）有权解除封建契约，领主可收回领地，附庸可放弃效忠义务。英国的历史上，英王和领主们之间的一次次斗争，也多以一次次限制王权的宪政制度的制定而结束。因此，从英国的历史来看，其契约思想

---

① 周诚：《香港土地问题考察报告》，《土地与房产经济管理》1991 年第 1 期。

渊源已久,遵从契约的理念贯穿于各个方面,包括地产契约。

6.5.2.2 土地登记制度的思想渊源

租界的土地产权管理中,在土地产权的取得、转让中均在《土地章程》中明确规定须在英国领事馆进行登记,并进行编号,而且必须附有地形图,这客观上克服了中国传统土地产权管理中的土地产权交易登记不准确、漏登记等带来的弊端。尽管要求明确登记有清政府确定将外商租用的土地限定在划定的范围之内的意图,但也是租界方便管理的需求。土地登记是产权明晰的基础,也是真正尊重和保护产权的前提。英国重视土地产权,在 11 世纪时就有关于英格兰土地状况的调查报告《末日审判书》,但同中国传统的土地记录一样,其目的也是为征收土地税。至 1536 年通过了《地产交易登记法》,它规定通过地产买卖协议秘密转让土地是被禁止的,并且通过地产买卖协议转让自由保有地产权必须到郡登记官处对地产契据进行登记,或者他们也可以到位于威斯敏斯特的法院登记。这一系列的制度设计可以看作是英国土地登记法律制度的雏形。尽管在最初的土地登记的制度的设计上,因其牺牲了太多的公开性和安全性,加之英国财产法中存在家产处分协议和信托等古老的制度,使得调查地产权的成本非常高昂,故而常常受到诟病。在其后的几百年中,英国议会也一直在试图解决这些问题而出台了很多提案和法案,但均是对于土地登记制度的完善。因此,土地登记的相关法令在英国是很早就存在的,其对于土地登记的重视和管理在其海外殖民地的管理中也有体现。如 1841 年英国人攻占香港本岛,一经登陆,便着手登记本地私人拥有的土地。对于当时清朝政府发出的土地契约,他们同样认可,并于 1844 年颁布《土地登记条例》,要求居民呈交经清政府确认土地所

有权的"红契",使其可以把有关内容要项记入地籍册内,又对土地
进行丈量,划分约分和编订地段,这些措施主要是为了征收地税做
准备。这些土地登记的一些措施在传统的中国也不是没有,如官
契的采用,当时的上海周边地区的土地买卖契约中,使用契尾已经
较为普遍,但仅在办理税契时使用,当时的土地图册也标注位置、
四至、业主名称并附有地形图,但由于大量白契的存在以及传统习
俗中的劈单等行为均导致了产权的不清,租界的土地管理中强调
了每一次土地产权的转让均须登记、并在近代技术的支持下进行
精确地测量,再加上强有力的政府力量的监督和干预,如清政府、
英领事馆等,使得土地登记能得以确立并被执行,也因为官方力量
的强力干预而具有了很强的权威性。

6.5.3　具有西方自治色彩的行政管理 及产权纠纷处理

　　土地管理是租界管理的一项重要内容,租界当局对于土地产
权管理的影响不仅仅体现在土地产权凭证的规范、土地产权交易
的登记,其管理机构的设置和很多对土地产权纠纷的处理,均体现
了不同于中国传统的思维模式。在管理机构上,租界土地管理的
主要机构是工部局,由选举产生的董事主持,规定每年召开一次选
举董事的会议,董事数目由最初的 5 人,后来陆续增加,最多时为
14 人。工部局下设各委员会,其中地产委员会负责土地的管理,
还有负责测量的土地测量部及后来设的负责土地注册、修筑马路
征收地皮的土地科。但工部局董事的选举由纳税人会议选举。从
管理机构的设置和《工部局董事会会议录》及《租地人会议记录》中
的很多记载均能反映其独特的管理方式。在清政府最初划定外商

可以居住的租界区域时，该区域地处偏僻，在县城之外，几无法居住。至《土地章程》签订时，明确了区域内的道路修建等由租赁土地的各租户共同商量分摊，故1846年由英领事出面召集租赁土地的商人召开了第一次租地人会议，共同商量道路的修筑及费用问题，由于参与者均是外国商人，且大部分为英国商人，所以会议的运作方式均体现了其西方人的运作模式，其确立的一些会议规则如会议议事范围、参会人员资格、会议表决规则、议案的提交、有效性等事实上使得该会议成为租界内的权力机构，而工部局成了行政机构。

纳税人会议最初是租地人会议，最初只是在1845年《土地章程》中确定了由租地人自行管理公共事务及自行摊派相关费用的原则，其在第12条规定了："洋泾浜以北之租地与赁房西人，须共谋修造木石桥梁，清理界路，维持秩序，燃点路灯，设立消防机关，植树护路，开疏沟渠，雇用更夫。其费用得由租地人请求领事召集会议，以议定分担方法。……"第20条规定："所有修筑道路，通路，设立码头各费，概由初到商人及该近处侨民公派，其尚未摊派者与后来者，均须依数摊派，以补足之，俾便共同使用，避免争执。派款人等得请求领事，委派正直商人三名，审慎决定应派之数。……"因而，按最初的章程领事召开了租地人会议，选举了道路码头委员会，确立了会议的职责及会议每年1月由领事召集在理查饭店开会的规则，在后来的发展过程中，一些规则和制度也逐渐产生，租地人会议不仅每年召开年会，还规定遇有特殊情况时召开特别会议，并在1852年7月召开的特别会议上确定了每位租地人均有投票选举权，且均只有一票投票权，但关于这一点在后来不断发生变化，至1863年召开租地人会议时，就通过新的决议：租地人拥有的地产估定价格不超过1000两时，均有一份投票权；土地价值每增加 1000 两，即增加一份投票权，对于租赁房屋者，缴纳租金超过 500 两的，也拥有一份投票权，将投票权和拥有财产的多寡联系了起来。至 1869 年的《上海洋泾浜北首租界章程》更规定那些在公共租界租赁房屋且每年缴纳一定数量捐税的纳税人拥有选举权，将参会人资格从租地人扩展到纳税人，租地人会议也就演变为纳税人会议，其职责包括有《土地章程》的修改、批准工部局预算、商讨捐税的制定征收、评估地产、选举董事会董事等。从租界的管理机构的设置可以看出，租界的政策的制定、工部局董事的选出均由租地人（纳税人）会议决定，且表决的方式是由投票的方式产生，这种运作方式是完全不同于中国传统的城市管理模式的，带有几分西方议会民主的色彩。事实上，考察宪政民主制度的起源地英国就可知，英国的城市有着数百年的自治的历史，城市居民选举本地有一定地位与财产的人出人地方政府官员，这些官员管理公共事务，所需费用也是由他们提出议案，将费用摊派到每人头上，这种拥有悠久历史的自治模式在英国人管理租界时，就自然而然地被借鉴了过来，用在租界的管理上。

在租界的管理中，还有一个机构是会审公廨，是租界内的司法机构，如果遇有案件牵涉洋人，必须由领事官或领事派员会审，这是对我国司法权的侵害，然而客观上却在纠纷的处理中使得西方人以自己的方式参与了进来。这些纠纷案例中，有很多是涉及土地转让、房地契约的，在这些纠纷中，有一个很明显的现象就是民众对于土地产权纠纷的处理，更多地采用法律来维护自己的权益，而利用传统的习俗或听凭官府的处理的方式开始减少，比如律师的介入。租界内的土地开发很多是由洋商进行的，在他们进行土地开发发生纠纷时，会请专业的律师来处理纠纷事宜，因此在工部局董事会会议录中也时常可以看到律师的出现。值得注意的是，在近代英国工业化和城市化的进程中，土地转让增多，为了减少土地转让的成本，人们更多地采用土地租赁的方式，在这其中有很多涉及土地产权的纠纷，由于人们发现通过法律将土地保有权的争议转换为承租人之间的争议更为简便，故而通过法律来解决土地争端是主要方式。[①] 这种解决产权争端的理念及其习惯于依靠法律来处理纠纷的传统，也运用到了租界的土地纠纷处理中。事实上，在租界的管理中，如公共卫生、建筑条例、交通法规等租界出台了很多，如 20 世纪初的《货车执照章程》、《马路章程》等，对于行人的行为规范均进行了约束，而这些规定的强制实施也使得租界内的遵守规章、按规章办事的意识要比华界更强一些，也树立了人们的法律意识，人们法律观念的增强以及租界内法规的切实实施，使得人们的行事规则越来越多地收到法规的约束，而削弱了传统习俗的影响。

6.5.4　土地利用方式变革的渊源

租界土地利用方式中一个突出的特点是土地有偿征用的法制化及近代的土地规划的实施。从历次《土地章程》的规定我们看到，关于土地征用方面起码涉及到这几个方面的内容：土地强制征收权的赋予，土地强制征收的条件以及土地实施有偿征收，可以说现代的土地有偿征收的基本原则在租界的具体实施和制度规定上是明文体现的，尽管我们看不到具体的征收补偿标准的规定。土地有偿征用的实施基础是对土地产权的尊重，在具体实施中更是

---

① 咸鸿昌：《英国土地法律史——以保有权为视角的考察》，北京大学出版社 2009 年版，第 277 页。

进行预先公示。这和传统的官府无偿征用土地的方式是极为不同的,这个转变和租界当局本国的传统和文化是相关的。

无论英国、法国,均较早地就在法规上明确规定了财产的有偿征用原则。英国的《大宪章》规定凡依法规授权征用财产,都要提供补偿。法国《人权宣言》严格禁止无偿剥夺财产,第 17 条明确规定:"财产是神圣不可侵犯的权利。除非由于合法认定的公共需要的明显要求,并且在事先公平补偿的条件下,任何人的财产不能被剥夺。"①由于财产权利是如此地神圣,对财产权利的变动就尤为慎重。因此,当确实需要对土地进行征用时,土地征用的程序就要有明确的规定。自 18 世纪以来,英国的土地强制征用一直是由议会通过私法案决定的,这种法案对征用哪块土地、征地的目的都要作出明确的规定。法律不仅要规定赔偿估算规则,而且要指定确保能够遵循这些规则进行公平的赔偿估算的机构。议会不仅为征地制定普遍规范,而且对征用土地还直接享有批准权,《大宪章》第 39 条规定:"任何自由人,如未经其同级贵族之依法裁判,或经国会判决,皆不得被逮捕,监禁,没收财产,剥夺法律保护权,流放,或加以任何其他损害。"宪章第 52 条规定了保护财产权的正当程序:"任何人凡未经其同级贵族之合法裁判而被余等夺取其土地、城堡、自由或合法权利者,余等应立即归还之⋯⋯"②在租界,规定由公局(即租界行政当局)拟订征用土地,选举勘估地产董事,并且成立地产委员会负责处理征地补偿地价纠纷,还在《土地章程》(1869)中对于地产董事的选举进行了详细的规定,由公局选派一名、纳税人会议选一名、出捐人公举一名共三名,并且规定地产董

---

① 转引自李轩:《中法土地征用制度比较研究》,《行政法学研究》1999 年第 2 期。
② 转引自赵世义:《财产征用及其宪法约束理论阐释与制度比较》,珞珈理论法学网。

事不得为在公局支领薪水之人，以确保其公正。关于这一点，我们在工部局的相关会议记载中也可以看到，他们是尽力限制工部局内部成员利用信息优势购买土地进行投机的，如 1877 年 12 月 17 日，工部局董事会会议在总董的提议下，通过了如下的决议："自今日起，工部局雇员不准直接或间接地购买上海外国租界境内的或本工部局和法公董局管辖区内的地产或房产，除非工部局雇员把此类地产或房产真正作为自己居住使用，并且首先要从本董事会的总董处（暂时）申请到购置此地产或房产的书面许可证。"①同时，对于违反此项规定的工部局的雇员予以一定的惩罚，如开除。这也说明，租界的工部局对于土地的征收是十分谨慎的，尽管在实践中仍然有董事或雇员利用信息优势委托其他地产商提前进行土地收购，但这一委托行为本身也说明他们对于公然违反这一原则是有所忌惮的。

有意思的是关于土地征收补偿标准的确定问题，在 1869 年的《土地章程》中就确立了工部局的强制征地的权力，但关于征地补偿标准的相关规定却是在 1898 年的《土地章程》中才有。在 1898 年土地章程的新增第六款甲中规定，不愿将公用之地划让的，工部局在公布计划四个月后或一年内可请地产委员裁决。地产委员会代表整个纳税人团体的利益，可对征地补偿金额做出裁决；在第六款丙中规定了改善金的基本原则，即地产因为道路修筑增值，业主将被征收相应的费用，即"工程所需一切费用及开支三分之二以内，应由当街或毗连或接近该项新路之地皮业主或以后之西国租主支出之，但该项新路每一旁之全体西国租主所付出者，不得超过

---

①　上海市档案馆编：《工部局董事会会议录》第 7 册，上海古籍出版社 2001 年版，第 625 页。

工程全费三分之一以上,其支出之成数,由公局定之……",而这个改善金的原则在 1894 年的英国国会上议院特别委员会刚刚规定,随后 1898 年的规定中就有了同样的规定。随后,1900 年以后的土地征收中,关于土地征收补偿金的确定问题也见诸于一些公函,也有因谈不拢而改变原有征地计划的记载,但 1922 年的一份公函中,有工务长关于补偿金标准确立的这样的解释:"至于应付的赔偿,没有实在的有效的条例,每个案子是按照各自的价值来考虑的。习惯上,……在用于道路土地的征用方面,基本的补偿是按照地产的估价为基础,减去一部分改善金(1/5—2/3),最后附加10％的强制征地费,偶尔,如果土地没有道路出口,也会对需要的道路用地要求无偿出让。"①这个 10％ 的强制征地附加费在英国 1919 年的法案中刚予以规定。

土地利用中另一个不同于中国传统土地利用方式的是近代化的土地规划。传统的土地规划注重礼制,而租界对土地利用的规划则已经脱离了礼制的范畴,这些规划涉及到了我们前文提到的关于公共用地的规定、关于公益性事业用地的规定、关于坟墓用地的规定,具体体现为:(1)在土地的用途分配上,已经注意到道路、公园、建筑物及其他公共设施的分布。尤其是在道路的规划布局上,不仅对于道路的宽度、人行道的预留作了具体的规定,还对道路附属设施如排水沟渠等作了具体规定,从其关于道路宽度的设计上体现出其规划着眼于经济的发展要求。(2)土地规划的范围上,不仅涉及到地下(沟渠)物的建设,还涉及到地上建筑物的具体规划,对于建筑物的高度、下水管道的铺设、距离街道的距离、通道、房顶、阳台等突出物距街面的高度等作了详细规定,并要求绘

---

① 档案 U1-14-5769。

制房屋底面平面图和剖面图送交工部局审核,尤其是在《中式新房建筑章程》中体现的私人建筑不得妨碍公共需要的思想,以及1869年《土地章程》对于私人建筑修筑、挖通沟渠的规定都体现其维护公共利益的思想。

尽管土地的利用上,租界引入了一些西方的法律和文化,但不是完全剥离中国传统文化,甚而在某些方面有意识地尊重和保留中国传统的观念,如在土地利用上对于坟墓用地的反复规定,均体现了对于华人传统的尊重,这些规定及在实际土地利用中的实施减少了制度变革的摩擦。

6.6 近代上海土地管理制度变革的思考

近代上海从开埠前的小县城发展为大都市,其发端缘于通商口岸的设置,口岸的设置促进了上海近代工业的发展和对外贸易的增长,进而推动了城市化,并产生了制度变革的需求,促进了土地管理制度的变革。这种工业化促进城市化,城市化带来城市管理制度变革的轨迹本是一般规律,但考察上海制度变革的轨迹,我们依旧可以得到以下启示:

6.6.1 城市扩张的过程中,需要制度的引导

无论是公共租界还是法租界,租界的建设与扩张都是从筑路开始的,而筑路涉及到土地业主利益、公众利益等,还涉及到道路的规划、财政的支持等,十分复杂,很容易造成无序发展和社会矛盾,从近代上海的实践来看,制度的引导十分重要,且制度构建不

同,实施的效果不同。

为了公众利益,要预先从制度上保障土地的强制征收权。作为租界根本章程的《土地章程》在 1854 年的修订中,特意对"留地充公"做了规定,在其后的修订中也始终有关于公共用地的说明,这些规定赋予了租界当局强制征地的权力,为租界内道路的修建提供了制度基础。在后来的道路修建中,当局也因为征地而与地主发生了一些冲突,但这些冲突也使得当局强制征地权逐渐明确下来。

同样,我们可以看到,尽管规定了强制征地权,但对于征地的补偿标准并没有明确的规定,这一制度的模糊性也影响了征地的实施,使得当局和土地业主之间经常发生纠纷而导致、诉讼甚至道路计划取消。如前文所述的法租界 1864 年因筑路损坏旅馆而导致旅馆主人和公董局之间的纠纷,说明不明确的制度会降低效率。

征地过程中的各种利益冲突,需要相应的制度去解决这些冲突。无论是英美还是法租界,在征地前均有征地宣示的规定,给被征地者提出异议的权利和时间,并规定了如果出现异议由专门委员会负责处理。在实际操作中,这个规定有效解决了很多潜在的冲突。如 1917 年法租界计划开辟一条新的线路,该线路会穿过广慈医院的大部分土地,医院负责人提出异议,认为这条道路会带来诸多不便且并非是对公众必不可少的,这个意见在地产委员会考虑后被采纳,取消了该计划线路。①

但公共租界和法租界在城市扩张中道路的修建上采用的方法不同,其导致的结果也不一样,法租界区规划有序,而公共租界则

① 上海档案馆藏,卷宗号:U38‐1‐2785,本文转引自牟振宇:《从苇荻渔歌到东方巴黎》,上海书店出版社 2012 年版,第 241 页。

呈现不规则的形态。相对于公共租界,法租界的道路先后制定了几次道路规划,从最初的道路规划委员会成立后进行的早期规划,到 1900 年、1914 几次大的道路规划,以及很多小的区域道路规划,历次的规划对道路边线、道路宽度、道路等级均具有细致的规定,而公共租界工部局的道路基本是单个地产前道路的拼接,没有总体规划的概念,尽管到 20 世纪以后工部局的规划开始注重体系化,但很多计划均未实施,使得两个租界区的城市发展呈现出了不同的特点。

6.6.2 制度的变革是系统工程,配套制度的 设计非常重要

近代租界确立后,随着租界内的土地开发和租界人口的增加,租界内的土地价格上涨。在这个过程中,至少会有这两方面的问题需要解决:土地开发中的征地问题和土地价格的调控问题。

在公共租界和法租界的土地开发中,同样都有征地问题。在租界的征地制度中,因主要依据的均为《土地章程》,两者的征地制度差别不大。在征地制度中,需要厘清的问题有:征地的机构、征地权的界定、何种情况下有权进行征地、征地的补偿标准是什么、征地纠纷的处理以及如何防止土地开发前相关信息的泄露,因此健全的征地制度是由一系列具体规则构成的。在租界的开发中,主要是道路的规划和修筑。故租界设立后的首要问题即是道路的修建,因而在《土地章程》中主要规划了道路以及道路计划的实施主体——道路码头委员会,并随后确立了决策主体租地人会议。在第一次《土地章程》颁布后,因规划的道路是在原有道路基础上的拓宽,且在《土地章程》中对于外商租地的面积进行了限定,并限

制土地的转卖,因而在第二次《土地章程》颁布前,尽管对于征地的标准、征地主体的强制征收权等没有明确的规定,但利益冲突并不大。但是随着 19 世纪 50 年代和 60 年代大量人口的涌入,华洋杂居局面的形成,租界内对土地的需求以及相应的基础设施的需求急剧增加,带动了土地价格的上涨,也刺激了土地投机。这个时期,道路的修建增多,土地征地中的纠纷也增加,但纠纷的处理也没有明确的机构,是由领事来协调的。值得关注的是无论是公共租界还是法租界关于征地的补偿标准、工部局(或公董局)的强制征地权均是直至 19 世纪末才逐渐确定的,这使得在征地过程中,时有出现因价格谈不拢而导致计划更改或延误的事例发生,这里既体现了租界当局对于私人土地产权的尊重,但也影响了计划执行的效率和导致纠纷的产生。

制度要与不同阶段的特征相适应,且采用的制度不同直接影响着实施效果。尽管公共租界和法租界在租界的建设和扩张中,面临的首要问题均是土地问题,也进行了一定的土地规划,但二者不仅在土地规划制度上不同,且在不同阶段所采取的制度也体现出了一定的差异。在租界设立的初期,即第一次《土地章程》实施时期,这个时期由于外商较少,且划定的租界区域内因道路狭小且均为土地,故在《土地章程》中明确规划了东西干道 7 条、南北干道 3 条,这个规划最初是由官方制定的,为了实施此规划成立了道路码头委员会,并在《章程》中规定了修筑道路的费用由土地业主分摊的原则。因规划的道路是原有道路的扩展,且人口较少,故而此阶段并没有突出的征地的矛盾,征地的一系列细则也没有确立起来;至 1854 年《土地章程》实施阶段,人口的大量涌入形成了对于土地及公共设施的巨大需求,客观上需要进行大规模的道路的建设和土地的开发,这样对于道路的规划及大规模道路修建中的土地征收的实施提出了新的要求。这个时期在修订的《土地章程》的第 5 款规定了"……至道路复行开展，由众公举之人，每年初间察看形势，随时酌定设造"，即道路的规划主要应由工部局提出，但是由于工部局强制征地权仍未明确，且受经费限制，在实际的执行中，土地业主成了最主要的道路计划的提出者。从一些董事会会议的记录中可以看出，由于工部局推行的规划中因为涉及到征地补偿，而补偿的费用是公众分摊的，故而工部局提出的道路计划经常因受到业主的反对而得不到执行，[①]业主出于地产升值的目的，在巨大的土地需求下，有很强的道路修建的动机，工部局进行测量，并对确实对公众有利的道路修建予以一定的补贴。但这样的道路计划很显然是缺乏统一规划的，因而呈现出一种无序状态；至 1869 年《上海洋泾浜北首租界章程》实施时，道路规划制度逐渐健全起来，规定了道路计划的提出要经过纳税人会议的通过，但从实践来看，由于经费的限制以及工部局强制征地权仍然没有明确，同时这个时期房地产市场迅速发展使得土地价格上涨，为了获利，地产商在进行地产开发时就提出道路修建计划，而土地业主主动要求的修筑道路计划，土地的出让是无偿的，这样地产商通过让渡土地以修筑道路，以换取地产的升值。值得注意的是，工部局董事会成员的构成主要都是大的地产商，这也使得地产商们的决策很容易在工部局董事会获得通过。这同样使得道路的规划缺乏整体的设计；至 19 世纪 90 年代，人口的激增和现代化交通工具，如汽车、有轨电车等的引进以及租界的扩张，土地价格上涨，同时租界的土地税收方面的收入也相应增加，而 1898 年的《土地章程》在第 6 款

---

① 如 1856 年 3 月 31 日工部局董事会提出的一项关于外滩的规划，就受到反对。上海市档案馆编：《工部局董事会会议录》（第 1 册），上海古籍出版社 2001 年版，第 585—586 页。

也明确规定了工部局的强制征地权,这样在经费保障和权力保障
的基础上,工部局成了道路综合规划的主体,同时解决征地过程中
纠纷的机构——地产委员会也应运而生,这个时期在英国国内对
于城市规划日益重视的背景下,工部局制定的道路规划也不再是
单一道路的计划,而更多的是综合性的道路计划,土地征地制度健
全起来。但公共租界的道路规划,正如工部局工程师梅恩所言:
"真正的城市规划一直以来都无法在上海实施,规划对于租界来说
只是道路计划而已。即便从道路计划的角度说,工部局也不够主
动,三十年前我的前任对道路建设过于放任、听取了各方面的意
见,却失去了公共机构的立场——租界的长远发展。"①故在公共
租界的发展中,其制度也是随着人口的增加、经济的发展而逐渐确
立起来的,在这个过程中,财政及工部局土地强制征收权长时期的
模糊成为土地征收和土地规划中两个最大的约束,而长期以来以
土地业主、地产商为道路规划主体也使得公共租界在空间形态的
变化上在20世纪初期及之前呈现出无序的状态。法租界在开发
中同样面临和公共租界同样的约束,但法租界在道路委员会成立
后即规划道路,1900年的道路规划却体现了超前预见性,而且在
征路补偿中土地置换等灵活方式的采用也有助于道路规划的实
施。1914年的《章程》对于土地征收强制权、补偿原则等的明确使
得公董局更能进行整体规划,使得法租界的发展呈现出规划基础
上的有序性。

　　土地征收中对于私人土地产权的尊重是基础,但在土地补偿
的给付上因为认识的差异,也使得土地补偿金的给付标准存在差
异。在道路修建过程中,有很多因为业主的反对而致计划更改的

---

　　①　1910年工部局年报,上海市档案馆藏,U1-1-923。

记录,如前文所述,因此土地规划计划的实施中对于私人地产权的尊重是道路规划实施的基础。在补偿金的给付上,关于因道路穿过业主土地而使得业主也能从道路的修建中获益后,是否还要给予业主相应的补偿,工部局的态度也是有变化的,在初期,工部局认为:"有一条路穿过他们的地产可以取得好处,因为能补偿抵消所占用土地的价值,工部局已付了2年的地产税。在筑路时,曾为因筑路而损坏的庄稼付给村民被毁庄稼费。"但村民们认为应该付给地产补偿金,在董事会的会议录上也记载:"那些被用来修筑该路的本地居民从未收到地产补偿金,虽然已付过他们少许青苗补偿费"。① 但到19世纪70年代后期工部局提高了补偿标准,村民们的反对也开始变少。因此,在土地征收过程中,配套制度的明确是非常有必要的,但对私人地产权的尊重应是所有制度的基础。

另外一个值得关注的问题是,在土地开发中,工部局董事会的成员对于道路规划是具有信息优势的,这样就会产生利用这种优势提前收购道路开发沿线的土地以获取土地升值的土地投机者。在研究中,我们也看到租界当局设立了相应的制度处理此类问题。1877年工部局董事会会议上曾通过如下决议:"自今日起,工部局雇员不准直接或间接地购买上海外国租界境内的或本工部局和法公董局管辖区内的地产或房产,除非工部局雇员把此类地产或房产真正作为自己居住使用,并且首先要从本董事会的总董处(暂时)申请到购置此地产或房产的书面许可证。"根据董事会会议记录,对于违反规定的雇员工部局也进行了处理,如在这次会议上,对于总办苏珀,董事会就谈到:"会议研究了总办苏珀的经济情况。

---

① 上海市档案馆编:《工部局董事会会议录》(第4册),上海古籍出版社2001年版,第766—767,771页。

他的地产的抵押借款数超过了地产本身的价值……他又劝说工部局买办为他向一家钱庄商借 2500 两。董事会了解了这些严重情况后，一致认为苏珀先生继续担任总办是不适当的，应该免去他的职务，并要求总董将此决定通知他。"①事后，苏珀先生辞职。尽管有着这样的制度，但从此制度的规定中我们也可看出存在很大的漏洞，即尽管对于雇员的炒地行为进行了限制，但是董事会成员如何限制？事实上，工部局董事会很多成员本身就是大地产商，如大地产商哈同自 1892 年至 1901 年共担任 10 届法租界公董局董事，1900 到 1904 年间就担任董事，这些董事凭借着信息优势，在地产投机中获取了很大利益。因此，防范内部人借助信息优势谋利的制度上，并没有很好地监督机制，尤其是一些董事为了避嫌，常常委托他人代为购买土地，更给这种制度的实施带来了难度。

6.6.3　城市化的过程中因制度的变革会引发各种冲突

城市化的过程是农业用地向城市用地转换的过程，在此过程中，会因利益冲突、文化变革等因素带来各种冲突。

6.6.3.1　文化的差异既会带来冲突，又会影响制度的变革

在租界设立后的建设和扩张中，筑路、修房等活动经常涉及到华民的坟地，而在中国传统文化中，坟地既是纪念祖先的场所，不能轻易挪动，以免扰乱魂灵，而且会破坏坟地的风水，即使是坟地

---

①　杜恂诚：《近代上海早期城市化过程中的农田收购与利益分配》，载《中国经济史研究》2012 年第 3 期，第 6—7 页。

周围的地貌变化都会影响到坟地的风水,而风水是关乎家族后代的发展的,因此,在西人的房地经营活动中,经常有因破坏风水而导致的华人和洋人的冲突。对于在 19 世纪后半期经常发生的这类事件,在这个时期的《申报》中有很多反映,也有很多讨论,在这些讨论中既有对于洋人的批判,也有对于华人因注重风水而产生的一些陋习的批评。对于这类冲突,无论是作为官方的清政府还是外国领事馆均很重视,因而在历次的《土地章程》中均列有专门的条款申明对于华人习俗的尊重和坟地的保护。值得注意的是,至 20 世纪以后,风水事件在报刊中的反映越来越少,说明在长期的文化交融中,华人的观念在逐渐地发生变化,尤其是对于土地的认识的转变。在传统农业社会中,人们对于土地的考虑多是从农业的角度来进行考虑,且在观念上,通常是在有积蓄余财的情况下,置地产,贻子孙,不到万不得已不会轻易出卖土地,在租界因小刀会起义和太平天国运动使得人口暴增后,土地投机行为大大增加,房地产业有了很大的发展,越来越多的人认识到筑路和公共设施的建设带来的巨额的级差地租,“盖地主之意,以为一经筑路,工部局势必给其让路费,为数客观。且筑路之后,该处及邻近之地价,顿可增加数倍,而成奇货”,且“筑路以后,街道增宽,交通便利,营业势必随之发达,且租界内之水电等亦能连带设备,便利尤多。”这种认识的改变,也逐渐减少了因风水而产生的文化冲突。

在租界的制度变革中,固然有中西文化的冲突和融合,不同的西方文化的影响下,也影响着制度的变革,并对于城市的发展产生影响。公共租界和法租界能形成不同的城市空间就与英、法文化的不同有很大的关系。在法租界中,道路规划有序,对于临街的建筑均设计为统一的欧式建筑,有笔直的中轴线和高档的住宅区,这些规划与法国本土的体现“王权至上”的古典主义规划理念一致,而公共租界中除了几条主要的商业街道外,大部分街道均为中国店铺。这种不同风格的空间规划,和其不同的政治制度是相适应的。在公共租界和法租界尽管均具有地方自治特征,采用了西方三权分立的模式,但在公共租界,如一位奥地利人海思所说:"市民们自己管理自己,这种自治运行得如此之好,所以上海在东方被称作'模范租界'。……他们一年选举一次管理议会,称作工部局,……,议会每年都要想纳税人公布账目,就像股东大会管理委员会要公布账目一样。如果说,别处的市民对政府不满的话,那么,原则上只会造成一种结果,这就是政府把市民抓起来。要是在上海出现这种情况,市民就会把政府赶走,另选一个。……"①因而在公共租界更多地体现为民主自由的色彩。而法租界则采用领事制,公董局事实上成了总领事直接管辖的机构,若出现公董局董事会和领事之间的矛盾时,领事有权解散董事会,因而法租界的政治制度更多地体现出了专制的色彩。这种不同的文化体现在城市土地的利用上,就有了相对无序和有序的差异。

6.6.3.2 产权不清和产权保护不足容易导致冲突

在近代上海的城市化中,另一容易引发冲突的原因是土地产权的不清晰和土地产权神圣不可侵犯的观念的缺失。在中国传统文化中,祖坟至关重要,但同时祖坟的坟地又为家族所共有,因而在近代土地开发中追求土地利益的驱动下,时有发生家族中的某人串通地保盗卖祖坟的纠纷。同时由于中国传统的家庭产权制度是析产制,即家庭财产在家庭男丁中的平均分配的制度,然而这种

---

① 王维江,吕澍:《另眼相看——晚清德语文献中的上海》,上海辞书出版社 2009年版,第 168—169 页。

析产制常会因析分不当而导致财产纠纷,同样在近代城市化过程中,因为土地价格的上涨而使得此类纠纷也陡然增加,这些纠纷在近代的《申报》中时有反映,这也从一个角度说明土地产权的不明晰容易导致产权纠纷,随着城市化的展开,土地价格的上涨,土地交易的频繁,传统的土地产权不明晰的领域冲突就多了起来,而影响到土地交易的进行。同时,对于私人产权尊重的理念的缺失也导致征地过程中纠纷频发。比如在 1872 年的江湾筑路事件中,为修筑连接租界和吴淞码头的道路,上海县出示告示:"……每亩给价钱四十二千文,又加贴补栽种未收之费,每亩钱八千文并据地保续禀地内有坟墓四处,计馆十九具,每具另给迁费钱二千文。……该处筑路界内各业户,一体遵照尔等,无论已未画押,统限三日内,偕同地保齐赴会审公堂,将此项地价及另加各费一并照数具领,以便工部局即日开工,勿再迁延,……"①,这份告示贴出后引发了民众强烈地抵制,后经官员再三劝导,并调整补偿价格方使接受。这个事件中,直接以命令的形式勒令民众按照官定的价格出让土地,故而引起了反对。

在租界的土地产权管理中,无论是土地产权凭证的标准化、规范化,还是土地征地过程中的征地前公告制度以及土地补偿制度、仲裁制度等,均体现了其文化中对于私人土地产权的尊重,尤其是道契更以其信用而成为融资工具并被华界所模仿,罗兹・墨菲就指出:"得到土地契约的法律保障而不会遭受征用的租界内巨额地产投资,是上海城市日益扩展的经济体系中可供投资公用的新资本的重要来源。"②既说明了道契的重要性,也反映了道契所体现

---

① 《申报》,1873 年 1 月 13 日。

② [美]罗兹・墨菲著,上海社会科学院历史研究所编译:《上海——现代中国的钥匙》,上海人民出版社 1986 年版,第 100—101 页。

的对产权的保护。

在城市化的进程中,各种冲突的增加需要有相应的制度去解决,它是城市化顺利展开的基础。

我们在近代上海的变革中也可看出,上海与其他近代城市相比的特殊之处在于,这是一个租界和华界长期并存的城市,虽然西方文化的传播、租界的示范作用极大地促进了近代上海的发展,但不同于完全由德国控制的租借地城市青岛,上海的发展呈现出了不平衡、分割的特点,这对于上海的后续发展产生了很大影响。由于公共租界、法租界、华界的长期并存,各个区域均相对自治,因而在城市规划和政策上各自为政,使得整个城市的发展没有统一的规划,且各个区域均有自己的中心,使得上海不同于青岛在一开始便在统一规划的基础上为青岛的发展奠定基础,上海的整体的不统一、不均衡发展使得上海成为高档区与棚户区并存、有序与杂乱并存的城市。

7 近代中国城市化进程中土地管理制度变革的比较及影响

近代是一个制度大变革的时代,在这个过程中,不同的城市沿着不同的轨迹发生了变革,有的迅速崛起,有的缓慢地变革,也有的逐渐衰落。在不同的城市发展轨迹中,表现各异。从我们选取的租借地城市青岛和威海、自开商埠城市南通、传统行政中心北京以及租界和华界长期并存的城市上海这几种类型中,我们既可看到必然的因素,也可看到偶然的因素,从这些因素中去辨识影响城市发展的力量。无论何种轨迹,这些城市的土地管理制度均发生了从传统到近代的转变,在近代制度的构建中,有的比较成熟,有的则较为零散,这些差异背后的因素是什么? 又怎样影响了城市的后续发展?

7.1 不同类型城市制度变革的异同

7.1.1 制度变革的差异

7.1.1.1 制度变革的诱因不同

从我们选取的四种不同类型城市的土地管理制度的近代转型

来看,人口向城市的逐渐聚集及城市规模的增长是土地管理制度变革的基础,但制度变革的直接诱因却不同。

有租界的城市和租借地城市,如上海和青岛,西人"自治"是制度迅速变革的主要动因。在青岛,德政府成为当地的统治力量,政府决心打造"样板殖民地",因而在资金、技术上予以支持,从宣布租借青岛之始,便同时限制土地的私人买卖,通过"政府优先购买"、"土地拍卖"、"土地税收"制度的设计和配套实施,为同时展开的城市规划奠定了基础,也抑制了土地投机行为和土地价格的暴涨,从制度上为后续的城市发展打好了基石。在上海,制度的近代变革首先发轫于租界,尽管各国强辟租界并不是为了在租界区域内建设"模范"城市,而是为了居住和贸易的便利,但清政府为了减少外人的影响而将其限定在一个封闭的区域内,并将这个区域内的管理交给了租界区的各国,这使得租界区的商人也不得不自己组织起来进行租界区域内的基础设施的建设和管理,并在此基础上实施了类似于西方的"自治"管理。尽管租界不同于租借地,但在区域治理上却同样拥有了对该区域的相当独立的权力,类似于一批拥有西方文化背景和理念的人在一个东方区域实施自己的治理,其理念自然更多地是母国文化的影响。同时我们知道,不同的文化理念很容易引发冲突,因此,制度移植成功的前提之一是文化的融合。无论青岛也好,还是上海也好,同样在推行新制度时遇到了很多冲突,然而新制度仍然能够构建起来的前提之一与当局的强力推行是分不开的,"自治"为这种强力推行提供了条件。

近代工业的发展是制度变革的基础。南通是近代工业城市,为了促进经济发展,自开商埠,在以张謇为首的一批地方精英的推动下,近代工业迅速发展,带动了城市化,并在此基础上对城市进行了规划建设;而近代工业基础相对薄弱的北京,城市人口与城市规模的增长要缓慢得多,尽管出现了变革,但变革十分缓慢。

但无论哪个是推动制度变革的最直接的原因,对外开放均促进了贸易、工业的发展,并为制度的实施提供了经济基础,如上海、青岛的对外贸易的发展、南通的近代工业的崛起,使得财政收入增长,进而为城市规划等的实施提供了基础。

7.1.1.2 制度变革的环境与路径不同

不同类型的城市在从传统到近代的转变中,因制度环境的不同而形成了不同的制度变革路径。尽管近代国门的打开,西方思想和文化的传入对这种变革均产生了影响,但每个城市变革的具体环境并不一样。

传统行政中心城市北京,一直以来作为全国的政治文化中心,有其发展的历史底蕴和基础,近代以来传统手工业、工业、商业、服务业的发展对城市空间形态的改变产生了需求,也为空间的局部重新规划提供了基础。京师的特殊地位既是其经济发展的有利基础,但也同时为制度的变革提供了特殊的环境,在 1908 年的调查中,京师 40％的人口仍然是直接为政权服务,而不是从事工商业的,这既说明其工商业的相对薄弱,也在文化上形成:"乐与仕宦交,好习官样"①的风尚,客观上轻视工商业,思想上也趋于保守。而且深受传统文化浸淫的庞大的官僚集团中也存在着守旧势力,客观上若无外力的冲击,旧有的秩序和制度很难被打破。英法联军、八国联军的先后入侵直接改变了京城的秩序,清廷为了维护统治也被迫进行变革,从而推动了制度变迁。与上海相同的是,同样因为战乱,为了寻求租界的庇护,资金和人口向租界流入,只不过,

---

① 夏仁虎:《旧京琐记》,北京古籍出版社 1986 年版,第 36 页。

北京的流入了租界遍布的天津,长三角的流入了上海租界,上海迅速发展,而北京的近代工业始终发展缓慢,城市的近代化也要缓慢得多。而且,政权更迭频繁,政府的目标更多地是维持政权,在财政收入薄弱的情况下,既缺乏长远的城市规划,也没有足够的财政投入,故而新的制度的构建是在局部的空间改造中逐渐确立的。

上海的制度变革始于租界,尽管公共租界、法租界在近代的长期并存使得城市的发展同样缺乏统一规划,并在制度的构建上呈现出不同的特点,但由于其相对稳定、独立的长期存在,构建出了较为系统的、不断完善的管理制度,而经济的发展更为制度的实施提供了财政基础,华界则是在租界的刺激和示范下,开始模仿进行变革的。这样近代上海土地管理制度的渊源就呈现出了多样化的特点,既有英、法的特点,又有传统中国治理方式的影响。有西方的三权分立式的制度框架,也有中国传统习俗的影响;有西方征地制度中重视私人产权的理念的体现,也有华界士绅主导的带有强制意味的征地方案的实施;有法租界的相对有序的土地开发,也有公共租界的相对无序的土地开发。尽管均深受西方制度的影响,不同于上海虽然系统,但是不统一的制度模式,青岛的制度构建则是在完善的顶层设计和政府主导下实现的,不仅系统而且统一、延续,并为青岛的后续建设奠定了坚实的制度基础。这个差异主要源于租界当局确立租界目标的差异。上海租界的开辟是英、法、美等国希望能够进行自由贸易和自由居住,在租界辟立后,政府并不主导租界的建设,而由租界里的商人自己组织进行,故而才有租地人会议到后来的纳税人会议来商讨进行。但德国政府强行"租借"青岛的目的之一便是建立"样板殖民地"以彰显德国的实力,因而租借之始,德政府便主导了青岛的制度设计、规划和开发,并投入了资金,使得青岛在很短的时间内便由小渔村发展成为一个近代城市,如此迅速地制度构建实施与德政府的强力主导是分不开的,其制度的构建便更多地打上了德国的烙印,也同样出于好好建设的目的,在设计制度时,以单威廉为首的一批专家进行了调研,在制度设计上就避免出现上海等租界已出现的土地投机的弊端,终成为世界范围内土地管理制度的典范。

德政府的主导成为青岛近代制度构建的保障,但政府缺失的南通却也较快地实现了制度的近代构建。尽管制度环境完全不同,但由张謇等推动和主导的变革与政府推动的青岛的变革均成为近代城市的典范,这里面其共同之处均在于权威力量的主导,只不过一在政府,一在民间。但系于个人力量和企业之上的变革,虽然全面但却不稳定、持久,当张謇逝去,其企业集团衰落时,城市的后续发展便失去了保障。

7.1.1.3　制度变革的特点不同

在近代城市土地管理制度的变革中,我们也看到国家与社会、中央政权与地方政权在不同时期、不同背景下发挥的作用不同,制度变革也呈现出不同的特点。

近代南通和上海虽然一个是自开商埠城市,一个是约开商埠城市,一个是由中国人自觉地规划、建设起来的城市,一个是受租界开发的影响而带有浓重西方色彩的城市。但是探究两个城市的制度转轨的路径,我们可以发现两种制度转轨均是自下而上开始的,只不过前者是一种内省型的制度变迁,后者是一种移植型制度变迁。近代南通自 20 世纪 90 年代近代工业兴起后开始了迅速的变革,而上海自开埠后,贸易的发展迅速带动工业的发展,开始了迅速的城市化和城市转型。这两个城市的迅速发展,都有其工业基础,而其工业的发展和其优越的地理位置和自然条件是分不开的。南通滨江临海,西有通扬运河,北有串场河,还有盐运河贯穿全境,小河汊密布,交通便利,既毗邻上海,又连接广阔的、农业条件优越的苏北,本身又是著名的产棉地,具备发展近代工业的优越条件。上海更因其优越的地理位置而被殖民政府选中,而成为首批开埠的城市。这两个城市在近代工业兴起之前,均是封闭的小县城。上海被迫开埠后,清政府和英政府基于各自的考量,一个是将其置于远离县城的荒郊野外,任外商自己在这块区域内居住、贸易,区域内的基础设施等的建设由其自行负责,一个是基于便于贸易的地理位置,谋求能自由居住和贸易的区域,但殖民政府本身也不负责区域的基本建设。这样在这个划定的租界内,提供基础设施的政府缺位了,但是外商进入需要的道路、码头如何修筑呢?费用如何解决呢?由谁进行管理维护呢?外商各自租地建房,土地产权如何划分、如何交易呢?这些问题产生了巨大的制度需求,事实上也为外商的"自治"提供了空间。从上海租界的发展历史我们也看到,租界的第一个由商人自发组织成立的机构"道路码头委员会"事实上就是最初的市政管理机构。这样租界内的外商成为制度变革的组织者和实施者,自然而然地在租界的建设中,在本国理念和文化的指导下移植了本国的做法,这种移植而来的制度一来文化背景不同,二来所对应的经济发展阶段不同,因而在制度确立的过程中与中国传统文化产生了冲突,进而出现了一些融合。南通近代工业的兴起和发展,基本上依赖于张謇。特殊的是,张謇尽管并不是当地政府的官员,但由于其"末代状元"的特殊身份以及和一些朝廷大员的良好关系,使得其拥有声望并得到地方政府的支持。当时甲午战争再次使得各界人士寻求救国方略,中央政府层面也希望通过变革求存图强,在这样的社会背景下张謇创办大生纱厂,但其办厂的目的并不是谋利,而是为"通州民生"、"中国利源",在这样一种情怀下,以张謇为首的绅商们推动了南通的变革。如果说租界的变革是外商为了自身的生活的便利而不得不为之,南通的变革则是社会精英们谋求富国的自觉的变革,随后 20 世纪初的地方自治运动进一步为他推动的变革提供了有利的空间。但不论哪一种情况,这两个城市的制度变革中,政府某种程度上是缺位的,形同自治的区域内,一些新的条例、措施得以颁布并依靠强制力量实施,使得一些制度得以确立。

近代北京和青岛,是自上而下的政府推动的制度变革。这两个城市虽然一个为中国的首府,一个是德国强占的租借地,但在这两个城市的变革中,国家的力量均是主要因素。但我们从对两个城市的分析中可以看出,它们仍是有差异的。北京既有中央政府,又有地方政府,国家力量强大。尽管在清末,一直有变法、不变法之争,但城市管理的变革却是在八国联军入侵,清政府逃亡后,由地方绅董始出面成立的"安民公所"开始的。也就是,暂时性的政府缺位给了社会力量空间,而战后北京的管理瘫痪需要一个机构对街面进行整顿,并保护私人财产,这样城市管理的变革之始的力量是绅董。随着清政府回京和政府力量的恢复,急于求存的政府成为推动并实施变革的主要力量,这种变革也是对西方制度的学习和模仿。而青岛则是德政府主导下的强制变革,并因政府力量的强大而很快确立了新的制度。

7.1.2　制度变革的共同点

尽管不同城市制度变革的主要诱因不同、主要推动力量和制度变革的路径不同、制度变革的特点及效果也不同,但我们仍可看出,在这些制度变革的背后,有一些共同的因素,这些因素在近代的制度构建中均或大或小地发挥了作用。

7.1.2.1 适应近代经济发展的要素基础

中国传统经济的自然演进由于国门的被迫打开而被中断,随着传统部门的衰落和向近代经济的转变,一些传统的市镇衰落的同时,一批近代城市兴起。在我们探讨的四种不同类型的城市中,无论是在近代的发展放缓还是迅速崛起,我们可以发现其背后的共同的经济要素。

在明清后期,随着手工业生产的发展,尤其是在长江三角洲一带,出现了大量的丝、棉的专业化生产,这些丝、棉又经过长途贩运输往全国各地的市场,伴随着长途贸易的开展,大量的市镇兴起。这些市镇的兴起既得益于其良好的农业条件,更重要的是便利的交通运输条件,如苏州、镇江等,因大运河、太湖等四通八达的水系使其是明清时期异常发达的城市。而且在闭关状态下,中国的市场主要是封闭的、以区域分工连接的比较分割的市场,不同的区域市场之间存在着不同的地域商帮和地区交易制度,因而中国的市场是一个相对内敛的市场。闭关状态被打开后,大量的外国商品涌入,对外贸易加强。国际贸易的发展更多地依赖优良的海港、码头以及与腹地的便捷的交通,这也成为上海、青岛被选中的原因和发展的基础,同样近代天津、广州、南通也是如此,而北京则无这一便利条件,因而才说中国近代城市"因商而兴"。在经历最初的由于传统经济和现代经济在文化、规则等差异而导致的过高的交易成本的阻碍后,随着内地中心城市的被打开,现代金融业、航运业在这些城市设立,中国的官办、民办工业开始发展,新的市场交易规则也开始在租界城市确立。甲午战争后外国对华直接投资的防线被打破,外商投资规模大幅增长,开始大规模投资于工矿业和铁路等,进一步促进了近代工商业的发展。

在近代兴起的这些城市中上海的迅速发展尤其引人瞩目,这仍然与上海特殊的地理位置以及由贸易促进城市发展的中国近代城市发展的特点相关。上海开埠之初,近代工业发展薄弱,贸易的发展也推进了上海和其腹地的经济联系,带动了传统经济的转变,如长三角地区棉纺工业的发展使得农民家庭手工业也同时得到改进与更新①,也对传统经济形成很大的冲击,一些家庭手工业破产,大量的剩余劳动力、资金涌入上海,为上海近代工业的发展提供了充足的资金和剩余劳动力。而南通凭借着广大的苏北农场和劳动力,又借助发展和上海的便利的交通成为其近代工业发展的基础。事实上,明清时期经济的发展,江南已兴起一批经济型市镇,形成了不同于过去的自给型的小农经济下的城市发展模式,以至于有的学者认为:"19 世纪外国资本主义的入侵,并非创造了一个新的市场体系,不过是利用和部分地改造了中国原有的市场体系来为之服务。鸦片战争后,帝国主义列强选择的通商口岸都是原来重要的流通枢纽;侵略者的洋货倾销和原料掠夺也都是利用了中国原有的市场网络。"②但是,尽管如此,开埠前的上海主要还是埠际贸易,尽管有着对外贸易的优良条件,开埠才给了其发展的契机。

7.1.2.2 传统习俗和文化理念的影响

在各个城市的土地管理制度变革中,传统土地交易中的土地

---

① 林刚:《长江三角洲近代大工业与小农经济》,安徽教育出版社 2000 年版,第54 页。

② 许檀:《明清时期城乡市场网络体系的形成及意义》,《中国社会科学》2000 年第 2 期,第 202 页。

制度均发生了变化,传统的土地交易的习俗越来越不适应近代经济的发展,在近代变革中出现了较多的冲突,一些传统观念仍然存在,一些逐渐发生了近代变革,更多的正式的规则被制定出来,近代的制度的变革呈现出二元特点。

　　传统的习俗、习惯是与传统的经济秩序、政治格局相适应的。传统的经济秩序中,村社经济是主体,长期以来重农抑商,土地主要作为农业用途,对土地的管理主要侧重于税赋的管理。而且传统的政治格局中,基本上是皇权和绅权共治,绅权治理在制度上即体现为宗法制。乡绅以家族为纽带,实际上履行着乡村地区的治理权。在基层治理中,主要依靠习惯来解决。在房地交易的主体农地交易中,因为分家析产、人口增长等因素,土地交易呈现一种小额化的特点,这点在宋以后越来越明显,而这种小额化的土地交易使得交易多集中在同村之间,如果土地分散会加大土地劳作的成本和租佃制下地主监督的成本,成本的制约使得土地交易市场多为村级市场。而在村级市场中,家族、道德起着很重要的约束作用,宗法力量在基层组织中是维护稳定的重要力量,家族的权威领袖、当地有威望的士绅等起着组织提供公共服务、调停纠纷等作用。在土地交易中由于信息不对称存在的风险,需要权威起着一种降低风险的担保作用,故而中人一般均由当地的首领、熟谙人情世故并负有公共威信的人物来担任,而且为了逃避税收,交易者更希望回避官府,并且通过官府解决纠纷的高额交易成本也使得人们更倾向于寻找当地的权威来解决。从传统的中国政府的管理模式来看,国家的管理更注重税收和稳定,而民间的财产交易并不会引起社会动荡,因而如西方观察家所言:"他们(指中国)的立法者的主要努力,都用在制定镇压骚动及保护税收的法律方面,而把民法、商法或契约法的问题交给地方政府去处理。"①而地方政府对基层的治理中也依赖于宗法秩序,正是这种治理模式给了大量民间交易习俗产生和长期存在的空间。千百年来,制度的变革一直是一种路径依赖基础上的重复,人口的增长和长期存在的农业社会使得房地交易主要存在于农村市场,这种习俗作为一种非正式制度一直存在。在土地产权交易的具体运作中,传统土地契证种类繁多,土地测量混乱,在交易中存在的一些"找赎"等风俗更是导致民间纠纷不断。尽管国家制定了一些基本法律,也主要是围绕着土地税赋的征收。

随着传统经济向近代经济的转变,对外贸易的扩大拉动了近代工业的增长,也使得越来越多的劳动力涌入城市,土地交易频繁,传统的交易习惯的弊端成为土地交易的阻碍。在传统民间交易中,单是土地产权凭证就存在很多种,甚至还有劈单、烂单等,尽管残缺,但却被民间认可。这种交易机制的形成,是基于熟人社会的信用基础之上的,在交易范围较小时,信用治理机制是主要的交易治理机制。然而,随着交易范围的扩大,在城市人口急剧增长、城市规模迅速扩大的近代大城市中,社会流动性增强,严格的家族制度也发生了变化,传统的宗法制度的约束也在减弱,这种非正式层面的道德、习俗等非正式制度约束的减弱,客观上需呀正式制度予以补充。近代著名实业家穆藕初在他的五十自述中这样谈到:"自成童至今,垂三十余年。此三十余年中,思想变迁,政体改革。向之商业交际,以信用作保证者,今则由信用而逐渐变迁,侧重在契约矣。盖交际广,范围大,非契约不足以保障之。"②穆先生生于

---

①　李文治编:《中国近代农业史资料》(第一辑),生活·读书·新知三联书店1957年版,第44页。

②　马学强:《从传统到近代:江南城镇土地产权制度研究》,上海社会科学院出版社2002年版,第382页。

1876年,他所讲的"三十余年"正是十九世纪末期,穆先生从实践中感受到了"信用向契约"的变迁。其实,信用是一种非正式制度,契约是一种正式制度,在中国传统的社会里也存在着各种形式的土地契约,这些契约背后体现的也是中国传统文化中对于信用的重视,因而近代社会中的"契约"理念并不能简单地看成是西方的文化观念。"信用"和"契约"既然体现了同一种精神,穆先生所讲的变迁指的便是在商业交易中更多的以明文的契约来保证信用,这样原有的以信用为基础的不规范的契约便越来越不适应,需要有规范的契约来保证信用。因而在各地的土地产权管理制度中,一个共同点便是土地产权凭证的变革,原有的形式不规范的、又受制于传统的习俗而易致纠纷的契约被标准化、统一化的土地契约所取代,这些新式契约克服了传统土地契约管理混乱的缺点,在管理上也克服了管理规章缺失、土地丈量不清、交易易受社会力量干预的弊端,大大提高了契约的信用,甚至土地契约都能够作为融资工具,如上海道契。

我们也看到,土地产权管理制度的变革中,尽管"亲邻优先购买""找贴""找赎"等习俗在近代契约中逐渐减少,牙行等房地交易中介机构也慢慢地、较多地出现在土地契约中,相应地政府的管理也越来越程序化,政府管理的职能也得到了强化,土地纠纷的解决中也开始采用律师等专业人士,但同时传统的一些文化习俗也并未消亡,并一直被保留和尊重,如无论怎样土地开发,对于坟地的保护以及相应的习俗的尊重,还有传统的诉讼纠纷解决中更多地是以"礼"为基础,在很长时间内与以"理"为基础的近代司法诉讼的并存、土地的有偿征用与鼓励士绅捐赠的方式的并存。在传统的土地管理中,士绅始终是主要力量,事实上是基层治理的主要承担着,在近代化的转变中,我们也可以看到,还是这部分绅商团体,是社会变革的主要推动力量,北京、南通、上海,我们都可以看到士绅的身影。这部分人虽然是传统社会的中坚力量,但是"家天下"的情怀,始终是传统的知识分子根深蒂固具有的,当社会处于动荡期时,他们中的精英便会站出来,成为变革的主要领导和推动力量,从这点上说,我们不能笼统地称旧的知识分子、地主等为反对社会进步的顽固分子。

7.1.2.3 西方文化的传播

近代西方文化的传播,是近代制度变革的另一个主要因素。近代工商业的兴起和国际贸易的开展,使得西方的一些工商业规则和契约理念开始被引入,官方层面的推动加剧了这种传播。清末以来,教会、政府等成立了同文馆、江南制造总局等机构,这些机构翻译了大批的西方书籍,对西方文化进行介绍;官方还派遣官员去海外进行考察,并派遣留学生去海外学习,这些学习和考察更是使得一部分人对于西方文化有了更直观地认识和感受,并主动加以介绍和传播。新式的学校也被设立起来,并开始开设一些传统的教育中所没有的科目,既有自然科学的,也有人文法律的。更有租界等的设立,使得普通的平民也能直观地看到西方人的生活方式和习惯。如我们看到的,文化的接触必会留下痕迹,文化的交流必会相互影响。这些文化的传播,不仅带给了人们一些新的事物,还影响到了传统的习俗和社会秩序。

西方文化在近代的传播,能给传统制度带来如此大的冲击,和近代中国社会的经济秩序的变革是分不开的。清末期,中国的农业经济就已存在了大量剩余劳动力,"据统计,1812 年,中国人口已达 33370 万人,而土地却只有 79152 万亩。人均耕地只有 2.3 亩。这种人地比例表明,整个社会的生活水平已下降到'饥寒界

限'(人均 4 亩)以下,人口数量已经超过社会经济负载力。"①至 19
世纪末期,城市中近代工业的发展使得大量的人口流向城市,乡村
原有的家族结构遭到破坏。在原有的宗族社会里,家族以及历史
上各式各样的保甲制的实施,使得整个乡村社会邻里、宗族互相监
督、互相约束,地方士绅予以教化,而人口流动的加剧,使得城市里
的移民不再受原有的宗族邻里的约束,尤其是在租界、租借地城
市,原有的士绅的教化随着失去政治权力的保障,也很难发挥作
用。在这样的相对道德约束宽松的社会体系里,又有西方文明的
影响和带有西方观念的法律、法规等条令的颁布实施,使得文化、
习俗相对较快地发生了改变。

　　土地管理制度的变革中,较早、较快发生变革的就是在租界城
市和青岛等租借地城市,而城市化较慢的、传统士绅仍掌握着话语
权和在基层治理中发挥作用的北京,传统习俗的改变则要缓慢
得多。

7.2　对后续城市发展的影响

　　近代不同类型城市的不同制度变革,体现出了不同的特点,对
于城市的后续发展也产生了不同的影响。

7.2.1　上海城市发展的不均衡

　　近代上海是租界、华界长期并存的城市,其制度的变革发轫于

---

① 许纪霖,陈达凯:《中国现代化》(第 1 卷),学林出版社 2006 年版,第 34 页。

租界的设立。租界在全国租界面积最大,在西方自治管理思想的指导下,租界的土地开发以道路等基础设施的开发为先导,对于工程项目立项、集资、成本核算等,依租界法规,均需列入当局年度预算,由界内外侨纳税人大会审议通过。这一带有明显自治色彩的经营机制使得租界的市政工程建设,循商业经营程序,有规划和财力保证,这样一方面为产业聚集创造了外部条件,另一方面产业的升级和居民消费市场的发育,又对市政工程建设和公用事业提出需求,促进了租界的都市化发展。更为重要的是,租界在土地开发中,确立的新的土地管理制度为后续的租界开发、建设奠定了基础。这些制度中以"道契"制度为核心的土地产权管理制度,体现了西人对私人产权的尊重和契约精神,并在管理上确立的从土地测量、登记、公示、交易的规范化等制度,便利了土地交易;土地使用上的分区规划、征地补偿保证了租界的开发和城市空间的相对有序扩展,考虑了土地极差地租的土地估价、征税为租界的建设提供了资金支持。这些管理制度还以法规的形式予以确立并强制实施,这样,至 20 世纪初,租界已是"路广而洁,屋敞而明,列树道旁,浓荫蔽日",而当时的华界却还是"市街狭隘,行人拥挤,扫除不力,秽气塞途。"①

租界的开发、市政建设及实施的制度,极大地刺激了华界。至 1895 年始在官员主导下下,建立了南市马路工程局,开始进行土地开发,并在机构设置上仿行租界,开始了地方管理体制的变革,从管理制度上对传统体制进行了突破,但由于清帝国灭亡和北洋军阀统治的动荡,其未能得到良好的发育成长,直到 1927 年上海特别市政府成立,其市政工程建设方有了大的发展。因此,

① 宣统元年《上海指南》,卷一"总纲"。商务印数馆,第 1 页。

近代上海尽管迅速发展起来,但租界、华界的发展速度有很大差异,也没有统一的城市规划,使得城市的发展处于分割状态之下。不同的区域因文化背景的不同,在制度规则上也呈现除了差异。如公共租界和法租界,前者的开发相对于后者就要无序一些,在后者的一些征地纠纷的处理中,法领事的干预也要多一些。而华界则更多地延续着传统的方式,如直到 20 世纪初的《申报》的记载中,很多土地纠纷仍然是由于"契据"引起的,这和传统的契据管理混乱以及传统习俗中很多社会力量的干预是相关的,但我们也看到在土地纠纷的处理中,虽然依理,但也因循民情,还有一些居民又接受了西方的方式,聘请律师来解决纠纷。同样,在租界的土地契约管理中,也对某些中国传统习俗,如对坟地的看重等的尊重。这些现象的存在,更说明不仅在近代上海不仅因着租界、华界的存在而导致的西方制度和中国传统制度并存的"二元化",也说明即使在租界体制内或者华界体制内,两种文化融合、并存的"二元化"现象。

上海的近代制度的构建中,另外一个值得关注的现象便是土地投机行为的盛行和土地价格的飞涨。我们不能忽视,租界在土地价格的调控上确实制定了一些制度,比如成立土地估价委员会定期对土地价格进行评估、征收土地税,甚至也制定了工部局内部人员利用信息优势炒作土地行为的惩罚机制,但事实上工部局董事会成员也在参与炒作。这个固然和上海经济的发展相关,但也和租界设立的特点相关。租界的设立本就是为着外商的经济利益,外商来华就是为谋利而来,如一位英国商人所言:"我的职责是尽可能不失时机地赚钱发财,我把地皮租给中国人,或者造房子租给中国人从中取得三到四分的利息,那是因为这是我能拿钱来做的最有力的交易。我希望至多二三年内发一笔财,然后就滚蛋,以后上海是被火烧掉还是被水淹没,跟我有什么关系?"[①]这种思想在租界的外商中是相当普遍的,而租界当局通过征收土地税,又能成为其财政收入。这种特点使得上海的房价飞涨,加剧了城市的贫富分化。

近代上海的发展直接是近代工业和国际贸易的发展所拉动的,但根本上是开埠给了上海发展的契机,而整个城市空间形态发生的巨大改变则和制度的变革是分不开的。西方思想、文化的传入,首先冲击的便是土地制度,不仅一系列规则、法规确立起来,市民的产权观念、契约意识等也逐渐发生了变化,这些观念的变化同样适应于工商业的发展,为城市经济的发展做了文化上的准备。近代上海能成为"最洋气"、"最小资"的一座城市,也和这种文化的形成是相关的。

7.2.2　青岛的有序发展

青岛的制度变革是由德政府主导的、强力楔入的制度变革。其最大特点之一便是制度设计的完善性及有效实施性。德租青岛之前,青岛只土地被炒作、投机,德租青岛之始,便宣布了土地的优先购买政策,单威廉更是亲自走遍青岛的 35 个村庄,与地主协商签订合同,殖民政府付出大约年租两倍的价钱买断土地承购权,地主承诺不把土地卖给政府之外的任何人,使得政府以较低的成本获得了全部土地的是个小渔村,然而不同于英、法等在上海开辟租界的目的,德强租青岛是为了长期经营的,因而从强租之始,便在

---

① 〔法〕梅朋,傅立德:《上海法租界史》,上海社会科学院出版社 2007 年版,第216—217 页。

科学勘测的基础上,制定城市规划,并通过一系列法规确立了一套土地管理制度。这个制度的确立和实施有几个保障:德政府赋予胶澳的自治;德政府资金、技术和人才的支持;制度设计者单威廉的精心设计。为了防止控制权,并通过招标的形式将土地进行拍卖,从中获得土地收入。为了防止土地投机,又与土地税、土地增值税相配合,并对土地的使用严格加以监管。这一套土地制度的实施,使得青岛避免了其他近代城市如上海、广州所出现的土地投机现象,防止了土地价格的暴涨,并因这一成功的制度实施,而为德国在其他地方的殖民地、德国本土及欧洲其他国家所采用,并得到孙中山先生的赏识,成为后来台湾实施土地政策时的基础。青岛的土地政策是一个精心设计的体系,这一套管理制度的确立,在管理上精细、可操作性强,如土地的精细勘测、登记,对土地进行分类,确立不同的税区和税级并3年进行一次地价的重新评估,对于拍卖出去的土地进行跟踪监督,不及时开发逐次则逐次递加税率,并实施严格的建筑标准。这样既保证了城市的有序开发,又缓解了社会矛盾,保证社会的稳定发展。

德租青岛时期的土地开发是建立在两次城市规划的基础上的,这两次规划分别是1900年和1910年所做的规划,这两个规划先后确立了青岛的建港建城及向东向西澳发展的方向,并先后确立了青岛欧华分区和南北狭长带状的空间结构,为青岛未来的发展奠定了基础。即使在后来日本占领青岛期间,城市规划通过市政管理机构、相关政策法规等方式在城市发展过程中也得以继承。

政策的制定还需要有效地实施方能发挥作用。德统期间,胶澳总督颁布了许多法规、条例,内容涵盖经济、政治、司法、土地、卫生等各个方面。但青岛短短10余年间便从一个小渔村发展成为城市,居民从村民转变为城市居民,社会秩序的基础发生了很大的变动,不再是在原来家族、邻里的基础上构建社会秩序,而是要在社会理性和道德基础上构建一个新的社会规范,这个转变通过文化、意识形态等的自发变革是缓慢的,而这些制度能在青岛得以有效地实施,是通过德国人严厉的法规制度和强制实施来实现的,正所谓"布置尤周,立法尤严"[1]。但是,同样地制度的实施也并非完全脱离中国的传统文化,如单威廉对于中国传统习俗的了解、乡村治理中对于中国传统的族长制、里长制的延续,也缓解了制度实施中的矛盾。在管理方法中,对于在实施中存在问题的制度及时调整也是其制度能有效实施的基础,如在对土地使用进行监管中,原规定若不能按计划对土地进行开发,则没收土地所有权,只支付一半的土地价格,但在实施中,政府调查发现,很多业主没有按期按计划进行开发并非要进行投机,而是缺乏建筑资金,"总督署若毫无顾虑,一概令从前业主,丧失地基,依法律,按情况,均属过于严酷,由时始觉旧土地法令,对于政府不能施行,实属无谓,对于公众,亦因过于强迫,发生恶感,于此之问题,乃加以修改,"[2]由是修改了原来的法律。

因此,青岛的政府主导的制度变革得以有效地实施并延续,和其精密的设计以及强制实施是分不开的。自 1897—1914 德租青岛期间,青岛实现了从一个渔村到城市的转变,这个转变是在科学规划的基础上完成的,这点和上海是有很大不同的。这些规划确立了城市的基本性质,通过港口、铁路等的基本建设,使得青岛发展近代工业和对外贸易的潜力发挥了出来,其贸易总值从 1901 年

---

[1] 甘永龙:《德人经营青岛之成绩》,《东方杂志》,第 5 卷第 7 期,1908 年 7 月。

[2] 〔德〕沙美著,朱和中译:《胶州行政》,民智书局,1923 年 6 月版,第 46 页。

的 3985845 海关两,发展至 1913 年的 60448850 海关两,13 年中增长了 15 倍①,至 1907 年时已取代烟台成为山东的贸易中心,1911 年成为中国排位第 6 的重要海港,完成了从小渔村到重要的海港城市的转变。其"依法治市"对有效管理城市,保证市容整洁和规范、培养市民的习惯,对于青岛城市的发展均具有长远意义。

7.2.3 南通城市发展的非持续性

上海和青岛的发展都离不开殖民当局,但南通乃自开商埠城市,是在以张謇为主的社会力量的推动下实现的制度变革。

19 世纪 90 年代之前的南通,仍是一个普通的老县城,其城市的空间格局仍保持着当时为了兵防和行政管理的需要而建设的"中轴对称的方形城廓、十字长街"的空间形态,但其又有优越的地理位置,滨江近海,有优越的水运条件,其腹地又有丰富的盐、棉,故而是一个以兵防、行政功能为主兼有贸易功能的城市,是区域性粮食、盐、棉花和土布的集散中心。可以看到,南通是有经济发展潜力的。19 世纪末,在实业救国浪潮中,清末状元张謇"弃官而营实业",利用其特殊的身份地位及社会关系网,以创办大生纱厂始,逐渐创办大生集团,进而兴交通,办教育,进行城市改造,使得南通成为由中国人自主规划、建设的"近代第一城"。在这个制度变革中,尽管新的城市土地管理的理念在城市规划建设中得以体现,但与青岛、上海相比,由于此制度变革并非是由政府主导实施的,因而更多地体现为自主性,也没有颁布很多的法规、条例。其变革的

---

① 王守中、郭大松:《近代山东城市变迁史》,山东教育出版社 2001 年版,第 208 页。

特点主要体现在：

7.2.3.1 城镇乡共同发展的规划理念

张謇在建立大生纱厂时，并没有建在老县城或老县城的旁边，而是建立在了位于老城西北 9 公里处的唐闸镇，将港口区建在了城西南 9 公里的天生港，将城南 9 公里处的狼山区作为风景区，而将老城作为政治、金融、商业和文化中心，奠定了现在南通城"一城三镇"的空间格局，这一城三镇间互不干扰，以水路和公路交通相连，成为一个在功能上组团的体系。这种分区的城市规划理念常被认为与霍华德的"田园城市"的规划理念相似，霍氏的规划理念本为解决大城市的"城市病"问题，但张謇时期的南通，城市经济并不发达，交通也不便利，分散的布局在当时并不能充分发挥城市的集聚效应，而且这种分散，影响了产业的集聚发展和城市规模的扩大，在城市主导产业衰落后，因产业间缺少内在的纽带，使得城市群的进一步发展缺乏动力，而不能使中心城市与周边市镇融合成为一个整体，从而影响城市的发展。但此区域共同发展的理念在当时却是非常领先的，以工业化启动了传统城市的近代化，再启动了农村的市镇化。

7.2.3.2 以私人企业来资金来支持社会的变革

近代南通在城市改造、教育、文化、慈善、市政建设等方面，多头并举，需要雄厚的资金支持。青岛发展之初有德国政府提供的资金，以及土地拍卖的收入，上海租界的建设最初由外商共同分摊，后有多种财政收入能够支持市政建设。而查南通的史志，至民国六年方列出和土地相关的收支，如：民国六年，地方收支入款有地芦、附税、地芦特税、屯杂附税、漕米附税、买契特税、市场折价契税附捐、花布三厘、纱厘、亩捐、清丈费、屠宰带收学捐、过割费等项目,共计 137113.36 元;地方收支出款有警费、教育费、驻契费、清丈费等项,共计 148268.62 元[①],尚且收不抵支。张謇以大生集团承担了诸多应由政府承担的社会功能,一方面拖累了企业的发展,另一方面,当企业衰败时,诸多的社会事业何以为继?

从大生集团创立到 1926 年张謇逝世,在南通形成了以棉纺织业为主导产业的产业链,以金融、商业和航运业为主体的第三产业得到了很大发展,使南通成为我国沿海重要的民族工业城市,也使得在南通地区兴起了以南通市为中心的一批市镇。但大生纱厂衰落后,南通的发展就没有再取得很大的进展,也验证了没有坚实的制度基础与动荡时期强有力的政府的推动,城市发展的持续性将会很脆弱。

7.2.4　北京城市的缓慢发展

近代北京的制度变革是相对缓慢的,直到 20 世纪 30 年代之前的变革主要体现在城市改造上,一些条例和规则在城市改造中颁布实施。在这个变革中,道路的开辟,新的商业区的开发建设使得这个城市空间从封闭走向开放。

近代北京城市管理制度的改变是由于英法联军入侵北京后,因政府的缺位和社会秩序的混乱而开始的,随着近代化的管理机构市政公所的成立,市政建设开始展开,一些初步的城市规划开始实施。在 20 世纪初的 30 年里,北京城部重要街道皆已被改变成碎石路和柏油路,许多街道得到了加宽和拓展。在原城墙遗址上、

---

① 《南通县志》,第 584 页。

在原暴露污水沟上或穿过新城门的地方也修筑了新街道,同时原来被视为皇权特征的皇城城墙和城门被拆除,东西向的交通被打通,尤其是在前门改建工程中,市政公所特意聘用德国的建筑师对整个前门地区的改造进行设计,而较为系统的初步的城市规划则是香厂地区的开发,在这个规划中,市政公所先后颁布《土地开发法》《权利租借法》,并在北洋政府颁布《土地征用法》之后,颁布了具体实施的《土地征用暂行规定》,将土地规划、土地管理和土地招租结合起来,建设商业区和居住区。可以说,北洋政府时期的新式的土地管理理念主要是体现在香厂地区的开发中,但是这个开发毕竟是局部的。

20 世纪初的这些变革,对于北京城的影响主要体现在这几方面:

一是无论从空间形态上,还是精神层面上,北京城均从封闭走向了开放。古老的以皇城为中心的空间形态的改变,不仅便利了交通,促进了商业活动,使得一些新的商业区开始形成,而且它也标志着人们的思想已经逐渐打破皇权的束缚,规划理念已经从传统的规划理念开始转变,思想上的逐渐开放,使得更多的新事物、新思想更容易被广泛接受。

二是财政上的约束限制了北京的进一步开发。北京是中央政府所在地,中央政府在时局动荡中,更关心地是政权的稳定。尽管有了专门的管理机构市政公所负责市政工程建设、土地管理等,但同时还要负责社会救济、教育等其他事务,在这样的情况下,市政公所能用于市政建设和开发的资金紧张,同时由于近代工业发展远不如其他大城市,财政收入又相对较少,尽管社会力量也参与进来,但是在中央政府力量最强的地方,社会力量的空间相对较小,不能形成有力补充。

尽管变革缓慢,但这些转变毕竟将古老的都城推向了开放,使得它的经济结构等发生了变化。

7.3 思想演变

近代不同类型城市的土地管理制度变迁的路径尽管不同,影响的因素也有差异,制度变革的思想渊源也有不同,但从政策实施上,我们仍可看出思想的逐渐演变。

对于租借地城市,因为整个城市的管理均有租借国实施,其制度的思想渊源更多地受到其母国文化、法律传统、民族特点的影响。除此之外,其余无论是上海、北京还是南通,均呈现出明显的模仿、理性学习、主动变革的演变脉络。在西方文化的传播,甚至是西式的管理制度模板的示范下,一些有识之士开始制度变革的尝试,最为明显的是上海华界的变革,从类似市政机构的设置到道路修建、土地开发均是对租界的模仿,至 19 世纪 90 年代,这种思想的变革开始呈现出更多地主动去学习文化、学习基本制度的设置的特点,如南通张謇等,对于日本、西方等国进行考察,并探索整个社会变革之路,这个时期的思想更多地是一种积极地对于传统文化和西方文化的理性的思考,而不是一味地贬低或是夸大西方文化。在这个基础上,制度的变革和构建出现了主动性和选择性,南通的规划就是在学习西方制度的基础上,结合本地的特点自主进行的典范。尤其是随着城市建设的展开,城市市政管理作为一门学科也被广泛研究,至 20 世纪二三十年代关于市政管理的学术成果开始多了起来,就是这一思想转变的体现。

我们也可看到,尽管一些正式制度构建的背后体现着主要政策思想的演变,但民间一些传统的土地交易习俗的变化则体现了普遍的基本认识的变化,这种变化是经济的发展导致的,也相对比较缓慢,我们经常可在同时期的土地契约中看到有的仍然体现着传统的交易习俗,但有些则消失了,因而这种习俗的变革是逐渐的,一些传统习俗是逐渐被新的规则所取代的。

8 总 结

中国城市的兴起和发展不同于欧洲的城市。古代中国城市很多是因政治和军事目的而设立的,在城市空间布局上长期以来也一直是城、市分开,直到明清时期,商业经济的发展使得一些经济型的市镇开始兴起,这些市镇多是处于交通便利之处,多为区际贸易中心,江南的一些市镇丝业发达,是中国重要的丝织品的出口基地,已经参与到全球贸易中,也因为贸易的发达,又促进了一批市镇的发展。总体而言,明清之际城市的兴起、发展已经呈现出和早期不同的特点。五口通商之后,随着国门的打开,西方的商品、生产方式、思想、文化等传入,对传统经济和秩序造成冲击,近代工业开始兴起,一些传统市镇衰落的同时,新的城市开始迅速发展。不同于之前的城市化,这次的城市化是近代工业发展和国际贸易共同作用的结果。

城市商业经济的发展,深刻地影响着土地产权的变动趋势。在明清时期大批市镇兴起的江南地区,乡村土地产权就出现了明显的地权分散状态,而且越接近上海的地区地权越分散。[①] 说明

---

① 樊树志:《江南市镇:传统的变革》,复旦大学出版社 2005 年版,第 45 页。

传统的资本积累会用于置田的现象发生了变化，更多的资本开始流入城镇的工商业领域。田面权、田底权的分离也成为一种普遍现象，这和农业人口向城镇的转移是相关的。这种转移，同样也使得城镇的土地交易也相对增多。近代以后的城市化中，新兴的城市兴起，传统的城市人口迅速增长，城市规模急剧扩大，首当其冲的便是巨大的土地需求以及由此产生的土地管理问题。而西方思潮在这个时期的涌入，为这种变革提供了借鉴，加剧了这种变革。

在近代这次城市化浪潮中，形成了不同的城市发展模式，包括有条约口岸类城市，如上海、青岛；非条约口岸的工商业城市，这类城市有的是自开商埠，如南通，也有的是并没有自开口岸，但城市有了很大发展，如无锡；有传统行政中心城市，这类城市并未开埠，但也出现了缓慢的转型，如北京；还有一些近代之前的市镇，这类市镇在近代城市化中，整体来看或是衰落或发展成为周边大城市的卫星城镇。这些不同类型的城市扩展模式对于近代城市管理制度的变革产生了不同的影响，使得这些城市在近代制度的构建中出现了不同的路径。就约开商埠城市而言，既有租界和华界长期并存的城市上海，也有租借地城市青岛，前者西方和中国传统的制度相互影响、相互融合，后者则由租借国主导和移植了西方的模式；就非条约口岸类的工商业城市而言，社会力量自下而上地推动制度变革的特征明显；而传统的行政中心城市则在政府主导下自上而下地开始了缓慢的变革。总体而言，非条约口岸城市是一种诱致型制度变迁，而约开商埠和传统行政中心城市则分别体现了移植的供给主导型制度变迁模式和内省的供给主导型制度变迁模式的特点。这些不同的制度变迁模式也使得这些城市的近代土地管理制度的构建形成了不同的特点。

传统行政中心城市相对于其他类型的城市而言，其近代工业的发展和变革要缓慢地多,这其中有多重因素的影响,但相对封闭和政局不稳是导致其缓慢的重要原因。其他三类城市中,不管主动开放也好,被动开放也好,均较快地实现了制度的转变。但我们也发现,尽管租界的设立(或整个地区被租借)通常会使得西方的制度更多地被引入,但也不尽然,如租借地城市威海,尽管被英国强租,但威海的发展和青岛截然不同,不仅没有迅速发展成为贸易、港口城市,实现制度的近代转变,反而在某种程度上比其他没有开埠的城市更多地保留了中国的传统制度,在这里租借国英国的殖民政策和租借意图,以及威海的英国总督的个人偏好影响了制度变迁的方向,这也说明,影响制度变迁的因素是多样化的,有时候一些看似偶然的因素会深刻地影响着制度的变革。

在构建的制度中,有的形成了较为系统的、完善的法律、法规,有的则体现为具体建设中颁布的实施条例,而且法律体系本身的完善与否以及实施中的调整均会影响到制度实施的效果。这方面,租借地城市和租界与中国传统城市体现出了不同的特点。从青岛、威海和上海来看,注重法律制度的建设。德租青岛之后,以《田地置买章程》《地税章程》《田地易主章程》三部基本土地章程构成基本的土地制度,在此基础上颁布了关于土地登记、土地转移等系列法规,整个德强租青岛的 15 年间,颁布的规章、条例涵盖 17 类计 188 个,涉及到衣食住行等各个领域;英租威海之后,在宪政性的法律尚未颁布之前,首先颁布了《土地买卖章程》,之后又颁布了《私有土地收回条例》等土地法规,其土地方面的立法内容涉及到土地买卖、登记、征用、税收、荒地开垦、土地租用等各个方面,在其统治威海的 32 年里,制定了 200 多项法规,颁行的法令条例共 115 部;英和清政府签订了条约之后,也是颁布了《土地章程》,该章程成为了租界的基本大法,之后又反复进行修订,并颁布了系列法规。这种注重法律制度构建的特点和西方对于法律制度的重视是相关的,无论是英法也好,还是德国也好,相对于中国的人治更多地体现为法治,不仅有相对健全的法律制度,且公民群体法律意识相对较高,我们可以看到租界实施的自治治理中对权力的约束,也可看到胶澳总督、威海总督也没有凌驾于法律之上。中国的的土地制度中,更多地是通过传统习俗、习惯等进行制约,城市也缺乏自治,在近代转型中,很多条例的颁布是在具体实施中而颁行的,而且政权的不稳,也使得颁行的有限的土地管理方面的条例并没有得以实施。但尽管青岛、上海的租界均移植了一些西方的法律制度,并不是照搬,法律只有符合人们习俗和惯例时才是行之有效的,他们的一些制度的制定考虑到了中国传统的文化环境,这在一定程度上保证了法律的实施效果。如在土地的购买中,尽管在德国较早地就确立了土地所有权是所有人排他性权利的观念,但单威廉也注意到在中国乡村,"在中国从未有土地官署,其业主之变更,村长有无上之权力。"①因而,在调查时,均先和村长、长老或当地有威望的人进行洽谈,并在村长的陪同下与土地所有者进行谈判,这些符合中国传统习惯的做法使得他的谈判和购买工作得以顺利进行。事实上,在德国人制定所有政策时,都注意到要了解当地的习惯,正如在他们的一份报告中所言:"……有必要从我们的正式统治伊始就委托一些既熟谙中国人的国民性格和国民习俗又能在处理所有事物时认真听取经验丰富的顾问的意见的人来承担行政管理工作。"②英国的总督骆克哈特更是注意到:"……从管理的角度而言,中国人是很好统治的,因为他们信奉家族权力,他

———————

① 单威廉:《胶州行政》,上海:民智书局,民国十三年六月(1923.6),第 2 页。

② [德]余凯思著,孙立新译:《在"模范殖民地"胶州湾的统治与抵抗》,山东大学出版社 2005 年版,第 261 页。

们的主要愿望就是管好自己的家庭,作为一条不成文的规矩,他要
持重、有序、对父母子女和善,他们节俭、勤劳和安分。……"①这
些对当地习俗、文化的了解和重视使得他们在制度的制定和执行
更为有效。

近代城市管理制度的变革,不仅体现在正式制度层面上,而
且也体现在非正式制度层面上。正式制度最终能够确立下来并
能有效实施,其基础是和非正式制度的适应,从这一意义而言,传
统风俗习惯、人们观念意识的变革是根本性的变革,推动文化的
变革对于新的制度的确立有积极意义。在近代土地管理制度的
构建中,我们可以看到新的制度和传统观念的冲突,也看到人们
观念的逐渐变革。比如,中国传统土地交易中的找贴风俗,随着
房地交易的频繁和租界道契的示范作用,在近代上海就越来越
少,甚而由于道契的优越性,出现了挂号道契,而且在土地纠纷中
开始请律师介入解决。人们对房地的认识也逐渐发生变化,房地
价格的上涨,使得人们开始投资于房地,从地价上涨中获利,这种
以获得投机收益为目的的交易行为和传统中很多因"不得已"而
出售房地的行为已经有了性质上的不同。正式制度和非正式制
度的冲突协调,既需要在制定政策时考虑到当地的民俗,也能通
过相关文化政策的实施去推动文化的变革,来保证制度的实施。
在青岛、上海,都发生着中国传统文化和西方文化的碰撞、交流与
融合,上海因为租界、华界的并存,更能包容多元性的文化,而在
青岛,德当局建设"模范殖民地",不仅仅是政治、经济上,更有文
化上的诉求,"德国海军管理当局对于继续将这一殖民地开发成
为一个欧洲文化和特别是德国文化的中心,视为它最重要的任

---

① 邓向阳:《米字旗下的威海卫》,山东画报出版社 2003 年版,第 214 页。

务。它确信,这种致力追求同时会带来的后果将是:大大促进德国本身的、合法的经济利益。"①同时,在德国筑路过程中由于对于坟墓的侵占所带来的冲突也使得当局开始重视如何有效地传播德国的文化,其采取的主要措施之一便是大规模兴建各类学校,包括有小学教育、职业教育和高等教育,配置德国教师和受过德式教育的中国教师,并设定课程体系,在这些课程体系中既包含有自然科学的课程,也包含有法律等课程,还有各类技术培训,既传播了德国的文化,又培养了城市建设所需的人才,更重要的是大大减少了文化冲突,也为各项制度的实施提供了保障。

在各城市从传统到近代的转变中,既有共性因素的影响,也有特殊因素。适应近代经济发展的基本要素的具备是近代经济发展的基础,经济的发展促进了城市化并进而促进制度的变革,西方文化的传播又加快了这种制度变迁,并使得制度的变迁和构建呈现出了文化上的多元性。在制度变迁中,尽管有的是政府主导的,有的是自下而上推动的,但我们均可看到在不同的环境中,政府和地方团体所施加的影响的不同以及彼此的关系的变化。北京和青岛的变革中,我们可以看到自上而下的政府的推动,而上海和南通我们则更多地看到了社会精英们以及由他们主导的社会团体所发挥的作用,这是因为在这里中央政府衰微而给了地方团体更多的成长空间。中国传统社会里,虽然一些社会团体(主要是各种慈善机构)并不如西方市民社会中的社会团体一样,在地方城市的管理中参政议政,但地方士绅主导的一些团体在城市救济、医疗、河道疏通等方面承担着重要职能,比如根据上海县志的记载,早在宋代就已有了由士绅成立的私人慈善机构,在 1850 年,上海有五所新的

---

① 刘善章,周荃:《中德关系史译文集》,青岛出版社 1992 年版,第 63 页。

由士绅管理的慈善机构,这些机构得到较多的土地捐赠,也能得到
一些官方的资助,①而在广大乡村的基层治理中,地方士绅更是基
层和政府之间的纽带,因而士绅积极参与公共事务有着悠久的传
统。但是在近代,这些机构参与的社会事务的范围越来越广,从城
市的改造、道路的修建,地方士绅所起的作用越来越大,这一方面
和城市的扩张带来的诸如垃圾处理、道路拥堵杂乱等城市问题的
日益严重有关,另一方面租界的市政治理起到了刺激和示范作用。
迅速发展的城市使得传统的城市管理模式已经不再适应,这样也
会导致城市社会的一种自我调节。在政府无力去解决这些城市问
题的背景下,士绅们主导的社会团体弥补了这个空白。而且清末
的新政以及由此推进的地方自治制度,将传统时代基于习惯或地
方情境的绅权制度化了。和传统不同的是,受西方的影响,并在晚
清实行地方自治的背景下,这些社会团体的组织框架和规则发生
了变化,采用了西方的模式,并颁行了一些条例,而且地方政府也
采取了支持、配合的态度。传统的中国城市在市政方面能较顺利
地推行变革,这本身说明在传统的社会体系中有其实行的传统基
础,它并不完全是舶来的。近代社会是一个发生巨大变革的社会,
工商业的发展不仅吸引着资本向城市的流动,也出现了乡间士绅
向城市的流动,科举制度的废除和政治制度的变动使得大量的传
统读书人和受过新式教育的知识分子聚集在城市,他们既有传统
的对社会的责任感和使命感,又接触了西方的文化,成为推动变革
的积极力量,如果有政府的支持和完善的制度,比如稳定的资金来
源、一定的市民社会的基础和安定的政治环境,很多尝试和制度当

---

① [澳]伊懋可:《1905—1914年上海的市政管理》,载刘海岩主编:《城市史研究》
第23辑,天津社会科学院出版社2005年版,第212页。

会确立起来,诸如南通这样的新兴城市也不会因张謇及其集团的衰亡而发展乏力。对于政府有着较强控制力的北京和德政府控制的青岛,地方团体的力量就相对薄弱,但一个是疲于维持统治的政府,一个是出于自身殖民目的积极建设的政府所起的作用又截然不同。

　　在近代城市土地制度的构建中,不仅不同类型的城市制度变迁的路径不同,制度思想的渊源也各异。近代是一个中西文化交融的时代,在各地制度的构建中,均能看到中西文化的融合,只是西方文化的影响的程度各异,西方文化来源上也体现出了其多元性。西方文化影响最大的上海和青岛,均能看到租界当局和殖民当局其母国文化的印记。在行政管理体制上,上海的租界和青岛均实行了"自治",虽然不同,也可看到其民主管理的思想。在上海的公共租界,采用了"三权分立"的组织形式,设立了类似于英国的议会制度的租地人会议(纳税人会议),无论是从选民资格的设置还是其职责、议事规则均能体现这一制度思想。比如按财产的多寡设置投票人资格①,由该租地人会负责规划市政公用设施建设,筹集各项事务的费用,开征捐税,审查工部局账目等,并制度化了会议召开的时间、地点和议事规则,这个机构实质就是租界里的立法机构,而日常的行政管理则由工部局负责,司法则由会审公廨负责。这样,在获得使用权的这块土地上,移植来了本国的行政制

----

　　① 注:在租地人会议期间,规定租界内凡拥有经估定地价为1000两或不满1000两的租地人,均享有一份投票权;土地估价值每增加1000两,增加一份投票权,同时规定,凡缴纳房屋租金超过500两者,亦可获得一张选票。1869年修订的《上海洋泾浜北首租界章程》放宽了选举人资格限制,将租地人会议扩大为纳税人会议,规定:凡居住界内的外侨,置有价值至少500两的地产,每年缴纳房地捐满10两或10两以上者,或其租赁的房屋,每年缴纳500两或500两以上房租的,即有投票权。引自马长林主编:《租界里的上海》,上海社会科学院出版社2003年版,第263页。

度,贯彻了宪政思想和议会精神。对于青岛而言,则是设立了由总督作为最高负责人的总督府议会,所有重要的事务均由总督提交议会进行讨论,参议会中的成员除了各行政部门的负责人外,则由每年缴纳 50 美元以上的土地所有者中或由注册的商号中选出或由欧洲人商会执行委员会选出或由总督制定,同样从财产上对于代表的资格进行了限制,虽然胶澳总督权力广泛,远不如上海公共租界的互相制衡的组织机构的设置,但由代表们参政议政的制度设置仍然体现出了其议会制度的思想,相对于英国而言,德国的议会制度的确立本就要晚得多,一直到 19 世纪中叶才由老的等级制度过渡到现在的议会民主制。而上海的法租界的管理体制则是体现了其国内的专制主义,在行政制度方面,法租界与公共租界的侨民自治制度恰恰相反,实行着所谓的"领事独裁体制",《上海法租界公董局组织章程》就规定:上海法租界的一切行政实权归领事,董事会只是咨询机构,决议均需领事批准,并随时可被领事解散,选举人大会仅可选举董事会领事,并无任何职权[1]。这种设置不仅因为它属于大陆法系而非英美法体系,更深层次的背景原因则是,法国过于浓重的专制主义传统导致的行政权力的庞大,而使行政长官拥有很大权力。这种体现各自国内文化的制度安排,还体现在土地管理制度构建的其他方面,比如青岛的土地拍卖制度和英国在上海公共租界以及在威海实行的土地批租制度,也和两国国内关于土地的传统认识的差异有关,德国国内 18 世纪就开始强调土地所有者的土地所有权,而英国的传统则是土地的"王有"观念,这种观念上的差异带来了两国在海外土地政策的差异。和中国传统习惯不同的还有西方文化中对于土地产权的保护以及现代

---

[1] 梅朋:《上海法租界史》,上海译文出版社 1983 年版,第 396,410 页。

契约观念,无论青岛还是上海租界均采用了土地征购制度、完善了土地产权管理,从土地契约的标准化和严格的土地测量、登记制度,都体现了其产权意识和契约精神,英国自建立诺曼王朝就开始推行诺曼法,诺曼法是一种典型的封建法,其本质上是一种契约法,是建立在领主和附庸(受封者)之间相对对等的权力义务关系上。不管领主和附庸那一方,只要是单方拒绝自己的义务,或者是寻求契约以外的权利,权益受害的一方都可以投诉于法庭获得救济。如果法律解决不了,则受害者(不管是领主还是附庸)有权解除封建契约,领主可收回领地,附庸可放弃效忠义务,历史上领主和国王之间的反复争斗,也是以"契约"的方式实现对双方的约束,故而从英国的宪政历史看,其契约思想渊源已久,这种精神贯穿于社会生活的方方面面,自然也包括地产契约,这种契约精神同样被带到了租界和租借地。从租界和青岛地产纠纷的处理中,我们也越来越多地看到律师得介入,包括财产权转让、遗产继承、处理家庭财产、调整财产和收入的所有权和支配权、契约、合同的拟订等,也体现了西方的法律意识和习惯。新兴城市中对于城市空间布局产生极大影响的城市规划,同样体现了中国传统规划文化的近代化和西方规划理念的本土化。近代初期的大城市均进行了拆除城墙等一些城市改造,如北京,但其城市布局中强调轴线对称、坐北朝南等传统规划的主要特征还在,关注自然环境与城市和谐统一的理念也还在影响着城市规划,如南通的城市规划。而租界的建设是从修路始的,其街—马路—马路网的改造及市政建设一直贯穿于近代城市规划的始终,但上海公共租界和法租界的差异仍体现了两国文化的差异,作为典范的青岛的城市规划则将德国人严谨、讲究科学的民族特点展现无遗,在 19 世纪后期的规划中,租界和殖民地城市的规划中都非常重视公共卫生环境的改善,并在城市管理中颁布了一系列制度,这一对公共卫生环境的重视是城市化进程中的重要环节,也是工业化背景下劳动力保持稳定、充足的重要保障,19世纪中期,英国政府就颁布了一系、列保障公共卫生的法规,如《消除污害法》(1855)、《环境卫生法》(1866)、《公共卫生法》(1875)、《工人阶级住宅法》(1890)等,这说明在城市发展的过程中,西方看到了城市化中暴露出来的城市问题,并寻找解决这些问题的办法措施,这些理念同样影响到了在中国租界的规划。

近代城市土地管理制度的变迁过程也是中国城市由传统到近代变革的一个缩影,尤其是自近代开始到南京国民政府确立,正是一个变革开始发生的阶段,在这个阶段,传统的观念受到西方文化的冲击,传统的体制不再适应城市发展的要求,旧的体制在调整,新的制度在逐渐确立。在这个过程中,不同于传统的城市土地管理机构、城市土地产权管理制度、土地使用管理制度、土地税收制度以不同的面貌初步构建起来,也对城市的后续发展产生了不同的影响。这个时期也有因城市化而带来的冲突和问题,研究这个时期的制度变迁,对我们如何看待现在日益加快的城市化进程中所暴露出来的问题,会有这些启迪:

城市的发展需要完善的土地税收调控制度。城市化的过程是城市人口增加、城市空间扩大的过程,在这个过程中,随着经济的发展和土地用途的改变,土地的极差地租加大,土地价格会有很大的增长。在近代迅速发展的城市中,我们都能看到土地价格的变化,因此,对土地价格进行宏观调控是土地管理的重要内容。上海、青岛、北京等城市,均采用税收进行调节,但是效果却不同,上海的土地投机仍然严重,土地价格大幅上涨,而青岛却有效地解决了土地投机问题,这里青岛采用的政策为我们提供了很好地借鉴。从调控制度来看,上海和青岛均采用土地价格评估机制来征收地税,但是租界工部局或公董局的董事本身就是地产商,他们利用信息优势获取土地开发规划,提前囤积土地,而青岛则通过土地优先购买政策,为政府获得了全部土地的优先购买权,而且通过政府对土地进行公开拍卖,拍卖后的土地若所有者对土地进行转卖,仍需向总督进行申报,政府仍保有优先购买权,这样就有效地限制了私人对于土地的投机,在此基础上对拍卖了的土地的使用进行监管,以保证其按规划进行开发利用,并根据当时东亚地区的 6％ 的资本利息,规定了 6％ 的土地税,专设土地估价局对土地进行评估,土地业主每年缴纳地税,若有违反,第一年将征 9％,以后每 3 年递增 3％,直至第 16 年递增至 24％,更为重要并具有深远意义的是土地增值税的实施,规定了 33％ 的土地增值税来防止土地投机,同时为了预防土地交易者故意做低交易价格,还规定政府有权按照真实价值优先购买,即使持有土地 25 年不进行交易的,政府也一次性征收土地增值的三分之一。这一系列相互配合的土地制度的实施,不仅能保证政府优先低价获得土地开发所需的土地以及进行城市建设所需的资金,而且有效抑制了土地投机和地价飞涨。青岛这一创设性的土地税收制度,不仅在当时取得了成功,而且为世界其他城市提供了可借鉴的经验而被广泛采用,也为我们提供了制度借鉴。

城市的发展需要统一、科学的城市规划。在近代南通、上海、青岛、北京等城市,在城市建设中,均进行了一定的规划,但北京由于政局的动荡,仅仅是局部的城市改造和开发,而上海由于租界和华界的分割,规划也是不统一的,相对而言,南通和青岛均进行了统一的规划。南通在规划上体现了功能分区和各区域之间的联系及城市绿化、公共空间的建设等,直接奠定了今天南通的城市格局,而青岛则设置了专门的规划机构,通过专业技术人员进行测量和规划,并颁布了大量的规章制度,在城市建设之前,便对城市的发展进行定位,从制度、技术上予以了保障,为青岛这一"模范城市"的建设奠定了基础。而上海的开发则缺乏全局规划性和前瞻性,即使不考虑租界和华界的分割状态,租界的规划也呈现出一定的无序性。租界的开发是沿着道路的建设延伸的,由于道路是在界内私人租赁土地进行地产开发后进行修建的,而私人地产的开发缺乏相应的约束机制,使得以私人地产开发为导向的城市建设,难以实现总体的规划,体现出一定的短视性,其中尤以公共租界为甚。相对而言,法租界对私人地产的开发通过建筑类型管控和分类营业等措施加以约束,使得私人地产开发纳入租界的总体规划,因而法租界也呈现出和公共租界不同的整然有序的空间形态,这同样体现了总体规划的重要性。

城市化过程中要处理好各方的利益关系。在城市扩张中,土地开发中的规划和征地会涉及到政府、土地所有者、开发商等各方的利益,处置不当,很容易引起社会冲突。在近代城市的开发中,我们也看到了这种冲突,这些冲突既有经济利益的原因,也有风俗习惯的原因,比如对于中国传统文化中非常看重的"风水"的破坏。租界以及青岛殖民当局在利益冲突的解决上可以为我们提供一些借鉴。首先,对私人产权的尊重。在征地过程中,二者关于征地的条件、补偿机制、征地程序均作了规定,即征地以公共利益为目的,对征地进行补偿并按程序进行征收。不仅在征地前进行宣示,给被征地者提出异议的权利和时间,并成立专门的委员会处理异议,尤其值得我们注意的是,如果被征地者的异议是正确的,征地会被放弃,而不是一味地强制征收,这体现了其对私人产权的尊重,也体现了西方文化中"私人产权神圣不可侵犯"的理念。其次,征地补偿的标准和征地主体的强制征收的权利应该明确。在青岛、威海、上海租界,青岛在被强租后立即宣布了土地优先购买制度,确定了政府的优先购买权,并在 1898 年颁布的《购地准则》中就予以确立,沿用青岛之前清政府曾经采用的标准将土地划分等级,规定了明确的补偿标准,而威海和租界虽则确立了补偿的原则,但是补偿的标准仅是规定了确立补偿金额时应考虑的因素,而明确的标准则没有确定,租界当局工部局和公董局的强制征收权和补偿标准更是到 20 世纪初才逐步明确,这种标准的明确与否既容易引发冲突,又降低了征地的效率。再次,要对信息优势方进行约束。行政当局对于土地规划是具有信息优势的,这样很容易造成内部人利用信息优势进行土地投机的风险,如何对内部人进行有效监督也是土地开发中所必须注意的。在上海租界的土地开发中,工部局关注到了这个问题,并进行了相关的规定进行约束,但是这项约束更多地是约束了雇员,而董事会的董事则缺乏相应的监督机制,事实上我们也看到很多董事本身就是大的地产商,因此必须有相应的制度对管理层进行监管。最后,在土地开发中,要尊重传统的文化习俗,减少冲突。在中国传统文化里,有着很深的乡土情结和祖坟、风水等观念,这些观念、习俗千百年来一直流传,是中国传统文化的一部分,在土地开发中,一方面要尊重传统习俗以减少冲突,另一方面观念、习俗等的改变是非常缓慢的过程,但可以通过相关文化政策的实施来推动变革。

城市化中要注意发挥社会团体的作用。在城市的近代变迁中,社会中的个人或团体对于推动制度的变革和城市的近代化发挥了重要作用。在近代的社会力量中,绅商是积极参与城市社会事务的一个重要群体。在中国传统社会中,自古以来就重视民间社会的互助合作,所谓"死徙无出乡,乡田同井,出入相友,守望相助,疾病相扶持,则百姓亲睦。"①因此,中国社会很早就有各种互

————————

① 《孟子·滕文公上》。

助组织,明清时期地方公益事业主要是由绅士和绅商赞助和主持,这些公益事业涵盖了桥梁、道路、水利、义仓、义学、义赈、扶孤、恤贫等,至 19 世纪中叶以降,随着国家权力对地方事务干预的减弱,民间社会扩张,晚清绅商在近代城市公益事业中发挥着重要作用,至清末实行地方自治运动,同样是绅商将自治的理念贯彻于行动。南通的张謇、上海的李平书等,均发起成立了一些自治机构和团体,不仅推动了制度的变革,而且开始领导创建新的制度。在近代城市市政资金不足时,这些团体筹集资金,学习西方的方式参与城市事务的管理,提供了很多市政服务。现在城市中,政府是进行城市管理的主体,但社会团体作为联系政府和社会的纽带,其对于改善城市管理所起的作用是不容忽视的。

我国现在的城市化还在继续,并有加快的趋势,城市化过程中所暴露的一些问题,也一直是人们对于大城市发展的担忧和限制城市规模的理由,也使得学界一直有"城市化"和"城镇化"道路之争。在近代中国,同样出现了人口迅速聚集、城市规模迅速扩大的城市化进程,也涌现了一批近代城市,包括大城市,这个过程中城市管理发生了巨大变革,其中首当其冲的便是城市土地管理制度的变革,通过研究从传统到近代的转变和近代制度的初步构建,并对照城市的后续发展,我们可以看到哪些因素影响着制度的变革,并通过不同制度的比较,能从中得到一些借鉴,并希望对现代城市化中管理制度的完善有所裨益。

参 考 文 献

一、论文

1. 吴松第:《通商口岸与近代的城市和区域发展——从港口—腹地的角度》,《中国近代史》2007 年第 6 期。

2. 慈鸿飞:《近代中国镇、集发展的数量分析》,《中国社会科学》1996 年第 2 期。

3. 李蓓蓓,徐峰:《中国近代城市化率及分期研究》,《华东师范大学学报(哲学社会科学版)》2008 年第 3 期。

4. 乔志强,陈亚平:《江南市镇原生型城市化及其近代际遇》,《山西大学学报(哲学社会科学版)》1994 年第 4 期。

5. 彭南生,定光平:《近代市镇成长道路探析——南浔与羊楼洞的对比观照》,《江汉论坛》2004 年第 2 期。

6. [美]克拉伦斯·B. 戴维斯,罗伯特·J. 高尔,王瑞君译:《英国人在威海卫:帝国非理性之例研究》,《山东大学学报》2005 年第 4 期。

7. 王光锐,张书俊:《对于清政府签订租期 99 年租借条约的两点思考》,《安徽文学》,2009 年第 7 期。

8. 杨来青:《德占时期青岛土地政策初探》,《国际学术研究会——殖民城市、青岛的形成和其历史位相》报告要旨,神户大学文学部,2006 年 2 月 9 日。

9. 张洁:《英租威海卫法律制度"二元化"特性之分析》,《法制与社会》

2009 年第 3 期。

　　10. 李东泉:《从德国近代历史进程论青岛规划建设的指导思想》,《德国研究》2006 年第 1 期。

　　11. 陈正书《近代上海城市土地永租制度考源》,《史林》1996 年第 2 期。

　　12. 刘海岩:《近代中国城市史研究的回顾与展望》,《历史研究》1992 年第 3 期。

　　13. 袁熙:《试论近代北京的城市结构变化》,《北京社会科学》1997 年第 3 期。

　　14. 方修琦等:《近百年来北京城市空间扩展与城乡过渡带演变》,《城市规划》2002 年第 4 期。

　　15. 张申度为斯坦因哈德所著的《中国帝制时代的城市规划》所写的书评,《亚洲研究杂志》第 51 卷 1992 年第 2 期。

　　16. 史小妹赵靓史晓成:《东交民巷的历史沿革及其对近代北京的影响》,《三门峡职业技术学院学报》2007 年第 4 期。

　　17. 钱宗灏:《上海开埠初期的城市化(1843—1862 年)》,《同济大学学报(社会科学版)》2013 年第 1 期。

　　18. 戴鞍钢:《城市化与"城市病"——以近代上海为例》,《上海行政学院学报》2010 年第 1 期。

　　19. 杜恂诚:《从找贴风俗的改变看近代上海房地产交易效率的提高》,《上海经济研究》2006 年第 11 期。

　　20. 杜恂诚:《道契制度——完全意义上的土地私有产权制度》,《中国经济史研究》2011 年第 1 期。

　　21. 吴俊范:《环境·风水·聚落——以近代上海为中心的历史考察》,《民俗研究》2009 年第 4 期。

　　22. 周诚:《香港土地问题考察报告》,《土地与房产经济管理》1991 年第 1 期。

　　23. 牟振宇:《近代上海城市化过程中的风水事件(1872—1900)》,《复旦学报(社会科学版)》2014 年第 1 期。

　　24. 练育强:《近代上海城市法律的移植及本土化》,《政治与法律》2010 年第 11 期。

　　25. 王方:《上海近代公共租界道路建设中的征地活动》,《第四届中国建筑史学国际研讨会论文集》。

　　26. 杜恂诚:《晚清上海租界的地价表现》,《史林》2012 年第 2 期。

27. 李轩:《中法土地征用制度比较研究》,《行政法学研究》1999 年第 2 期。

28. 赵世义:《财产征用及其宪法约束理论阐释与制度比较》,珞珈理论法学网。

29. 杜恂诚:《近代上海早期城市化过程中的农田收购与利益分配》,《中国经济史研究》2012 年第 3 期。

30. 魏天安:《宋代的契税》,《中州学刊》2009 年第 3 期。

31. 徐峰:《近代中国人口城市化的路径与影响因素》,《重庆社会科学》2013 年第 11 期。

32. 王瑞成:《近世转型时期的城市化——中国城市史学基本理论问题探索》,《史学理论研究》1996 年第 4 期。

33. 卢汉超:《美国的中国城市史研究》,《清华大学学报》(哲学社会科学版),2008 年第 1 期。

34. 贾彩彦:《近代不同城市扩展模式对城市土地管理制度变革的影响》,《上海财经大学学报》2013 年第 12 期。

35. 贾彩彦:《近代中国城市化中城市土地管理制度变革的路径分析》,《贵州社会科学》2013 年第 2 期。

36. 贾彩彦:《近代城市土地利用管理制度的变革及渊源》,《贵州社会科学》2013 年第 7 期。

37. 贾彩彦:《近代城市土地管理制度变革因素分析——对租借地城市的研究》,《上海财经大学学报》2014 年第 2 期。

38. 贾彩彦:《近代城市化中城市土地管理制度变迁研究:以南通为例》,《贵州社会科学》2015 年第 1 期。

39. 贾彩彦:《近代北京城市土地管理制度的变革及比较》,《上海经济研究》2015 年第 8 期。

二、著作

1.《申报年鉴》,1931。

2.《东方杂志》,1907。

3. 京都市政公所编:《京都市政汇览》,北京京华书局,1919。

4. 京都市政公所编:《市政通告(第二卷)》,1914。

5. 黄月波主编:《中外条约汇编》,商务印书馆,1936。

6. 商务印书馆编译所:《法令大全》,北京商务印书馆,1924。

7. 孔敏主编:《南开经济指数资料汇编》,中国社会科学出版社,1988。

8. 邵宗日、陈光编译:《英国租借期间威海卫法令汇编》,北京法律出版社,2012。

9. 南京国民政府司法行政部编:《民事习惯调查报告录》(上册),中国政法大学出版社,2005。

10. 北京市地方志编纂委员会:《北京志·市政卷·房地产志》,北京出版社,2000。

11. 吴廷燮等:《北京市志稿》(第一册),北京燕山出版社,1998。

12. 上海市地方志办公室编:《江湾里志》,上海社会科学出版社,2006。

13. 袁荣叟:《胶澳志》,(台湾)文海出版社,1928。

14.《上海房地产志》编纂委员会:《上海房地产志》,上海社会科学院出版社,1999。

15. 天津市房地产管理局:《天津房地产志》,天津社会科学出版社,1999。

16. 通州市地方志编纂委员会:《南通县志》,江苏人民出版社,1996。

17. 张季直先生事业编纂处:《大生纺织公司年鉴 1895—1947》,江苏人民出版社,1998。

18. 南通市地方志编纂委员会:《南通市志》,上海社会科学出版社,1991。

19. 吴馨等:(民国)《上海县续志》,成文出版社,1970。

20. 张允高等:《宝山县续志》,宝山县志编纂委员会,1984。

21. 贾彩彦:《近代上海城市土地管理思想(1843—1949)》,复旦大学出版社,2007。

22. 费成康:《中国租界史》,上海社会科学院出版社,1991。

23. 隗瀛涛:《中国近代不同类型城市综合研究》,四川大学出版社,1998。

24. [德]托尔斯藤·华纳著,青岛市档案馆编译:《近代青岛的城市规划与建设》,东南大学出版社,2011。

25. 刘海岩:《空间与社会——近代天津城市的演变》,天津社会科学出版社,2003。

26. 吴良镛:《张謇与南通"中国近代第一城"》,中国建筑工业出版社,2006。

27. 许雪筠:《上海近代社会经济发展概况(1882—1931)》,上海社会科学出版社,1985。

28. 费正清主编,杨品泉等译:《剑桥中华民国史.(上卷)》,中国社会科学出版社,1998。

29. 罗澍伟:《近代天津城市史》,中国社会科学出版社,1993。

30. 张利民:《艰难的起步:中国近代城市行政管理机制研究》,社会科学院出版社,2008。

31. 尹钧科等:《古代北京城市管理》,北京同心出版社,2002。

32. [美]施坚雅:《中国封建社会晚期城市研究》,吉林教育出版社,1991。

33. 何一民:《近代中国城市发展与社会变迁(1840—1949)》,北京科学出版社,2004。

34. 陆仰渊,方庆秋:《民国社会经济史》,中国经济出版社,1991。

35. 庄林德等编著:《中国城市发展与建设史》,东南大学出版社,2002。

36. 樊树志:《江南市镇传统的变革》,上海复旦大学出版社,2005。

37. 张謇:《张謇全集(第3卷)》,江苏古籍出版社,1994。

38. 陈真等:《中国近代工业史资料》,北京三联出版社,1957。

39. 青岛市档案馆:《青岛开埠十七年——胶澳发展备忘录(全译)》,中国档案出版社,2007。

40. 咸鸿昌:《英国土地法律史——以保有权为视角的考察》,北京大学出版社,2009。

41. 马学强:《从传统到近代:江南城镇土地产权制度研究》,上海社会科学出版社,2002。

42. [美]马士著,张汇文等译:《中华帝国对外关系史》,世纪出版集团仁海书店出版社,2000。

43. [德]维廉·马察特著,江鸿译:《单维廉与青岛土地法规》,(台北)中国地政研究所,1986。

44. 邓向阳主编:《米字旗下的威海卫》,山东画报出版社,2003。

45. 青岛市档案馆编:《胶澳租借地经济与社会发展——1897—1914年档案史料选编》,中国档案出版社,2007。

46. 青岛市政协文史资料委员会:《青岛文史撷英·德日占领卷》,新华出版社2001。

47. [德]沙美著:《胶州行政》,民智书局,1934。

48. 许同莘等编纂:《光绪条约》(本条约原称为《中俄会订条约》,又称《中俄条约》)卷52,北京外交部印刷所,1914。

49.《三七一零号驻伦敦大使哈慈菲尔德伯爵致外部电》,《德国外交文件有关中国交涉选译》第1卷,上海商务印书馆,1960。

50. 徐祖善著:《威海卫筹收接管行政工作报告书》(下),烟台仁德印书馆,民国二十年代印本。

51. 邵宗日:《英国租界时期威海卫法律制度研究》,北京法律出版社,2011。

52. [德]单威廉著,周龙章译:《德领胶州湾(青岛)之地政资料》,中国地政研究所,1980。

53. 谋乐辑:《青岛全书》,青岛印书局,1914。

54. 朱世全:《威海问题》,上海商务印书馆,1931。

55. 庄林德等编著:《中国城市发展与建设史》,东南大学出版社,2002。

56. 金经元:《近现代西方人本主义城市规划思想家》,中国城市出版社,1998。

57. 阿里文(E. OHLMER):《胶海关十年报告一八九二至一九零一年报告》(1901),青岛市档案馆:《帝国主义与胶海关》,北京档案出版社,1986。

58. 李东泉:《青岛城市规划与城市发展研究(1897—1937)》,中国建筑工业出版社,2012。

59. [德]余思凯著,孙立新译:《在"模范殖民地"胶州湾的统治与抵抗》,山东大学出版社,2005。

60. 羽离子著:《东方乌托邦:近代南通》,人民出版社,2007。

61. 于海漪:《南通近代城市规划建设》,中国建筑工业出版社,2005。

62. 王象之:《舆地纪胜》,北京中华书局,1992。

63. 祝穆:《方舆胜览》,广陵古籍刻印社,1992。

64. 李文治:《中国近代农业史资料:第一辑》,上海三联书店,1957。

65. 南通日报馆编辑部编:《二十年来之南通》下编,南通县自治会,1938。

66. 张孝若:《南通张季直先生传记》,上海书店,1991。

67. 严翅君:《最伟大的失败的英雄——状元实业家张謇》,华中师范大学出版社,2013。

68. 张孝若:《张季子九录·实业录》,上海书店,1991。

69. Culturing Modernity: The Nantong Model, by Qin Shao, Stanford

University Press，Stanford California. 2004.

70. 宋希尚：《欧美水利调查录》，南京沿海工程专门学校，1924。

71. ［日］驹井德三：《张套关系事业调查报告》，《江苏文史资料选集》第10辑，江苏人民出版社，1982。

72. 徐雪筠等译编：《上海近代社会经济发展概况》，上海社会科学出版社，1985。

73. 虞晓波：《比较与审视——"南通模式"与"无锡模式"研究》，安徽教育出版社，2001。

74. 雷辑辉：《北平税捐考略》，北平社会调查所，1932。

75. 史明正：《走向近代化的北京城》，北京大学出版社，1995。

76. 曹子西主编：《北京通史》第8卷，中国书店，1994。

77. 北京大学历史系《北京史》编写组：《北京史》，北京出版社，1999(增订版)。

78. 严中平，徐义生等：《中国近代经济史统计资料选辑(第一种)》，科学出版社，1955。

79. 吴建雍等：《北京城市生活史》，北京开明出版社，1997。

80. 赵尔巽等：《清史稿》卷120，志95，《食货一》，中华书局，1976。

81. 中国史学会主编：《中国近代史资料丛刊》，《义和团》(四)，上海神州国光社，1953。

82. 杨国桢：《明清土地契约文书研究》，北京人民出版社，1988。

83. 张小林：《清代北京城区房契研究》，中国社会科学出版社，2000。

84. 中国台湾司法行政部：《中华民国民法制定史料汇编》(下册)，(台湾)司法行政部印，1976。

85. 朱明德主编：《北京古都风貌与时代气息研讨会论文集》，北京燕山出版社，2003。

86. 叶恭绰等：《蠖公纪事——朱启钤先生生平纪实》，中国文史出版社，1991。

87. 刘小萌：《清代北京旗人的房地契书》，《满学研究》第5辑，民族出版社，2000。

88. 邹依仁：《旧上海人口变迁的研究》，上海人民出版社，1980。

89. 牟振宇：《从苇荻渔歌到东方巴黎：近代上海法租界城市化空间过程研究》，上海世纪出版集团，2012。

90. 张仲礼：《近代上海城市研究(1840—1949)》，上海文艺出版社，2008。

91. 华洪涛,陈文瑜等:《上海对外贸易》上册,上海社会科学院出版社,1989。

92. [德]雷麦:《外人在华投资》,上海商务印书馆,1959。

93. 梅朋、傅立德:《上海法租界史》,上海译文出版社,1983。

94. 张仲礼:《近代上海城市研究》,上海人民出版社,1990。

95. 徐雪筠等译编:《上海近代社会经济发展概况(1882—1931)》,上海社会科学院出版社,1985。

96.《孙中山选集》(下卷),《民生主义》第二讲,人民出版社,1966。

97. 黄月波:《中外条约汇编》,商务印书馆,1936。

98. 刘子扬:《清代地方管制》,紫禁城出版社,1988。

99. 杨国桢:《明清土地契约文书研究》,人民出版社,1988。

100. 上海通社编:《上海研究资料》,上海书店,1984。

101.《上海租界志》编纂委员会编:《上海租界志》,上海社会科学院出版社,2001。

102. 蔡育天主编:《上海道契》(第1卷),上海古籍出版社,1997。

103. 马长林等:《上海公共租界城市管理研究》,中西书局,2011。

104. 陈炎林:《上海地产大全》,华丰铸字印刷所民国二十二年。

105. 杨正礼:《上海市办理地价税之研究》,中国地政所研究所专刊,1977。

106. 费唐:《费唐法官研究上海公共租界情形报告书》,工部局,1931。

107.《上海公共租界史稿》,上海人民出版社,1980。

108. 王铁崖:《中外旧约章汇编》,第1册,三联书店,1957。

109. 马伯煌:《上海近代经济开发思想史》,云南人民出版社,1991。

110.《筹办夷务始末》(道光朝)(一),卷十三,中华书局,1964。

111.《筹办夷务始末》(道光朝)(五),卷六十九,中华书局,1964。

112. 李文治编:《中国近代农业史资料》(第一辑),生活·读书·新知三联书店,1957。

113. 蔡育天,桑荣林,陆文达主编:《上海道契》(第一卷),上海古籍出版社,1997。

114. 熊月之主编:《上海通史》(第四卷),上海人民出版社,1999。

115. 上海市档案馆:《工部局董事会会议录》(1—9册),上海古籍出版社,2001。

116. 朱轶臻:《城市现代化研究》,红旗出版社,2002。

三、档案

1. 威海市档案馆:英租档案,"绝卖契",档案号:229－001－109－0495。

2. 威海市档案馆:《关于土地买卖的条例》,档案号:229－001－0484。

3.《传教士档案》(内部译稿第324页),威海市档案馆藏,英国威海卫行政公署档案,第546卷。

4. [英]帕梅拉·艾特威尔:《英租威海卫归还始末(1898—1930)》,威海市档案馆译(内部刊印)。

5. 工程委员会会议上董事会主席的报告,上海档案馆藏,卷宗号:U38-1-2775。

6. 上海档案馆藏,卷宗号:UI14-5769。

四、报纸

1.《大公报》

2.《晨钟报》

3.《内务公报》

4.《字林西报》

5.《申报》

五、学位论文库

1. 张洁:《英租威海卫与德占胶澳土地法律制度之比较》,烟台大学硕士学位论文。

2. 周进:《北京人口与城市变迁(1853—1953)》,中国社科院博士学位论文。

3. 曹伊清:《法制现代化视野中的清末房地产契证制度》,南京师范大学博士学位论文。

图书在版编目(CIP)数据

近代中国城市化中城市土地管理制度的构建及思想演变/贾彩彦著.
—上海:上海三联书店,2018.
ISBN 978 - 7 - 5426 - 6568 - 3

Ⅰ.①近… Ⅱ.①贾… Ⅲ.①城市化—土地制度—研究—
中国—近代 Ⅳ.①F321.1

中国版本图书馆 CIP 数据核字(2018)第 284701 号

近代中国城市化中城市土地管理制度的构建及思想演变

著　　者　贾彩彦

责任编辑　钱震华
装帧设计　陈益平

出版发行　上海三联书店

　　　　　(200030)中国上海市漕溪北路 331 号
印　　刷　上海新文印刷厂

版　　次　2019 年 3 月第 1 版
印　　次　2019 年 3 月第 1 次印刷
开　　本　700×1000　1/16
字　　数　315 千字
印　　张　27
书　　号　ISBN 978 - 7 - 5426 - 6568 - 3/F · 785
定　　价　68.00 元